손해평가사
업무방법서
완전정복

농작물 및 가축재해보험 손해평가의 이론과 실무 (2과목)

손해평가사 업무방법서 완전정복

1판 1쇄 발행 2021년 6월 1일

저자 이완성

편집 홍새솔

펴낸곳 하움출판사
펴낸이 문현광

주소 전라북도 군산시 수송로 315 하움출판사
이메일 haum1000@naver.com   **홈페이지** haum.kr

ISBN 979-11-6440-784-2 (13320)

좋은 책을 만들겠습니다.
하움출판사는 독자 여러분의 의견에 항상 귀 기울이고 있습니다.

2021 손해평가사 자격시험 소개

손해평가사란?

자연재해·병충해·화재 등 농업재해로 인한 보험금 지급사유 발생 시 신속하고 공정하게 그 피해사실을 확인하고, 공정하고 객관적인 손해액 산정과 보험금 지급을 위하여 농작물의 농업재해로 인한 손해에 대해 보험관련 법규와 약관을 근거로 전문적인 능력과 지식을 활용하여 보험사고의 조사·평가를 수행하는 국가자격시험에 합격한 자를 말한다. 근거 법령 : 농어업재해보험법

변천과정

2015. 5. 15.	손해평가사 자격시험의 실시 및 관리에 관한 업무위탁 및 고시(농림축산식품부)
~ 현재	한국산업인력공단에서 손해평가사 자격시험 시행

수행직무

피해사실의 확인, 보험가액 및 손해액의 평가, 그 밖의 손해평가에 필요한 사항

소관부처

소관부처	운용기관	시행기관
농림축산식품부(재해보험정책과)	농업정책보험금융원(보험2부)	한국산업인력공단

응시자격

제한 없음 ※ 단, 부정한 방법으로 시험에 응시하거나 시험에서 부정한 행위를 해 시험의 정지/무효 처분이 있는 날부터 2년이 지나지 아니하거나, 손해평가사의 자격이 취소된 날부터 2년이 지나지 아니한 자는 응시할 수 없음 [농어업재해보험법 제11조의4제4항]

시험일정 ※ 원서접수시간은 원서접수 첫날 09:00부터 마지막날 18:00까지

구분	원서접수기간	시행지역	시험일정	합격자발표
1차	2021. 05. 03. ~ 2021. 05. 07.	서울, 부산, 대구,	2021. 6. 5.	2021. 07. 07.~
2차	2021. 07. 19. ~ 2021. 07. 23.	광주, 대전, 인천	2021. 8. 21.	

응시수수료[농림축산식품부고시 제2016-78호(2016. 8. 25. 시행)]

제1차 시험	제2차 시험
20,000원	33,000원

구분	시험과목	문항 수	시험시간	시험방법
1차 시험	1. 「상법」 보험편 2. 농어업재해보험법령 (「농어업재해보험법」, 「농어업재해보험법 시행령」, 「농어업재해보험법 시행규칙」 및 농림축산식품부 장관이 고시하는 손해평가 요령을 말한다.) 3. 농학개론 중 재배학 및 원예작물학	과목별 25문항 (총 75문항)	90분	객관식 4지 택일형
2차 시험	1. 농작물재해보험 및 가축재해보험의 이론과 실무 2. 농작물재해보험 및 가축재해보험 손해평가의 이론과 실무	과목별 10문항 (총 20문항)	120분	단답형, 서술형

합격기준(농어업재해보험법 시행령 제12조의 6)

구분	합격결정기준
1차 시험	매 과목 100점을 만점으로 하여 매 과목 40점 이상과 전 과목 평균 60점 이상을 득점한 사람을 합격자로 결정
2차 시험	매 과목 100점을 만점으로 하여 매 과목 40점 이상과 전 과목 평균 60점 이상을 득점한 사람을 합격자로 결정

시행현황

구분		2016	2017	2018	2019	2020
1차 시험	대상	3,655명	3,240명	3,716명	6,614명	9,752명
	응시	2,879명	2,374명	2,594명	3,901명	8,193명
	응시율	78.8%	73.30%	69.80%	59.00%	84.01%
	합격	1,761명	1,444명	1,949명	2,486명	5748명
	합격률	61.2%	60.80%	75.10%	63.70%	70.15%
2차 시험	대상	2,442명	1,939명	2,372명	3,254명	5,855명
	응시	1,852명	1,538명	1,934명	2,712명	4,937명
	응시율	75.8%	79.30%	81.50%	83.30%	84.32%
	합격	167명	260명	129명	153명	566명
	합격률	9.0%	16.90%	6.70%	5.60%	11.46%

목차

01 농작물재해보험

02 가축재해보험

01

농작물재해보험

출처: 농업정책보험금융원 2021. 3. 15. 최종본

제1장
총칙

제1절 통칙

1. 목적

이 업무방법은 농작물재해보험 손해평가 업무를 수행함에 있어 세부사항을 정함으로써 손해평가 업무의 공정성을 기하는 것을 목적으로 한다.

2. 정의

손해평가 업무란 보험대상농작물에 보상하는 재해가 발생한 경우 그 피해사실을 확인하고 평가하는 일련의 과정을 말한다.

3. 용어의 정의

이 업무방법에서 사용하는 용어의 정의는 다음과 같다.

① 전수조사

　　하나의 보험가입금액에 해당하는 농지 또는 과수원에서 경작한 목적물(수확물)을 모두 조사하는 것을 말한다.

② 표본조사

　　하나의 보험가입금액에 해당하는 농지 또는 과수원에서 경작한 전체 목적물(수확물)의 특성 또는 수확량을 잘 나타낼 수 있는 일부의 목적물(수확물)을 표본으로 추출하여 조사하는 것을 말한다.

③ 재조사

　　보험가입자가 손해평가반의 손해평가결과에 대하여 설명 또는 통지를 받은 날로부터 7일 이내에 손해평가가 잘못되었음을 증빙하는 서류 또는 사진 등을 제출하는 경우 회사가 다른 손해평가반으로 하여금 실시하게 할 수 있는 조사를 말한다.

④ 검증조사

회사 및 재보험사업자가 손해평가반이 실시한 손해평가결과를 확인하기 위하여 손해평가를 실시한 보험목적물 중에서 일정수를 임의 추출하여 확인하는 조사를 말한다.

⑤ 실제결과주수 또는 실제결과나무수

가입일자를 기준으로 농지(과수원)에 식재된 모든 나무 수를 의미한다. 다만, 인수조건에 따라 보험에 가입할 수 없는 나무(유목 및 제한 품종 등) 수는 제외한다.

⑥ 고사주수 또는 고사나무수

실제결과나무수 중 보상하는 손해로 고사된 나무 수를 의미한다.

⑦ 미보상주수 또는 미보상나무수

실제결과나무수 중 보상하는 손해 이외의 원인으로 고사하거나 수확량(착과량)이 현저하게 감소한 나무 수를 의미한다.

⑧ 기수확주수 또는 수확완료나무수

실제결과나무수 중 조사일자를 기준으로 수확이 완료된 나무 수를 의미한다.

⑨ 수확불능주수 또는 수확불능나무수

실제결과나무수 중 보상하는 손해로 전체 주지·꽃(눈) 등이 보험약관에서 정하는 수준이상 분리되었거나 침수되어, 보험기간 내 수확이 불가능하나 나무가 죽지는 않아 향후에는 수확이 가능한 나무 수를 의미한다.

⑩ 조사대상주수 또는 조사대상나무수

실제결과나무수에서 고사나무수, 미보상나무수 및 수확완료나무수, 수확불능나무수를 뺀 나무 수로 과실에 대한 표본조사의 대상이 되는 나무 수를 의미한다.

⑪ 실제경작면적

가입일자를 기준으로 실제 경작이 이루어지고 있는 모든 면적을 의미하며, 수확불능(고사)면적, 타작물 및 미보상면적, 기수확면적을 포함한다.

⑫ 수확불능(고사)면적

실제경작면적 중 보상하는 손해로 수확이 불가능한 면적을 의미한다.

⑬ 타작물 및 미보상면적

실제경작면적 중 목적물 외에 타작물이 식재되어 있거나 보상하는 재해 이외의 원인으로 수확량이 현저하게 감소한 면적을 의미한다.

⑭ 기수확면적

실제경작면적 중 조사일자를 기준으로 수확이 완료된 면적을 의미한다.

⑮ 낙과

나무에서 떨어진 과실을 말한다.

⑯ 착과

나무에 달려 있는 과실을 말한다.

⑰ 적과

해거리를 방지하고 안정적인 수확을 위해 알맞은 양의 과실만 남기고 나무로부터 과실을 따 버리는 것을 말한다.

⑱ 열과

열과 피해를 입은 복숭아

과실이 숙기에 과다한 수분을 흡수하고 난 후 고온이 지속될 경우 수분을 배출하면서 과실이 갈라지는 현상을 말한다.

⑲ 거대재해

태풍 등 재해발생 시 문서시행 등으로 거대재해임을 대내외적으로 알린 때를 말한다.

4. 손해평가 업무절차

1 사고접수

농협의 담당자 등은 계약자 등으로부터 사고발생 통지를 받은 즉시 사고 내용을 전산에 입력하고 보험사고 접수증 또는 문자메시지 등의 방법으로 사고 접수 내용을 계약자에게 통보한다.

2 손해평가반 구성 및 손해평가 일정계획 수립

농협의 담당자 등은 사고 접수가 된 계약에 대하여 품목, 생육시기, 재해종류 등에 따라 조사종류를 결정하고 이에 따라 손해평가반 구성 및 손해평가 일정을 수립하며 손해평가반 구성 및 일정 수립은 아래 호의 방법에 따른다.

가. 손해평가반은 손해평가인 또는 「보험업법」 제186조에 따른 손해사정사 또는 「농어업재해보험법」 제11조의4제1항에 따른 손해평가사 1인 이상을 포함하여 5인 이내로 구성한다.

나. 손해평가 일정은 손해평가반별로 수립한다.

다. 아래의 어느 하나에 해당하는 손해평가에 대하여는 해당자를 손해평가반 구성에서 배제하여야 한다.

　① 자기 또는 자기와 생계를 같이하는 친족(이하 "이해관계자"라 한다)이 가입한 보험계약에 관한 손해평가

② 자기 또는 이해관계자가 모집한 보험계약에 관한 손해평가

③ 직전 손해평가일로부터 30일 이내의 보험가입자간 상호 손해평가

④ 자기가 실시한 손해평가에 대한 검증조사 및 재조사

③ 현지 조사 실시

손해평가반은 수립된 손해평가 일정에 따라 손해평가 단위별로 현지 조사를 실시한다. 이때 조사종류별 세부 조사 방법은 각 품목별 조사방법에 따른다.

④ 현지 조사 결과 입력

농협의 담당자 등은 손해평가반으로부터 보고 받은 현지 조사 결과를 특별한 사정이 없는 경우 5일 이내에 전산 또는 모바일 기기를 이용하여 입력 한다.

⑤ 본부직접조사 및 검증조사 실시

손해평가의 신속성 및 공정성 확보를 위하여 회사는 현지 조사를 직접 실시(손해사정법인 등에게 위임)하거나 손해평가반의 현지 조사 내용에 대하여 검증조사를 실시할 수 있다. 이때, 농협의 담당자는 회사가 지정한 조사자에게 협조하여야 한다.

⑥ 구역담당자 활용

회사는 우수조사자 중 구역담당자를 선발하여 활용할 수 있다.

⑦ 결과 안내 및 보험금 지급

농협의 담당자 등은 전산 입력된 현지 조사 결과를 바탕으로 회사에서 결정된 보험금 결과에 대하여 계약자에게 안내하고 결정된 보험금을 지급한다.

기출문제 01

다음은 농작물재해보험 업무방법에서 정하는 손해평가 업무 절차상 손해평가반 구성 및 손해평가 일정계획 수립에 관한 내용이다. 괄호에 알맞은 내용을 답란에 쓰시오. [5점]

> 농협 담당자 등은 사고 접수가 된 계약에 대하여 (　　), (　　), (　　) 등에 따라 조사종류를 결정하고 이에 따른 손해평가반 구성 및 손해평가 일정을 수립한다.

정답

> 품목, 생육시기, 재해종류

기출문제 02

다음은 업무방법에서 사용하는 용어의 정의이다. 설명하는 내용에 알맞은 용어를 답란에 쓰시오. [5점]

> ㉠ 실제경작면적 중 보상하는 손해로 수확이 불가능한 면적을 의미한다.
> ㉡ 하나의 보험가입금액에 해당하는 농지 또는 과수원에서 경작한 목적물(수확물)을 모두 조사하는 것을 말한다.
> ㉢ 실제결과주수에서 고사주수, 미보상주수 및 기수확주수를 뺀 주수로 표본조사의 대상이 되는 주수(특정·적과전종합은 미고사주수도 제외함)를 의미한다.
> ㉣ 실제경작면적 중 조사일자를 기준으로 수확이 완료된 면적을 의미한다.
> ㉤ 실제결과주수 중 보상하는 손해 이외의 원인으로 수확량(착과량)이 현저하게 감소한 나무주수를 의미한다.

정답

> ㉠ 수확불능(고사)면적 　㉡ 전수조사 　㉢ 조사대상주수 　㉣ 기수확면적 　㉤ 미보상주수

기출문제 03

금차 조사일정에 대하여 손해평가반을 구성하고자 한다. 아래의 '계약사항', '과거 조사사항', '조사자 정보'를 참조하여 〈보기〉의 손해평가반(①~⑤)별 구성가능 여부를 각 반별로 가능 또는 불가능으로 기재하고 불가능한 반은 그 사유를 각각 쓰시오. (단, 제시된 내용 외 다른 사항은 고려하지 않음) [15점]

- 금차 조사일정

상품명	가입특약	평년착과수
㉮ 계약 (사과)	낙과피해조사	2020년 9월 7일

- 계약사항

구분	계약자(가입자)	모집인	계약일
㉮ 계약 (사과)	H	E	2020년 2월 18일
㉯ 계약 (사과)	A	B	2020년 2월 17일

- 과거 조사사항

구분	조사종류	조사일자	조사자
㉮ 계약 (사과)	적과후착과수조사	2020년 8월 13일	D, F
㉯ 계약 (사과)	적과후착과수조사	2020년 8월 18일	C, F, H

- 조사자 정보 (조사자 간 생계를 같이하는 친족관계는 없음)

성명	A	B	C	D	E	F	G	H
구분	손해평가인	손해평가인	손해평가사	손해평가인	손해평가인	손해평가사	손해평가인	손해평가사

〈보기〉 손해평가반 구성

①반: A, B   ②반: C, H   ③반: G   ④반: C, D, E   ⑤반: D, F

Key
- 손해평가반은 손해평가인 또는 손해사정사 또는 손해평가사 1인 이상을 포함하여 5인 이내로 구성한다.
- 다음의 어느 하나에 해당하는 손해평가에 대하여는 해당자를 손해평가반 구성에서 배제한다.

  a. 자기 또는 자기와 생계를 같이하는 친족(이하 "이해관계자"라 한다)이 가입한 보험계약에 관한 손해평가

  b. 자기 또는 이해관계자가 모집한 보험계약에 관한 손해평가

  c. 직전 손해평가일로부터 30일 이내의 보험가입자간 상호 손해평가

  d. 자기가 실시한 손해평가에 대한 검증조사 및 재조사

정답
- ①반   가능
- ②반   자기(H)가 가입한 보험계약(A)에 관한 손해평가이므로 불가능
- ③반   가능
- ④반   자기(E)가 모집한 보험계약(A)에 관한 손해평가이므로 불가능
- ⑤반   가능

농작물재해보험 업무방법서에서의 다음 용어의 정의를 서술하시오.

| ① 검증조사   ② 적과   ③ 열과 |

정답

① 회사 및 재보험사업자가 손해평가반이 실시한 손해평가결과를 확인하기 위하여 손해평가를 실시한 보험목적물 중에서 일정수를 임의 추출하여 확인하는 조사를 말한다.

② 해거리를 방지하고 안정적인 수확을 위해 알맞은 양의 과실만 남기고 나무로부터 과실을 따버리는 것을 말한다.

③ 과실이 숙기에 과다한 수분을 흡수하고 난 후 고온이 지속될 경우 수분을 배출하면서 과실이 갈라지는 현상을 말한다.

다음은 손해평가 업무절차의 현지조사에 관한 내용이다. 괄호 안에 들어갈 알맞은 내용을 쓰시오.

손해평가반은 수립된 손해평가 일정에 따라 손해평가 (①)로 현지 조사를 실시한다. 이때 조사종류별 세부 조사 방법은 각 (②) 조사방법에 따른다.

정답

① 단위별   ② 품목별

다음은 손해평가 업무절차의 손해평가반의 구성에 관한 내용이다. 괄호 안에 들어갈 알맞은 내용을 쓰시오.

1. 손해평가반은 (①) 또는 「보험업법」 제 186조에 따른 (②) 또는 「농어업재해보험법」 제11조의4 제1항에 따른 (③)1인 이상을 포함하여 (④)인 이내로 구성한다.
2. 손해평가 일정은 손해평가반별로 수립한다.
3. 다음의 어느 하나에 해당하는 손해평가에 대하여는 해당자를 손해평가반 구성에서 배제하여야 한다.

- 자기 또는 자기와 생계를 같이하는 친족(이하 "이해관계자"라 한다)이 가입한 보험계약에 관한 손해평가
- 자기 또는 이해관계자가 모집한 보험계약에 관한 손해평가
- 직전 손해평가일로부터 (⑤)일 이내의 보험가입자 간 상호 손해평가
- 자기가 실시한 손해평가에 대한 검증조사 및 재조사

정답

① 손해평가인   ② 손해사정사   ③ 손해평가사   ④ 5   ⑤ 30

제2장
손해평가 및 보험금 산정

"Not see the forest for the trees." 나무를 보면 숲을 보지 못한다는 말이 있다. 어떤 일을 할 때는 사물의 하나하나를 살피는 것보다 전체를 바라보고 판단하는 능력과 융통성이 있어야 한다는 뜻으로 업무방법서를 어떻게 학습할 것인지를 알려주는 가장 적절한 격언이다.

제2장 손해평가 및 보험금 산정에 관한 업무방법서를 학습하기에 앞서 '제2장 손해평가 및 보험금 산정'이라는 숲이 어떤 모양을 하고 있는지 먼저 살펴보도록 하자.

본 해설서는 손해평가사 시험을 준비하는 수험생의 이해가 쉽도록 농업정책보험금융원에서 제공하는 업무방법서의 목차를 제1절 과수 품목, 제2절 밭작물 품목, 제3절 논작물 품목으로 분류하여 아래의 순서로 정리하였다. 유사한 품목끼리 정리하여 보장방식별 차이점을 비교하면서 학습하는 것이 보장방식별 세부내용을 파악하는 데 훨씬 용이하다고 생각하기 때문이다.

손해평가 및 보험금 산정	과수 품목	적과전종합위험방식(Ⅱ) 과수 품목
		종합위험 수확감소보장방식 과수 품목
		농업수입감소보장방식 과수 품목
		종합위험 및 수확전 종합위험 과실손해보장방식 과수 품목
	밭작물 품목	종합위험 수확감소보장방식 밭작물 품목
		농업수입감소보장방식 밭작물 품목
		종합위험 생산비보장방식 밭작물 품목
		종합위험방식 원예시설·버섯품목
		특정위험방식 밭작물 품목
	논작물 품목	종합위험 수확감소보장방식 논작물 품목

위 표의 각각의 보장방식은 크게 다음의 3가지의 보장방식으로 분류할 수 있다. (업무방법서에 의한 것이 아닌 설명의 편의를 위해 임의로 나눈 것)

수확감소보장방식	· 종합위험 수확감소보장방식 과수 품목
	· 종합위험 수확감소보장방식 밭작물 품목
	· 특정위험방식 밭작물 품목
	· 농업수입감소보장방식 과수 품목
	· 농업수입감소보장방식 밭작물 품목
	· 종합위험 수확감소보장방식 논작물 품목
과실손해보장방식	· 적과전종합위험방식 과수 품목
	· 종합위험 및 수확전 종합위험 과실손해보장방식 과수 품목
생산비보장방식	· 종합위험 생산비보장방식 밭작물 품목
	· 종합위험방식 원예시설·버섯품목

I. 수확감소보장방식

수확감소보장방식은 과수, 밭작물, 논작물 모두에 적용되는 보장방식으로, 보상하는 재해로 수확량이 감소되었을 경우 그 수확의 감소에 따른 피해를 보상하는 방식이다. 여기에서 수확량은 무게이며, 평년수확량 대비 보상하는 감소량의 비율로 피해율을 산정하여 보험금을 지급한다.

수확감소보장방식이 적용되는 품목은 그 수확물이 ① 무게로 측정 가능한 것이어야 하고, 피해율 산정의 기준이 되는 ② 평년수확량이 존재하여야 하며, 보상하는 재해 발생 시 수확감소량을 산정하기 위하여 ③ 수확량조사를 한다.

아래의 간단한 예제를 통하여 수확감소보장방식의 피해율을 산정해 보도록 하자.

예제	A과수원이 태풍 피해를 입어 수확량을 조사하였더니 300kg이었다. A과수원의 평년수확량은 500kg, 미보상비율은 0%일 경우 A과수원의 태풍으로 인한 피해율을 산정하시오.
풀이	감수량 = 평년수확량 − 수확량 = 500kg − 300kg = 200kg이고, 미보상비율이 0%이므로, 감수량 전체를 보상한다.
	피해율 = 200kg/500kg = 0.4 = **40%**

그런데 감소량은 보상하는 재해로 인한 것도 있지만 그중 일부는 계약자가 통상적인 영농활동을 하지 않아 발생하였거나 보상하지 않는 재해로 인하여 발생된 것이 있을 수 있는데, 이를 "미보상감수량"이라고 한다. 미보상감수량은 전체감수량(평년수확량 − 수확량) 중 보상하지 않는 감수량으로 "전체감수량 × 미보상비율"로 산정하며, 실전문제에서 미보상비율은 제시되는 경우가 일반적이나, 농지의 제초상태나 병해충상태를 제시하고 미보상비율을 직접적용하도록 하는 문제가 제시될 수도 있다.

결국, 보상하는 감수량 = 감수량 − 미보상감수량이며, 수확감소보장방식의 피해율 공식을 다음과 같이 확장할 수 있다.

$$\text{피해율} = \frac{\text{보상하는 감수량}}{\text{평년수확량}} = \frac{\text{전체감수량} - \text{미보상감수량}}{\text{평년수확량}} = \frac{\text{평년수확량} - \text{수확량} - \text{미보상감수량}}{\text{평년수확량}}$$

이제 위 예제에서 미보상비율을 20%로 바꿔 수확감소보장방식의 피해율을 계산해보도록 하자.

예제	A과수원이 태풍 피해를 입어 수확량을 조사를 하였더니 수확량은 300kg이었다. A과수원의 평년수확량은 500kg, 미보상비율은 20%일 경우 A과수원의 태풍으로 인한 피해율을 산정하시오.
풀이	감수량 = 평년수확량 − 수확량 = 500kg − 300kg = 200kg이고, 미보상감수량 = 감수량 × 미보상비율 = 200kg × 20% = 40kg $$\text{피해율} = \frac{500\text{kg} - 300\text{kg} - 40\text{kg}}{500\text{kg}} = 0.32 = \textbf{32\%}$$

수입감소보장방식은 보상하는 재해로 인한 수확량감소와 수확기 가격의 하락으로 인한 수입의 감소를 보장하는 방식으로, 수확감소보장방식에 가격이라는 변수가 추가된 것 이외에 손해평가의 내용은 수입감소보장방식과 거의 동일하다.

II. 과실손해보장방식

과실손해보장방식은 과수 품목에만 적용되는 보장방식으로, 대표적으로 적과전종합과수 품목에 적용된다. 과실손해보장방식은 수확량조사를 통해 피해율을 산정하여 보상하지 않고, 보상하는 재해로 피해를 입은 과실에 직접 보상하므로 수확량조사는 실시하지 않는다는 점에 유의한다. (유일하게 무화과품목은 수확량조사를 실시한다.)

과실손해보장방식은 과수의 품목마다 손해평가 방법이 다양하여 수확감소보장방식과 같이 한마디로 설명하기 어렵다. 여기에서는 과실손해보장방식이 수확감소보장방식과는 다른 방식으로 손해평가를 한다는 것만 기억하고 업무방법서를 통해 구체적으로 알아보도록 하자.

II. 생산비보장방식

생산비보장방식은 밭작물 품목에만 적용되는 보장방식이다. 생산비보장방식은 보상하는 재해로 작물이 피해를 입어 이미 투입되었거나(수확기 이전) 회수가 덜 된(수확기 이후) 생산비를 보장하는 방식이다. 생산비보장방식에서의 피해율은 가입면적 대비 실제피해를 입은 면적의 비율이 되며, 생산비보장방식이 적용되는 품목은 무게로 수확량을 측정하는 품목이 아닌 배추나 무와 같은 품목이 대상이 된다.

생산비보장방식에서 피해율은 피해를 입은 '면적비율'과 '피해를 정도의 입은 비율'의 곱이므로 수확량조사가 필요하지 않으며 따라서 평년수확량도 존재하지 않는다.

아래의 간단한 예제를 통하여 생산비보장방식의 피해율을 계산해보도록 하자.

예제	A농지는 우박 피해를 입어 500㎡ 면적에 피해가 발생하였다. A농지의 보험가입면적이 2000 ㎡이고 손해정도비율이 40%일 경우 A농지의 우박으로 인한 피해율을 산정하시오.
풀이	피해율 = 피해면적비율 × 손해정도비율 = $\dfrac{피해면적}{가입면적}$ × 손해정도비율 = $\dfrac{500}{2000}$ × 40% = 0.1 = **10%**

위 예제에서 손해정도비율은 피해를 입은 작물이 피해를 입은 정도의 비율이다. 즉, 피해면적은 25%이나, 피해를 입은 면적의 피해 정도는 40%이므로 실제로는 25% × 40% 즉 가입면적 10%가 피해를 입은 것과 같다고 할 수 있으며 피해율은 10%가 되는 것이다.

생산비보장방식은 사고일 기준으로 이미 투입되었거나 회수가 덜된 생산비에 피해율을 곱하여 보험금을 산정하므로, 특정 사고 시점에 이미 투입된 생산비와 회수가 덜된 생산비를 산정하는 기준이 아주 중요한데, 작물의 생장기 중에는 투입된 생산비비율 그리고 수확기 중에는 회수가 덜된 생산비비율을 나타내는 것이 '경과비율'이다.

이제 생산비보장방식에서 가장 중요한 개념인 경과비율에 대하여 아래의 예제를 통해 알아보도록 하자. (원예작물 버섯 중 일부 품목은 경과비율을 적용하지 않거나 경과비율이 생장기나 수확기 중에 일정하다.)

예제	A농지는 수확기중에 우박 피해를 입어 500㎡ 면적에 피해가 발생하였다. A농지의 보험가입면적은 2000㎡, 손해정도비율이 40%일 경우 A농지에 지급될 생산비보장보험금을 산정하시오. 단, A농지의 보험가입금액은 1,000만원이며, 수확일로부터 수확종료일까지의 기간중 1/5 경과시점에서 사고가 발생하였고 사고일 이전에 지급된 보험금은 없었다.
풀이	· 피해율 = 피해면적비율 × 손해정도비율 = $\dfrac{피해면적}{가입면적}$ × 손해정도비율 = $\dfrac{500}{2000}$ × 40% = 0.1 = 10% · 경과비율 = 1 − 1/5 = 80% · 생산비보장보험금 = 1,000만원 × 80% × 10% = **80만원**

생산비보장방식에서는 수확기가 시작될 때까지 생산비의 100%가 투입되고, 수확기 중에는 매일 동일한 비율로 생산비를 회수하여 수확기가 끝나는 시점에 모두 회수한다고 가정한다. 위 예제에서 수확일로부터 수확종료일까지 1/5 경과된 시점에서 사고가 발생하였으므로 생산비의 1/5 = 20%가 회수되고, 생산비의 4/5 = 80%는 회수가 덜 되었으므로 사고시점에 회수가 덜 된 생산비비율 즉 경과비율은 80%이다. 생산비보장보험금은 회수가 덜 된 생산비(보험가입금액 ×

경과비율)를 피해율만큼 지급하게 된다. (설명의 편의상 자기부담비율, 미보상비율은 0%로 하였다.)

생산비보장방식이 적용되는 품목 중에는 작물의 경작 초기에 생산비가 집중 투입되는 품목이 있고, 경작 전 기간에 걸쳐 생산비가 일정하게 투입되는 품목도 있어 품목의 특성에 따라 경과비율을 산정하는 방법이 다르다. 따라서 작물에 따라 경과비율을 산정하는 방법에 대하여 정확하게 이해하는 것이 생산비보장방식의 핵심이다.

다음의 보장 방식의 분류는 업무방법서에서 다뤄질 대상품목을 보장내용과 재해의 종류에 따라 자세히 분류한 것으로 업무방법서의 학습이 모두 끝나고 그 내용을 정리할 때 참고하도록 하자.

보장 내용에 따른 보장 방식의 분류

보장내용	대상품목
과실손해	적과전과수 4종(사과·배·단감·떫은감), 복분자, 오디, 감귤, 무화과
수확감소	종합과수(포도·복숭아·자두·참다래·밤·호두·매실·대추·오미자·유자), 논작물(벼·밀·보리), 밭작물(마늘·양파·고구마·옥수수·감자[1]·차·콩·팥·양배추), 인삼
농업수입감소	포도, 밭작물(마늘·양파·고구마·가을감자·콩·양배추)
생산비	밭작물(고추·브로콜리·메일·배추·무·파·단호박·당근·시금치), 원예시설작물, 버섯 4종(표고·느타리·송이·새송이)
시설	비가림시설, 해가림시설, 원예시설, 버섯재배사, 축사
경작불능	논작물(벼·밀·보리·조사료용벼), 생산비보장밭작물(고추·브로콜리 제외한 전체), 수확감소 보장밭작물(차 제외한 전체), 복분자
재파종·재정식	마늘(재파종), 양배추(재정식)
재이앙·재직파, 이앙·직파불능, 수확불능	벼
나무손해	적과전과수4종(사과·배·단감·떫은감), 종합과수(복숭아·포도·자두·매실·유자·참다래), 무화과·감귤

1 봄감자/가을감자/고랭지감자 품목

보장 위험에 따른 보장 방식의 분류 (가축 제외)

보장위험	보장기간	대상 재해	대상 품목
종합위험	전기간	자연재해, 조수해, 화재, 병충해	• 종합과수(포도·복숭아·자두·밤·호두·대추·매실·살구·참다래·유자·오미자) • 오디[1], 감귤[2] • 논작물 • 시설(비가림·해가림·원예·버섯) • 나무(적과전 4종·종합과수 6종[3]·무화과·감귤)
특정위험 + 종합위험	적과전	자연재해, 조수해, 화재	적과전과수 4종[4](사과·배·단감·떫은감)
	적과후	태풍(강풍), 우박, 집중호우, 화재, 지진, 가을동상해, 일소피해	
	수확개시전	자연재해, 조수해, 화재	복분자, 무화과
	수확개시후	태풍(강풍), 우박	
특정위험	전기간	태풍(강풍), 우박, 집중호우, 화재, 폭설, 침수, 폭염, 냉해	인삼
가격하락	전기간	자연재해, 조수해, 화재, 가격하락	포도, 밭작물(마늘·양파·고구마·가을감자·콩·양배추)

1 오디 품목은 수확개시후에는 보장하지 않음.
2 감귤 품목은 12월 1일 ~ 2월 말까지 동상해과실 손해보장 특약이 있음.
3 포도·복숭아·자두·매실·유자·참다래
4 적과전특정 5종 한정보장 선택 가능: 태풍(강풍), 지진, 집중호우, 지진, 화재

제1절 과수 품목

개요

과수 품목의 보험가입금액은 가입수확량 × 가입가격(오디·복분자는 제외)으로, 수확량 조사가 거의 불가능한 오디와 복분자를 제외하고는 모두 동일하며, 보장방식은 아래의 두 가지로 나눌 수 있다.

I. 수확감소보장방식	종합위험수확감소보장, 종합위험수입감소보장
II. 과실손해보장방식	적과전종합위험 II, 종합위험 및 수확전종합위험과실손해보장

수확감소보장방식은 수확량 조사를 통해 피해율을 계산하여 보상하는 반면, 과실손해보장은 재해를 입은 과실의 수를 산정하거나, 수확량 조사가 거의 불가능한 복분자의 경우처럼 결과모지수의 피해정도를 조사하여 보상한다.

과수 품목은 손해평가의 이론과 실무편 2과목에서 가장 이해하기 어려운 만큼 고배점의 문제 출제로 시험 합격에 가장 중요한 부분이며, 업무방법서에 기술된 내용만으로 손해평가의 이론을 이해하는 것은 불가능에 가깝다. 과수별 보험상품과 보상방식별 손해평가방법을 서로 비교하며 보장방식별 차이점에 대하여 학습하도록 하며, 특히 핵심문제의 풀이과정을 통하여 업무방법서의 내용을 이해하는 방법으로 학습하는 것이 무엇보다 중요하다.

보험상품별 보장재해 및 지급보험금

상품명	대상과수 품목	보장재해 및 지급보험금[1]		
적과전 종합위험 II	사과, 배, 단감, 떫은감	적과전[2]	자연재해, 조수해, 화재	착과감소보험금
		적과후	특정자연재해 7종[3]	과실손해보험금
종합위험 수확감소보장	포도, 복숭아, 자두, 살구, 밤, 호두, 참다래, 대추, 매실, 오미자, 유자	보험전기간	자연재해, 조수해, 화재	수확감소보험금
종합위험 수입감소보장	포도[4]		자연재해, 조수해, 화재, 수확기가격하락	수입감소보험금
수확전종합위험 과실손해보장	복분자, 무화과, 감귤[5], 오디[6]	수확개시전	자연재해, 조수해, 화재	과실손해보험금[7]
		수확개시후	태풍(강풍), 우박	

1 과수 품목에 따라 나무손해, 경작불능 및 수확감소추가보장 등 가능
2 적과전특정 5종 한정보장 선택 가능: 태풍(강풍), 지진, 집중호우, 지진, 화재
3 일소피해부보장특약, 가을동상해부보장특약 선택 가능
4 포도 품목의 경우 종합위험수확감소보장 및 종합위험수입감소보장 선택 가능
5 감귤 품목의 경우 11월 31일 이후 겨울동상해 보장
6 오디 품목의 경우 결실완료시점(수확전)까지만 보장
7 감귤 품목의 경우 겨울동상해 피해로 인한 동상해보험금 지급

1. 적과전종합위험방식 II 과수 품목

개요

적과전종합위험방식 II 과수 품목은 대한민국에서 가장 많이 경작되고 있는 4개의 과수 품목 즉, 사과·배·단감·떫은감을 보험의 목적으로 하는 만큼 손해평가의 이론과 실무(2과목) 시험 1회부터 6회까지 한 해도 거르지 않고 출제될 정도로 중요한 과수 품목이다.

적과전종합위험방식 과수 품목은 타 과수 품목과는 달리 적과를 기준으로 착과감소보험금과 과실손해보험금 등 두 가지 종류의 보험금이 지급될 뿐만 아니라 손해평가방식 또한 복잡하여 다양한 형태의 난이도 높은 문제를 출제하기 적합한 과수 품목으로 손해평가사 시험에서 고득점을 획득하기 위하여는 적과전종합위험방식 II 과수 품목의 완벽한 이해 없이는 불가능하다고 말할 수 있다.

적과전종합위험방식 II의 과수 품목은 수확량감소보장이 아닌 과실손해보장방식으로 피해를 본 과실의 양을 산정하여 이를 가입가격(보험가입 당시 결정된 kg당 과실의 가격)에 곱하여 보험금을 산정하며, 수확량을 산정하고 평년수확량과의 차이를 통해 피해율을 계산하여 보험금을 계산하는 종합위험수확감소보장방식 과수 품목과 비교하며 학습하도록 하자.

적과전종합위험방식 과수 품목만 완벽하게 이해했다면 2과목 학습의 50%를 끝냈다고 하여도 과언이 아닐 정도로 적과전종합위험방식 과수 품목은 손해평가시험의 가장 높고 험한 산이다.

이제 우리는 적과전종합위험방식 II 과수 품목의 학습을 통해 2과목 전체를 정복하려 한다. 업무방법서에 나오는 용어 하나하나의 의미를 정확히 이해하고, 기출문제와 핵심문제의 계산과정을 학습함으로써 적과적종합위험방식 II를 가장 먼저 정복하도록 하자.

보험기간의 이해

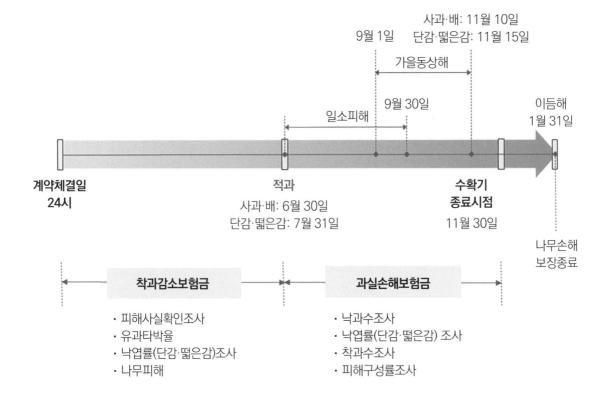

1. 적용 품목

적용 품목은 사과, 배, 단감, 떫은감으로 한다.

2. 사고 접수

가입사무소(본·지점포함)의 담당자 등은 계약자 등으로부터 사고발생 통지를 받은 즉시 사고 내용을 전산에 입력한다. 단, '적과종료 이전 사고'의 접수는 약관에서 정한 통지기한에 따라 사고 접수가 제한될 수 있다.

3. 시기별 현지조사

	구분	계약체결일 24시 ~적과 종료	적과 종료시점	적과종료 이후 ~수확기 종료	수확기 종료 ~나무손해 보장 종료
과실	착과감소 과실손해보장	피해사실 확인조사	적과후 착과수조사	낙과피해조사 착과피해조사	해당없음
	조사항목	피해사실확인 유과타박률 낙엽률(단감, 떫은감) 나무피해	착과수	낙과수 낙엽률(단감, 떫은감) 착과수 피해 구성률	–
나무	나무손해보장	피해사실확인조사			고사나무조사
	조사항목	고사주수, 미보상주수			

· 보험기간은 해당 약관 참조
· 모든 조사 시 사고접수와 관련된 재해 인정 여부를 확인할 수 있음
· 적과후착과수조사는 사고여부와 관계없이 가입 전건에 대해 실시
· 「적과종료 이전 특정위험 5종 한정 보장 특별약관(이하 "5종 한정 특약")」을 가입한 경우에는 적과종료 이전 사고가 5종[태풍(강풍), 우박, 집중호우, 화재, 지진] 시에만 해당 조사를 실시
· 적과종료 이후 우박 및 일소 피해 사고 시에는 「낙과피해조사」를 실시하며, 착과피해조사 필요하다고 결정된 경우에는 「착과피해조사」를 실시
· 단감, 떫은감 품목은 수확년도 6월 1일부터 해당 재해 발생 시 낙엽률 조사를 실시
· 조사 방법과 관련된 자세한 사항은 4. 현지 조사 방법 참고

적과의 정의

해거리를 방지하고 안정적인 수확을 위해 알맞은 양의 과실만 남기고 나무로부터 과실을 따버리는 것

4. 현지 조사 방법

1 **적과후착과수조사** 종합과수 포도/복숭아/자두의 착과수 조사 시기는 최초수확품종 수확기 직전

가. **조사대상**: 사고 여부와 관계없이 가입한 모든 과수원

나. **대상재해**: 해당 없음

다. **조사 시기**

① 통상적인 적과 및 자연낙과(떫은감은 1차 생리적 낙과) 종료 시점이다. (통상적인 적과 및 자연낙과 종료라 함은 과수원이 위치한 지역(시군 등)의 기상여건 등을 감안하여 통상적으로 해당 지역에서 해당 과실의 적과가 종료되거나 자연낙과가 종료되는 시점을 말함)

② 조사 시 사고발생을 확인한 경우, 사고접수에 대한 안내를 계약자에게 알린다.

라. **조사방법**

● 종합과수 품목은 품종·수령별로 파악

① 과수원 내 품종·재배방식·수령별 실제결과주수, 미보상주수, 고사주수, 수확불능주수를 파악한다.

② 품종·재배방식·수령별 실제결과주수에서 미보상주수, 고사주수, 수확불능주수를 빼고 조사대상주수를 계산한다.

③ 조사대상주수 기준으로 품목별 표본주수표(별표 1-1)에 따라 과수원별 전체 표본주수를 정한다.

④ 표본주수는 품종·재배방식·수령별 조사대상주수에 비례하여 배정하며, 품종·재배방식·수령별 표본주수의 합은 전체 표본주수보다 크거나 같아야 한다.

[예시] 사과품목 품종·재배방식·수령별 적정표본주수 산정

품종	재배방식	수령	조사대상주수	적정표본주수
스가루	반밀식	10	100	12 × (100/550) ≒ 3
스가루	반밀식	20	200	12 × (200/550) ≒ 5
홍로	밀식	10	100	12 × (100/550) ≒ 3
후지	일반	10	150	12 × (100/550) ≒ 4
합계			550	15

* 조사대상주수 550주의 경우 품목별 표본주수표(별표 1-1)에 따르면 과수원 전체 표본주수는 12주이며, 과수원내 품종별 조사대상주수에 비례하여 위와 같이 계산(소수점 첫째 자리에서 올림)하며, 현지 조사서의 적정표본주수는 계약기준으로 자동 산출 표시됨.

---

⑤ 품종·재배방식·수령별 표본주수를 기준으로 표본주를 선정 후 조사용 리본을 부착한다.

⑥ 선정된 표본주의 품종, 재배방식, 수령 및 착과수(착과과실 수)를 조사하고 조사용 리본 및 현지 조사서에 조사내용을 기재한다.

⑦ 미보상비율 확인: 보상하는 손해 이외의 원인으로 인해 감소한 과실의 비율을 조사한다. (별표 2-1 참조)

표본주 조사용리본

2 피해사실확인조사 적과 종료 이전에 조사
고추, 브로콜리 품목과 원예시설작물 버섯은 피해사실확인조사를 하지 않는다.

가. 조사대상

적과종료이전 대상재해로 사고접수 과수원 및 조사 필요 과수원

나. 대상재해

자연재해, 조수해, 화재

다. 조사 시기

사고접수 직후 실시

라. 피해사실확인 방법 5종한정특약 미가입시 사고가 발행하여도 피해사실확인조사만 실시

① 보상하는 재해로 인한 피해 여부 확인

기상청 자료 확인 및 현지 방문 등을 통하여 보상하는 재해로 인한 피해가 맞는지 확인하며, 이에 대한 근거로 다음의 자료를 확보할 수 있다.

· 기상청 자료, 농업기술센터 의견서 및 손해평가인 소견서 등 재해 입증 자료

· 피해과수원 사진: 과수원의 전반적인 피해 상황 및 세부 피해내용이 확인 가능하도록 촬영

· 단, 태풍 등과 같이 재해 내용이 명확하거나 사고 접수 후 바로 추가조사가 필요한 경우 등에는 피해사실확인조사를 생략할 수 있다.

② 피해규모 확인

· 조수해 및 화재 등으로 전체 나무 중 일부 나무에만 국한되어 피해가 발생된 경우 실시

· 피해대상주수(고사주수, 수확불능주수, 일부피해주수) 확인

· 일부피해주수는 대상 재해로 피해를 입은 나무수 중에서 고사주수 및 수확불능주수를 제외한 나무수를 의미함

③ 추가 조사 필요 여부 판단 및 해당 조사 실시
  · 재해종류 및 특별약관 가입여부에 따라 추가 확인 사항을 조사함
  · 적과 종료 여부 확인(적과후착과수조사 이전 시)
  · 착과피해조사 필요여부 확인(우박 피해 발생 시)

마. 추가 확인 사항

① 유과타박률 확인 (5종 한정 특약 가입 건의 우박피해 시 및 필요시)
  (a) 적과종료전의 착과된 유과 및 꽃눈 등에서 우박으로 피해를 입은 유과(꽃눈)의 비율을 표본조사 한다.
  (b) 표본주수는 조사대상주수를 기준으로 품목별 표본주수표의 표본 주수 (별표 1-1)에 따라 표본주수에 해당하는 수만큼 표본나무를 선정한 후 조사용 리본을 부착한다(과수원 내 골고루 분포되도록 하고, 품목별 표본주수표의 표본주수 이상을 선정할 수 있음).
  (c) 선정된 표본주마다 동서남북 4곳의 가지에 각 가지별로 5개 이상의 유과 (꽃눈 등)를 표본으로 추출하여 피해유과(꽃눈 등)와 정상 유과(꽃눈 등)의 개수를 조사한다. (단, 사과, 배는 선택된 과(화)총 당 동일한 위치(번호)의 유과(꽃)에 대하여 우박 피해여부를 조사)

② 낙엽률 확인(단감 또는 떫은감, 수확년도 6월 1일 이후 낙엽피해 시, 적과 종료 이전 특정 5종 한정 특약 가입건)
  (a) 조사대상주수 기준으로 품목별 표본주수표(별표 1-1)의 표본주수 에 따라 주수를 산정한다.
  (b) 표본주 간격에 따라 표본주를 정하고, 선정된 표본주에 조사용 리 본을 묶고 동서남북 4곳의 결과지(신초, 1년생 가지)를 무작위로 정하여 각 결과지별로 낙엽수와 착엽수를 조사하여 리본에 기재한 후 낙엽률을 산정한다(낙엽수는 잎이 떨어진 자리를 세는 것이다).
  (c) 위의 (b)에서 선정된 표본주의 낙엽수가 보상하지 않는 손해(병해 충 등)에 해당하는 경우 착엽수로 구분한다.

③ 나무피해 확인
  (a) 고사나무를 확인한다.
    · 품종·재배방식·수령별 고사한 나무수를 조사한다.
    · 고사나무 중 과실손해를 보상하지 않는 경우가 있음에 유의한 다.
    · 보상하지 않는 손해로 고사한 나무가 있는 경우 미보상주수로

유과(幼果, young fruit)

과실 발육단계 중 하나로 유과, 미숙과, 성숙과라고 부른다. 일 반적으로 수정완료 후부터 과실 의 비대가 시작되기 전까지이 며, 과면에 털이 있는 시기이다.

과(화)총(果叢, cluster of fruitlets)

개별적인 열매가 한 부위에서 여러 개 발생하여 생성된 다발 로 사과는 1개의 과총당 5~7개 의 꽃이 피며, 가장 큰 중심과를 제외하고 나머지는 적과한다. (예: 사과의 과총)

중심과

결과지(結果枝)

과수에서 꽃눈이 붙어 열매가 열리는 가지, 열매가지라고도 하며, 신초나 2~3년생 가지이 다.

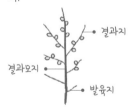
결과지
결과모지
발육지

조사한다.

(b) 수확불능나무를 확인한다.
- 품종·재배방식·수령별 수확불능주수를 조사한다.
- 보상하지 않는 손해로 수확불능 상태인 나무가 있는 경우 미보상주수로 조사한다.

(c) 유실·매몰·도복·절단(1/2)·소실(1/2)·침수로 인한 피해 나무를 확인한다. (5종 한정 특약 가입건만 해당)
- 해당 나무는 고사주수 및 수확불능주수에 포함 여부와 상관없이 나무의 상태(유실·매몰·도복·절단(1/2)·소실(1/2)·침수)를 기준으로 별도로 조사한다.
- 단, 침수의 경우에는 나무별로 과실침수율을 곱하여 계산한다.

[침수 주수 산정방법] 중요!!

> ㉠ 표본주는 품종·재배방식·수령별 침수피해를 입은 나무 중 가장 평균적인 나무로 1주 이상 선정한다.
> ㉡ 표본주의 침수된 착과(화)수와 전체 착과(화)수를 조사한다.
> ㉢ 과실침수율 = 침수된 착과(화)수 / 전체착과(화)수
> ㉣ 전체 착과수 = 침수된 착과(화)수 + 침수되지 않은 착과(화)수
> ㉤ 침수주수 = 침수피해를 입은 나무수 × 과실침수율

④ 미보상비율 확인

보상하는 손해 이외의 원인으로 인해 착과가 감소한 과실의 비율을 조사한다(별표 2-1 참조).
- 별표는 업무방법서 뒤편에 있으며 품목별표본주수 등을 정리한 것

기출문제 적과전종합위험Ⅱ 적과종료 이전 특정5종위험 한정특약 보험에 가입한 사과품목 에서 적과전 우박피해사고로 피해사실 확인을 위해 표본조사를 실시하고자 한다. 과수원의 품종과 주수가 다음과 같이 확인되었을 때 아래의 표본조사값(①~⑥)에 들어갈 표본주수, 나뭇가지 총수 및 유과 총수의 최솟값을 각각 구하시오.   제5회

- 과수원의 품종과 주수

품목	품종		조사대상주수	피해내용	피해조사내용
사과	조생종	쓰가루	440	우박	유과타박률
	중생종	감흥	250		

- 표본조사값

품종	표본주수	나뭇가지총수	유과총수
쓰가루	①	②	③
감흥	④	⑤	⑥

유과타박률
$$= \frac{피해유과}{(피해유과 + 정상유과)}$$

낙엽율
$$= \frac{낙엽수}{(낙엽수 + 착엽수)}$$

• 침수는 유실이나 매몰과 다르게 침수나무의 일부 착과과실은 수확이 가능하므로

적과종료이전 특정위험 5종 한정보장 특약 가입시 추가조사

적과전사고가 5종(태풍, 우박, 집중호우, 화재, 지진)으로 피해 발생시 아래의 3가지 추가 조사
1. 유과타박률
2. 낙엽율
3. 나무피해

3 낙과피해조사

가. 조사대상

적과종료이후 대상재해로 사고 접수된 과수원

나. 대상재해

태풍(강풍), 집중호우, 화재, 지진, 우박
┗━━● 착과피해조사 대상재해
　　: 우박, 일소, 가을동상해

다. 조사 시기

사고접수 직후 실시

라. 조사방법

① 보상하는 재해 여부 심사

　과수원 및 작물 상태 등을 감안하여 약관에서 정한 보상하는 재해로 인한 피해가 맞는지 확인하며, 필요시에는 이에 대한 근거 자료(피해사실확인조사 참조)를 확보할 수 있다.

② 조사 필요 항목 결정

　(a) 나무수 조사

　　㉠ 과수원 내 품종·재배방식·수령별 실제결과주수에서 고사주수, 수확불능주수, 미보상주수, 수확완료주수 및 일부침수주수(금번 침수로 인한 피해주수 중 침수로 인한 고사주수 및 수확불능주수는 제외한 주수) 를 파악한다.

　　㉡ 품종·재배방식·수령별 실제결과주수에서 고사주수, 수확불능주수, 미보상주수 및 수확완료주수를 빼고 조사대상주수(일부침수주수 포함)를 계산한다.

단답형 예상문제

낙과피해조사 및 착과피해조사 모두를 하는 재해는?
정답) 우박

낙과피해조사는 하지 않고 착과피해조사만 하는 재해는?
정답) 가을동상해

ⓒ 무피해나무 착과수조사
- 금번 재해로 인한 고사주수, 수확불능주수가 있는 경우에만 실시한다.
- 무피해나무는 고사나무, 수확불능나무, 미보상나무, 수확완료나무 및 일부침수나무를 제외한 나무를 의미한다.
- 품종·재배방식·수령별 무피해나무 중 가장 평균적인 나무를 1주 이상 선정하여 품종·재배방식·수령별 무피해나무 1주당 착과수를 계산한다. (단, 선정한 나무에서 금번 재해로 인해 낙과한 과실이 있는 경우에는 해당 과실을 착과수에 포함하여 계산한다.)
- 다만, 이전 실시한 (적과후)착과수조사(이전 착과피해조사 시 실시한 착과수조사포함)의 착과수와 금차 조사 시의 착과수가 큰 차이가 없는 경우에는 별도의 착과수 확인 없이 이전에 실시한 착과수조사 값으로 대체할 수 있다.

ⓔ 일부침수나무 침수착과수조사
- 금번 재해로 인한 일부침수주수가 있는 경우에만 실시한다.
- 품종·재배방식·수령별 일부침수나무 중 가장 평균적인 나무를 1주 이상 선정하여 품종·재배방식·수령별 일부침수나무 1주당 침수 착과수를 계산한다.

ⓑ 낙과수조사
낙과수조사는 전수조사를 원칙으로 하며 전수조사가 어려운 경우 표본조사를 실시한다.

㉠ 전수조사
- 낙과수 전수조사 시에는 과수원 내 전체 낙과를 조사한다.
- 낙과수 확인이 끝나면 낙과 중 100개 이상을 무작위로 추출하고 「과실 분류에 따른 피해인정계수(별표 3)」에 따라 구분하여 해당 과실 개수를 조사한다(단, 전체 낙과수가 100개 미만일 경우에는 해당 기준 미만으로도 조사 가능).

㉡ 표본조사
- 조사대상주수를 기준으로 과수원별 전체 표본주수를 산정하되 (별표 1-1 참조, 다만 거대재해 발생 시 표본조사의 표본주수는 정해진 값의 1/2만으로도 가능), 품종·재배방식·수령

일명 "땜칠이"
태풍(강풍), 집중호우, 지진, 화재로 인한 낙과피해시에도 착과된 과실에 착과피해가 일부 발생하므로 7%만큼 추가의 낙과피해로 인정

낙과감소과실수에 × 1.07 적용하는 경우
- 사과/배에만 적용
- 적과후 태풍(강풍),집중호우, 지진, 화재로 인한 낙과

낙과피해구성조사

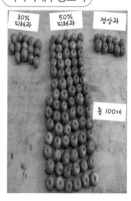

별 표본주수는 품종·재배방식·수령별 조사대상주수에 비례하여 산정한다.

· 조사대상주수의 특성이 골고루 반영될 수 있도록 표본나무를 선정하고, 표본나무별로 수관면적 내에 있는 낙과수를 조사한다.

· 낙과수 확인이 끝나면 낙과 중 100개 이상을 무작위로 추출하고 「과실 분류에 따른 피해인정계수(별표 3)」에 따라 구분하여 해당 과실 개수를 조사한다. (단, 전체 낙과수가 100개 미만일 경우에는 해당 기준 미만으로도 조사 가능)

ⓒ 낙엽률조사 (단감·떫은감에 한함, 우박·일소피해는 제외)

　　㉠ 조사대상주수 기준으로 품목별표본주수표(별표 1-1)의 표본주수에 따라 주수를 산정한다.

　　㉡ 표본주 간격에 따라 표본주를 정하고, 선정된 표본주에 리본을 묶고 동서남북 4곳의 결과지(신초, 1년생 가지)를 무작위로 정하여 각 결과지별로 낙엽수와 착엽수를 조사하여 리본에 기재한 후 낙엽률을 산정한다. (낙엽수는 잎이 떨어진 자리를 센다.)

　　㉢ 사고당시 착과수에 낙엽률에 따른 인정피해율을 곱하여 해당 감수과실수로 산정한다.

　　㉣ 보상하는 손해 이외의 원인으로 감소한 과실의 비율을 조사한다. (별표 2-1 참조)
　　　　　　　　　　　　　└ ● 미보상비율

4 착과피해조사

가. **조사대상**

적과종료이후 대상재해로 사고 접수된 과수원 또는 적과종료이전 우박피해 과수원

나. **대상재해**

우박, 가을동상해

다. **조사 시기** 중요!!

착과 피해 확인이 가능한 시점(수확 전 대상재해 발생 시 계약자는 수확개시 최소 10일 전에 보험가입 농협으로 수확예정일을 통보하고 최초

가을동상해 낙엽율

단감, 떫은감은 낙엽률조사를 하여 잎피해율이 50% 이상의 경우 착화피해 구성률 계산시 정상과실수 × 0.0031 × 수확 잔여일수만큼 피해과로 인정

수확 1일 전에는 조사를 마치며, 착과피해 조사 시 따거나 수확한 과실은 계약자의 비용 부담으로 한다.)

라. 조사방법

① 착과피해조사는 착과된 과실에 대한 피해정도를 조사하는 것으로 해당 피해에 대한 확인이 가능한 시기에 실시하며, 대표품종(적과후착과수 기준 60% 이상 품종)으로 하거나 품종별로 실시할 수 있다.

② 착과피해조사에서는 가장 먼저 착과수를 확인하여야 하며, 이때 확인할 착과수는 적과후착과수조사와는 별개의 조사를 의미한다. 다만, 이전 실시한 착과수조사(이전 착과피해조사 시 실시한 착과수조사 포함)의 착과수와 착과피해조사 시점의 착과수가 큰 차이가 없는 경우에는 별도의 착과수 확인 없이 이전에 실시한 착과수조사 값으로 대체할 수 있다.

③ 착과수 확인은 실제결과주수에서 고사주수, 수확불능주수, 미보상주수 및 수확완료주수를 뺀 조사대상주수를 기준으로 적정 표본주수를 산정하며(별표 1-1 참조), 이후 조사 방법은 위 「적과후착과수조사」 방법과 같다.

④ 착과수 확인이 끝나면 수확이 완료되지 않은 품종별로 표본 과실을 추출한다. 이때 추출하는 표본 과실수는 품종별 1주 이상(과수원당 3주 이상)으로 하며, 추출한 표본 과실을 「과실 분류에 따른 피해인정계수(별표3)」에 따라 품종별로 구분하여 해당 과실 개수를 조사한다. (다만, 거대재해 등 필요시에는 해당 기준 표본수의 1/2만 조사도 가능)

⑤ 조사 당시 수확이 완료된 품종이 있거나 피해가 경미하여 피해구성조사로 추가적인 감수가 인정되기 어려울 때에는 품종별로 피해구성조사를 생략할 수 있다. 대표품종만 조사한 경우에는 품종별 피해상태에 따라 대표품종의 조사 결과를 동일하게 적용할 수 있다.

5 일소피해조사 2021년 업무방법서 개정판에 추가된 내용

가. 조사대상

적과종료이후 일소재해로 사고 접수된 과수원

나. 대상재해

일소

과실 분류에 따른 피해인정계수

피해정도에 따라 정상과, 50%형 피해과실, 80%형 피해과실, 100%형 피해과실로 분류한다.

일소피해 감수과실수

일소피해과실수(=낙과손해과실수+착과손해과실수)는 적과후착과수의 6% 초과시에만 감수과실수로 인정되며, 이하의 경우는 무시한다. 단, 일소로 인한 착과피해 구성률은 MaxA가 될 수 있음에 유의한다.

다. 조사 시기

사고접수 직후 실시(수확기 추가적인 착과피해조사 없음.)

라. 조사방법

① 보상하는 재해 여부 심사

과수원 및 작물 상태 등을 감안하여 약관에서 정한 보상하는 재해로 인한 피해가 맞는지 확인하며, 필요시에는 이에 대한 근거 자료(피해사실확인조사 참조)를 확보할 수 있다. (일소피해로 인한 감수과실수는 보험사고 한 건당 적과후착과수의 6% 초과 시에만 감수과실수로 인정됨 유의)

② 조사 필요 항목 결정

(a) 나무수 조사

㉠ 과수원 내 품종·재배방식·수령별 실제결과주수에서 미보상주수, 고사주수, 수확불능주수를 파악한다.

㉡ 품종·재배방식·수령별 실제결과주수에서 미보상주수, 고사주수, 수확불능주수를 빼고 조사대상주수를 계산한다.

(b) 낙과수조사

낙과수조사는 전수조사를 원칙으로 하며 전수조사가 어려운 경우 표본조사를 실시한다. (착과과실 중 수확이 불가능한 과실은 낙과로 인정할 수 있다.)

㉠ 전수조사

· 낙과수 전수조사 시에는 과수원 내 전체 낙과를 조사한다.

· 낙과수 확인이 끝나면 낙과 중 100개 이상을 무작위로 추출한 표본 과실을 「과실 분류에 따른 피해인정계수(별표 3)」에 따라 구분하여 해당 과실 개수를 조사한다. (단, 전체 낙과수가 100개 미만일 경우 등에는 해당 기준 미만으로도 가능)

㉡ 표본조사

· 조사대상주수를 기준으로 과수원별 전체 표본주수를 산정하되(별표 1-1 참조, 다만 거대재해 등 필요 시 표본조사의 표본주수는 정해진 값의 1/2만으로 조사 가능), 표본주수는 품종·재배방식·수령별 조사대상주수에 비례하여 산정한다.

· 조사대상주수의 특성이 골고루 반영될 수 있도록 표본주를 선정하고, 표본주별로 수관면적 내에 있는 낙과수를 조사한다.

· 낙과수 확인이 끝나면 낙과 중 100개 이상을 무작위로 추출한 표본 과실을 「과실 분류에 따른 피해인정계수(별표 3)」에 따라 구분하여 해당 과실 개수를 조사한다. (단, 전체 낙과수가 100개 미만일 경우 등에는 해당 기준 미만으로도 조사 가능)

ⓒ 착과피해조사

· 착과피해조사에서는 가장 먼저 착과수를 확인하여야 하며, 이때 확인할 착과수는 적과후착과수조사와는 별개의 조사를 의미한다. 다만, 이전 실시한 (적과후) 착과수조사(이전 착과피해조사 시 실시한 착과수조사 포함)의 착과수와 금차 조사 시의 착과수가 큰 차이가 없는 경우에는 별도의 착과수 확인 없이 이전에 실시한 착과수조사 값으로 대체할 수 있다.

· 착과수 확인은 실제결과주수에서 수확완료주수, 미보상주수, 고사주수 및 수확불능주수를 뺀 조사대상주수를 기준으로 적정 표본주수를 산정하며(별표 1-1 참조) 이후 조사 방법은 위 「1항 적과후착과수조사」 방법과 같다.

· 착과수 확인이 끝나면 수확이 완료되지 않은 품종별로 표본 과실을 추출한다. 이 때 추출하는 표본 과실수는 품종별 1주 이상(과수원당 3주 이상)으로 하며, 추출한 표본 과실을 「과실 분류에 따른 피해인정계수(별표 3)」에 따라 품종별로 구분하여 해당 과실 개수를 조사한다. (다만, 거대재해 등 필요 시에는 해당 기준 표본주 과실수의 1/2만 조사도 가능하며, 피해과만 추출하여 조사할 수 있음)

· 조사 당시 수확이 완료된 품종이 있거나 피해가 경미하여 피해구성조사로 추가적인 감수가 인정되기 어려울 때에는 품종별로 피해구성조사를 생략할 수 있다. 대표품종만 조사한 경우에는 품종별 피해상태에 따라 대표품종의 조사 결과를 동일하게 적용할 수 있다.

6 고사나무조사 적과전종합과수4종 모두 특약으로 나무손해를 보장한다.

가. 조사대상

나무손해보장 특약 가입 건 중 사고가 접수된 과수원

나. **대상재해**

자연재해, 화재, 조수해

다. **조사 시기**

수확완료 후 나무손해보장 종료 직전

라. **조사방법**

① 품종별·재배방식별·수령별로 실제결과주수, 수확 완료 전 고사주수, 수확 완료 후 고사주수 및 미보상 고사주수를 조사한다. (수확 완료 전 고사주수는 고사나무조사 이전 조사(착과수조사, 착과피해조사 및 낙과피해조사)에서 보상하는 재해로 고사한 것으로 확인된 주수를 의미하며, 수확 완료 후 고사주수는 보상하는 재해로 고사한 나무 중 고사나무조사 이전 조사에서 확인되지 않은 나무주수를 말한다.)

② 보상하지 않는 손해로 고사한 나무가 있는 경우 미보상 고사주수로 조사한다. (미보상 고사주수는 고사나무조사 이전 조사(적과후착과수조사, 착과피해조사 및 낙과피해조사)에서 보상하는 재해 이외의 원인으로 고사하여 미보상주수로 조사된 주수를 포함한다.)

③ 수확 완료 후 고사주수가 없는 경우(계약자 유선 확인 등)에는 고사나무조사를 생략할 수 있다.

5. 보험금 산정 방법

품목(사과, 배, 단감, 떫은감)의 보험금 산정은 다음과 같다.

1 기준수확량 산정

가. "기준착과수"라 함은 아래의 **3** 착과감소보험금의 산정식, **4** 과실손해보험금의 산정식에 따라 보험금을 산정하기 위해 과수원별로 아래와 같이 계산한다.

① 적과 종료 전에 인정된 착과감소과실수가 없는 과수원
적과후착과수를 기준착과수로 함. 다만, 적과후착과수조사 이후의 착과수가 적과후착과수보다 큰 경우에는 착과수를 기준착과수로 함
　・기준착과수 = 적과후착과수

② 적과 종료 전에 인정된 착과감소과실수가 있는 과수원
위항에서 조사된 적과후착과수에 해당 착과감소과실수를 더하여 기준착과수로 함

기준착과수

적과전종합 이외 타과수의 자기부담감수량은 가입수확량 × 자기부담비율이나, 적과전종합의 경우 자기부담감수량은 기준착과량 × 자기부담비율임에 유의한다.

· 기준착과수 = 적과후착과수 + 착과감소과실수

나. 기준수확량은 위 가에 의해 결정된 기준착과수에 가입과중을 곱하여 산출한다.

· 기준수확량 = 기준착과수 × 가입과중

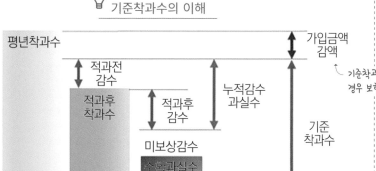

기준착과수의 이해

* 평년착과수의 100%를 가입과실수로 하였을 경우

기준수확량

적과전종합과수에서 보험금 산정의 기준으로 보험가입시 기준은 평년착과량이나, 적과후착과수 조사를 통해 해당과수원의 보험금 산정을 위한 기준을 정하는 것이다. 즉 골프에서의 전반홀 이후 핸디를 정하는 것과 동일한 과정이라 할 수 있다.

↖ 기준착과수가 평년착과수보다 적을 경우 보험가입금액을 감액한다.

2 감수량의 조사결정

가. 적과종료 이전 착과감소량

① 착과감소과실수 = 최솟값(평년착과수 - 적과후착과수, 최대인정감소과실수)

다만, 우박으로 인한 착과피해는 수확 전에 착과를 분류하고, 이에 과실 분류에 따른 피해인정계수(별표 3 참조)를 적용하여 감수과실수를 별도로 산출(이하 "착과 감수과실수 산정방법"이라 합니다)하여, "다. 적과종료이후 감수량"의 누적감수과실수에 더한다.

② 착과감소량은 산출된 착과감소과실수에 가입과중을 곱하여 산출한다. 종합과수는 과중조사를 실시하여 과실 1개당 무게를 결정

③ 가입과중은 보험에 가입할 때 결정한 과실의 1개당 평균 과실무게를 말한다. 한 과수원에 다수의 품종이 혼식된 경우에도 품종과 관계없이 동일하다.

④ 피해사실확인조사에서 "피해규모가 일부"에 국한된 재해만 있는 경우에는 아래 ⑤와 같이 최대인정감소량으로 제한한다.

(a) 착과감소량이 최대인정감소량을 초과하는 경우, 최대인정감소량을 착과감소량으로 한다.

화재나 조수해 등 피해가 과수원의 일부에 국한되는 재해가 발생한 경우, 착과감소량 = min(평년착과량 -적과후착과량, 최대인정감수량)이다. 그러나, 과수원 전체에 피해를 주는 자연재해가 발생한 경우, 착과감소량 = 평년착과량 - 적과후착과량이다.

(b) 최대인정감소량 = 평년착과량 × 최대인정피해율

(c) 최대인정감소과실수 = 평년착과수 × 최대인정피해율

(d) 최대인정피해율 = 피해대상주수(고사주수, 수확불능주수, 일부피해주수) ÷ 실제결과주수

(e) 해당 사고가 2회 이상 발생한 경우에는 사고별 피해대상주수를 누적하여 계산한다.

⑤ 「적과종료 이전 특정위험 5종 한정보장 특별약관」에 가입한 경우에는 아래와 같이 보상하는 재해와 착과감소량을 제한한다.

(a) 적과종료 이전 대상 재해: 태풍(강풍), 우박, 집중호우, 화재, 지진

(b) 착과감소량이 최대인정감소량을 초과하는 경우, 최대인정감소량을 착과감소량으로 한다.

(c) 최대인정감소량 = 평년착과량 × 최대인정피해율

(d) 최대인정감소과실수 = 평년착과수 × 최대인정피해율

(e) 최대인정피해율은 적과종료이전까지 조사한(나무피해율, 낙엽률에 따른 인정피해율, 우박 발생 시 유과타박률) 중 <u>가장 큰 값</u>으로 한다.　　　숫자는 피해율 계산시 의미 없음 ●┐

(f) 나무피해율은 과수원별 유실·매몰·도복·절단(1/2)·소실(1/2)·침수된 주수를 실제결과 주수로 나눈 값. 이때 침수의 경우 나무 별로 침수율을 곱하여 침수 주수를 계산한다.

(g) 낙엽률에 따른 인정피해율은 단감, 떫은감에 한하여 수확년도 6월 1일부터 적과종료 이전까지 태풍(강풍)·집중호우·화재·지진으로 인한 낙엽피해가 발생한 경우 낙엽률을 조사하여 산출한 낙엽률에 따른 인정피해율

[낙엽률에 따른 인정피해율 계산식]

> 인정피해율 = 1.0115 × 낙엽률 − 0.0014 × 경과일수*
>
> * 경과일수: 수확년도 6월 1일부터 낙엽피해 발생일까지 경과된 일수

낙엽률과 인정피해율

단감, 떫은감의 잎은 단감 및 떫은감의 생장에 결정적인 역할 하며, 떨어진 낙엽으로 인하여 낙엽율의 1.0115배만큼 과실에 피해를 입히나, 6월 1일 부터 피해발생일까지 경과일수에 0.0014를 곱하여 낙엽이 떨어지기 이전 잎이 과실의 생장에 기여한 만큼을 빼주는 것이다.

예제	표본주의 낙엽수의 합계 100개, 착엽수의 합계 400개, 경과일수 20일 경우 낙엽 인정피해율은? (단, 인정피해율은 %로 소수점 셋째 자리에서 반올림하시오.)
풀이	낙엽률 = 낙엽수 / (낙엽수 + 착엽수) = 100 / (100 + 400) = 20% 낙엽인정피해율 = 1.0115 × 0.2 − 0.0014 × 20 = **17.43%**

예제	표본주의 낙엽수의 합계 100개, 착엽수의 합계 400개, 경과일수 20일이고, 사고당시 착과수가 20,000개이며, 가입과중은 200g/개일 때, 낙엽으로 인한 감수량은?
풀이	낙엽률 = 낙엽수 / (낙엽수 + 착엽수) = 100 / (100 + 400) = 20%, 낙엽감수 과실수는 20,000개 × 0.1743(낙엽인정피해율) = 3,486개 낙엽감수량 = 3,486개 × 200g/개 = **697.2kg**

사고로 인한 낙엽발생으로 인하여, 사고 당시 감나무에 착과되어 있는 과실 20,000개가 생장에 영향을 받아 697.2kg의 과실감소가 예상된다는 의미

나. 적과종료 이전 자연재해로 인한 적과종료 이후 착과손해

위의 가항에서 '자연재해'로 인하여 착과감소과실수가 발생할 경우에는 아래와 같이 착과율에 따라 착과손해감수과실수를 산출하여 아래 다항의 감수과실수에 더한다.

[착과율*에 따른 감수과실수 계산식] 중요!!

착과율	착과손해 피해율	착과손해감수과실수
60% 미만	5%	적과후착과수 × 착과손해 피해율
60% 이상	5% × $\dfrac{100\% - 착과율}{40\%}$	

* 착과율 = 적과후착과수 ÷ 평년착과수

※ 본항의 내용은 2019년부터 판매한 「적과전종합위험방식Ⅱ」에 적용하며, 「적과종료 이전 특정위험 5종 한정 보장 특별약관」에 가입한 경우에는 착과손해를 인정하지 않는다.

착과손해감소과실수 인정 조건

1. 적과종료이전 특정위험5종 한정보장 특약 미가입하고,
2. 적과전 자연재해로 착과감소가 발생할 것

착과손해감수과실수의 의미

적과전종합위험Ⅱ의 경우 적과 이전 자연재해로 인한 피해발생 시 감수과실수에 대한 구체적인 조사 없이 피해사실확인조사만 실시하므로, 적과전 자연재해로 인한 적과 시점 당시 나무에 착과되어 있던 과실이 입은 피해를 적과후의 감수량에 추가해주는 것이다.

예제	적과전종합위험Ⅱ에 가입한(적과전 특정위험 5종 한정보장 특약은 미가입) 사과 과수원으로 평년착과수 50,000개이며, 적과전에 우박으로 인한 피해가 발생하였고, 적과후착과수가 35,000개일 경우 착과율, 착과손해 피해율 및 착과손해감수과실수를 산출하시오.
풀이	착과율 = 35,000 / 50,000 = 70%, 착과율이 60% 이상이므로 착과손해 피해율 = 5% × (100% − 70%) / 40% = 3.75% 착과손해감수과실수 = 30,000개 × 3.75% = **1,125개**

적과전 자연재해로 적과후 나무에 달려있는 착과과실에 3.75%의 피해를 입어 1,125개의 감수과실이 발생하였다는 의미

다. 적과종료 이후 감수량

① 적과종료이후 감수량 = 누적감수과실수 × 가입과중

② 누적감수과실수는 보험기간 동안의 태풍(강풍)·우박·지진·화재·집중호우·일소·가을동상해로 발생한 감수과실수의 합계로 산정한다. 다만, 일소·가을동상해로 발생한 감수과실수는 부보장 특별약관을 가

입한 경우에는 제외한다.

③ 일소피해로 인한 감수과실수는 보험사고 한 건당 적과후착과수의 6%를 초과하는 경우에만 감수과실수로 인정한다.

④ 감수과실수의 합계에서 보상하지 않는 재해에 의한 감수과실수를 차감하여 적과종료 이후 감수과실수를 산출한다.

⑤ 적과종료 이후 감수량은 적과종료 이후 감수과실수의 합계에 가입과중을 곱하여 산출한다.

⑥ 가입과중은 보험에 가입할 때 결정한 과실의 1개당 평균 과실무게를 말한다. 한 과수원에 다수의 품종이 혼식된 경우에도 품종과 관계없이 동일하다.

⑦ 하나의 보험사고로 인해 산정된 감수량은 동시 또는 선·후차적으로 발생한 다른 보험사고의 감수량으로 인정하지 않는다.

⑧ 보상하는 재해가 여러 차례 발생하는 경우 금차사고의 조사값(낙엽률에 따른 인정피해율, 착과피해구성률, 낙과피해구성률)에서 기사고의 조사값(낙엽률에 따른 인정피해율, 착과피해구성률) 중 <u>최고값</u>을 제외하고 감수과실수를 산정한다.

maxA

⑨ 누적감수과실수(량)는 기준착과수(량)를 한도로 한다.

예제	적과후 10월 15일에 발생한 가을동상해로 착과피해 구성률이 25%의 피해를 입었다. 가을동상해 피해 이전 10월 10일의 우박으로 인하여 착과피해 구성률 15%의 피해를 입었다고 가정할 때, 10월 15일 가을동상해로 인한 착과감소과실수를 산정하시오. (단, 10월 15일 사고당시 착과수는 20,000개이며, 10월 10일 이전 사고는 없었다.)
풀이	착과감소량 = 사고당시착과수 × (금차사고 착과피해 구성률 − maxA) = 20,000개 × (0.25 − 0.15) = **2,000개**

● 금차사고의 착과피해(0.25)는 이전 사고로 인한 착과피해(0.15)에 추가되어 발생한 것이므로

3 착과감소보험금 산정식

가. 지급보험금은 착과감소량이 자기부담감수량을 초과하는 경우, 아래에 따라 계산한다.

① 보험금: (착과감소량 − 미보상감수량 − 자기부담감수량) × 가입가격 × (50%, 70%)

② 착과감소량: 위의 **2** 가. 적과종료 이전 착과감소량 참조

③ 미보상감수량: 보상하는 재해 이외의 원인으로 감소되었다고 평가되

(maxA)

우박 등으로 인한 착과피해는 피해당시 나무에 착과된 모든 과실에 적용되어 감수과실수에 산정되었으므로, 이후 또다른 재해로 착과피해가 발생할 경우 이전 재해로 인한 착과피해 구성률 중 최고값(maxA)만큼 제외하여 감수과실수가 이중으로 산정되는 것을 막는 것이다.

착과감소보험금 계산식의 보장비율 50%, 70%

착과감소보험금 보장비율 (50%, 70%)은 계약할 때 계약자가 선택한 보장수준이며, 70%는 최근 3년간 연속 보험가입 과수원으로 적과전 사고로 보험금 지급이 없는 과수원만이 선택할 수 있다. (1과목 영역)

(미보상감수량)

= (평년착과량 − 적과후착과량) × 미보상비율 + 미보상주수 × 주당 평년착과량

는 부분을 말하며, 계약당시 이미 발생한 피해, 병해충으로 인한 피해 및 제초상태불량 등으로 인한 수확감소량으로 감수량에서 제외된다.

④ 자기부담감수량: 기준수확량에 자기부담비율을 곱한 양으로 한다.

⑤ 가입가격: 보험에 가입할 때 결정한 과실의 kg당 평균 가격을 말한다. 한 과수원에 다수의 품종이 혼식된 경우에도 품종과 관계없이 동일하다.

나. 계산된 보험금이 보험가입금액 × (1 − 자기부담비율)을 초과하는 경우에는 보험가입금액 × (1 − 자기부담비율)을 보험금으로 한다. (단, 보험가입금액 은 감액한 경우에는 감액 후 보험가입금액으로 한다.)

예제	아래의 조건으로 보험에 가입하고,

가입상품명: 적과전종합위험방식 II 가입, 자기부담비율: 20%					
품명	보험가입금액	평년착과수	실제결과주수	가입가격	가입과중
단감	2천만원	20,000개	250주	1000원/Kg	250g

적과후착과수 조사결과 적과후착과수는 15,000개이고, 적과전에 강 풍피해를 입었으며, 영농관리 부실로 인한 미보상비율은 10%, 미보 상나무수는 10개로 조사되었을 때 착과감소량, 미보상감수량 그리고 자기부담감수량을 각각 산정하고 착과감소보험금을 산정하시오. 단, 보장비율은 50%이다.

풀이

- 착과감소량: (평년착과수 − 적과후착과수) × 가입과중 = (20,000 − 15,000) × 0.25 = **1,250kg**

- 미보상감수량: (평년착과량 − 적과후착과량) × 미보상비율 + 미보 상주수 × 1주당 평년착과량 = 1,250kg × 10% + 10개 × (20,000 / 250) × 0.25kg = **325kg** _적과전종합과수에서 미보상감수량을 산정할 때 미보상주수에 의한 감수량을 빠뜨리지 않도록 특히 주의한다._

- 자기부담감수량: 기준수확량 × 자기부담비율 = 20,000개 × 0.25kg × 20% = **1,000kg** _· 기준수확량 = 적과후착과량 + 착과감소량이며, 과수원 전체에 피해를 주는 자연재해로 착과감소가 발생한 경우 기준수확량은 평년수확량과 같다._

- 착과감소보험금: (1250kg − 325kg − 1,000kg) × 1000원/kg × 50%이며, 계산된 값이 0보다 작으므로 착과감소보험금은 **지급되 지 않는다.**

4 과실손해보험금 산정식

가. 지급보험금은 적과종료 이후 누적감수량이 자기부담감수량을 초과하는 경우 아래에 따라 계산한다.

① 보험금: (적과종료이후 누적감수량 − 미보상감수량 − 자기부담감수량) × 가입가격

② 적과종료 이후 누적감수량: 위의 **2** 감수량의 조사결정 중 나목, 다목 참조

③ 미보상감수량: 보상하는 재해 이외의 원인으로 감소되었다고 평가되는 부분을 말하며, 계약당시 이미 발생한 피해, 병해충으로 인한 피해 및 제초상태불량 등으로 인한 수확감소량으로 감수량에서 제외된다.

④ 자기부담감수량: 기준수확량에 자기부담비율을 곱한 양으로 한다. 다만, 산출된 착과감소량이 존재하는 경우에는 착과감소량에서 적과종료 이전에 산정된 미보상감수량을 뺀 값을 자기부담감수량에서 제외한다. 이때 자기부담감수량은 0보다 작을 수 없다.

* 과실손해보험금 산정 시 자기부담감수량 = 과실손해보험금 산정 시 자기부담감수량

* 착과감소량이 존재하지 않는 경우 자기부담감수량

= 기준수확량 × 자기부담비율

* 착과감소량이 존재하는 경우 자기부담감수량 (0 이하이면 0)

= 기준수확량 × 자기부담비율 − (착과감소량 − 적과종료이전 미보상감수량)

⑤ 가입가격: 보험에 가입할 때 결정한 과실의 kg당 평균 가격을 말한다. 한 과수원에 다수의 품종이 혼식된 경우에도 품종과 관계없이 동일하다.

나. 계산된 보험금이 보험가입금액 × (1 − 자기부담비율)을 초과하는 경우에는 보험가입금액 × (1 − 자기부담비율)을 보험금으로 한다. (단, 보험가입금액은 감액한 경우에는 감액 후 보험가입금액으로 한다.)

5 나무손해보장 특별약관의 보험금 산정식

가. 지급보험금은 보험가입금액에 피해율에서 자기부담비율을 차감한 값을 곱하여 산정하며, 피해율은 피해주수(고사된 나무)를 실제결과주수로 나눈 값으로 한다.

① 지급보험금 = 보험가입금액 × (피해율 − 자기부담비율)

② 피해율 = 피해주수(고사된 나무) ÷ 실제결과주수

나. 자기부담비율은 가입한 약관에 따른다.

6 감수과실수 산정

감수과실수 산정은 「품목별 감수과실수 및 피해율 산정 방법(별표 7)」에 따른다. 공식을 정리한 표로 별도로 학습할 필요는 없음 ●━━┘

과실손해보험금의 자기부담감수량

적과전종합II의 자기부담감수량은 기준수확량 × 자기부담비율이며, 보험금은 적과전과 적과후 2회 지급하므로, 적과전 착과감소보험금 계산시 착과감수량에서 자기부담감수량이 차감되었다면 적과후 과실손해보험금 지급시 자기부담감수량은 적과전에 차감된 자기부담감수량을 제외하고 차감되어야 한다. 만약, 적과전에 착과감소보험금이 지급되었을 경우에는 착과감소보험금 산정 시 자기부담감수량이 100% 차감된 것으로 과실손해보험금 산정 시 자기부담감수량은 '0'이다.

나무손해보장 특약의 자기부담비율

적과전종합과수를 포함한 모든 과수 품목의 나무손해보장특약의 자기부담비율은 5%로 동일하며, 지급보험금 산정방법 또한 동일하다.

기출문제 01

다음의 계약사항과 조사내용으로 착과감소과실수 및 적과후 누적감수과실수를 구하시오. (단, 감수과실수는 소수점 첫째 자리에서 반올림하여 정수 단위로 구하시오.) [20점] 제2회, 문제 일부 변경

• 계약사항

상품명	가입특약	평년착과수	가입과실수	실제결과주수
적과전종합위험 II 단감	적과전 특정 5종 한정 적과후 특정 7종 보장	10,000개	10,000개	100주

• 조사내용(수확전 사고)

구분	재해종류	사고일자	조사일자	조사내용
계약일 ~ 적과전	우박	5월 10일	5월 11일	• 유과타박률조사 유과타박률 35% 미보상감수과실수: 없음(미보상비율 0%)
적과후 착과수			7월 10일	적과후착과수 5,000개
적과종료후 ~ 수확이전	태풍	9월 8일	9월 9일	• 낙과피해조사(전수조사) 총낙과수: 1,000개/나무피해없음/미보상감수과실수 없음 피해과실구분: 100% 1,000개 / 80% 0 / 50% 0 / 정상 0 • 낙엽피해조사 낙엽률 30%(경과일수 100일)/미보상비율 0%
	우박	5월 10일	10월 30일	• 수확전 착과피해조사(표본조사) 단, 태풍사고 이후 착과수는 변동 없음 피해과실구분: 100% 4개 / 80% 20개 / 50% 20개 / 정상 56개
수확시작후 ~ 수확종료	가을동상해	11월 4일	11월 5일	• 수확전 착과피해조사(표본조사) 사고당시 착과과실수: 3,000개 피해과실구분: 100% 6개 / 80% 30개 / 50% 20개 / 정상 44개

적과종료후 ~ 수확이전 / 태풍 낙과피해조사:

피해과실구분	100%	80%	50%	정상
과실수	1,000개	0	0	0

적과종료후 ~ 수확이전 / 우박 수확전 착과피해조사:

피해과실구분	100%	80%	50%	정상
과실수	4개	20개	20개	56개

수확시작후 ~ 수확종료 / 가을동상해 수확전 착과피해조사:

피해과실구분	100%	80%	50%	정상
과실수	6개	30개	20개	44개

Key

- 특정위험 5종 한정특약에 가입한 경우와 특정위험 5종 한정특약에 가입하지 않고 화재나 조수해 등 과수원 일부에 피해를 주는 재해로 피해를 입은 경우 '평년착과수 – 적과후착과수'와 '최대인정감수과실수' 중 작은 값을 착과감소과실수로 한다.
- 특정위험 5종 한정특약에 가입한 경우는 착과손해감수과실수는 적용되지 않는다.
- 착과손해감수과실수가 적용되지 않으므로 적과종료후 사고의 감수량 산정에 적용할 첫 maxA=0이며, 감수과실수 계산시 착과피해 구성률에서 maxA를 차감하는 것과 maxA 값의 변화에 유의한다.
- 적과전 우박 적과종료 이후 우박 및 일소 피해 사고 시에는 낙과피해조사를 실시하며, 수확기에 착과피해조사를 실시하므로 위 문제에서 5월 10일 우박피해는 적과종료후 조사내용에 포함된다.

정답

① **착과감소과실수** = min(평년착과수 − 적과후착과수, 평년착과수 × 최대인정피해율)

= min(10,000개 − 5,000개, 10,000개 × 35%) = **3,500개**

[9월 8일자 태풍피해]

· 낙과피해 구성률 = $\dfrac{1{,}000개 \times 100\% + 0개 \times 80\% + 0개 \times 50\%}{1{,}000개}$ = 100%

· 태풍낙과감수과실수 = 총낙과수 × (피해 구성률 − maxA) = 1,000개 × (100% − 0%) = 1,000개

특정위험 5종 한정특약 가입의 경우에 적과후 첫 피해에 적용하는 maxA = 0

· 낙엽률에 따른 인정피해율 = 1.0115 × 낙엽률 − 0.0014 × 경과일수

= 1.0115 × 30% − 0.0014 × 100 = 0.16345 → 16.35%

· 사고당시 착과수 = 적과후착과수 − 적과후누적낙과과실수 − 적과후나무피해 및 기수확과실수

= 5,000개 − 1,000개 − 0개 = 4,000개

· 낙엽에 따른 감수과실수 = 사고당시 착과수 × (낙엽인정피해율 − maxA) × (1 − 미보상비율)

= 4,000개 × (16.35% − 0%) × (1 − 0%) = 654개

· 낙엽 피해에 의한 감수과실수 산정 시에는 미보상비율만큼 감수과실수를 차감한다.

[5월 10일자 우박피해]

· 착과피해 구성률 = $\dfrac{4 \times 1.0 + 20 \times 0.8 + 20 \times 0.5}{4 + 20 + 20 + 56}$ = 0.3 = 30%

· 우박피해 착과감소과실수 = 사고당시 착과과실수 × (착과피해 구성률 − maxA)

= 4,000개 × (30% − 16.35%) = 546개

· 사고일자가 5월 10일이나 조사 당시 착과수를 적용함

[11월 4일자 가을동상해]

· 착과피해 구성률 = $\dfrac{6 \times 1.0 + 30 \times 0.8 + 20 \times 0.5}{6 + 30 + 20 + 44}$ = 0.4 = 40%

· 가을동상해 착과감소과실수 = 사고당시 착과과실수 × (착과피해 구성률 − maxA)

= 3,000개 × (40% − 30%) = 300개

· 30% > 16.35%이므로 maxA = 30%

② **누적감수과실수** = 1,000개 + 654개 + 546개 + 300개 = **2,500개**

기출문제 02

다음의 계약사항과 조사내용에 관한 적과후착과수를 산정한 후 기준착과수 및 누적감수과실수를 구하시오. (단, 감수과실수는 소수점 첫째 자리에서 반올림하여 정수 단위로 구하시오.) [15점]

제3회, 문제 일부 변경

• 계약사항

상품명	가입특약	평년착과수	가입과실수	실제결과주수
적과전종합위험Ⅱ 단감	적과전 특정 5종 한정 적과후 특정 7종 보장	15,000개	15,000개	100주

• 적과후착과수 조사내용 (조사일자: 7월 25일)

품종	수령	실제결과주수	표본주수	표본주 착과수 합
부유	10년	20주	3주	240주
부유	15년	60주	8주	960주
서촌조생	20년	20주	3주	330주

구분	재해종류	사고일자	조사일자	조사내용
계약일 ~ 적과전	우박	5월 15일	5월 16일	• 유과타박률조사 유과타박률: 28%, 미보상비율: 20%
적과종료후 ~ 수확이전	강풍	7월 30일	7월 31일	• 낙과피해조사(전수조사) 총낙과수: 1,000개, 나무피해없음 미보상감수과실수 0개 | 피해과실구분	100%	80%	50%	정상 | | 과실수 | 1,000개 | 0 | 0 | 0 | • 낙엽피해조사 낙엽률 50%(경과일수 60일) / 미보상비율 0%
	태풍	10월 8일	10월 9일	• 낙과피해조사(전수조사) 총낙과수: 500개, 나무피해없음, 미보상감수과실수 0개 | 피해과실구분	100%	80%	50%	정상 | | 과실수 | 200개 | 100개 | 100개 | 100개 | • 낙엽피해조사 낙엽률 60%(경과일수 130일) / 미보상비율 0%
	우박	5월 15일	10월 29일	• 수확전 착과피해조사(표본조사) 단, 태풍사고 이후 착과수는 변동 없음 | 피해과실구분	100%	80%	50%	정상 | | 과실수 | 20개 | 20개 | 20개 | 40개 |
수확시작후 ~ 수확종료	가을 동상해	11월 5일	11월 6일	• 수확전 착과피해조사(표본조사) 사고당시 착과과실수: 3,000개 가을동상해로 인한 잎 피해율: 70%, 잔여일수: 10일 | 피해과실구분	100%	80%	50%	정상 | | 과실수 | 10개 | 20개 | 20개 | 50개 |

Key

• 특정위험 5종 한정보장특약에 가입하였으므로 착과손해감수과실수는 고려하지 않으며, 단감품목이므로 적과후 낙과로 인한 감수과실수 산정 시 1.07(일명 땡칠이)도 적용하지 않는다.

• 착과손해감수과실수를 고려하지 않으므로 적과종료후 사고의 감수량 산정에 적용할 첫 maxA = 0이다.

- 가을동상해로 인한 잎 피해율이 50% 이상일 경우 착과피해 구성률을 계산할 때 분자에 '정상과실수 × 0.0031 × 잔여일수'를 더하는 것에 유의한다.

정답

- 적과후착과수 $= \dfrac{240개}{3주} \times 20주 + \dfrac{960개}{8주} \times 60주 + \dfrac{330개}{3주} \times 20주 = 11,000개$

- 착과감소과실수 = min(평년착과수 − 적과후착과수, 평년착과수 × 최대인정피해율)

    = min(15,000개 − 11,000개, 15,000 × 28%) = 4,000개

① **기준착과수 = 적과후착과수 + 착과감소과실수 = 11,000개 + 4,000개 = 15,000개**

[7월 30일자 강풍피해]

- 낙과피해 구성률 $= \dfrac{1,000개 \times 100\% + 0개 \times 80\% + 0개 \times 50\%}{1,000개} = 100\%$

- 강풍낙과감수과실수 = 총낙과수 × (피해 구성률 − maxA) = 1,000개 × (100% − 0%) = 1,000개

- 낙엽률에 따른 인정피해율 = 1.0115 × 낙엽률 − 0.0014 × 경과일수 ← 적과전종합위험 II 가 아니므로 maxA=0으로 시작

    = 1.0115 × 50% − 0.0014 × 60 = 0.42175 → 42.18%

- 사고당시 착과수 = 적과후착과수 − 적과후누적낙과과실수 − 적과후나무피해 및 기수확과실수

    = 11,000개 − 1,000개 = 11,000개 − 0개 = 10,000개

- 낙엽에 따른 감수과실수 = 사고당시 착과수 × (낙엽인정피해율 − maxA) × (1 − 미보상비율) ← 낙엽 피해에 의한 감수과실수 산정 시에는 미보상비율만큼 감수과실수를 차감한다.

    = 10,000개 × (42.18% − 0%) × (1 − 0%) = 4,218개

[5월 15일자 우박피해]

- 착과피해 구성률 $= \dfrac{20개 \times 1.0 + 20개 \times 80\% + 20개 \times 50\%}{100개} = 0.46 = 46\%$

- 우박피해 착과감소과실수 = 사고당시 착과수 × (착과피해 구성률 − maxA)

    = 10,000개 × (46% − 42.18%) = 382개

[11월 5일자 가을동상해]

- 착과피해 구성률 $= \dfrac{10개 \times 1.0 + 20개 \times 80\% + 20개 \times 50\% + \overbrace{50개 \times 0.0031 \times 10}}{100개} = 0.3755 =$ 37.55%

    잎피해율이 50% 이상인 경우 '정상과실수 × 0.0031 × 잔여일수'를 더함

- 가을동상해 착과감소과실수 = 사고당시 착과수 × (착과피해 구성률 − maxA)

    = 3,000개 × (37.55% − 46%) → 0개

② **누적감수과실수 = 1,000개 + 4,218개 + 382개 + 0개 = 5,600개**

다음의 계약사항과 조사내용으로 ① 적과후착과수, ② 기준착과수, ③ 누적감수과실수의 계산과정과 값을 각각 구하시오. (단, 적과후착과수, 기준착과수, 누적감수과실수는 소수점 첫째 자리에서 반올림하여 정수 단위로 구하시오.) [15점]   제4회, 문제 유형 참고, 문제 풀이 없음

• 계약사항

상품명	가입특약	적과종료전 사고인정피해율	평년 착과수	가입 과실수	실제 결과주수
적과전종합위험방식 사과	일소피해 특약 가을동상해 특약	100%	50,000개	40,000개	500주

• 조사내용(수확전 사고)

구분	재해종류	사고일자	조사일자	조사내용
계약일 ~ 적과전	강풍	5월 30일	6월 1일	• 피해사실확인조사: 피해 있음(풍속 20.0m/s) • 종합나무피해조사 고사주수: A품종 50주 (A품종 1주당 평년착과수 100개) B품종 0주 (B품종 1주당 평년착과수 100개) • 미보상비율: 30%
적과후 착과수			7월 3일	<table><tr><td>품종</td><td>재배 방식</td><td>수령</td><td>실제 결과주수</td><td>표본 주수</td><td>표본주 착과수 합계</td></tr><tr><td>A품종</td><td>일식</td><td>9</td><td>200</td><td>7</td><td>840</td></tr><tr><td>B품종</td><td>일식</td><td>9</td><td>300</td><td>13</td><td>1,690</td></tr></table>* 고사주수, 미보상주수, 기수확주수: 없음
적과종료후 ~ 수확이전	일소	8월 15일	8월 16일	• 낙과피해조사(전수조사) 총낙과과실수: 1,000개<table><tr><td>피해과실구분</td><td>100%</td><td>80%</td><td>50%</td><td>정상</td></tr><tr><td>과실수</td><td>80개</td><td>0개</td><td>0개</td><td>20개</td></tr></table>
	일소	8월 15일	10월 25일	• 수확전 착과피해조사(표본조사) 단, 태풍사고 이후 착과수는 변동 없음<table><tr><td>피해과실구분</td><td>100%</td><td>80%</td><td>50%</td><td>정상</td></tr><tr><td>과실수</td><td>0개</td><td>50개</td><td>20개</td><td>130개</td></tr></table>
수확시작후 ~ 수확종료	우박	11월 10일	11월 11일	• 수확시작 후 착과피해조사(표본조사) 사고당시 착과과실수: 5,000개<table><tr><td>피해과실구분</td><td>100%</td><td>80%</td><td>50%</td><td>정상</td></tr><tr><td>과실수</td><td>0개</td><td>100개</td><td>40개</td><td>60개</td></tr></table>• 낙과피해조사(전수조사) 총낙과과실수: 500개<table><tr><td>피해과실구분</td><td>100%</td><td>80%</td><td>50%</td><td>정상</td></tr><tr><td>과실수</td><td>90개</td><td>0개</td><td>0개</td><td>10개</td></tr></table>

다음의 계약사항과 조사내용에 따른 ① 착과감소보험금, ② 과실손해보험금, ③ 나무손해보험금을 구하시오. 단, 착과감소보험금의 보장비율은 70%이다. [15점]   제5회, 문제 일부 변경

• 계약사항

상품명	특약	평년 착과수	가입과중	가입가격	실제결과 주수	자기부담률	
적과전종합Ⅱ 단감	5종한정보장 나무손해보장	75,000개	0.4kg /개	1,000원/ kg	750주	과실	10%
						나무	5%

• 조사내용(수확전 사고)

구분	재해종류	사고일자	조사일자	조사내용
계약일 ~ 적과전	강풍	5월 30일	6월 1일	• 피해사실확인조사 – 표본의 피해유과, 정상유과는 각각 66개, 234개 – 미보상비율: 30%
	집중호우	6월 25일	6월 26일	• 피해사실확인조사 <table><tr><td>피해형태</td><td>유실</td><td>침수</td><td>고사</td><td>미보상</td></tr><tr><td>주수</td><td>100</td><td>40</td><td>90</td><td>20</td></tr></table> – 침수꽃(눈)·유과수의 합계: 210개 – 미침수꽃(눈)·유과수의 합계: 90개 – 미보상비율 20%
적과후 착과수조사			6월 26일	• 적과후착과수조사 <table><tr><td>피해형태</td><td>실제결과 주수</td><td>조사대상 주수</td><td>표본주 1주당 착과수</td></tr><tr><td>A품목</td><td>390</td><td>300</td><td>140</td></tr><tr><td>B품목</td><td>260</td><td>200</td><td>100</td></tr></table>
적과종료 이후	태풍	9월 8일	9월 10일	• 낙과피해조사 – 총 낙과수: 5,000개(전수조사) <table><tr><td>피해과실구분</td><td>100%</td><td>80%</td><td>50%</td><td>정상</td></tr><tr><td>과실수</td><td>1,000</td><td>2,000</td><td>0</td><td>2,000</td></tr></table> – 조사대상주수 50주 강풍절단(A품목 30주, B품목 20주) 피해 구성률: 100% – 낙엽피해표본조사: 낙엽수 180개, 착엽수 120개 – 경과일수: 100일
	우박	5월 3일	11월 4일	• 착과피해조사 <table><tr><td>피해과실구분</td><td>100%</td><td>80%</td><td>50%</td><td>정상</td><td>병충해</td></tr><tr><td>과실수</td><td>20</td><td>10</td><td>10</td><td>50</td><td>10</td></tr></table>

* 적과 이후 자연낙과 등은 감안하지 않으며, 무피해나무의 평균착과수는 적과후착과수의 1주당 평균착과수와 동일한 것으로 본다.
* 나무특약의 보험가입금액은 1주당 10만원을 적용한 것으로 본다.

- 특정위험 5종 한정특약에 가입한 경우 '평년착과수 – 적과후착과수'와 '최대인정감수과실수' 중 작은 값을 착과감소과실수로 한다.
- 최대인정피해율은 적과종료이전의 피해율(나무피해율, 낙엽률에 따른 인정피해율, 우박 발생 시 유과타박률) 중 가장 큰 값으로 한다.
- 특정위험 5종 한정특약에 가입한 경우는 착과손해감수과실수는 적용되지 않는다.
- 착과손해감수과실수가 적용되지 않으므로 적과종료후 사고의 감수량 산정에 적용할 첫 maxA = 0이다.

정답

- 적과후착과수 = 140개/주 × 300주 + 100개/주 × 200주 = 62,000개
- 유과타박률 = $\frac{66}{66+234}$ = 0.22 = 22%

유실 및 고사 나무에 있는 과실은 100% 손실로 인정하고, 침수나무에 있는 과실은 일부(1–침수율) 수확이 가능하므로

- 침수율 = $\frac{210}{210+90}$ = 0.7 = 70%, 따라서 나무피해율 = $\frac{100 + 90 + 40 × 0.7}{750}$ = 0.2907 = 29.07%
- 최대인정피해율 = max(유과타박률, 나무피해율) = 29.07%
- 착과감소과실수 = min(평년착과수 – 적과후착과수, 평년착과수 × 최대인정피해율)

  = min(75,000 – 62,000, 75,000 × 29.07%) = min(13,000, 21,802.5) = 13,000개

따라서, 착과감소량 = 착과감소과실수 × 개당 과중 = 13,000개 × 0.4kg/개 = 5,200kg

- 기준수확량 = 적과후착과량 + 착과감소량 = 62,000개 × 0.4kg/개 + 5,200kg = 30,000kg
- 미보상감수량 = 착과감소량 × 미보상비율 + 미보상주수 × 1주당 평년착과량

  = 5,200kg × 0.3 + 20주 × $\frac{75,000개}{750주}$ × 0.4kg/개 = 2,360kg

- 자기부담감수량 = 기준수확량 × 자기부담비율 = 30,000kg × 10% = 3,000kg

2020년까지는 80%로 고정, 2021년부터는 보장비율 50% / 70%로 계약 시 결정

① **착과감소보험금** = (착과감소량 – 미보상감수량 – 자기부담감수량) × 가입가격 × 보장비율

  = (5,200kg – 2,360kg – 3,000kg) × 1,000원/kg × 70%

  = -160kg × 1,000원/kg × 70% 〈 0이므로 **지급하지 않음.**

  적과 이후 과실손해보험금 계산시 자기부담감수량으로 사용됨

'착과감소량 – 미보상감수량'은 보상하는 감수량을 의미하며, 보상하는 감수량에서 계약자가 부담하기로 한 자기부담감수량을 제한 감수량만을 보상하는 것이다.

[9월 8일 태풍피해]

- 낙과피해 구성률 = $\frac{1,000개 × 1.0 + 2,000개 × 0.8}{5,000개}$ = 0.52 = 52%

누적감수과실수 산정 시 누락하지 않도록 감수과실수 산정 시 밑줄 등으로 표시해두자.

- 낙과감수과실수 = 5,000개 × (52% – maxA) = 5,000 × (52% – 0%) = 2,600개
- 나무피해감수과실수 = 고사주수 × 무피해나무평균착과수 × (피해 구성률 – maxA)

  = (30주 × 140개/주 + 20주 × 100개/주) × (100% – 0) = 6,200개

- 낙엽인정피해율 = 1.0115 × 낙엽률 – 0.0014 × 경과일수

  = 1.0115 × $\frac{180}{180 + 120}$ – 0.0014 × 100 = 0.4669 = 46.69%

- 낙엽피해감수과실수 = 사고당시 착과과실수 × (낙엽인정피해율 − maxA)

   = (적과후착과수 − 총낙과수 − 총나무피해감수과실수) × (46.69% − 0)

   = (62,000 − 5,000 − 6,200) × 46.69% = 50,800 × 0.4669 = 23,718.5 → 23,719개

[5월 3일 우박피해] 우박피해는 9월 8일 태풍피해 이전에 발생하였지만, 가장 마지막에 피해가 발생한 것으로 하여 maxA 등을 적용한다.

- 착과피해 구성률 = $\dfrac{20개 × 1.0 + 10개 × 0.8 + 10개 × 0.5}{100개}$ = 0.33 = 33%

- 착과감수과실수 = 사고당시 착과과실수 × (피해 구성률 − maxA)

   = 50,800개 × (33% − 46.69%) < 0이므로, 착과손해감수과실수 = 0

- 적과 이후 누적감수량 = (2,600개 + 6,200개 + 23,719개 + 0개) × 0.4kg/개 = 13,008kg

적과전 감소과실수가 있었음에도 착과감소보험금이 지급되지 않았으므로,

- 자기부담감수량 = 적과전 자기부담감수량 − (착과감소량 − 적과전미보상감수량) = 3,000 − (5,200 − 2,360) = 160kg

   → 착과감소보험금 산정 시의 '착과감소량−미보상감수량−자기부담감수량' 값이 '−'인 경우이며, 이 값의 절대값이다.

② 과실손해보험금 = (적과종료 이후 누적감수량 − 미보상감수량 − 자기부담감수량) × 가입가격

   = (13,008kg − 0kg − 160kg) × 1,000원/kg = **12,848,000원**

- 나무피해율 = $\dfrac{적과전(유실나무 + 고사나무) + 적과후 절단나무}{실제결과주수}$ = $\dfrac{100 + 90 + 50}{750}$ = 0.32 = 32%

③ 나무손해보험금 = 가입금액 × (피해율 − 자기부담비율) = 750주 × 10만원/주 × (32% − 5%)

   = **20,250,000원**

 품목, 피해종류, 특약가입여부에 따른 주요변수 적용 반드시 숙지할 것!

시기	변수	적용조건	적용값
적과전	착과감소과실수	5종한정특약[1] 가입하였거나 5종한정특약 미가입하고 피해규모 일부	= Min(평년착과수 − 적과후 착과수, 최대인정감수과실수[2])
		5종한정특약 미가입하고 피해규모 전체	= 평년착과수 − 적과후착과수
적과후	착과손해감수 과실수	5종한정특약 미가입하고 적과전 자연재해	= 적과후착과수 × 착과손해 피해율[3]
		5종한정특약 가입하였거나 기타재해[4]	인정 안 함
	첫 maxA	5종한정특약 미가입하고 적과전 자연재해	= 착과손해 피해율[3]
		5종한정특약 가입하였거나 기타재해[4]	= 0%
	낙과감수과실수 × 1.07 적용	사과, 배 품목이 태풍(강풍), 집중호우, 지진, 화재로 낙과발생	적용
		단감, 떫은감 품목	미적용

1 위 표에서 5종한정특약이라 함은 '적과종료이전 특정위험 5종 한정보장 특별약관'을 의미함.

2 최대인정감수과실수 = 평년착과수 × 최대인정피해율

3 착과손해 피해율 = 5% × { (100% − 착과율) / 40% }

4 기타재해라 함은 '적과전 자연재해 이외의 원인'으로 착과피해를 입은 경우를 의미함.

다음의 계약사항과 조사내용을 참조하여 착과감소보험금을 구하시오. (단, 착과감소량은 소수점 첫째 자리에서 반올림하여 다음 예시와 같이 구하시오. 예시: 123.4kg → 123kg) [5점]

제6회. 문제 일부 변경

• 계약사항 (해당 과수원의 모든 나무는 단일 품종, 단일 재배방식, 단일 수령으로 함)

품목	가입금액	평년착과수	자기부담비율
사과 (적과전종합II)	24,200,000원	27,500개	15%

가입과중	가입가격	나무손해 보장특약	적과종료 이전 특정위험 5종 한정보장 특약	착과감소보험금 보장비율
0.4kg	2,200원/kg	미가입	미가입	50%

• 조사내용

구분	재해종류	사고일자	조사일자	조사내용
계약일 ~적과종료 이전	조수해	5월 5일	5월 7일	· 피해규모: 일부 · 금차 조수해로 죽은 나무수: 44주 · 미보상비율: 5%
	냉해	6월 7일	6월 8일	· 피해규모: 전체 · 냉해피해 확인 · 미보상비율: 10%
적과후 착과수조사			7월 23일	· 실제결과주수: 110주 · 적과후착과수: 15,500개 · 1주당 평년착과수: 250개

Key

• 적과전 피해사실확인조사 결과 "피해규모 일부"만 접수된 건 또는 "적과종료이전 특정위험 5종 한정 보장특별약관" 가입 건의 경우, 착과감소량이 최대인정감수량을 초과하는 경우에는 최대인정감수량을 착과감소량으로 한다. 즉, 위 두 가지 경우에 해당하지 않은 경우 "착과감소량 = 평년착과량 − 적과후 착과량"이다.

• 적과전사고에서 미보상감수과실수를 산정하기 위한 미보상비율은 조사값 중 가장 큰 값을 적용한다.

정답 ──── 피해규모가 일부인 재해와 피해규모가 전체인 재해가 모두 발생한 경우는 피해규모가 전체 발생한 재해로 인정

6월 7일 냉해로 피해규모가 전체로 확인되었으므로,

• 착과감소과실수 = 평년착과수 − 적과후착과수 = 27,500개 − 15,500개 = 12,000개

• 미보상감수과실수 = 12,000개 × 10% = 1,200개

• 기준착과수 = 적과후착과수 + 착과감소과실수 = 15,500개 + 12,000개 = 27,500개

• 자기부담감수과실수 = 기준착과수 × 자기부담비율 = 27,500개 × 15% = 4,125개

• 착과감소보험금 = (착과감소과실수 − 미보상감수과실수 − 자기부담감수과실수) × 가입과중 × 가입가격 × 보장비율 = (12,000개 − 1,200개 − 4,125개) × 0.4kg/개 × 2,200원/kg × 50% = **2,937,000원**

2021부터 보장비율 50% / 70%로 계약 시 결정 ●

다음은 적과전종합위험방식 과수 품목의 피해사실확인조사 후 추가조사 시 유과타박률에 대한 내용이다. 다음의 내용을 보고 괄호 안에 알맞은 내용을 쓰시오.

- 적과 종료전의 착과된 유과 및 꽃눈 등에서 (①)으로 피해을 입은 유과(꽃눈)의 비율을 조사한다.
- 표본주수는 (②)를 기준으로 품목별로 표본주수표의 표본주수에 따라 표본주수에 해당하는 수만큼 표본주를 선정한 후 (③)를 부착한다.
- 선정된 표본주마다 동서남북 4곳의 가지에 각 가지별로 (④)개 이상의 유과(꽃눈 등)을 표본으로 추출하여 피해유과(꽃눈 등)와 정상유과(꽃눈 등)의 개수를 조사한다.

정답
① 우박   ② 조사대상주수   ③ 리본   ④ 5

다음은 적과전종합위험방식 과수 품목의 피해사실확인조사 후 추가조사 시 침수피해나무수 산정방법에 관한 내용이다. 다음의 내용을 보고 괄호 안에 알맞은 내용을 쓰시오.

- 표본주는 품종·재배방식·수령별 침수피해를 입은 나무 중 가장 (①) 나무로 (②) 이상 선정한다.
- 표본주의 침수된 착과수와 전체 착(화)과수를 조사한다.
- 침수피해인정주수 = (③) × 침수율
- 침수율 = 침수된 착과수 / (④)

정답
① 평균적인   ② 1주   ③ 침수주수   ④ 전체 착과수

적과전종합위험방식 과수 품목의 적과종료 이전 '자연재해'로 인하여 착과감소과실수가 발생할 경우에는 착과율에 따라 착과손해 감수과실수를 산출한다. 다음의 구분에 따라 착과손해감수과실수를 산정하는 공식을 쓰시오.

> ① 적과후착과수가 평년착과수의 60% 미만인 경우
>
> ② 적과후착과수가 평년착과수의 60% 이상인 경우

정답

① 적과후착과수 × 5%   ② 적과후착과수 × 5% × $\dfrac{100\% - 착과율}{40\%}$

핵심문제 04

다음은 적과전종합위험Ⅱ 과수상품에 가입한 사과과수원의 피해사실확인조사 및 적과후착과수 조사 내용이다. 다음의 조사내용을 보고 ① 착과감소과실수, ② 기준착과수, ③ 미보상감수과실수를 산정하시오. (단, 해당과수원은 적과종료이전 특정위험 5종 한정보장 특별약관에는 미가입하였고, 평년착과수는 45,000개이다.)

> 1. 피해사실 확인조사: 3월 25일 강풍으로 인한 피해 확인됨
> 2. 적과후착과수 조사
>   · 실제결과주수: 400주, 고사주수: 20주, 미보상주수: 5주
>   · 표본주: 10주, 표본주 착과수 합계: 1,150개
>   · 미보상비율: 10%

Key

· 적과전종합위험Ⅱ의 계산문제와 관련된 문제풀이의 시작은 적과후착과수 산정이다.

· 기준착과수를 계산하기 위하여는 착과감소과실수가 필요하고 적과전 피해사실확인조사 결과 "피해규모 일부"만 접수된 건 또는 "적과종료이전 특정위험 5종 한정 보장특별약관" 가입 건의 경우, 착과감소과실수가 최대인정감수과실수를 초과하는 경우에는 최대인정감수과실수를 착과감소과실수로 한다. 그러나, 위 두 가지 경우에 해당하지 않은 경우 "착과감소과실수 = 평년착과수 - 적과후착과수"이다.

· 위 문제에서 강풍은 과수원 일부가 아닌 과수원 전체에 피해를 입히는 재해이므로 착과감소과실수 = 평년착과수 - 적과후착과수이다.

· 미보상주수에 의한 감수과실수 = 미보상주수 × 주당 평년착과수이다. 주당 평년착과수를 적과후착과수 조사 시의 표본주당 착과수로 계산하지 않도록 유의한다.

정답

적과후착과수: $\dfrac{1,150개}{10주}$ × (400주 - 20주 - 5주) = 43,125개

① **착과감소과실수**: 평년착과수 - 적과후착과수 = 45,000개 - 43,125개 = **1,875개**

$$\text{기준착과수} = \text{평년착과수이다.} \bullet$$

② **기준착과수**: 적과후착과수 + 착과감소과실수 = 43,125개 + 1,875개 = **45,000개**

③ **미보상감수과실수**: 착과감소과실수 × 미보상비율 + 미보상주수 × 주당 평년착과수

$$= 1,875\text{개} \times 10\% + 5\text{주} \times \frac{45,000\text{개}}{400} = \textbf{750개}$$

> 미보상감수과실수 산정 시 미보상주수에 의한 감수량을 더하는 것을 잊지 않도록 유의한다.

핵심문제 05

적과전종합위험Ⅱ 상품에 가입한 배 과수원이 적과종료이전 강풍으로 피해를 입었다. 다음의 내용을 보고 적과종료 이전 강풍으로 인한 적과종료 이후 ① 착과손해 피해율 및 ② 착과손해 감수과실수 산정하시오. (단, 해당과수원은 적과종료이전 특정위험 5종 한정보장 특별약관에는 미가입하였으며, 착과손해 피해율은 % 단위로 소수점 셋째 자리에서 반올림하여 둘째 자리까지, 착과손해 감수과실수는 소수점 첫째 자리에서 반올림하여 정수 단위로 구하시오.)

- 평년착과수: 60,000개
- 실제결과주수: 400주, 고사주수: 5주, 미보상주수: 0주
- 표본주: 10주, 표본주 착과수 합계: 1,200개

Key
- 착과손해감수과실수는 1. 적과종료이전 특정위험 5종 한정 보장특별약관 미가입하고 2. 적과전 자연재해로 착과감소가 발생한 경우에 산정한다.
- 적과전종합위험Ⅱ의 계산문제와 관련된 문제풀이의 시작은 적과후착과수 산정이다.

정답
- 적과후착과수 $= \dfrac{1,200\text{개}}{10\text{주}} \times (400\text{주} - 5\text{주}) = 47,400\text{개}$
- 착과율 $= \dfrac{\text{적과수착과수}}{\text{평년착과수}} = \dfrac{47,400\text{개}}{60,000\text{개}} = 0.79 = 79\%$

착과율이 60% 이상이므로,

> 착과율이 높을수록 착과손해 피해율은 낮아진다. •

① **착과손해 피해율** = 5% × $\dfrac{100\% - \text{착과율}}{40\%}$ = 5% × $\dfrac{100\% - 79\%}{40\%}$ = 0.02625 → **2.63%**

② **착과손해 감수과실수** = 적과후착과수 × 착과손해 피해율 = 47,400개 × 2.63% = 1,246.6 → **1,247개**

적과전종합위험Ⅱ 상품에 가입(적과종료이전 특정위험 5종 한정보장 특별약관에 가입)한 사과 과수원이 적과종료 이후 태풍으로 다음과 같이 낙과피해를 입었다. 다음의 내용을 보고 낙과감수과실수를 산정하시오. (단, 낙과감수과실수는 소수점 첫째 자리에서 반올림하여 정수 단위로 구하시오.)

- 총낙과수: 6,000개
- 낙과된 과실 중 100개를 대상으로 피해구성조사: 정상과실 10개, 100%형 피해과실 40개,
  80%형 피해과실 40개, 50%형 피해과실 10개

Key

- 낙과감소과실수에 1.07를 곱하기 위하여는 1. 품목이 사과/배이며, 2. 적과종료후 태풍(강풍), 집중호우, 지진, 화재로 인한 낙과일 경우에 해당한다.
- 적과종료후 감수과실수 산정 시 maxA를 잊지 않도록 하며, 적과종료이전 특정위험 5종 한정보장 특약에 가입한 경우 첫 사고에 적용하는 maxA = 0이다.

정답

- 낙과피해 구성률 $= \dfrac{40개 \times 1.0 + 40개 \times 0.8 + 10개 \times 0.5}{100개} = 0.77 = 77\%$

- 낙과감수과실수 = 총낙과수 × (낙과피해 구성률 − maxA) × 1.07 = 6,000개 × (0.77 − 0) × 1.07

  = 4,943.4개 → **4,943개**   적과종료이전 특정위험 5종 한정보장 특약에 가입하였으므로,
  maxA = 0

적과전종합위험Ⅱ 과수상품에 (적과종료이전 특정위험 5종 한정보장 특약 미가입) 가입한 단감 과수원의 계약사항과 조사내용이 다음과 같을 때 ① 종합위험 착과감소보험금과 ② 특정위험 과실손해보험금을 산출하시오. 단, 감수과실수 및 감수량은 소수점 첫째 자리에서 올림하시오.

• 계약사항: 착과감소보험금 보장비율 50%

상품명	평년착과수	가입과중	가입가격	자기부담비율
적과전종합위험Ⅱ 단감	20,000개	400g/개	2,000원/kg	20%

• 조사내용

- 적과전 강풍 피해발생
- 적과전 미보상감수과실수: 1,500개
- 적과후착과수: 15,000개
- 적과종료 이후 감수과실수: 3,000개

- 적과종료이전 특정위험 5종 한정보장 특약 미가입이고, 적과전 자연재해로 착과감소과실수가 발생하였으므로, 적과후 누적감수량 산정 시 착과손해감수과실수를 가산하는 것을 잊지 않는다.
- 적과전 착과감소로 인한 보험금 지급여부에 따른 적과후 자기부담감수량의 유무와 적과후 자기부담감수량의 계산 방법을 정확히 이해하고 있는지 확인한다.

정답

① 종합위험 착과감소보험금

- 착과감소과실수 = 평년착과수 − 적과후착과수 = 20,000 − 15,000 = 5,000개

적과전 피해규모가 전체인 자연재해(강풍)으로 착과감소과실수가 있으므로,

- 기준착과수 = 적과후착과수 + 착과감소과실수 = 15,000 + 5,000 = 20,000개
- 자기부담감수과실수 = 기준착과수 × 자기부담비율 = 20,000 × 20% = 4,000개
- 착과감소보험금 = (착과감소과실수 − 미보상감소과실수 − 자기부담감수과실수) × 가입과중 × 가입가격 × 보장비율 = (5,000 − 1,500 − 4,000) × 0.4kg × 2,000원 × 50%

(5,000 − 1,500 − 4,000) 〈 0이므로 착과감소보험금은 **지급되지 않음.**

→ (5000,−1,500−4,000)의 절대값, 즉 500개가
적과후 특정위험과실손해보험금 산정 시 자기부담과실수이다.

② 특정위험 과실손해보험금

적과전종합위험Ⅱ에 가입하고 적과전 자연재해로 착과감소과실수가 발생하였으므로 적과종료 이후 착과감소량에 착과율에 따른 착과손해감수과실수를 가산하여야 한다.

- 착과율 = 15,000 / 20,000 = 75%이므로
- 착과손해감수과실수 = 15,000 × 5% × $\dfrac{100\% - 75\%}{40\%}$ = 468.75 → 469개

적과전 감소과실수가 있었음에도 착과감소보험금이 지급되지 않았으므로,

- 자기부담감수과실수 = 4,000 − (5,000 − 1,500) = 500개
- 특정위험과실손해보험금 = (적과종료이후 누적감수량 + 착과손해감수량 − 미보상감수량 − 자기부담감수량) × 가입가격 = (3,000 + 469 − 0 − 500) × 0.4kg × 2,000원/kg = **2,375,200원**

핵심문제 08

다음의 계약사항과 조사내용으로 착과감소보험금 및 과실손해보험금을 구하시오. (단, 적과후착과수, 누적감수과실수는 소수점 첫째 자리에서 반올림하여 정수 단위로, 피해율은 % 단위로 소수점 셋째 자리에서 반올림하여 둘째 자리까지 다음의 예시와 같이 구하시오. 예시: 0.12345 → 12.35%로 기재)

제2회, 기출문제 일부 내용 변경

- 계약사항: 착과감소보험금 보장비율 70%

상품명	가입특약	평년착과수	가입과중	가입가격	실제결과주수	자기부담비율
적과전종합위험Ⅱ 단감	없음	10,000개	200g/개	2,000원/kg	100주	20%

- 조사내용

구분	재해종류	사고일자	조사일자	조사내용
계약일 ~ 적과전	우박	5월 10일	5월 11일	• 유과타박률 조사: 피해 있음 • 미보상비율: 10%, 미보상나무수: 0
적과후 착과수조사			7월 10일	• 적과후착과수: 5,000개
적과종료 후	태풍	9월 8일	9월 9일	• 낙과피해조사(전수조사) 총낙과수: 1,000개 / 나무피해 없음 | 피해과실구분 | 100% | 80% | 50% | 정상 | | 과실수 | 1,000 | 0 | 0 | 0 | • 낙엽피해조사 낙엽률 30%(경과일수 100일) / 미보상비율 10%
	우박	5월 10일	10월 30일	• 수확전 착과피해조사(표본조사) 단, 태풍사고 이후 착과수는 변동 없음 | 피해과실구분 | 100% | 80% | 50% | 정상 | | 과실수 | 4 | 20 | 20 | 56 |
	가을 동상해	11월 4일	11월 5일	• 가을동상해 착과피해조사(표본조사) 사고당시 착과 과실수: 3,000개 | 피해과실구분 | 100% | 80% | 50% | 정상 | | 과실수 | 6 | 30 | 20 | 44 |

Key
- 특정위험 5종 한정보장 특약에 가입하지 않았고, 과수원전체에 피해를 주는 우박으로 인한 피해이므로 "착과감소과실수 = 평년착과수 − 적과후착과수"이다.
- 특정위험 5종 한정보장 특약에 가입하지 않았고, 적과전 자연재해로 착과감소과실수가 발생하였으므로, 적과후 누적감수량에 착과손해감수과실수를 가산하는 것을 잊지 않는다.
- 낙엽에 의한 감수과실수 산정 시 미보상비율만큼 감소과실수에서 차감하는 것에 유의한다.

정답
① 착과감소보험금
- 착과감소과실수 = 평년착과수 − 적과후착과수 = 10,000개 − 5,000개 = 5,000개
- 기준착과수 = 적과후착과수 + 착과감소과실수 = 5,000개 + 5,000개 = 10,000개
- 미보상감수과실수 = 착과감소과실수 × 미보상비율 + 미보상나무수 × 주당착과수
  = 5,000개 × 10% + 0 = 500개

> 특정위험 5종 한정보장 특병약관에 미가입하고 조수해나 화재로 인한 피해가 아닌 경우 기준착과수=평년착과수이다.

- 자기부담감수과실수 = 기준착과수 × 자기부담비율 = 10,000개 × 20% = 2,000개
- 착과감소보험금 = (착과감소량 − 미보상감수량 − 자기부담감수량) × 가입가격 × 보장비율

  = (5,000개 − 500개 − 2,000개) × 0.2kg/개 × 2,000원/kg × 70% = **700,000원**

② 과실손해보험금

[적과전 자연재해로 인한 적과후 착과손해]

- 착과율 = 적과후착과수/평년착과수 = 5,000개/10,000개 = 50% ●— 기준착과수가 아님에 유의

- 착과손해 피해율 = 5%(착과율이 60% 미만이므로)
  └─● maxA

- 착과손해감수과실수 = 적과후착과수 × 착과손해 피해율

  = 5,000개 × 5% = 250개   착과손해감소과실수 인정조건

  1. 특정위험 5종 한정보장특약 미가입
  2. 적과전 자연재해로 착과감소과실수가 발생할 것

[9월 8일자 태풍피해]

- 낙과피해 구성률 = $\dfrac{1,000개 × 100\% + 0개 × 80\% + 0개 × 50\%}{1,000개}$ = 100%

- 태풍낙과감수과실수 = 총낙과수 × (피해 구성률 − maxA) = 1,000개 × (100% − 5%) = 950개

- 낙엽률에 따른 인정피해율 = 1.0115 × 낙엽률 − 0.0014 × 경과일수

  = 1.0115 × 30% − 0.0014 × 100 = 0.16345 → 16.35% ← 이후 사고의 maxA

- 사고당시 착과수 = 적과후착과수 − 적과후누적낙과과실수 − 적과후나무피해 및 기수확과실수

  = 5,000개 − 1,000개 = 4,000개   낙엽 피해에 의한 감수과실수 산정 시에만 (1−미보상비율) 적용
  ↓

- 낙엽에 따른 감수과실수 = 사고당시 착과수 × (낙엽인정피해율 − maxA) × (1 − 미보상비율)

  = 4,000개 × (16.35% − 5%) × (1 − 0.1) = 408.6 → 409개   ●— maxA = 16.35%

[5월 10일자 우박피해]

- 착과피해 구성률 = $\dfrac{4 × 1.0 + 20 × 0.8 + 20 × 0.5}{4 + 20 + 20 + 56}$ = 0.3 = 30% ← 이후 사고의 maxA

- 우박피해 착과감소과실수 = 사고당시 착과수 × (착과피해 구성률 − maxA)

  = 4,000개 × (30% − 16.35%) = 546개   └─● 실제로는 조사 당시 착과수로 계산함.

[11월 4일자 가을동상해]

- 착과피해 구성률 = $\dfrac{6 × 1.0 + 30 × 0.8 + 20 × 0.5}{6 + 30 + 20 + 44}$ = 0.4 = 40%

- 가을동상해 착과감소과실수 = 사고당시 착과수 × (착과피해 구성률 − maxA)

  = 3,000개 × (40% − 30%) = 300개   └─● maxA = 30%

[누적감수과실수 & 자기부담감수과실수]

- 누적감수과실수 = 250개 + 950개 + 409개 + 546개 + 300개 = 2,455개

- 자기부담감수과실수 = 0개 (착과감소보험금이 지급되어 잔여 자기부담감수과실수는 없음.)

- 과실손해보험금 = (적과종료이후 누적감수량 − 미보상감수량 − 자기부담감수량) × 가입가격

  = (2,455개 − 0 − 0) × 0.2kg/개 × 2,000원/kg = **982,000원**

핵심문제 09

다음의 계약사항과 조사내용으로 착과감소보험금, 과실손해보험금 및 나무손해보장 보험금을 구하시오. (단, 적과후착과수, 누적감수과실수는 소수점 첫째 자리에서 반올림하여 정수 단위로 구하고, 피해율은 % 단위로 소수점 셋째 자리에서 반올림하여 둘째 자리까지 구하시오.)

- 계약사항: 특정위험5종 한정보장 특약은 미가입, 착과감소보험금 보장비율은 50%

상품명	나무손해 보장특약	평년착과수	가입과중	가입가격	실제 결과주수	자기부담 비율
적과전종합위험Ⅱ 사과	100,000원/주	30,000개	250g/개	2,000원/ kg	100주	10%

- 조사내용

구분	재해종류	사고일자	조사일자	조사내용
계약일 ~ 적과전	우박	4월 1일	4월 3일	• 피해사실확인조사 – 우박피해있음 • 미보상비율: 10%
적과후 착과수조사			7월 5일	• 홍로 10년생 미보상주수 2주 • 고사 및 수확불능주수 없음 품종 / 재배방식 / 수령 / 실제결과주수 / 표본주수 / 표본주착과수 홍로 / 일반 / 5 / 40 / 3 / 630개 홍로 / 일반 / 10 / 60 / 4 / 880개
적과후 ~ 수확전	태풍	7월 20일	7월 23일	• 낙과피해조사(전수조사) 총낙과수: 1,000개 피해구분 / 병충해과실 / 100%피해과 / 80%피해과 / 50%피해과 / 정상과 과실수 / 150 / 100 / 40 / 80 / 630 • 나무피해조사: 절단(1/2) 5주, 도복 5주, 유실 10주, 무피해나무 1주당 평균착과수: 250개(도복/유실은 고사나무, 절단(1/2)은 수확불능나무로 본다.)
	가을동상해	9월 5일	9월 8일	• 착과피해조사(표본조사): 착과피해 구성률 48%
	일소	9월 15일	9월 17일	• 낙과피해조사(전수조사): 낙과 총 2,000개, 낙과피해 구성률 80% • 착과피해조사(표본조사): 착과피해 구성률 62%
	우박	4월 10일	9월 30일	• 수확시작전 착과피해조사(표본조사) 피해구분 / 병해충과실 / 100%피해과 / 80%피해과 / 50%피해과 / 정상과 과실수 / 10 / 0 / 100 / 40 / 50

Key

- 특정위험 5종 한정보장 특약에 가입하지 않았고, 적과전 화재나 조수해로 착과감소가 발생하지 않았으므로, "착과감소과실수 = 평년착과수 - 적과후착과수"이다.
- 적과전종합위험 II 상품에 가입(특정위험 5종 한정보장 특약 미가입)하였고, 적과전 자연재해로 착과감소과실수가 발생하였으므로, 적과후 누적감수량 산정 시 착과손해감수과실수를 가산하는 것을 잊지 않는다.
- 착과손해감수과실수를 가산하므로 적과후 첫 maxA = 착과손해 피해율이다.
- 사과·배 품목이 적과종료 이후 태풍(강풍), 화재, 지진, 집중호우로 인한 낙과피해시 계산된 총낙과과실수에 1.07(일명 땡칠이)를 곱하여 낙과감소과실수를 산정한다.
- 일소피해로 인한 감수과실수는 2021년 업무방법서 개정에 따라 보험사고 한 건당 적과후착과수의 6% 초과 시에만 감수과실수로 인정됨에 유의한다.

정답

① 착과감소보험금

- 홍로5년생 조사대상주수 = 실제결과주수 - 고사주수 - 수확불능주수 - 미보상주수

  = 40주 - 0주 - 0주 - 0주 = 40주

- 홍로10년생 조사대상주수 = 60 - 0 - 0 - 2 = 58주

- 적과후착과수 = $\dfrac{630개}{3주} \times 40주 + \dfrac{880개}{4주} \times 58주 = 21,160개$

  > 특정 5종 한정보장특약 미가입하고, 피해규모가 전체인 우박피해이므로 결국 기준착과수 = 평년착과수

- 착과감소과실수 = 30,000개 - 21,160개 = 8,840개

- 기준착과수 = 적과후착과수 + 착과감소과실수 = 21,160개 + 8,840개 = 30,000개

- 미보상감수과실수 = (착과감소과실수 × 미보상비율) + (미보상주수 × 1주당 평년착과수)

  = $(8,840개 \times 10\%) + 2주 \times \dfrac{30,000개}{100주} = 1,484개$

- 자기부담감수과실수 = 기준착과수 × 자기부담비율 = 30,000개 × 10% = 3,000개

착과감소보험금 = (착과감소량 - 미보상감수량 - 자기부담감수량) × 가입가격 × 보장비율

= (8,840개 - 1,484개 - 3,000개) × 0.25kg/개 × 2,000원/개 × 50% = **1,089,000원**

② 과실손해보험금

(1) 적과전 자연재해로 인한 적과후 착과손해감수과실수

- 착과율 = $\dfrac{적과후착과수}{평년착과수} = \dfrac{21,160}{30,000} = 0.70533 \rightarrow 70.53\%$

- 착과손해 피해율 = $5\% \times \dfrac{100\% - 70.53\%}{40\%} = 0.03683 \rightarrow 3.68\%$ ← maxA

- 착과손해감수과실수 = 적과후착과수 × 착과손해 피해율 = 21,160개 × 3.68% = 778.6 → 779개

(2) 7월 20일자 태풍피해   maxA: 0.0368

- 낙과피해 구성률 = $\dfrac{100 \times 1.0 + 40 \times 0.8 + 80 \times 0.5}{150 + 100 + 40 + 80 + 630} = 0.172 \rightarrow 17.2\%$

  > 복숭아 품목의 세균구멍병을 제외한 모든 과수 품목의 병충해 피해 과실은 정상과로 분류한다.

- 태풍낙과감수과실수 = 1,000개 × (0.172 − 0.0368) × 1.07 = 144.6 → 145개

- 나무감수과실수(고사나무, 수확불능나무) = 전체피해나무수 × 무피해나무 주당 평균착과수

  × (1 − maxA) = (5주 + 5주 + 10주) × 250개/주 × (1 − 0.0368) = 4,816개

(3) 9월 5일자 가을동상해피해   maxA = 0.0368: 7월 20일 태풍에 의한 착과피해가 없으므로

- 사고당시 착과수 = 적과후착과수 − 적과후(총낙과과실수 + 나무피해과실수 + 기수확과실수)

  = 21,160개 − (1000개 + 5,000개 + 0) = 15,160개

  7월 2일 태풍으로 피해를 입은 나무에 착과된 과실수

- 가을동상해 착과감수과실수 = 사고당시 착과수 × (착과피해 구성률 − maxA)

  = 15,160개 × (0.48 − 0.0368) = 6,718.9 → 6,719개

  maxA

(4) 9월 15일자 일소피해   maxA: 0.48

- 일소 낙과감수과실수 = 총낙과과실수 × (낙과피해 구성률 − maxA)

  = 2,000개 × (0.8 − 0.48) = 640개

- 일소 착과감수과실수 = 사고당시착과수 × (착과피해 구성률 − maxA)

  = (15,160개 − 2,000개) × (0.62 − 0.48) = 1,842.4 → 1,842개

일소로 인한 감수과실수 640개 + 1,842개 = 2,482개는 적과후착과수(21,160개)의 6%, 1,269.6개를 초과하므로 감수과실수로 인정됨.

(5) 4월 10일자 우박피해   maxA: 0.62

- 착과피해 구성률 = $\dfrac{0 × 1.0 + 100 × 0.8 + 40 × 0.5}{10 + 0 + 100 + 40 + 50}$ = 0.5 = 50%

- 우박착과감수과실수 = 사고당시 착과수 × (착과피해 구성률 − maxA)

  = 13,160개 × (0.5 − 0.62) < 0 → 0개

  사고당시착과수는 9월 15일자 사고당시 착과수 사용: 적과전의 우박 피해는 적과후 가장 마지막에 피해를 입은 것으로 하여 감수량을 산정함에 주의

(6) 누적감수과실수 = 779 + 145 + 4,816 + 6,719 + 640 + 1,842 + 0 = 14,941개

(7) 적과전 착과감소보험금이 지급되었으므로 자기부담감수과실수 모두 소진. 따라서 잔여 자기부담 감수과실수는 "0"

과실손해보험금 = (적과종료이후 누적감수량 − 미보상감수량 − 자기부담감수량) × 가입가격

= (14,941개 − 0 − 0) × 0.25kg/개 × 2,000원/kg = **7,470,500원**

③ **나무손해보장보험금**

- 피해율 = 피해주수 / 실제결과주수 = (절단 5주 + 도복 5주 + 절단 10주) / 100주 = 0.2 = 20%

- 보험금 = 보험가입금액 × (피해율 − 자기부담비율) = 100주 × 100,000원 × (0.2 − 0.05) =

  1,500,000원   나무손해보장특약의 자기부담비율 = 5%(모든 과수 동일)

다음의 계약사항과 조사내용을 보고 ① 적과후착과수 ② 착과감소보험금 ③ 과실손해보험금 ④ 나무손해보장보험금을 산정하시오. (단, 피해율 및 착과피해구성률, 낙과피해구성률은 % 단위로 소수점 셋째 자리에서 반올림하여 소수점 둘째 자리까지 구하고, 각 착과량 및 감수과실수는 소수점 첫째 자리에서 반올림하여 정수 단위로 구하시오.)

• 계약사항: 착과감소보험금 보장비율 50%

품목명	표준수확량(kg)		실제결과주수		평년착과수	가입수확량	가입가격 (원/개)	가입과중 (g/개)
	차량	부유	차량	부유				
단감	12,000	4,500	300주	100주	80,000개	16,000kg	1,000원	200g
가입	적과전특정위험 5종 한정보장, 자기부담비율 20%, 나무손해보장가입(100,000원/주)							

• 조사내용

구분	재해종류	사고일자	조사일자	조사내용
계약일 ~ 적과전	강풍	6월 10일	6월 12일	• 낙엽피해조사: 낙엽률20%, 경과일수 10일 • 고사나무: 차량 20주 • 미보상나무: 부유 10주 • 미보상비율: 5%
	우박	6월 15일	6월 18일	• 유과타박률: 18% • 미보상비율: 10%
적과후 착과수조사			7월 8일	<table><tr><td>품종</td><td>조사대상주수</td><td>표본주수</td><td>표본주착과수</td></tr><tr><td>차량</td><td>280</td><td>8</td><td>1,040</td></tr><tr><td>부유</td><td>90</td><td>3</td><td>420</td></tr></table>
적과후 ~ 수확전	태풍	8월 25일	8월 28일	• 낙과피해조사(전수조사), 총낙과수: 2,000개 <table><tr><td>피해과실구성</td><td>100%</td><td>80%</td><td>50%</td><td>정상</td></tr><tr><td>과실수</td><td>50</td><td>30</td><td>10</td><td>10</td></tr></table>• 나무피해조사: 차량 절단고사 20주, 무피해나무 1주당 평균착과수: 150개, 피해 구성률 100% • 낙엽피해: 낙엽률25%, 경과일수 70일 • 미보상비율: 10%
	일소	9월 5일	9월 7일	• 낙과피해조사(전수조사): 표본조사, 낙과피해 구성률 25% <table><tr><td>품종</td><td>조사대상주수</td><td>표본주수</td><td>표본주착과수</td></tr><tr><td>차량</td><td>260</td><td>8</td><td>40</td></tr><tr><td>부유</td><td>90</td><td>3</td><td>18</td></tr></table>• 착과피해조사: 사고당시착과수 40,000개, 착과피해 구성률 20%
	가을 동상해	10월 21일	10월 23일	• 착과피해조사: 사고당시착과수 20,000개(정상 100개, 80% 피해 50개, 50% 피해 50개) • 잎피해율 55%, 잔여일수 20일

- 적과전특정위험 5종 한정보장 특약에 가입하였으므로, 적과후 착과손해감수과실수는 가산하지 않으며, 적과후 누적감수량 계산시 첫 maxA = 0이다.
- 적과전 미보상나무가 있을 경우 미보상감수량을 계산하기 위한 표준수확량으로부터 품종별 수령별 재배방식별 1주당 평년착과수(량)을 산출하는 방법을 이해한다.
- 낙엽은 자연재해뿐만 아니라 계약자의 영농활동 과실로 인하여 발생할 수도 있으므로 낙엽으로 인한 감수량 계산시에는 미보상비율을 적용함에 유의한다.
- 가을동상해로 잎 피해가 50% 이상인 경우, 수확예정일까지 정상과실의 비대에 피해 발생이 예상되는 만큼 "정상과실수 × 0.0031 × 잔여일수"를 피해과로 하여 착과피해 구성률을 계산한다.

정답

① **적과후착과수** $= \dfrac{1,040}{8} \times 280 + \dfrac{420}{3} \times 90 = $ **49,000개**

② **착과감소보험금**

(1) 최대인정감수과실수 = 평년착과수 × max(낙엽인정피해율, 유과타박률, 나무피해율)

- 낙엽인정피해율 = 1.0115 × 0.2 − 0.0014 × 10 = 18.83%
- 유과타박률 = 18%
- 나무피해율 = 고사나무수/실제결과주수 = 20/400 = 5%
- 최대인정감수과실수 = 80,000 × max(18.83%, 18%, 5%) = 80,000 × 0.1883 = 15,064개

(2) 착과감소량 = min(평년착과수 − 적과후착과수, 최대인정감수과실수) × 가입과중
= min(80,000개 − 49,000개, 15,064개) × 0.2kg/개 = 3,012.8 → 3,013kg

(3) 미보상감수량 = 착과감수량 × 미보상비율 + 미보상나무수 × 1주당 평년착과량

- 부유 1주당 평년착과량 = 16,000kg × $\dfrac{4,500}{12,000 + 4,500}$ ÷ 100주 = 43.6363 → 44kg/주   〔평년착과량을 품종별 표준착과량의 비율로 배분하고 실제결과주수로 나눔〕
- 미보상감수량 = 3,013 × 0.1 + 10 × 44 = 741.3 → 741kg

(4) 자기부담감수량 = 기준수확량 × 자기부담비율

- 기준수확량 = 적과후착과량 + 착과감소량 = 49,000개 × 0.2kg/개 + 3,013kg = 12,813kg
- 자기부담감수량 = 12,813 × 0.2 = 2,562.6 → 2,562kg

(5) 착과감소보험금 = (착과감소량 − 미보상감수량 − 자기부담감수량) × 가입가격 × 보장비율 = (3,013 − 741 − 2,562) × 1,000 × 0.5 = −290 × 1000 × 0.5 〈 0으로 **지급되지 않음.**
└─● 착과감소보험금이 지급되지 않으므로 −290의 절대값 290은 적과후 과실손해보험금 산정 시 자기부담감수량으로 사용

③ **과실손해보험금**

(1) 8월 25일자 태풍피해

- 낙과피해 구성률 = $\dfrac{50 \times 1.0 + 30 \times 0.8 + 10 \times 0.5}{50 + 30 + 10 + 10}$ = 0.79 → 79%

특정위험 5종 한정보장특약에 가입하였으므로 maxA = 0으로 시작 ●

● 자연낙과지만, 사과/배가 아니므로
낙과감수과실수 계산 시 1.07을 곱하지 않음

- 낙과감수과실수 = 2,000개 × (0.79 − maxA) = 2,000개 × (0.79 − 0) = 1,580개

- 나무감수과실수 = 고사나무수 × 무피해나무 주당 평균착과수 × (1 − maxA)

  = 20주 × 150개 × (1.0 − 0) = 3,000개

- 낙엽인정피해율 = 1.0115 × 0.25 − 0.0014 × 70 = 0.15487 → 15.49%

낙엽감수과실수 계산에만
● 미보상비율 적용

- 낙엽감수과실수 = 사고당시착과수 × (낙엽인정피해율 − maxA) × (1 − 미보상비율)

  = (49,000 − 2,000 − 3,000) × (0.1549 − 0) × (1 − 0.1) = 6,134.04 → 6,134개

(2) 9월 5일자 일소피해

● 단감·떫은감의 경우 maxA는 기조사된 착과피해 구성률
또는 낙엽인정피해율 중 최댓값 적용

- 낙과감소과실수 = 총낙과수 × (낙과피해 구성률 − maxA)

  $= (\frac{40}{8} × 260 + \frac{18}{3} × 90) × (0.25 − 0.1549) = 174.984 → 175개$

- 착과감소과실수 = 사고당시착과수 × (착과피해 구성률 − maxA)

  = 40,000개 × (0.2 − 0.1549) = 1,804개

일소로 인한 감수과실수 175개 + 1,804개 = 1,979개는 적과후착과수(49,000개)의 6%, 2,940개
를 초과하지 않으므로 9월 5일자 일소로 인한 감수과실수는 인정 안 됨.

(3) 10월 21일자 가을동상해피해 maxA: 0.2

● 가을동상해로 잎피해가 50% 이상이므로,
"정상과실수 × 0.0031 × 잔여일수"만큼 피해과로 인정

- 착과피해 구성률 $= \frac{50 × 0.8 + 50 × 0.5 + 100 × 0.0031 × 20}{100 + 50 + 50} = 0.356 → 35.6\%$

- 착과감소과실수 = 20,000개 × (0.356 − 0.2) = 3,120개

(4) 과실손해보험금

- 자기부담감수량 = 적과전의 자기부담감수량 − (착과감소량 − 미보상감수량)

  = 2,562 − (3,013 − 741) = 290kg

● 착과감소보험금이 지급되지 않았으므로
과실손해보험금 계산시 잔여 자기부담감수량을 계산

- 누적감수과실수 = 1,580 + 3,000 + 6,134 + 3,120 = 13,834개

- 과실손해보험금 = (누적감수량 − 미보상감수량 − 자기부담감수량) × 가입가격

  = (13,834개 × 0.2kg/개 − 0 − 290kg) × 1,000원/kg = **2,476,800원**

④ 나무손해보장보험금

- 피해율 $= \frac{피해주수}{실제결과주수} = \frac{20 + 20}{400} = 0.1 = 10\%$

나무손해보장의 자기부담비율 = 5% ●

- 보험금 = 보험가입금액 × (피해율 − 자기부담비율) = 400주 × 100,000원 × (0.1 − 0.05) =

  2,000,000원

2. 종합위험 수확감소보장방식 과수 품목

개요

종합위험 수확감소보장방식은 보상하는 재해로 수확량이 감소하였을 경우 평년수확량 대비 감소한 수확량을 피해율로 산정하여 보험금을 지급하는 방식이다. 적과전과 적과후로 나누어 착과감소보험금과 과실손해보험금을 지급하는 적과전종합위험방식 II와 달리 종합위험 수확감소보장방식에서는 조사한 수확량을 평년수확량과 비교하여 피해율에 따라 보험금을 지급하므로 보험금은 1회 지급(포도와 복숭아 품목의 경우 수확량감소추가보장 특약이 있음)한다.

종합위험 수확감소보장방식은 보험금 산정 과정이 적과전종합위험방식 II에 비해 단순해 보이지만, 포도·복숭아·자두를 제외한 품목은 수확개시전과 수확개시후에 각각 수확량조사를 함으로써 어떤 수확량을 기준으로 피해율을 산정할 것인지에 대하여 기준이 필요하게 되며, 이에 대하여 업무방법서의 별첨에서 제시하는 공식을 적용하는 문제가 출제될 경우(6회까지 출제되지 않음) 문제의 난이도는 적과전종합위험방식 II보다 높아질 수 있다. 그러나, 수확개시전과 수확개시후 각각 수확량조사를 하는 경우를 실제 문제로 출제할 가능성은 현실적으로 아주 낮아 보이므로 시간이 아주 여유로운 경우에만 학습하자.

종합위험 수확감소보장방식과 적과전종합위험방식 II의 과수 품목은 손해평가의 내용이 상당히 유사해 보이지만 완전히 다른 보장방식이므로 두 보장방식을 서로 비교하면서 학습하도록 한다.

적과전종합위험방식 vs 종합위험수확감소보장방식 지급보험금 산정 비교

종합위험 수확감소보장방식과 적과전종합위험방식 II 과수 품목의 지급보험금 산정 방식에 대하여 아래의 예제를 통해 그 차이점을 알아보도록 하자.

예제	A과수의 착과량이 1,000Kg이고 보상하는 재해로 착과 및 낙과피해가 발생하여 400kg의 감수량이 발생하였을 때 지급하는 보험금은? 단, A과수의 평년수확량은 1,000kg, 보험가입금액은 200만원, 미보상비율은 10%, 자기부담비율은 20%이다.
풀이	1) 적과전종합위험 II (가입가격 2,000원/kg, 적과전에 보상하는 피해는 없는 것으로 가정) · 미보상감수량: 감수량 400kg × 10% = 40kg · 자기부담감수량: 기준수확량 1000kg × 20% = 200kg 과실손해보험금: (400kg − 40kg − 200kg) × 2000원/kg = **320,000원** 　　　　　　　　　　　　　　　　　　　● 보상하는 감수량에 가입가격을 곱하여 지급보험금 계산

2) 종합위험수확감소보장
- 수확량: 1000kg − 400kg = 600kg
- 미보상감수량: (1000kg − 600kg) × 10% = 40kg
- 피해율: (1000kg − 600kg − 40kg) / 1000kg = 36%

수확감소보험금: 2,000,000원 × (36% − 20%) = **320,000원**

└─● 보상하는 강수량으로 피해율을 산정하여 지급보험금 계산

위의 예시와 같이 적과전종합위험방식은 감수량에 가입가격을 곱하여 지급보험금을 산정하고 종합위험수확감소보장방식은 감수량으로 피해율을 계산하여 지급보험금을 산정한다는 것을 이해하고 종합위험수확감소보장방식 과수 품목의 학습을 시작하도록 하자.

아래의 내용은 업무방법서의 학습을 마치고 학습한 내용을 정리하면서 살펴보는 것으로 한다.

품목별 조사의 종류

품목	수확개시전 조사[1]	수확개시후 조사
포도, 복숭아, 자두[2]	착과수조사(최초 수확품종 수확기 직전), 과중조사(수확시기), 착과수 및 낙과수조사, 착과피해 및 낙과피해조사	
밤, 호두	착과수 및 낙과수조사, 착과피해 및 낙과피해구성조사, 과중조사	착과수 및 낙과수조사, 착과피해 및 낙과피해구성조사, 과중조사, 기수확량조사
참다래	착과수조사, 착과피해구성조사, 과중조사	착과수 및 낙과수조사, 착과피해 및 낙과피해조사, 과중조사, 기수확량조사
매실, 대추, 살구, 오미자	착과무게조사, 착과피해구성조사	착과무게 및 낙과무게조사, 착과피해 및 낙과피해조사, 기수확량조사
유자	착과수조사, 착과피해구성조사, 과중조사	수확개시 후 조사 없음

1 종합위험수확감소보장방식 과수 전 품목 공통으로 사고접수 직후 피해사실확인조사를 실시함.

2 포도·복숭아·자두 품목의 경우 사고 유무와 관계없이 최초 수확품종 수확기 직전에 착과수조사를 실시하며, 수확개시전 조사와 수확개시후 조사로 구분하지 않음.

품목별 표본조사방법의 비교

품목별 표본조사방법에 관하여 출제 가능성이 높으므로 아래 표의 내용을 반드시 암기하도록 한다.

품목	착과 및 낙과피해구성조사	과중조사
포도, 복숭아, 자두, 밤, 호두[1]	품종별로 3주 이상의 표본주[2]에서 임의의 과실 20개 이상 추출 (포도는 농지당 30개 이상, 복숭아·자두는 60개 이상)	품종별로 3주 이상의 표본주에서 임의의 과실 20개 이상 추출 (포도는 농지당 30개 이상, 기타 품목은 60개 이상)
참다래, 유자	품종별로 3주 이상의 표본주에서 임의의 과실 100개 이상 추출 (품종수 × 100개)	
매실, 대추, 살구	표본주당 개수조사 시에는 과실 100개 이상, 무게조사 시에는 1000g 이상(표본주수 × 100개 or 1000g)	과중조사 하지 않음
오미자	표본구간에서 수확한 과실 3,000g 이상 (표본구간에 관계없이 3,000g)	

1 착과수 및 낙과수 조사는 품목별 표본주수표(별표 1-1)에 따라 농지별 전체 표본주수를 산정한다.
2 착과가 평균적인 표본주에서 크기가 평균적인 과실을 추출한다.

시설별 지급보험금 계산방식 비교

각 시설의 형태와 재질은 유사하지만 지급보험금 산정방식은 차이가 많으므로 각 시설별 지급보험금 산정방식의 비교를 통해 산정방법을 정확히 이해하도록 하자.

시설	보상하는 손해	지급보험금	자기부담금
비가림시설	자연재해, 조수해, 화재(특약)	Min(손해액−자기부담금, 보험가입 금액) * 손해를 입은 장소에서 실제로 수리 또는 복구되지 않은 경우는 경년감가율을 적용한 시가 보상	30만원 ≤ A ≤100만원 단, 피복재단독사고시 10만원 ≤ A ≤30만원 (A = 손해액× 10%) * 화재로 인한 사고시 자기부담금 = 0
원예시설 & 버섯재배사	자연재해, 조수해, 화재(특약), 화재대물배상책임(특약) 수재위험부보장(특약)	Min(손해액−자기부담금, 보험가입 금액[1]) × 보상비율[2] * 손해를 입은 장소에서 실제로 수리 또는 복구 되지 않은 경우는 경년감가율을 적용한 시가 보상[3]	
해가림시설	자연재해, 조수해, 화재	$(손해액 - 자기부담금) \times \dfrac{보험가입금액}{보험가액}$	10만원 ≤ A ≤100만원 (A = 손해액 × 10%)

1 사고당 손해액이 보험가입금액 미만인 경우 횟수에 관계없이 보험금 지급한다. 단, 1사고당 손해액이 보험가입금액 초과 시 보험금 지급하고 계약 소멸
2 보상비율은 보험가입시 계약자가 약정한 50%~100% 내에서 10% 단위로 약정
3 손해발생 후 180일이 경과하여도 수리 또는 복구의 서면 통지가 없는 경우도 경년감가율을 적용한 시가 보상

1. 적용 품목

● 사고여부와 관계없이 착과수조사 실시하고
수확개시후 수확량조사는 하지 않음

적용 품목은 포도, 복숭아, 자두, 밤, 호두, 참다래, 유자, <u>대추, 살구, 매실,
오미자</u> 품목으로 한다.

● 과실의 크기가 작아 착과수조사·과중조사 실시 안 함

2. 사고 접수

가입사무소(본·지점포함)의 담당자 등은 계약자 등으로부터 사고발생 통지를 받은 즉시 사고 내용을 전산에 입력한다.

3. 조사 종류 및 방법

1 피해사실확인조사

가. 사고가 접수된 농지 모두에 대하여 실시하는 조사로, 사고 접수 직후 실시하며 다음 각 목에 해당하는 사항을 확인한다.

① 보상하는 재해로 인한 피해 여부 확인

기상청 자료 확인 및 현지 방문 등을 통하여 보상하는 재해로 인한 피해가 맞는지 확인하며, 필요시에는 이에 대한 근거로 다음의 자료를 확보할 수 있다.

ⓐ 기상청 자료, 농업기술센터 의견서 및 손해평가인 소견서 등 재해 입증 자료

ⓑ 피해농지 사진: 농지의 전반적인 피해 상황 및 세부 피해내용이 확인 가능하도록 촬영

② 수확량조사 필요여부 판단

보상하는 재해 여부 및 피해 정도 등을 감안하여 추가조사(수확량조사)가 필요한지 여부를 판단하여 해당 내용에 대하여 계약자에게 안내하고, 추가조사(수확량조사)가 필요할 것으로 판단된 경우에는 수확기에 손해평가반구성 및 추가조사 일정을 수립한다.

나. 단, 태풍 등과 같이 재해 내용이 명확하거나 사고 접수 후 바로 추가조사가 필요한 경우 등에는 피해사실확인조사를 생략할 수 있다.

2 수확량조사(포도, 복숭아, 자두)

본 항의 수확량조사는 포도, 복숭아, 자두 품목에만 해당하며, 다음 호의 조사종류별 방법에 따라 실시한다. 또한, 수확량조사 시 따거나 수확한 과실은 계약자의 비용 부담으로 한다.

가. 착과수 조사

① 착과수조사는 사고 여부와 상관없이 계약된 농지 전 건에 대하여 실시한다.

② 조사 시기는 최초 수확 품종 수확기 직전으로 한다.

③ **품종별·수령별**로 실제결과주수, 미보상주수 및 고사나무주수를 파악하고, 실제결과주수에서 미보상주수 및 고사나무주수를 빼서 조사대상주수를 계산한다. ← 적과전종합과수는 품종별·수령별·재배방식별

    * 조사대상주수 = 실제결과주수 − 미보상주수 − 고사나무주수

④ 농지별 전체 조사대상주수를 기준으로 품목별 표본주수표(별표 1-1 참조)에 따라 농지별 전체 표본주수를 산정하되, 품종별·수령별 표본주수는 품종별·수령별 조사대상주수에 비례하여 산정한다.

⑤ 산정한 품종별·수령별 표본주수를 바탕으로 품종·수령별 조사대상주수의 특성이 골고루 반영될 수 있도록 표본주를 선정한다.

⑥ 선정된 표본주별로 착과된 전체 과실수를 조사하되, 품종별 수확 시기 차이에 따른 자연낙과를 감안한다.

⑦ 품목별 미보상비율 적용표(별표 2-1)에 따라 미보상비율을 조사한다.

나. 과중조사

① 과중조사는 사고 접수가 된 농지에 한하여 **품종별**로 수확시기에 각각 실시한다.

    * 수확기 판단: 조기수확 및 수확해태 등으로 수확기에 대한 분쟁이 발생할 경우 수확시기 판단은 지역의 농업기술센터 등 농업 전문기관의 판단에 따른다.

② 보상하는 재해 여부 심사

    농지 및 작물 상태 등을 감안하여 약관에서 정한 보상하는 재해로 인한 피해가 맞는지 확인하며, 필요시에는 이에 대한 근거 자료(피해사실확인조사 참조)를 확보할 수 있다.

③ 농지에서 품종별로 착과가 평균적인 3주 이상의 표본주에서 크기가 평균적인 과실을 품종별 20개 이상(포도는 농지당 30개 이상, 복숭아·자두는 농지당 60개 이상) 추출하여 품종별 과실 개수와 무게를 조사한다.

④ 위 목에도 불구하고 현장에서 과중조사를 실시하기가 어렵고, 증빙

착과수조사 시기

포도, 복숭아, 자두 품목은 적과전종합과수 품목과 같이 사고여부와 관계없이 착과수조사를 실시하며 조사 시기는 아래와 같다.

- 적과전종합과수: 통상적인 적과 및 자연낙과 종료시점
- 포도, 복숭아, 자두: 최초 수확품종 수확기 직전

종합과수의 과중조사

적과전종합과수는 보험계약시 과실1개당 과실무게(g) 즉, 가입과중을 결정하나 포도,복숭아,자두는 가입과중이 없으며 과중조사를 실시한다.

과중조사 추출과실 개수

- 포도: max(품종수 × 20개, 30개)
- 복숭아·자두: max(품종수 × 20개, 60개)

● 품종이 하나일 경우에도 30개 이상 추출하라는 의미

과중조사를 못 한 경우 과실의 개당 과중은?

· 과중조사를 실시하기 어려워 못 한 경우: 농협의 품종별 출하자료를 적용

· 수확이 완료되어 못 한 경우: 계약당시 평년수확량을 착과수로 나눈 값 적용

자료가 있는 경우에 한하여 농협의 품종별 출하 자료로 과중조사를 대체할 수 있다.

⑤ 품목별 미보상비율 적용표(별표 2-1)에 따라 미보상비율을 조사하며, 품종별로 미보상비율이 다를 경우에는 품종별 미보상비율 중 가장 높은 미보상비율을 적용한다. 다만, 재조사 또는 검증조사로 미보상비율이 변경된 경우에는 재조사 또는 검증조사의 미보상비율을 적용한다.

⑥ 하나의 품종에 대하여 여러 차례의 과중조사가 실시된 경우에는 최초 조사 값을 적용한다. 다만, 재조사 또는 검증조사로 조사 값이 변경된 경우에는 재조사 또는 검증조사의 조사 값을 적용한다.

마지막 조사값이 아닌 최초 조사값임에 유의 •——

다. 착과피해조사

① 착과피해조사는 착과피해를 유발하는 재해가 있을 경우에만 시행하며, 해당 재해 여부는 재해의 종류와 과실의 상태 등을 고려하여 조사자가 판단한다.

② 착과피해조사는 착과된 과실에 대한 피해정도를 조사하는 것으로 해당 피해에 대한 확인이 가능한 시기에 실시하며, 필요 시 품종별로 각각 실시할 수 있다.

③ 착과피해조사에서는 가장 먼저 착과수를 확인하여야 하며, 이때 확인할 착과수는 수확 전 착과수조사(위 가호의 착과수조사)와는 별개의 조사를 의미한다. 다만, 이전 실시한 착과수조사(이전 착과피해조사 시 실시한 착과수조사 포함)의 착과수와 착과피해조사 시점의 착과수가 큰 차이가 없는 경우에는 별도의 착과수 확인 없이 이전에 실시한 착과수조사 값으로 대체할 수 있다.

사고여부와 상관없이 실시한 착과수 조사 •——

④ 착과수 확인은 실제결과주수에서 수확완료주수, 미보상주수 및 고사나무주수를 뺀 조사대상주수를 기준으로 적정 표본주수를 산정하며(별표 1-1 참조), 이후 조사 방법은 위 가호의 착과수조사 방법과 같다.

피해구성조사를 위한 추출 과실 개수

과중조사를 위하여 추출하는 과실의 개수와 동일한 개수를 추출한다.

⑤ 착과수 확인이 끝나면 수확이 완료되지 않은 품종별로 표본 과실을 추출한다. 이때 추출하는 표본 과실수는 품종별 20개 이상(포도는 농지당 30개 이상, 복숭아·자두는 농지당 60개 이상)으로 하며 표본 과실을 추출할 때에는 품종별 3주 이상의 표본주에서 추출한다. 추출한 표본 과실을 과실 분류에 따른 피해인정계수(별표 3)에 따라 품종별

로 구분하여 해당 과실 개수를 조사한다.

⑥ 조사 당시 수확이 완료된 품종이 있거나 피해가 경미하여 <u>피해구성</u>
<u>조사</u>가 의미가 없을 때에는 품종별로 피해구성조사를 생략할 수 있
다.
　　• 피해과실을 50%형, 80%형, 100%형 피해과실, 정상과실로 분류하며,
　　　복숭아가 "세균구멍병"에 의한 피해을 입은 경우 인정계수 50% 적용

라. **낙과피해조사**

① 낙과피해조사는 착과수조사 이후 낙과피해가 발생한 농지에 대하여
실시한다.

② 보상하는 재해 여부 심사

농지 및 작물 상태 등을 감안하여 약관에서 정한 보상하는 재해로 인
한 피해가 맞는지 확인하며, 필요시에는 이에 대한 근거 자료 (피해
사실확인조사 참조)를 확보할 수 있다.

③ 낙과피해조사는 표본조사로 실시한다. (단, 계약자 등이 낙과된 과실
을 한 곳에 모아 둔 경우 등 표본조사가 불가능한 경우에 한하여 전수
조사를 실시한다.)

④ 실제결과주수에서 수확완료주수, 미보상주수 및 고사나무주수를 뺀
조사대상주수를 기준으로 농지별 전체 표본주수를 산정하되(별표 1-
1 참조, 다만 거대재해 발생 시 표본조사의 표본주수는 『품목별 표본
주수표(별표 1-1)』의 1/2 이하로 할 수 있다.), 품종별·수령별 표본주
수는 품종별·수령별 조사대상주수에 비례하여 산정한다. 선정된 품
종별·수령별 표본주수를 바탕으로 품종별·수령별 조사대상주수의 특
성이 골고루 반영될 수 있도록 표본주를 선정하고, 표본주별로 수관
면적 내에 있는 낙과수를 조사한다(이때 <u>표본주의 수관면적 내의 낙</u>
<u>과는 표본주와 품종이 다르더라도 해당 표본주의 낙과로 본다</u>).

수관과 낙과조사

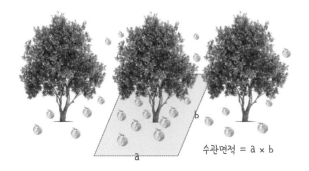

수관면적 = a × b

• 적과전종합과수는
전수조사를 원칙으로 한다.

• 해당 표본주 풍종의 과실이
라 풍종의 수관 내로 낙과될 확률은
동일하므로

**착과피해구성조사를
생략하는 경우 두 가지**

1. 조사 당시 수확이 완료된 품
종이 있거나
2. 피해가 경미한 경우

수관(樹冠, Tree Crown)

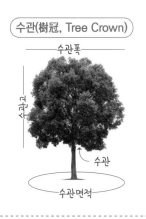

수관폭

수관

수관면적

• 계약자가 낙과를 한 곳에 모아 둔 경우 실시

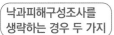

낙과피해구성조사를
생략하는 경우 두 가지

1. 조사 당시 수확기에 해당하지 않은 품종이 있는 경우
2. 낙과의 피해 정도가 심한 경우

⑤ 낙과수 전수조사 시에는 농지 내 전체 낙과를 품종별로 구분하여 조사한다. 단, 전체 낙과에 대하여 품종별 구분이 어려운 경우에는 전체 낙과수를 세고 전체 낙과수 중 100개 이상의 표본을 추출하여 해당 표본의 품종을 구분하는 방법을 사용한다.

⑥ 낙과수 확인이 끝나면 낙과 중 품종별로 표본 과실을 추출한다. 이때 추출하는 표본 과실수는 품종별 20개 이상(포도는 농지당 30개 이상, 복숭아·자두는 농지당 60개 이상)으로 하며, 추출한 표본 과실을 과실분류에 따른 피해인정계수(별표 3)에 따라 품종별로 구분하여 해당 과실 개수를 조사한다. (다만, 전체 낙과수가 60개 미만일 경우 등에는 해당 기준 미만으로도 조사가 가능하다.)

⑦ 조사 당시 수확기에 해당하지 않는 품종이 있거나 낙과의 피해 정도가 심해 피해 구성 조사가 의미가 없는 경우 등에는 품종별로 피해 구성 조사를 생략할 수 있다.

예제	복숭아 과수원에 낙과가 발생하여 전수조사를 하였더니 전체 낙과수는 650개였다. 전체 낙과의 품종을 구분하기 위하여 전체 낙과 중 100개의 표본을 추출하여 품종을 조사한 결과 백봉 25개, 백미 40개, 비백 35개일 경우 전체 낙과수 중 각 품종별 낙과수를 산정하시오.
풀이	백봉 = $\dfrac{25}{100}$ × 600 = **150개** 백미 = $\dfrac{40}{100}$ × 600 = **240개** 비백 = $\dfrac{35}{100}$ × 600 = **210개**

3 수확량조사(밤·호두) 밤·호두 품목은 수확개시전 수확량조사 시에도 낙과수조사가 있음에 유의

본 항의 수확량조사는 밤·호두 품목에만 해당하며, 다음 호의 조사종류별 방법에 따라 실시한다. (품종의 수확기가 다른 경우에는 한 번에 조사가 불가하며, 해당 품종의 수확 시작 도래 전마다 수확량 조사를 실시한다.) 또한, 수확량조사 시 따거나 수확한 과실은 계약자의 비용 부담으로 한다.

밤·호두 품목은 왜 수확
개시 전에도 낙과피해
조사를 할까?

밤·호두 품목의 경우 낙과된 과립이 송이·청피로 싸여 있어 수확개시 이전에도 상품으로의 가치가 있어 낙과피해조사를 하는 것으로 이해하자.

가. 수확 개시 전 수확량 조사

수확 개시 전 수확량 조사는 조사일을 기준으로 해당 농지의 수확이 시작되기 전에 수확량 조사를 실시하는 경우를 의미하며, 조기수확 및 수확해태 등으로 수확 개시 여부에 대한 분쟁이 발생한 경우에는 지역의 농업기술센터 등 농업 전문기관의 판단에 따른다.

① 보상하는 재해 여부 심사

　　농지 및 작물 상태 등을 감안하여 약관에서 정한 보상하는 재해로 인한 피해가 맞는지 확인하며, 필요시에는 이에 대한 근거 자료(피해사실확인조사 참조)를 확보할 수 있다.

② 품종별로 실제결과주수, 미보상주수 및 고사나무주수를 파악하고, 실제결과주수에서 미보상주수 및 고사나무주수를 빼서 조사대상주수를 계산한다.

③ 농지별 전체 조사대상주수를 기준으로 품목별 표본주수표(별표 1-1 참조)에 따라 농지별 전체 표본주수를 산정하되, 품종별 표본주수는 품종별 주수에 비례하여 산정한다.

④ 산정한 품종별 표본주수를 바탕으로 품종별 조사대상주수의 특성이 골고루 반영될 수 있도록 표본주를 선정한다.

⑤ 착과 및 낙과수 조사

　　선정된 표본주별로 착과된 전체 과실수 및 낙과수를 조사한다. 낙과수조사는 전수조사 또는 표본조사로 할 수 있다. (과실수의 기준은 밤은 송이, 호두는 청피로 한다.)

　(a) 착과수 확인: 선정된 표본주별로 착과된 전체 과실수를 조사한다.

　(b) 낙과수 확인: 선정된 표본주별로 수관면적 내 낙과된 과실수를 조사한다. 단, 계약자 등이 낙과된 과실을 한 곳에 모아 둔 경우 등 표본주별 낙과수 확인이 불가능한 경우에는 농지 내 전체 낙과수를 품종별로 구분하여 전수 조사한다. 전체 낙과에 대하여 품종별 구분이 어려운 경우에는 전체 낙과수를 세고 전체 낙과 중 100개 이상의 표본을 추출하여 해당 표본의 품종을 구분하는 방법을 사용한다.

⑥ 과중조사

　(a) 농지에서 품종별로 평균적인 착과량을 가진 3주 이상의 표본주에서 크기가 평균적인 과실을 품종별 20개 이상(농지당 최소 60개 이상) 추출한다.

　(b) 밤의 경우, 품종별 과실(송이) 개수를 파악하고, 과실(송이) 내 과립을 분리하여 지름 길이를 기준으로 정상(30mm 초과)·소과(30mm 이하)를 구분하여 무게를 조사한다. <u>무게의 80% 인정</u> ●—┐

　(c) 호두의 경우, 품종별 과실(청피) 개수를 파악하고, 무게를 조사한다.

밤은 과실이 매실보다 작은데 왜 과중조사를 할까?

밤 품목의 과중조사는 과립이 아닌 송이 단위로 과중조사를 하므로 매실보다 훨씬 크고 무거워 과중조사가 가능하다.

송이 & 과실

　　송이
　　과실

호두의 청피 및 종피

　　청피
　　종피

⑦ 낙과피해 및 착과피해 구성 조사

    ⓐ 낙과피해 구성 조사는 낙과 중 임의의 과실 20개 이상(품종별 20개 이상, 농지당 60개 이상)을 추출한 후 과실 분류에 따른 피해인정계수(별표 3)에 따라 구분하여 그 개수를 조사한다. (다만, 전체 낙과수가 60개 미만일 경우 등에는 해당 기준 미만으로도 조사가 가능하다.)

    ⓑ 착과피해 구성 조사는 착과피해를 유발하는 재해가 있을 경우 시행하며, 품종별로 3개 이상의 표본주에서 임의의 과실 20개 이상(품종별 20개 이상, 농지당 60개 이상)을 추출한 후 '과실 분류에 따른 피해인정계수'에 따라 구분하여 그 개수를 조사한다.

    ⓒ 조사 당시 착과에 이상이 없는 경우나 낙과의 피해 정도가 심해 피해 구성 조사가 의미가 없을 경우 등에는 품종별로 피해 구성 조사를 생략할 수 있다. 과실은 피해정도에 따라 50%형, 80%형, 100%형 피해과실로 분류

⑧ 품목별 미보상비율 적용표(별표 2-1)에 따라 미보상비율을 조사한다.

나. 수확 개시 후 수확량 조사

수확 개시 후 수확량 조사는 조사일을 기준으로 해당 농지의 수확이 시작된 후에 수확량 조사를 실시하는 경우를 의미하며, 조기수확 및 수확해태 등으로 수확 개시 여부에 대한 분쟁이 발생한 경우에는 지역의 농업기술센터 등 농업 전문기관의 판단에 따른다. (품종별 조사 시기가 다른 경우에는 최초 조사일을 기준으로 판단한다.)

① 보상하는 재해 여부 심사

    농지 및 작물 상태 등을 감안하여 약관에서 정한 보상하는 재해로 인한 피해가 맞는지 확인하며, 필요시에는 이에 대한 근거 자료(피해사실확인조사 참조)를 확보할 수 있다.

② 품종별로 실제결과주수, 수확완료주수, 미보상주수 및 고사나무주수를 파악하고, 실제결과주수에서 수확완료주수, 미보상주수 및 고사나무주수를 뺀 조사대상주수를 계산한다.

③ 농지별 전체 조사대상주수를 기준으로 품목별 표본주수표(별표 1-1 참조)에 따라 농지별 전체 표본주수를 산정하되, 품종별 표본주수는 품종별 조사대상주수에 비례하여 산정한다.

④ 산정한 품종별 표본주수를 바탕으로 품종별 조사대상주수의 특성이 골고루 반영될 수 있도록 표본주를 선정한다.

⑤ 착과 및 낙과수 표본조사

선정된 표본주별로 착과된 과실수 및 낙과된 과실수를 조사한다. (과실수의 기준은 밤은 송이, 호두는 청피로 한다.)

ⓐ 착과수 확인: 선정된 표본주별로 착과된 전체 과실수를 조사한다.

ⓑ 낙과수 확인: 선정된 표본주별로 수관면적 내 낙과된 과실수를 조사한다. 단, 계약자 등이 낙과된 과실을 한 곳에 모아 둔 경우 등 표본주별 낙과수 확인이 불가능한 경우에는 농지 내 전체 낙과수를 품종별로 구분하여 전수 조사한다. 전체 낙과에 대하여 품종별 구분이 어려운 경우에는 전체 낙과수를 세고 전체 낙과 중 100개 이상의 표본을 추출하여 해당 표본의 품종을 구분하는 방법을 사용한다.

⑥ 과중조사

ⓐ 농지에서 품종별로 평균적인 착과량을 가진 3주 이상의 표본주에서 크기가 평균적인 과실을 품종별 20개 이상(농지당 최소 60개 이상) 추출한다.

ⓑ 밤의 경우, 품종별 과실(송이) 개수를 파악하고, 과실(송이) 내 과립을 분리하여 지름 길이를 기준으로 정상(30mm 초과)·소과(30mm 이하)를 구분하여 무게를 조사한다. *무게의 80% 적용* ●──┐

ⓒ 호두의 경우, 품종별 과실(청피) 개수를 파악하고, 무게를 조사한다.

> **밤, 호두의 과중조사**
> · 밤: 과실(송이) 개수를 파악하고 과립의 무게조사
> · 호두: 과실(청피) 개수를 파악하고 청피의 무게조사(호두는 청피에서 종피를 분리하여 무게를 조사하지 않고 청피의 무게를 조사함에 유의)

⑦ 출하자료 및 문답 등을 통하여 기수확량을 조사한다.

⑧ 낙과피해 및 착과피해 구성 조사

ⓐ 낙과피해 구성 조사는 낙과 중 임의의 과실 20개 이상(품종별 20개 이상, 농지당 60개 이상)을 추출한 후 과실 분류에 따른 피해인정계수(별표 3)에 따라 구분하여 그 개수를 조사한다. (다만, 전체 낙과수가 60개 미만일 경우 등에는 해당 기준 미만으로도 조사가 가능하다.)

ⓑ 착과피해 구성 조사는 착과피해를 유발하는 재해가 있을 경우 시행하며, 품종별로 3개 이상의 표본주에서 임의의 과실 20개 이상(품종별 20개 이상, 농지당 60개 이상)을 추출한 후 과실 분류에

따른 피해인정계수(별표 3)에 따라 구분하여 그 개수를 조사한다.

ⓒ 조사 당시 착과에 이상이 없는 경우나 낙과의 피해 정도가 심해
피해 구성 조사가 의미가 없을 경우 등에는 품종별로 피해 구성
조사를 생략할 수 있다.

⑨ 품목별 미보상비율 적용표(별표 2-1)에 따라 미보상비율을 조사한다.

4 수확량조사(참다래) <small>수확개시 이후 수확량조사 시에만 낙과피해조사가 있음</small>

본 항의 수확량조사는 참다래 품목에만 해당하며, 다음 호의 조사종류별 방
법에 따라 실시한다. 또한, 수확량조사 시 따거나 수확한 과실은 계약자의
비용 부담으로 한다.

가. 수확 개시 전 수확량 조사

수확 개시 전 수확량 조사는 조사일을 기준으로 해당 농지의 수확이 시
작되기 전에 수확량 조사를 실시하는 경우를 의미하며, 조기수확 및 수
확해태 등으로 수확 개시 여부에 대한 분쟁이 발생한 경우에는 지역의
농업기술센터 등 농업 전문기관의 판단에 따른다.

① 보상하는 재해 여부 심사
농지 및 작물 상태 등을 감안하여 약관에서 정한 보상하는 재해로 인
한 피해가 맞는지 확인하며, 필요시에는 이에 대한 근거 자료(피해사
실확인조사 참조)를 확보할 수 있다.

② 품종별·수령별로 실제결과주수, 미보상주수 및 고사나무주수를 파악
하고, 실제결과주수에서 미보상주수 및 고사나무주수를 빼서 조사대
상주수를 계산한다.

③ 품종별·수령별로 재식간격을 조사한다. (가입 시 재식간격과 다를 경
우 계약변경이 될 수 있음을 안내하고 현지 조사서에 기재)

키위 과수원의 재식간격

열간거리

④ 농지별 전체 조사대상주수를 기준으로 품목별 표본주수표(별표 1-3 참조)에 따라 농지별 전체 표본주수를 산정하되, 품종별·수령별 표본주수는 품종별·수령별 조사대상주수에 비례하여 산정한다.

⑤ 산정한 품종별·수령별 표본주수를 바탕으로 품종별·수령별 조사대상주수의 특성이 골고루 반영될 수 있도록 표본주를 선정한다.

⑥ 선정된 표본주별로 해당 표본주 구역의 면적 조사를 위해 길이(윗변, 아랫변, 높이: 윗변과 아랫변의 거리)를 재고, 해당 구역에 착과된 과실수를 조사한다.

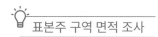
표본주 구역 면적 조사

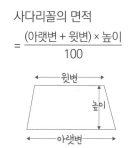
사다리꼴의 면적
$$= \frac{(아랫변 + 윗변) \times 높이}{100}$$

⑦ 농지에서 품종별로 착과가 평균적인 3주 이상의 표본주에서 크기가 평균적인 과실을 품종별 20개 이상(농지당 최소 60개 이상) 추출한다.

⑧ 품종별로 과실 개수를 파악하고, 개별 과실 과중이 50g 초과하는 과실과 50g 이하인 과실을 구분하여 무게를 조사한다. 이때, 개별 과실 중량이 50g 이하인 과실은 해당 과실의 무게를 실제 무게의 70%로 적용한다. ● 밤의 소과(지름길이 30mm 이하)는 실제 무게의 80% 적용

⑨ 착과피해를 유발하는 재해가 있었을 경우에는 아래와 같이 착과피해 구성 조사를 실시한다.

　ⓐ 품종별로 3주 이상의 표본주에서 임의의 과실 100개 이상을 추출한 후 과실분류에 따른 피해인정계수(별표 3)에 따라 구분하여 그 개수를 조사한다.

　ⓑ 조사 당시 착과에 이상이 없는 경우 등에는 품종별로 피해 구성 조사를 생략할 수 있다.

⑩ 품목별 미보상비율 적용표(별표 2-1)에 따라 미보상비율을 조사한다.

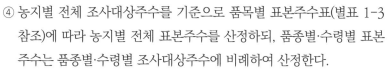
참다래의 착과수

= ㎡당 착과수 × 주당재식면적 × 조사대상주수이며, 주당재식면적은 재식간격조사를 통해 산정하고, ㎡당 착과수는 표본구역 면적조사를 통해 산정한다.

참다래 수확량조사

참다래는 옆 그림과 같이 덩쿨의 형태로 자라고 착과된 과실이 어떤 나무에서 맺힌 것인지 알 수가 없다. 따라서, 표본구간의 면적을 계산하고 표본구간 내의 착과과실수를 조사하여 ㎡당 착과수 산정하고 이를 통해 수확량을 조사하는 것이다.

나. 수확 개시 후 수확량 조사

수확 개시 후 수확량 조사는 조사일을 기준으로 해당 농지의 수확이 시작된 후에 수확량 조사를 실시하는 경우를 의미하며, 조기수확 및 수확해태 등으로 수확 개시 여부에 대한 분쟁이 발생한 경우에는 지역의 농업기술센터 등 농업 전문기관의 판단에 따른다.

① 보상하는 재해 여부 심사

농지 및 작물 상태 등을 감안하여 약관에서 정한 보상하는 재해로 인한 피해가 맞는지 확인하며, 필요시에는 이에 대한 근거 자료(피해사실확인조사 참조)를 확보할 수 있다.

② 품종별·수령별로 실제결과주수, 수확완료주수, 미보상주수 및 고사나무주수를 파악한다.

③ 품종별·수령별로 재식간격을 조사한다.

④ 실제결과주수에서 수확완료주수, 미보상주수 및 고사나무주수를 뺀 조사대상주수를 기준으로 품목별 표본주수표(별표 1-3 참조)에 따라 농지별 전체 표본주수를 산정하되, 품종별·수령별 표본주수는 품종별·수령별 조사대상주수에 비례하여 산정한다.

⑤ 산정한 품종별·수령별 표본주수를 바탕으로 품종별·수령별 조사대상주수의 특성이 골고루 반영될 수 있도록 표본주를 선정한다.

⑥ 선정된 표본주별로 해당 표본주 구역의 면적 조사를 위해 길이(윗변, 아랫변, 높이)를 재고, 해당 구역에 착과 및 낙과된 과실수를 조사한다.

⑦ 계약자 등이 낙과된 과실을 한 곳에 모아 둔 경우 등 낙과수 표본조사가 불가능한 경우에는 낙과수 전수조사를 실시한다. 낙과수 전수조사 시에는 농지 내 전체 낙과를 품종별로 구분하여 조사한다. 단, 전체 낙과에 대하여 품종별 구분이 어려운 경우에는 전체 낙과수를 세고 전체 낙과수 중 100개 이상의 표본을 추출하여 해당 표본의 품종을 구분하는 방법을 사용한다.

> 전수조사 시 품종 구분을 위한 표본추출 개수는 100개이며, 착과수조사를 하지 않는 대추, 매실, 살구, 오미자를 제외하고 모두 동일

⑧ 농지에서 품종별로 착과가 평균적인 3개 이상의 표본주에서 크기가 평균적인 과실을 품종별 20개 이상(농지당 최소 60개 이상) 추출한다.

⑨ 품종별로 과실 개수를 파악하고, 개별 과실 과중이 50g 초과하는 과실과 50g 이하인 과실을 구분하여 무게를 조사한다. 이때, 개별 과실 중량이 50g 이하인 과실은 해당 과실의 무게를 실제 무게의 70%로 적용한다.

⑩ 출하자료 및 문답 등을 통하여 기수확량을 조사한다.

⑪ 낙과피해 및 착과피해 구성 조사

　　ⓐ 낙과피해 구성 조사는 품종별로 낙과 중 임의의 과실 100개 이상을 추출한 후 과실 분류에 따른 피해인정계수(별표 3)에 따라 구분하여 그 개수를 조사한다.

　　ⓑ 착과피해 구성 조사는 착과피해를 유발하는 재해가 있을 경우 시행하며, 품종별로 3주 이상의 표본주에서 임의의 과실 100개 이상을 추출한 후 과실 분류에 따른 피해인정계수(별표 3)에 따라 구분하여 그 개수를 조사한다.

　　ⓒ 조사 당시 착과에 이상이 없는 경우나 낙과의 피해 정도가 심해 피해구성조사 없이 피해과실 분류가 가능한 경우 등에는 품종별로 피해 구성 조사를 생략할 수 있다.

⑫ 품목별 미보상비율 적용표(별표 2-1)에 따라 미보상비율을 조사한다.

> **참다래의 수확개시 후 피해구성조사를 생략하는 경우**
>
> 조사 당시 착과에 이상이 없는 경우나 낙과의 피해 정도가 심해 피해구성조사 없이 피해과실 분류가 가능한 경우
>
> 타과수의 경우는 "착과에 이상이 없거나 낙과의 피해정도가 심해 피해구성조사가 의미가 없을 경우"

5 수확량조사(매실, 대추, 살구) 과실의 크기가 작아 착과수 조사는 하지 않고 표본주의 착과무게를 조사

본 항의 수확량조사는 매실, 대추, 살구 품목에만 해당하며, 다음 호의 조사 종류별 방법에 따라 실시한다. 또한, 수확량조사 시 따거나 수확한 과실은 계약자의 비용 부담으로 한다.

가. **수확 개시 전 수확량 조사**

수확 개시 전 수확량 조사는 조사일을 기준으로 해당 농지의 수확이 시작되기 전에 수확량 조사를 실시하는 경우를 의미하며, 조기수확 및 수확해태 등으로 수확 개시 여부에 대한 분쟁이 발생한 경우에는 지역의 농업기술센터 등 농업 전문기관의 판단에 따른다.

① 보상하는 재해 여부 심사

농지 및 작물 상태 등을 감안하여 약관에서 정한 보상하는 재해로 인한 피해가 맞는지 확인하며, 필요시에는 이에 대한 근거 자료 (피해사실확인조사 참조)를 확보할 수 있다.

② 품종별·수령별로 실제결과주수, 미보상주수 및 고사나무주수를 파악하고, 실제결과주수에서 미보상주수 및 고사나무주수를 빼서 조사대상주수를 계산한다.

③ 농지별 전체 조사대상주수를 기준으로 품목별 표본주수표(별표 1-3 참조)에 따라 농지별 전체 표본주수를 산정하되, 품종별·수령별 표본

주수는 품종별·수령별 조사대상주수에 비례하여 산정한다.

④ 산정한 품종별·수령별 표본주수를 바탕으로 품종별·수령별 조사대상
주수의 특성이 골고루 반영될 수 있도록 표본주를 선정한다.

⑤ 선정된 표본주별로 착과된 과실을 전부 수확하여 수확한 과실의 무
게를 조사한다. 다만, 현장 상황에 따라 표본주의 착과된 과실 중 절
반만을 수확하여 조사할 수 있다.

⑥ 매실 품목의 경우 품종별 적정 수확 일자 및 조사 일자, 매실 품종별
과실 비대추정지수(별표 4)를 참조하여 품종별로 비대추정지수를 조
사한다.

⑦ 착과 피해를 유발하는 재해가 있었을 경우에는 아래와 같이 착과피
해 구성 조사를 실시한다.

ⓐ 각 표본주별로 수확한 과실 중 임의의 과실을 추출하여 과실 분류
기준(별표 3 참조)에 따라 구분하여 그 개수 또는 무게를 조사한
다. 이때 개수 조사 시에는 **표본주당 표본과실수는 100개 이상**으
로 하며, 무게 조사 시에는 **표본주당 표본과실 중량은 1,000g 이
상**으로 한다.   오미자 품목은 3,000g 이상 ●———┘

ⓑ 조사 당시 착과에 이상이 없는 경우 등에는 피해 구성 조사를 생
략할 수 있다.

ⓒ 매실·대추·살구의 과실 분류에 따른 피해인정계수는 (별표 3)와
같다.

⑧ 품목별 미보상비율 적용표(별표 2-1)에 따라 미보상비율을 조사한
다.

매실의 비대추정지수

매실은 수확기에 가까워지면서 과실의 무게가 급속히 증가하므로, 수확량조사일부터 수확기까지의 기간 동안 증가할 과실의 무게를 보정하여야 하며, 수확량 조사일부터 수확기까지의 기간이 길수록 비대추정지수도 크다. 수확량조사 시 비대추정지수를 적용하는 품목은 매실, 마늘, 양파가 있다.

나. **수확 개시 후 수확량 조사**   수확개시 후 수확량조사 시에만 낙과피해조사가 있음

수확 개시 후 수확량 조사는 조사일을 기준으로 해당 농지의 수확이 시
작된 후에 수확량 조사를 실시하는 경우를 의미하며, 조기수확 및 수확
해태 등으로 수확 개시 여부에 대한 분쟁이 발생한 경우에는 지역의 농
업기술센터 등 농업 전문기관의 판단에 따른다.

① 보상하는 재해 여부 심사

농지 및 작물 상태 등을 감안하여 약관에서 정한 보상하는 재해로 인
한 피해가 맞는지 확인하며, 필요시에는 이에 대한 근거 자료 (피해
사실확인조사 참조)를 확보할 수 있다.

② 품종별·수령별로 실제결과주수, 수확완료주수, 미보상주수 및 고사

나무주수를 파악한다.

③ 실제결과주수에서 수확완료주수, 미보상주수 및 고사나무주수를 뺀 조사대상주수를 기준으로 품목별 표본주수표(별표 1-3 참조)에 따라 농지별 전체 표본주수를 산정하되, 품종별·수령별 표본주수는 품종별·수령별 조사대상주수에 비례하여 산정한다.

④ 산정한 품종별·수령별 표본주수를 바탕으로 품종별·수령별 전체 주수의 특성이 골고루 반영될 수 있도록 표본주를 선정한다.

⑤ 선정된 표본주별로 착과 무게와 낙과 무게를 각각 조사한다. 다만, 현장 상황에 따라 표본주별로 착과 및 낙과된 과실 중 절반만을 대상으로 조사할 수 있다.

⑥ 매실 품목의 경우 품종별 적정 수확 일자 및 조사 일자, 매실 품종별 과실 비대추정지수(별표 4)를 참조하여 품종별로 비대추정지수를 조사한다.

⑦ 계약자 등이 낙과된 과실을 한 곳에 모아 둔 경우 등 낙과 표본조사가 불가능한 경우에는 낙과 전수조사를 실시한다. 낙과 전수조사 시에는 농지 내 전체 낙과를 품종별로 구분하여 조사한다. 단, 전체 낙과에 대하여 품종별 구분이 어려운 경우에는 전체 낙과 무게를 재고 전체 낙과 중 1,000g 이상의 표본을 추출하여 해당 표본의 품종을 구분하는 방법을 사용한다.

⑧ 출하자료 및 문답 등을 통하여 기수확량을 조사한다.

⑨ 낙과피해 및 착과피해 구성 조사

ⓐ 낙과피해 구성 조사는 품종별 낙과 중 임의의 과실 100개 또는 1,000g 이상을 추출하여 아래 피해 구성 구분 기준에 따른 개수 또는 무게를 조사한다.

ⓑ 착과피해 구성 조사는 착과피해를 유발하는 재해가 있을 경우 시행하며, 표본주별로 수확한 착과 중 임의의 과실 100개 또는 1,000g 이상을 추출한 후 과실 분류에 따른 피해인정계수(별표 3)에 따른 개수 또는 무게를 조사한다.

ⓒ 조사 당시 착과에 이상이 없는 경우나 낙과의 피해 정도가 심해 피해 구성 조사가 의미가 없을 경우 등에는 품종별로 피해 구성 조사를 생략할 수 있다.

⑩ 품목별 미보상비율 적용표(별표 2-1)에 따라 미보상비율을 조사한다.

6 **수확량조사(오미자)** 수확개시 이후 수확량조사 시에만 낙과피해조사가 있음, 전수조사는 못 함

본 항의 수확량조사는 오미자 품목에만 해당하며, 다음 호의 조사종류별 방법에 따라 실시한다. 또한, 수확량조사 시 따거나 수확한 과실은 계약자의 비용 부담으로 한다.

가. **수확 개시 전 수확량 조사** 오미자는 과수임에도 '주수'라는 개념 없어 '유인틀의 길이' 개념 사용

수확 개시 전 수확량 조사는 조사일을 기준으로 해당 농지의 수확이 시작되기 전에 수확량 조사를 실시하는 경우를 의미하며, 조기수확 및 수확해태 등으로 수확 개시 여부에 대한 분쟁이 발생한 경우에는 지역의 농업기술센터 등 농업 전문기관의 판단에 따른다.

① 보상하는 재해 여부 심사

농지 및 작물 상태 등을 감안하여 약관에서 정한 보상하는 재해로 인한 피해가 맞는지 확인하며, 필요시에는 이에 대한 근거 자료(피해사실확인조사 참조)를 확보할 수 있다.

○ 타종합과수는 품종별·수령별

② 가입 대상 오미자에 한하여 유인틀 형태 및 오미자 수령별로 유인틀의 실제재배 길이, 고사 길이, 미보상 길이를 파악하고, 실제재배 길이에서 고사 길이와 미보상 길이를 빼서 조사대상길이를 계산한다.

타종합과수의 조사대상주수
= 실제결과주수-고사주수-미보상주수이며,
오미자는 '주수' 대신 '길이'를 적용

③ 농지별 전체 조사대상길이를 기준으로 품목별 표본주(구간)표(별표 1-3 참조)에 따라 농지별 전체 표본구간수를 산정하되, 형태별·수령별 표본구간수는 형태별·수령별 조사대상길이에 비례하여 산정한다.

④ 산정한 형태별·수령별 표본구간수를 바탕으로 형태별·수령별 조사대상길이의 특성이 골고루 반영될 수 있도록 표본구간(유인틀 길이 방향으로 1m)를 선정한다.

⑤ 선정된 표본구간별로 표본구간 내 착과된 과실을 전부 수확하여 수확한 과실의 무게를 조사한다. 다만, 현장 상황에 따라 표본구간의 착과된 과실 중 절반만을 수확하여 조사할 수 있다.

⑥ 착과 피해를 유발하는 재해가 있었을 경우에는 아래와 같이 착과피해 구성 조사를 실시한다.

ⓐ 표본구간에서 수확한 과실 중 임의의 과실을 추출하여 과실 분류에 따른 피해인정계수(별표 3)에 따라 구분하여 그 무게를 조사한다. 이때 표본으로 추출한 과실 중량은 3,000g 이상(조사한 총 착과 과실 무게가 3,000g 미만인 경우에는 해당 과실 전체)으로 한다.

오미자의 유인틀

오미자는 넝쿨성 식물로 적당한 유인틀을 설치해 주어야만 생장이 양호하며 유인틀 설치방식은 울타리형, 덕형, V자형 등이 있다. 농업재해보험에서는 울타리형과 V자형 유인틀에서 재배중인 오미자만 가입 가능하다.

울타리형 유인틀

ⓑ 조사 당시 착과에 이상이 없는 경우 등에는 피해 구성 조사를 생략할 수 있다.

⑦ 품목별 미보상비율 적용표(별표 2-1)에 따라 미보상비율을 조사한다.

나. 수확 개시 후 수확량 조사

수확 개시 후 수확량 조사는 조사일을 기준으로 해당 농지의 수확이 시작된 후에 수확량 조사를 실시하는 경우를 의미하며, 조기수확 및 수확해태 등으로 수확 개시 여부에 대한 분쟁이 발생한 경우에는 지역의 농업기술센터 등 농업 전문기관의 판단에 따른다.

① 보상하는 재해 여부 심사

농지 및 작물 상태 등을 감안하여 약관에서 정한 보상하는 재해로 인한 피해가 맞는지 확인하며, 필요시에는 이에 대한 근거 자료 (피해사실확인조사 참조)를 확보할 수 있다.

② 가입 대상 오미자에 한하여 유인틀 형태 및 오미자 수령별로 유인틀의 실제재배 길이, 수확완료 길이, 고사 길이, 미보상 길이를 파악하고, 실제재배 길이에서 수확완료 길이, 고사 길이와 미보상 길이를 빼서 조사대상길이를 계산한다.

③ 농지별 전체 조사대상길이를 기준으로 품목별 표본주(구간)표(별표 1-3 참조)에 따라 농지별 전체 표본구간수를 산정하되, 형태별·수령별 표본구간수는 형태별·수령별 조사대상길이에 비례하여 산정한다.

④ 산정한 형태별·수령별 표본구간수를 바탕으로 형태별·수령별 조사대상길이의 특성이 골고루 반영될 수 있도록 표본구간(유인틀 길이 방향으로 1m)를 선정한다.

⑤ 선정된 표본구간별로 표본구간 내 착과된 과실과 낙과된 과실의 무게를 조사한다. 다만, 현장 상황에 따라 표본구간별로 착과된 과실 중 절반만을 수확하여 조사할 수 있다.

⑥ 계약자 등이 낙과된 과실을 한 곳에 모아 둔 경우 등 낙과 표본조사가 불가능한 경우에는 낙과 전수조사를 실시한다. 낙과 전수조사 시에는 농지 내 전체 낙과에 대하여 무게를 조사한다.

⑦ 출하자료 및 문답 등을 통하여 기수확량을 조사한다.

⑧ 낙과피해 및 착과피해 구성 조사

ⓐ 낙과피해 구성 조사는 표본구간의 낙과(낙과 전수조사를 실시했

오미자의 과실

을 경우에는 전체 낙과를 기준으로 한다) 중 임의의 과실 3,000g 이상(조사한 총 낙과 과실 무게가 3,000g 미만인 경우에는 해당 과실 전체)을 추출하여 아래 피해 구성 구분 기준에 따른 무게를 조사한다.

ⓑ 착과피해 구성 조사는 표본구간에서 수확한 과실 중 임의의 과실을 추출하여 과실 분류에 따른 피해인정계수(별표 3)에 따라 구분하여 그 무게를 조사한다. 이때 표본으로 추출한 과실 중량은 3,000g 이상(조사한 총 착과 과실 무게가 3,000g 미만인 경우에는 해당 과실 전체)으로 한다.

ⓒ 조사 당시 착과에 이상이 없는 경우나 낙과의 피해 정도가 심해 피해 구성 조사가 의미가 없을 경우 등에는 피해 구성 조사를 생략할 수 있다.

⑨ 품목별 미보상비율 적용표(별표 2-1)에 따라 미보상비율을 조사한다.

7 수확량조사(유자) 유자 품목은 수확 개시 전 수확량 조사만 실시, 전수조사는 하지 않음

본 항의 수확량조사는 유자 품목에만 해당하며, 다음 각 호의 조사종류별 방법에 따라 실시한다.

가. 수확 개시 전 수확량 조사

수확 개시 전 수확량 조사는 조사일을 기준으로 해당 농지의 수확이 시작되기 전에 수확량 조사를 실시하는 경우를 의미하며, 조기수확 및 수확해태 등으로 수확 개시 여부에 대한 분쟁이 발생한 경우에는 지역의 농업기술센터 등 농업 전문기관의 판단에 따른다.

① 보상하는 재해 여부 심사

농지 및 작물 상태 등을 감안하여 약관에서 정한 보상하는 재해로 인한 피해가 맞는지 확인하며, 필요시에는 이에 대한 근거 자료(피해사실확인조사 참조)를 확보할 수 있다.

② 품종별·수령별로 실제결과주수, 미보상주수 및 고사나무주수를 파악하고, 실제결과주수에서 미보상주수 및 고사나무주수를 빼서 조사대상주수를 계산한다.

③ 농지별 전체 조사대상주수를 기준으로 품목별 표본주수표(별표 1-9 참조)에 따라 농지별 전체 표본주수를 산정하되, 품종별·수령별 표본주수는 품종별·수령별 조사대상주수에 비례하여 산정한다.

④ 산정한 품종별·수령별 표본주수를 바탕으로 품종별·수령별 조사대상 주수의 특성이 골고루 반영될 수 있도록 표본주를 선정하고, 선정된 표본주별로 착과된 전체 과실수를 조사한다.

⑤ 농지에서 품종별로 착과가 평균적인 3개 이상의 표본주에서 크기가 평균적인 과실을 품종별 20개 이상(농지당 최소 60개 이상) 추출하여 품종별 과실 개수와 무게를 조사한다.

⑥ 착과 피해를 유발하는 재해가 있었을 경우에는 아래와 같이 착과피해 구성 조사를 실시한다.

    ⓐ 착과피해 구성 조사는 착과피해를 유발하는 재해가 있을 경우 시행하며, 품종별로 3개 이상의 표본주에서 임의의 과실 100개 이상을 추출한 후 과실 분류에 따른 피해인정계수(별표 3)에 따라 구분하여 그 개수를 조사한다.

    ⓑ 조사 당시 착과에 이상이 없는 경우 등에는 품종별로 피해 구성 조사를 생략할 수 있다.

⑦ 품목별 미보상비율 적용표(별표 2-1)에 따라 미보상비율을 조사한다.

8 비가림시설 피해조사(포도, 대추, 참다래)

본 항의 비가림시설 피해조사는 포도, 대추 및 참다래 품목에만 해당하며, 다음 각 호의 조사방법에 따라 실시한다.

가. **조사기준**

해당 목적물인 비가림시설의 구조체와 피복재의 재조달가액을 기준금액으로 수리비를 산출한다.

나. **평가단위**

물리적으로 분리 가능한 시설 1동을 기준으로 보험 목적물별로 평가한다.

대추 비가림시설

다. **조사방법**

① 피복재: 피복재의 피해면적을 조사한다.

② 구조체

    ⓐ 손상된 골조를 재사용할 수 없는 경우: 교체수량 확인 후 교체비용 산정

    ⓑ 손상된 골조를 재사용할 수 있는 경우: 보수면적 확인 후 보수비용 산정

품종별 주당가격(문제에서 제시됨)

포도: 4만원
자두: 5만원
매실: 5만원
유자: 5만원
복숭아: 10만원

과수 중 나무보장특약이 없는 과수 품목 ← 과실의 크기가 작은 품목

대추, 오디, 오미자, 밤, 복분자

9 고사나무조사(포도, 복숭아, 자두, 매실, 유자)

본 항의 고사나무조사는 포도, 복숭아, 자두, 매실, 유자 품목에만 해당하며, 다음 각 호의 조사방법에 따라 실시한다.

가. 나무손해보장 특약 가입 여부 및 사고 접수 여부 확인

해당 특약을 가입한 농지 중 사고가 접수된 모든 농지에 대해서 고사나무조사를 실시한다.

나. 조사 시기의 결정

고사나무조사는 <u>수확완료 시점 이후</u>에 실시하되, 나무손해보장특약 종료시점을 고려하여 결정한다. ┌ ● 포도, 복숭아, 자두, 매실, 유자의 나무손해보장특약 보험종기는 11월 30일

다. 보상하는 재해 여부 심사

농지 및 작물 상태 등을 감안하여 약관에서 정한 보상하는 재해로 인한 피해가 맞는지 확인하며, 필요시에는 이에 대한 근거 자료 (피해사실확인조사 참조)를 확보할 수 있다.

라. 품종별·수령별로 실제결과주수, 수확 완료 전 고사주수, 수확 완료 후 고사주수 및 미보상 고사주수를 조사한다. (수확 완료 전 고사주수는 고사나무조사 이전 조사(착과수조사, 착과피해조사, 낙과피해조사 및 수확개시 전·후 수확량조사)에서 보상하는 재해로 고사한 것으로 확인된 주수를 의미하며, 수확 완료 후 고사주수는 보상하는 재해로 고사한 나무 중 고사나무조사 이전 조사에서 확인되지 않은 나무주수를 말한다. 미보상 고사주수는 보상하는 재해 이외의 원인으로 고사한 나무주수를 의미하며, 고사나무조사 이전 조사(착과수조사, 착과피해조사 및 낙과피해조사, 수확개시 전·후 수확량조사)에서 보상하는 재해 이외의 원인으로 고사하여 미보상주수로 조사된 주수를 포함한다.)

마. 수확 완료 후 고사주수가 없는 경우(계약자 유선 확인 등)에는 고사나무조사를 생략할 수 있다.

10 고사나무조사(참다래) 참다래는 10월 말 ~ 11월 중순에 수확하며, 나무손해보장특약의 보험종기는 이듬해 6월 30일로 참다래의 수확기와는 무관

본 항의 고사나무 조사는 참다래 품목에만 해당하며, 다음 각 호의 조사방법에 따라 실시한다.

가. 나무손해보장 특약 가입 여부 및 사고 접수 여부 확인

해당 특약을 가입한 농지 중 사고가 접수된 모든 농지에 대해서 고사나무조사를 실시한다.

나. 조사 시기의 결정

고사나무조사는 나무손해보장특약 종료시점을 고려하여 결정한다.

다. 보상하는 재해 여부 심사

농지 및 작물 상태 등을 감안하여 약관에서 정한 보상하는 재해로 인한 피해가 맞는지 확인하며, 필요시에는 이에 대한 근거 자료(피해사실확인조사 참조)를 확보할 수 있다.

라. 품종별·수령별로 실제결과주수와 고사주수, 미보상 고사주수를 조사한다.

마. 고사주수가 없는 경우(계약자 유선 확인 등)에는 고사나무조사를 생략할 수 있다.

11 미보상비율조사(모든 조사 시 동시 조사)

상기 모든 조사마다 미보상비율 적용표(별표 2-1)에 따라 미보상비율을 조사한다.

4. 보험금

1 산정방법

지급보험금의 계산에 필요한 보험가입금액, 평년수확량, 수확량, 미보상감수량, 자기부담비율 등은 과수원별로 산정하며, 품종별로 산정하지 않는다.

2 보험금을 지급하는 경우

● 수확량 감소를 보장하므로 피해율은 평-수-미-평이다.

보상하는 재해로 인하여 피해율이 자기부담비율을 초과하는 경우에만 지급보험금이 발생한다.

· 보험금 = 보험가입금액 × (피해율 – 자기부담비율)
· 피해율 = (평년수확량 – 수확량 – 미보상감수량) ÷ 평년수확량
· 미보상감수량 = (평년수확량 – 수확량) × 미보상비율

단, 복숭아 품목이 병충해(세균구멍병)인한 감수량이 있는 경우

참다래 품목의 보험기간

· 과실: 꽃눈분화기(보통 6월) ~ 해당 꽃눈이 성장하여 맺은 과실의 수확기 종료시점 (단, 이듬해 11월 30일을 초과할 수 없음)
· 나무: 계약연도 7월 1일 ~ 이듬해 6월 30일
· 비가림시설: 계약체결일 24시 ~ 이듬해 6월 30일

복숭아 병충해감수량

과수 품목 중 유일하게 복숭아 품목은 병충해(세균구멍병)로 인한 피해를 보상하며, 병충해로 인한 감수량은 수확량 산정 시 감수량의 합에 포함되지 않고 피해율 산정 시에만 적용됨에 유의한다. 복숭아의 수확량 감소추가보장을 위한 피해율 산정 시에는 병충해감수량이 적용되지 않음에도 유의한다.

세균구멍병이 아닌 경우 병충해로 인한 피해는
모두 정상과로 산정 ●

- 피해율 = $\dfrac{\text{평년수확량} - \text{수확량} - \text{미보상감수량} + \text{병충해감수량}}{\text{평년수확량}}$

3 보험금을 지급하지 않는 경우

보상하는 재해로 인한 감수량과 관계없이 피해율이 자기부담비율 이하인 경우에는 보험금이 지급되지 않는다.

4 나무손해보장 특약 보험금

- 보험금 = 보험가입금액 × (피해율 – 자기부담비율)
- 피해율 = 피해주수(고사된 나무) ÷ 실제결과주수 ● 나무손해보장의 자기부담비율은 계약내용과 무관하게 5%

피해주수는 수확 전 고사주수와 수확 완료 후 고사주수를 더하여 산정하며, 미보상 고사주수는 피해주수에서 제외한다.

* 피해주수 = 수확전고사주수 + 수확완료 후 고사주수 – 미보상고사주수

대상품목 및 자기부담비율은 약관에 따른다.

5 포도, 복숭아 수확량감소 추가보장 특약 보험금

수확량감소 추가보장 보험금 산정을 위한
피해율 계산 시 병충해로 인한 감수량은
적용하지 않음에 유의

보상하는 재해로 피해율이 자기부담비율을 초과하는 경우 적용한다.

- 보험금 = 보험가입금액 × 피해율 × 10%
  * 피해율 = $\dfrac{\text{평년수확량} - \text{수확량} - \text{미보상감수량}}{\text{평년수확량}}$

6 포도, 대추 및 참다래 비가림시설 보험금

가. 비가림시설의 손해액은 구조체(파이프) 손해액에 피복재 손해액을 합하여 산정한다. 과수 비가림시설은 실손보상하며, 인삼해가림시설은 비례보상

① 피복재 손해액: 피복재 중 손해가 발생된 부재의 재조달가액의 합

② 구조체 손해액: 구조체 중 손해가 발생된 부재의 재조달가액의 합

나. 손해액 산출 기준

① 손해평가는 재조달가액 산출내역을 기초로 실시하며, 손해액은 비가림시설 1동 단위로 산출

② 구조체(서까래, 가로대, 부속자재 등)와 피복재 손해평가는 실제피해에 대한 복구비용으로 산출한 재조달가액으로 산정한다.

다. 보상하는 손해에 의한 보험금과 잔존물 제거비용은 지급 보험금의 계산을 준용하여 계산하며, 그 합은 보험증권(보험가입증서)에 기재된 보험

비가림시설 vs 해가림시설

- 비가림시설: 실손보상, 자기부담금은 손해액의 10%(30만원~100만원), 피복재단독 사고 시 자기부담금은 손해액의 10%(10만원~30만원)
- 해가림시설: 비례보상, 자기부담금은 손해액의 10%(30만원~100만원) 단, 화재로 인한 보험금 산정 시 자기부담금 미적용

가입금액을 한도로 한다. 다만, 잔존물 제거비용은 손해액의 10%를 초과할 수 없다.

라. 비용손해 중 손해방지비용, 대위권 보전비용, 잔존물 보전비용은 지급보험금의 계산을 준용하여 계산한 금액이 보험가입금액을 초과하는 경우에도 이를 지급한다. 단, 손해방지비용은 20만원을 한도로 한다.

마. 비용손해 중 기타 협력비용은 보험가입금액을 초과한 경우에도 이를 전액 지급한다.

바. 지급보험금은 보험가입금액을 한도로 손해액에서 자기부담금을 차감한 금액으로 함.

　　· 지급보험금 = 손해액 − 자기부담금

사. 자기부담금

① 최소자기부담금(30만원)과 최대자기부담금(100만원)을 한도로 보험사고로 인하여 발생한 손해액의 10%에 해당하는 금액을 적용

② 피복재 단독사고는 최소자기부담금(10만원)과 최대자기부담금 (30만원)을 한도로 보험사고로 인하여 발생한 손해액의 10%에 해당하는 금액 적용

　　· 자기부담금(구조체 + 피복재사고): 손해액의 10%(최소 30만원 ~ 최대 100만원)

　　· 피복재 단독사고 시 자기부담금: 손해액의 10%(최소 10만원 ~ 최대 30만원)

아. 다만, 보험의 목적이 손해를 입은 장소에서 실제로 수리 또는 복구되지 않은 때에는 재조달가액에 의한 보상을 하지 않고 시가(감가상각된 금액)로 보상한다.

보험가입금액을 초과해도 지급하는 비용

보험사에 이익이 되는 비용으로 손해방지비용, 대위권보전비용, 잔존물보전비용이 있다.

대위권보전비용이란?

손해를 입힌 제3자로부터 손해의 배상을 받을 수 있는 경우 그 권리를 지키거나 행사하기 위하여 지출한 필요 또는 유익한 비용을 말한다.

시가로 보상하는 경우

· 비가림시설: 손해를 입은 장소에서 실제로 수리 또는 복구 되지 않은 경우

· 해가림시설: 손해를 입은 장소에서 실제로 수리 또는 복구 되지 않은 경우, 손해발생 후 180일이 경과하여도 수리 또는 복구의 서면 통지가 없는 경우

과수원의 종합위험방식 복숭아 품목의 과중조사를 실시하고자 한다. 다음 조건을 이용하여 과중조사 횟수, 최소 표본주수 및 최소 추출과실 개수를 답란에 쓰시오. [5점]   제1회

- A과수원의 품종은 4종이다.
- 각 품종별 수확시기는 다르다.
- 최소 표본주수는 회차별 표본주수의 합계로 본다.
- 최소 추출과실 개수는 회차별 추출과실 개수의 합계로 본다.
- 조건 외 단서조항은 고려하지 않는다.

Key
- 과중조사는 사고가 접수된 농지에 한하여 품종별로 수확시기에 각각 실시한다.
- 농지에서 품종별로 착과가 평균적인 3주 이상의 표본주에서 크기가 평균적인 과실을 품종별로 20개 이상(포도는 농지당 30개 이상) 추출하여 품종별 과실 개수와 무게를 조사한다.

정답
- 과중조사 횟수: 품종이 4종이므로 **4회**
- 최소 표본주수: 4개의 품종 × 품종별 3주 = **12주**
- 최소 추출과실 개수: 4개의 품종 × 품종별 20개 = **80개**

종합위험 수확감소보장 과수 비가림시설 피해조사에 관한 것으로 ① 해당되는 3가지 품목, ② 조사기준, ③ 조사방법에 대하여 각각 서술하시오. [15점]   제5회

정답
① **해당되는 3가지 품목**: 포도, 대추, 참다래
② **조사기준**: 해당 목적물인 비가림시설의 구조체와 피복재의 재조달가액을 기준금액으로 수리비를 산출한다.
③ **조사방법**
  피복재: 피복재의 피해면적을 조사한다.
  구조체: 손상된 골조를 재사용할 수 없는 경우, 교체수량 확인 후 교체비용 산정
       손상된 골조를 재사용할 수 있는 경우, 보수면적 확인 후 보수비용 산정

다음의 계약사항 및 조사내용에 따라 참다래 수확량(kg)을 구하시오. (단, 수확량은 소수점 첫째 자리에서 반올림하여 다음 예시와 같이 구하시오. 예시: 수확량 1.6kg → 2kg로 기재) [5점] 제5회

• 계약사항

실제결과주수(주)	고사주수(주)	재식면적	
		주간거리(m)	열간거리(m)
300	50	4	5

• 조사내용(수확전 사고)

표본주수	표본구간면적조사			표본구간 착과수 합계	착과피해 구성률(%)	과중조사	
	윗변(m)	아랫변(m)	높이(m)			50g 이하	50g 초과
8주	1.2	1.8	1.5	850	30	1,440g/36개	2,160g/24개

Key

・참다래 품목은 계약사항의 재식면적과 실제결과주수를 통해 경작면적을 산정하고, 표본구간 면적조사와 착과수조사를 통해 단위면적당 수확량을 산정한다.

・표본구간 1개의 면적 = $\dfrac{(\text{윗변길이} + \text{아랫변길이}) \times \text{높이}}{2}$ 이다.

정답   참다래 1주가 차지하는 면적

・경작면적 = $4 \times 5 \times (300 - 50) = 5,000\text{m}^2$

・표본구간의 면적 = $8 \times \dfrac{(1.2 + 1.8) \times 1.5}{2} = 18\text{m}^2$

・수확량 = $\dfrac{850}{18} \times \dfrac{1.44 \times 0.7 + 2.16}{60} \times (1 - 0.3) \times 5,000 = 8,726.6$ → **8,727kg**

표본구간 단위면적당 착과수   표본구간 개당 유효과중(50g 이하는 과중의 70% 적용)

다음 계약사항과 조사내용을 참조하여 아래 착과수조사 결과에 들어갈 값(①~③)을 각각 구하시오. (단, 해당 과수원에 있는 모든 나무의 품종 및 수령은 계약사항과 동일한 것으로 함.) [5점] 제6회

• 계약사항

품목	품종 / 수령	가입일자(계약일자)
자두	A / 9년생	2019년 11월 14일

- 조사내용

  - 조사종류: 착과수조사
  - 조사일자: 2020년 8월 18일
  - 조사사항
    - 상기 조사일자 기준 과수원에 살아있는 모든 나무 수(고사된 나무 수 제외): 270주
    - 2019년 7월 발생한 보상하는 재해로 2019년 7월에 고사된 나무 수: 30주
    - 2019년 12월 발생한 보상하는 재해로 2020년 3월에 고사된 나무 수: 25주
    - 2020년 6월 발생한 보상하는 손해 이외의 원인으로 2020년 7월에 고사된 나무 수: 15주
    - 2020년 6월 발생한 보상하는 손해 이외의 원인으로 착과량이 현저하게 감소된 나무 수: 10주

- 착과수조사 결과

구분	실제결과주수 (실제결과나무수)	미보상주수 (미보상나무수)	고사주수 (고사나무수)
주수	(①)주	(②)주	(③)주

Key
- 2019년 7월에 고사된 나무는 계약일자 이전의 사고에 의한 것이므로 모든 계산에서 제외한다.
- 실제결과주수는 가입일자를 기준으로 농지(과수원)에 식재된 모든 나무 수를 의미한다. 단, 인수조건에 따라 보험에 가입할 수 없는 나무(유목 및 인수제한품종 등) 수는 제외한다.
- 미보상주수는 실제결과주수 중 보상하는 손해 이외의 원인으로 고사하거나 수확량(착과량)이 현저하게 감소한 나무 수를 의미한다.
- 고사주수는 실제결과주수 중 보상하는 손해로 고사된 나무 수를 의미한다.

정답
  ① 270 + 25 + 15 + 10 = **320주**   ② 15 + 10 = **25주**   ③ 25주
  └─ ⸱ 실제결과주수는 보상하는 손해 여부와 관계없이
       고사나무, 미보상나무 등 모두 포함

기출문제 05

다음은 종합위험 수확감소보장방식 복숭아에 관한 내용이다. 아래의 계약사항과 조사내용을 참조하여 ① A품종 수확량(kg), ② B품종 수확량(kg), ③ 수확감소보장피해율(%)을 구하시오. (단, 피해율은 소수점 셋째 자리에서 반올림하여 다음 예시와 같이 구하시오. 예시: 12.345% → 12.35%) [15점]

- 계약사항

품목	가입금액	평년수확량	자기부담비율	수확량감소 추가보장 특약	나무손해보장 특약
복숭아	15,000,000원	4,000kg	20%	미가입	미가입

품종/수령	가입주수	1주당 표준수확량	표준과중
A/9년생	200주	15kg	300g
B/10년생	100주	30kg	350g

- 조사내용(보상하는 재해로 인한 피해 확인됨)

조사종류	품종/수령	실제결과주수	미보상주수	품종별·수령별 착과수(합계)
착과수조사	A/9년생	200주	8주	5,000개
	B/10년생	100주	5주	3,000개

조사종류	품종	개당 과중	미보상비율
과중조사	A	290g	5%
	B	310g	10%

Key

· 미보상주수에 의한 수확량을 산정하기 위하여 주당 평년수확량이 필요하며, 평년수확량을 품종별 가입주수 × 1주당 표준수확량 비율로 안분한 후 각 품종의 실제결과주수로 나누어 주당 평년수확량을 산정한다.

· 위 조사내용의 착과수는 표본주 착과수 합계가 아닌 품종별 수령별 착과수 합계임에 유의한다.

정답

· A품종 주당 평년수확량 = $4,000 \times \dfrac{200 \times 15}{200 \times 15 + 100 \times 30} \div 200 = 10kg/주$

· B품종 주당 평년수확량 = $4,000 \times \dfrac{100 \times 30}{200 \times 15 + 100 \times 30} \div 100 = 20kg/주$

① **A품종 수확량** = $5000 \times 0.29 + 8 \times 10 =$ **1,530kg**

② **B품종 수확량** = $3,000 \times 0.31 + 5 \times 20 =$ **1,030kg**

· 미보상감수량 = $\{4,000 - (1,530 + 1,030)\} \times max(5\%, 10\%) = 1,440 \times 10\% = 144$

③ **수확감소보장피해율(%)** = $\dfrac{4,000 - 2,560 - 144}{4,000} = 0.324 =$ **32.4**

다음은 종합위험 수확감소보장방식 과수 품목의 과중조사에 관한 내용이다. 다음을 보고 각 품목별 개당 과중을 산정하시오. (단, 개당 과중은 g 단위로 소수점 첫째 자리에서 반올림하여 다음 예시와 같이 구하시오. 예시: 1,234.5g → 1,235g)

품목	조사내용
밤	표본과실수: 60송이, 과립지름 30mm 초과: 1,500g, 과립지름 30mm 이하: 1,000g
참다래	표본과실수: 60개, 과중 50g 초과: 5,000g, 50g이하: 1,000g

Key

밤의 과립 지름 30mm 이하는 무게의 80%를 적용하며, 참다래의 과중 50g 이하는 무게의 70%를 적용한다.

정답

- 밤의 개당 과중 = $\dfrac{1,500 + 1,000 \times 0.8}{60}$ = 38.3 → **39g**
- 참다래 개당 과중 = $\dfrac{5,000 + 1,000 \times 0.7}{60}$ = **95g**

다음은 업무방법서에서 정한 '과실분류에 따른 피해인정계수'에 관한 표이다. 적용 품목이 복숭아일 경우 다음의 표 빈칸에 들어갈 (①~⑤)를 서술하시오.

과실분류	피해인정계수	비고
정상과	0	피해가 없거나 경미한 과실
50%형 피해과실	0.5	①
80%형 피해과실	0.8	②
100%형 피해과실	1	③
병충해 피해과실	④	(⑤) 피해를 입은 과실

정답

① 일반시장에 출하할 때 정상과실에 비해 50% 정도의 가격하락이 예상되는 품질의 과실(단, 가공공장 공급 및 판매 여부와 무관)

② 일반시장 출하가 불가능하나 가공용으로 공급될 수 있는 품질의 과실(단, 가공공장공급 및 판매 여부와 무관)

③ 일반시장 출하가 불가능하고 가공용으로도 공급될 수 없는 품질의 과실

④ 0.5

⑤ 세균구멍병

다음은 종합위험 수확감소방식 과수의 적용품목이다. 품목을 보고 아래의 질문에 각각 답하시오.

| 포도 복숭아 밤 호두 자두 참다래 대추 매실 살구 오미자 유자 |

① 사고 여부와 상관없이 계약된 농지 전 건에 대하여 착과수 조사를 하는 품목을 모두 쓰시오.

② 수확량조사 시 과중조사를 하지 않는 품목을 모두 쓰시오.

③ 수확 개시 전 수확량 조사만 하는 품목을 모두 쓰시오.

④ 착과피해구성조사 시 무게 조사를 할 수 있는 품목을 모두 쓰시오.

⑤ 과중조사 시 과실의 개당 중량을 기준으로 과실의 적용 무게를 달리하는 품목을 쓰고, 과실을 분류하는 기준 중량과 기준 이하 중량의 과실에 적용되는 무게 적용비율을 쓰시오.

⑥ 과중조사 시 정상과와 소과로 분류하는 품목을 쓰고, 소과의 규격과 소과의 무게 적용 비율을 쓰시오.

⑦ 비가림시설 화재위험보장 특약에 가입할 경우 비가림시설 피해조사를 하는 품목을 모두 쓰시오.

⑧ 고사나무조사를 하는 품목을 모두 쓰시오.

정답

① 포도, 복숭아, 자두   ② 대추, 매실, 살구, 오미자   ③ 유자

④ 대추, 매실, 살구, 오미자   ⑤ 참다래, 50g, 70%   ⑥ 밤, 과립의 지름길이 30mm이하, 80%

⑦ 포도, 대추, 참다래   ⑧ 포도, 복숭아, 자두, 매실, 유자, 참다래

종합위험 수확감소보장방식 포도, 복숭아, 자두 품목의 손해평가시 ① 착과피해조사를 생략하는 경우와 ② 낙과피해조사를 생략하는 경우에 대하여 서술하시오.

정답

① 사고조사 당시 수확이 완료된 품종이 있거나 착과의 피해가 경미하여 피해구성조사가 의미가 없을 경우

② 사고조사 당시 수확기에 해당하지 않은 품종이 있거나, 낙과의 피해정도가 심해 피해구성조사가 의미가 없을 경우

다음은 종합위험 수확감소보장방식 포도,복숭아, 자두 품목의 과중조사 방법에 관한 내용이다.
빈칸에 들어갈 말을 쓰시오.

> • 과중조사는 사고 접수가 된 농지에 한하여 (①)별로 수확기에 각각 실시한다. 단, 조기수확 및 (②) 등으로 수확기에 대한 분쟁이 발생할 경우 수확시기 판단은 지역의 (③) 등 농업전문기관의 판단에 따른다.
> • 농지에서 품종별로 (④)이/가 평균적인 3개 이상의 표본주에서 (⑤)이/가 평균적인 품종별 20개 이상 (포도는 (⑥)당 30개 이상, 복숭아 자두는 (⑥)당 60개 이상)추출하여 품종별로 과실 개수와 무게를 조사한다.
> • 현장에서 과중조사를 실시하기 어렵고, 증빙자료가 있는 경우에 한하여 농협의 (⑦)로 과중조사를 대체할 수 있다.
> • 품목별 미보상비율 적용표에 따라 미보상비율을 조사하며, 품종별로 미보상비율이 다를 경우에는 품종별 미보상비율 중 가장 높은 미보상비율을 적용한다. 다만 (⑧) 또는 검증조사로 미보상비율이 변경된 경우에는 (⑧) 또는 검증조사 미보상비율을 적용한다.
> • 하나의 품종에 대하여 여러 차례의 과중조사가 실시된 경우에는 (⑨) 조사 값을 적용한다. 다만, (⑧) 또는 검증조사로 조사 값이 변경된 경우에는 (⑧) 또는 검증조사의 조사값을 적용한다.

정답

① 품종	② 수확해태	③ 농업기술센터
④ 착과	⑤ 크기	⑥ 농지
⑦ 품종별 출하자료	⑧ 재조사	⑨ 최초

다음은 종합위험 수확감소보장방식 착과피해구성조사에 관한 내용이다. 다음의 빈칸에 결과에
들어갈 최솟값(①~⑤)을 각각 구하시오.

품목	표본주수 or 표본구간수	표본추출과실	
		개수조사 시(개)	무게조사 시(g)
매실	9	①	②
대추	7	③	④
오미자	10	–	⑤

Key

- 매실, 대추의 착과피해구성조사는 각 표본주별로 수확한 과실 중 임의의 과실을 추출하여 피해정도 기준에 따라 구분하여 그 개수 또는 무게를 조사한다. 이때 개수 조사 시에는 표본주당 표본과실수는 100개 이상으로 하며, 무게 조사 시에는 표본주당 표본과실 중량은 1,000g 이상으로 한다.
- 오미자의 착과피해구성조사는 표본구간에서 수확한 과실 중 임의의 과실을 추출하여 피해정도 기준에 따라 구분하여 그 무게를 조사한다. 이때 표본으로 추출한 과실 중량은 3,000g 이상으로 한다. 즉, 오미자는 크기가 작아 개수 조사는 하지 않으며 표본구간의 수와 무관하게 추출과실 중량은 3,000g 이상으로 함에 유의한다.

정답

① 9 × 100 = 900개   ② 9 × 1,000 = 9,000g   ③ 7 × 100 = 700개
④ 7 × 1,000 = 7,000g   ⑤ 3,000g

핵심문제 07

다음은 종합위험 수확감소보장방식 보험에 가입한 포도 과수원에 관한 내용이다. 다음의 계약사항 및 조사내용을 보고 수확감소보험금을 산정하시오. 단, 다음 내용 이외의 보상하는 재해로 인한 피해는 없는 것으로 한다.

• 계약사항

품목	가입금액	평년수확량	실제결과주수	자기부담비율
포도(캠벨얼리)	15,000,000원	4,000kg	250주	20%

• 조사내용(보상하는 재해로 인한 피해 확인됨)

고사주수	미보상주수	표본주수	표본주 착과수	개당 과중	미보상비율
5주	5주	8주	280개	400g	10%

정답

- 착과량 = 착과수 × 개당 과중 + 주당 평년착과량 × 미보상주수 ←• 적과전종합보장방식에서는 개당 과중이 '가입과중'으로 문제에서 제시됨

$$= \frac{280}{8} \times (250 - 5 - 5) \times 0.4 + \frac{4,000}{250} \times 5 = 3,440kg$$

←• 적과전종합보장방식에서 '주당평년착과량 × 미보상주수'는 적과종료이전 미보상감수량에 합산됨에 유의

- 수확량 = 착과량 − 사고당 감수량의 합 = 3,440 − 0 = 3,440kg
- 미보상감수량 = (4,000 − 3,440) × 0.1 = 56kg
- 피해율 $= \dfrac{4,000 - 3,440 - 56}{4,000} = 0.126 → 12.6\%$

←• 적과전종합보장방식에서 적과종료이전 미보상감수량은 '감수량 × 미보상비율 + 주당평년착과량 × 미보상주수'이다.

수확감소보험금은 피해율이 자기부담금보다 적으므로 보험금은 **지급되지 않는다.**

다음은 종합위험 수확감소보장방식 보험에 가입한 포도과수원의 계약사항 및 조사내용이다. 다음의 내용을 보고 각 물음에 답하시오.

• 계약사항

품목	보험 가입금액	평년 수확량	실제 결과주수	자기부담 비율	수확량감소 추가보장특약	나무손해 보장특약
포도(청수)	10,000,000원	3,000kg	250주	10%	가입	가입

• 착과수 및 과중조사

수확개시전 착과수조사 (7월 5일)					과중조사 (8월 10일)	
실제결과주수	고사주수	미보상주수	표본주수	표본주 착과수 합계	표본과실수	표본과실 중량
250주	10주	20주	9주	270개	30개	12,000g

• 착과피해 및 낙과피해조사

조사일	사고일	재해	조사내용								
8월 20일	8월 17일	태풍	착과피해 및 낙과피해조사 – 표본조사								
			실제 결과 주수	고사 주수	기수확 주수	미보상 주수	표본 주수	표본주 착과수 합계	착과 피해 구성률	표본주 낙과수 합계	낙과 피해 구성률
			250주	15주	5주	20주	9주	225개	15%	27개	52%
			*미보상비율조사: 제초상태불량 20%								
9월 15일	9월 12일	집중 호우	낙과피해조사 – 전수조사								
			실제 결과주수	고사 주수	기수확 주수	미보상 주수	표본 주수	표본주 착과수 합계	총낙과수 합계(전수 조사)	낙과 피해 구성률	
			250주	20주	5주	20주	9주	180	200개	35%	
			*미보상비율조사: 제초상태불량 10%								

① 위 조사내용을 보고 과실의 착과량을 산정하시오.

정답

조사대상주수 / 과중조사에 의한 개당 과중

착과량 = 표본주당 착과수 × (실제결과주수 − 미보상주수 − 고사주수) × 개당 과중 + 주당 평년착과량 ×

미보상주수 = $\frac{270}{9}$ × (250 − 10 − 20) × $\frac{12}{30}$ + $\frac{3,000}{250}$ × 20 = **2,880kg**

└ 착과량 산정 시 미보상주수에 의한 착과량을 빠뜨리지 않도록 주의한다.

② 위 조사내용을 보고 8월 17일 태풍으로 인한 착과감수량을 산정하시오. (단, 감수량은 kg 단위로 소수점 첫째 자리에서 반올림하여 구하시오. 예시: 1,234.5kg → 1,235kg)

Key

• 착과감수량은 착과되어 있는 과실량에 피해를 입은 정도(착과피해 구성률 − maxA)를 곱하여 무게로 환산한 양이다.

- 착과감수량은 착과되어 있는 과실을 대상으로 하므로 대상주수는 '실제결과주수-미보상주수-고사주수-기수확주수'이다.

정답

$$\text{착과감수량} = \frac{225}{9} \times (250 - 15 - 5 - 20) \times \frac{12}{30} \times (0.15 - 0) = \textbf{315kg}$$

개당 과실 중량 ↗ · maxA
착과피해 구성률

③ 위 조사내용을 보고 8월 17일 태풍으로 인한 낙과감수량을 산정하시오. (단, 감수량은 kg 단위로 소수점 첫째 자리에서 반올림하여 다음 예시와 같이 구하시오. 예시: 1,234.5kg → 1,235kg)

Key

낙과감수량은 낙과된 과실량에 피해를 입은 정도(낙과피해 구성률 - maxA)를 곱하여 무게로 환산한 양이다.

정답

$$\text{낙과감수량} = \frac{27}{9} \times (250 - 15 - 5 - 20) \times \frac{12}{30} \times (0.52 - 0) = \textbf{131kg}$$

개당 과실 중량 ↗
낙과피해 구성률

④ 위 조사내용을 보고 8월 17일 태풍으로 인한 고사나무 감수량을 산정하시오. (단, 감수량은 kg 단위로 소수점 첫째 자리에서 반올림하여 다음 예시와 같이 구하시오. 예시: 1,234.5kg → 1,235kg)

Key

- 착과수조사 이후 8월 17일 태풍으로 인하여 고사주수 5주(15주 - 10주)가 신규로 발생하여 이로 인한 감수량을 산정하는 것이다.
- 사고로 발생한 고사나무에 사고당시 주당착과량 및 주당낙과량에 해당하는 양이 고사나무에 착과되어 있을 것으로 가정하고 계산한다. 단, 착과피해 구성률= a 라 하면, 고사나무로 인한 감수량은 "고사되지 않았다면 고사나무에 착과되어 있었을 양 x (1 - a)"에 해당하는 양이며, 이전 사고가 없었으므로 a = 0 이다.

정답

주당 착과수 ↗   주당 낙과수 ↗

$$\text{고사나무감수량} = 5 \times \left(\frac{225}{9} + \frac{27}{9} \right) \times \frac{12}{30} \times (1 - 0) = \textbf{56kg}$$

maxA

* 적과전종합과수에서는 착과후 고사나무감수량은 '1주당 평균 착과수'만 계산하고, 종합과수에서는 고사나무감수량은 '주당 착과수와 주당 낙과수'를 같이 계산함에 유의한다.

⑤ 위 조사내용을 보고 9월 12일 집중호우로 인한 낙과감수량을 산정하시오. (단, 감수량은 kg 단위로 소수점 첫째 자리에서 반올림하여 다음 예시와 같이 구하시오. 예시: 1,234.5kg → 1,235kg)

Key

- 9월 12일 낙과는 이전 사고로 착과피해를 입은 과실이 낙과한 것이므로, 9월 12일 낙과피해 구성률은

이전 사고로 인한 착과피해 구성률이 더해진 것이다. 따라서, 낙과피해 구성률 적용 시 이전 사고의 최대 착과피해 구성률(maxA)를 빼주어야 한다.

· 9월 12일 낙과수 조사는 전수조사이므로 주당 낙과수 계산은 하지 않는다.

정답

낙과감수량 = $200 × \dfrac{12}{30} × (\underset{\text{maxA(이전 사고 착과피해 구성률)}}{\overset{\text{낙과피해 구성률}}{(0.35 - 0.15)}}) = 16kg$

⑥ 위 조사내용을 보고 9월 12일 집중호우로 인한 고사나무감수량을 산정하시오. (단, 감수량은 kg 단위로 소수점 첫째 자리에서 반올림하여 다음 예시와 같이 구하시오. 예시: 1,234.5kg → 1,235kg)

정답

고사나무감수량 = $5 × (\underset{\text{주당 착과수}}{\dfrac{180}{9}} + \underset{\text{주당 낙과수}}{\dfrac{200}{250-20-5-20}}) × \dfrac{12}{30} × (1 - \underset{\text{maxA(이전 사고 착과피해 구성률)}}{0.15}) = 35.658 →$ **36kg**

⑦ 위 조사내용 및 위 물음에 따른 수확량을 산정하시오.

정답

수확량 = 착과량 − 사고당 감수량의 합 = 착과량 − (착과감소량 + 낙과감소량 + 고사나무감소량)

= 2,880 − (315 + 131 + 56 + 16 + 36) = **2,326kg**

⑧ 위 조사내용 및 위 각 물음에 따른 피해율을 산정하시오. (단, 미보상감수량은 kg 단위로 소수점 첫째 자리에서 반올림하여 적용하고, 피해율은 % 단위로 소수점 셋째 자리에서 반올림하여 예시와 같이 구하시오. 예시: 12.345% → 12.35%)

Key

미보상비율의 원인이 동일한 경우 조사한 미보상비율 중 최댓값을 적용한다.

정답

· 미보상감수량 = (평년수확량 − 수확량) × 20% = (3,000 − 2,326) × 0.2 = 134.8 → 135kg

· 피해율 = $\dfrac{\text{평년수확량} − \text{수확량} − \text{미보상감수량}}{\text{평년수확량}} = \dfrac{3,000 − 2,326 − 135}{3,000} = 0.17966 →$ **17.97%**

⑨ 위 조사내용에 따른 수확감소보험금을 산정하시오.

정답

보험금 = 보험가입금액 × (피해율 − 자기부담비율) = 10,000,000 × (0.1797 − 0.1) = **797,000원**

⑩ 수확량감소 추가보장보험금을 산정하시오.

정답

보험금 = 보험가입금액 × 피해율 × 10% = 10,000,000 × 0.1797 × 0.1 = **179,700원**

⑪ 나무손해보장특약의 포도나무 주당 가입금액이 4만원일 경우, 나무손해보험금을 산정하시오.

정답

보험금 = 보험가입금액 × (피해율 − 자기부담비율) = 250주 × 40,000원/주 × ($\frac{20}{250}$ − 0.05) = **300,000원**

핵심문제 09

다음은 종합위험 수확감소보장방식 보험에 가입한 복숭아과수원의 계약사항 및 조사내용이다.
다음의 내용을 보고 각 물음에 답하시오.

• 계약사항

품목	보험 가입금액	평년 수확량	실제 결과주수	자기부담 비율	수확량감소 추가보장특약	나무손해 보장특약
복숭아(유명백도)	10,000,000원	5,000kg	100주	10%	가입	미가입

• 착과수 및 과중조사

수확개시전 착과수조사(7월 25일)					과중조사(8월 12일)	
실제결과주수	고사주수	미보상주수	표본주수	표본주 착과수 합계	표본과실수	표본과실 중량
100주	5주	5주	6주	720개	60개	24,000g

• 착과피해 및 낙과피해조사

조사일	사고일	재해	조사내용
8월 17일	8월 15일	태풍	• 착과피해조사 표 아래 참조

• 착과피해조사

나무조사			착과수조사		착과피해구성조사				
실제 결과 주수	미보상 주수	고사 주수	표본 주수	표본주 착과수 합계	정상과	피해과			
						병충해	50%	80%	100%
100주	5주	5주	6주	510개	40개	0개	10개	8개	2개

• 낙과피해조사 – 표본조사

낙과수조사		낙과피해구성조사				
표본주수	표본주 낙과수합계	정상과	피해과			
			병충해	50%	80%	100%
6주	102개	6개	0개	16개	24개	14개

• 미보상비율조사: 제초상태불량 10%

| 9월 2일 | 8월 30일 | 집중호우 | · 착과피해조사 – 병충해(세균구멍병) 확인됨 |

· 착과피해조사 – 병충해(세균구멍병) 확인됨

나무조사			착과수조사		착과피해구성조사					
실제결과주수	미보상주수	고사주수	표본주수	표본주착과수합계	정상과	피해과				
						병충해	50%	80%	100%	
100주	5주	11주	6주	420개	24개	18개	5개	7개	6개	

· 낙과피해조사 – 전수조사, 병충해(세균구멍병) 확인됨

낙과수조사	낙과피해구성조사				
낙과수합계	정상과	피해과			
		병충해	50%	80%	100%
756개	11개	20개	5개	16개	8개

· 미보상비율조사: 제초상태불량 20%

① 위 조사내용을 보고 과실의 착과량을 산정하시오.

정답

개당 과실 중량

$$착과량 = \frac{720}{6} \times (100 - 5 - 5) \times \frac{24}{60} + \frac{5,000}{100} \times 5 = \mathbf{4,570kg}$$

미보상주수

② 위 조사내용 중 8월 15일 태풍으로 인한 착과피해 구성률과 낙과피해 구성률을 산정하시오. 산정하시오. (단, 피해율은 % 단위로 소수점 셋째 자리에서 반올림하여 예시와 같이 구하시오. 예시: 12.345% → 12.35%)

정답

착과피해 구성률은 다음 사고의 maxA가 된다.

· 착과피해 구성률 $= \dfrac{0.5 \times 10 + 0.8 \times 8 + 1.0 \times 2}{60} = \dfrac{13.4}{60} = 0.22333 \to \mathbf{22.33\%}$

· 낙과피해 구성률 $= \dfrac{0.5 \times 16 + 0.8 \times 24 + 1.0 \times 14}{60} = \dfrac{41.2}{60} = 0.68666 \to \mathbf{68.67\%}$

③ 위 조사내용을 보고 8월 15일 태풍으로 인한 착과감수량과 낙과감수량을 산정하시오. (단, 감수량은 kg 단위로 소수점 첫째 자리에서 반올림하여 다음 예시와 같이 구하시오. 예시: 1,234.5kg → 1,235kg)

정답

개당 과실 중량: $\frac{24}{60}$

· 착과감수량 $= \dfrac{510}{6} \times (100 - 5 - 5) \times 0.4 \times 0.2233 = 683.2 \to \mathbf{683kg}$

· 낙과감수량 $= \dfrac{102}{6} \times (100 - 5 - 5) \times 0.4 \times 0.6867 = 420.2 \to \mathbf{420kg}$

* 8월 15일 이전 착과피해 사고가 없었으므로 maxA 적용 안 함

④ 위 조사내용 중 8월 30일 집중호우로 인한 착과피해 구성률과 낙과피해 구성률을 산정하시오. 산정하시오. (단, 착과 및 낙과피해 구성률 % 단위로 소수점 셋째 자리에서 반올림하여 예시와 같이 구하시오. 예시: 12.345% → 12.35%)

정답

- 착과피해 구성률 $= \dfrac{0.5 \times 5 + 0.8 \times 7 + 1.0 \times 6}{60} = \dfrac{14.1}{60} = 0.235 \rightarrow$ **23.5%**
- 낙과피해 구성률 $= \dfrac{0.5 \times 5 + 0.8 \times 16 + 1.0 \times 8}{60} = \dfrac{23.3}{60} = 0.38833 \rightarrow$ **38.83%**

⑤ 위 조사내용을 보고 8월 30일 집중호우로 인한 착과감수량, 낙과감수량, 병충해감수량, 고사나무감수량을 산정하시오. (단, 각각의 감수량은 kg 단위로 소수점 첫째 자리에서 반올림하여 다음 예시와 같이 구하시오. 예시: 1,234.5kg → 1,235kg)

정답

개당 과중

- 착과감수량 $= \dfrac{420}{6} \times (100 - 5 - 11) \times 0.4 \times (0.235 - 0.2233) = 27.5 \rightarrow$ **28kg**

  maxA이며, 8월 15일 사고에 의한 착과피해 구성률

- 낙과감수량 $= 756 \times 0.4 \times (0.3883 - 0.2233) = 49.8 \rightarrow$ **50kg**
- 착과병충해감수량 $= \dfrac{420}{6} \times (100 - 5 - 11) \times 0.4 \times \dfrac{18 \times (0.5 - 0.2233)}{60} = 195.2 \rightarrow$ **195kg**
- 낙과병충해감수량 $= 756 \times 0.4 \times \dfrac{18 \times (0.5 - 0.2233)}{60} = 27.8 \rightarrow$ **28kg**

  병충해 착과피해 구성률

- 고사나무감수량 $= 5 \times \left(\dfrac{420}{6} + \dfrac{756}{100 - 5 - 11} \right) \times 0.4 \times (1 - 0.2233) = 122.7 \rightarrow$ **123kg**

  주당 착과수   주당 낙과수

⑥ 위 조사내용 및 위 물음에 따른 수확량을 산정하시오.

정답

수확량 = 착과량 – 사고당 감수량의 합 = 착과량 – (착과감소량 + 낙과감소량 + 고사나무감소량)

= 4,570 – (683 + 420 + 28 + 50 + 123) = **3,266kg**

⑦ 위 조사내용 및 위 각 물음에 따른 피해율을 산정하시오. (단, 미보상감수량은 kg 단위로 소수점 첫째 자리에서 반올림하여 적용하고, 피해율은 % 단위로 소수점 셋째 자리에서 반올림하여 예시와 같이 구하시오. 예시: 12.345% → 12.35%)

정답

· 미보상감수량 = (평년수확량 − 수확량) × 20% = (5,000 − 3,266) × 0.2 = 346.8 → 347kg

· 피해율 = $\dfrac{평년수확량 - 수확량 - 미보상감수량 + 병충해감수량}{평년수확량}$ = $\dfrac{5,000 - 3,266 - 347 + (195 + 28)}{5,000}$

= 0.322 = **32.2%**

⑧ 위 조사내용에 따른 수확감소 보험금 및 수확감소 추가보장보험금을 산정하시오.

Key

· 병충해 감수량은 수확감소 보험금을 산정하기 위한 피해율 계산 시에는 적용하나, 수확감소 추가보장 보험금을 산정하기 위한 피해율 계산 시에는 적용하지 않음에 유의한다.

· 수확감소 추가보장 보험금은 보상하는 재해로 피해율이 자기부담비율을 초과하는 경우에 지급한다.

정답

· 수확감소 추가보장 보험금 산정을 위한 피해율 = $\dfrac{평년수확량 - 수확량 - 미보상감수량}{평년수확량}$

= $\dfrac{5,000 - 3,266 - 347}{5,000}$ = 0.2774 → 27.74%

· 수확감소 보험금 = 10,000,000 × (0.322 − 0.1) = 2,220,000원

· 수확감소 추가보장 보험금 = 10,000,000 × 0.2774 × 10% = **277,400원**

핵심문제 10

다음은 종합위험 수확감소보장방식 보험에 가입한 자두과수원의 계약사항 및 조사내용이다. 다음의 내용을 보고 각 물음에 답하시오.

• 계약사항

품종	보험 가입금액	평년수확량	실제결과주수	표준수확량	자기부담비율	나무손해보장특약
추희	10,000,000원	21,000kg	400주	45kg/주	10%	미가입
홍로센			60주	50kg/주		

• 착과수 및 과중조사

품종	수확개시전 착과수조사(8월 14일)					과중조사(8월 22일)	
	실제 결과주수	미보상주수	고사주수	표본주수	표본주 착과수 합계	표본 과실수	표본과실 중량
추희	400주	10주	5주	10주	1,850개	60개	11,100g
홍로센	60주	0주	10주	2주	380개	수확이 완료되어 조사 못 함	

• 착과피해 및 낙과피해조사

조사일	사고일	재해	조사내용
8월 10일	8월 7일	집중 호우	• 나무조사 　실제결과주수: 400주, 미보상주수: 10주, 고사주수: 5주 • 착과피해 및 낙과피해조사 | 착과수조사(표본조사)		착과피해 구성조사	낙과수조사(표본조사)		낙과피해 구성조사
---	---	---	---	---	---
표본주수	표본주 착과수합계	착과피해 구성률	표본주수	표본주 착과수합계	낙과피해 구성률
10주	980개	28%	10주	820개	52%	 • 미보상비율조사: 제초상태불량 20%
9월 6일	9월 2일	태풍	• 나무조사 　실제결과주수: 400주, 미보상주수: 10주, 고사주수: 12주 • 착과피해 및 낙과피해조사 	착과수조사(표본조사)		착과피해 구성조사	낙과수조사 (전수조사)	낙과피해 구성조사
---	---	---	---	---
표본주수	표본주 착과수합계	착과피해 구성률	총낙과수	낙과피해 구성률
10주	950개	37%	5,670개	48%	 • 미보상비율조사: 제초상태불량 10%

① 위 조사내용을 보고 착과량을 산정하시오. (단, 착과량은 kg 단위로 소수점 첫째 자리에서 반올림하여 다음 예시와 같이 구하시오. 예시: 1,234.5kg → 1,235kg)

Key

　• 과중조사를 하지 않은 품종이 있는 경우 착과량은 해당 품종의 평년수확량으로 한다.
　• 착과량 산정 시 미보상주수에 의한 착과량을 빠뜨리지 않도록 유의하며, 미보상주수에 의한 착과량은 미보상주수 × 주당 평년수확량으로 한다.

정답

　• 추희 주당 평년수확량 = $21,000 \times \dfrac{400 \times 45}{400 \times 45 + 60 \times 50} \div 400 = $ **45kg/주**

　• 홍로센 평년수확량 = $21,000 \times \dfrac{60 \times 50}{400 \times 45 + 60 \times 50} = $ **3,000kg**　→ 홍로센 착과량 = 평년수확량

　• 착과량 = $\dfrac{1,850}{10} \times (400 - 10 - 5) \times \dfrac{11.1}{60} + 45 \times 10 + 3,000 = 16,626.6$ → **16,627kg**
　　　 ↑ 추희 착과량　　　　　　　　　　　　└→ 추희 미보상주수

종합위험 수확감소 과수　□　**107**

② 위 조사내용을 보고 8월 7일 집중호우로 인한 착과감수량과 낙과감수량을 산정하시오. (단, 감수량은 kg 단위로 소수점 첫째 자리에서 반올림하여 다음 예시와 같이 구하시오. 예시: 1,234.5kg → 1,235kg)

정답

주당 착과수

- 착과감수량 = $\frac{980}{10}$ × (400 − 10 − 5) × $\frac{11.1}{60}$ × 0.28 = 1,954.4 → **1,954kg**

- 낙과감수량 = $\frac{820}{10}$ × (400−10−5) × $\frac{11.1}{60}$ × 0.52 = 3,037.0 → **3,037kg**

③ 위 조사내용을 보고 9월 2일 태풍으로 인한 착과감수량, 낙과감수량, 고사나무감수량을 산정하시오. (단, 각각의 감수량은 kg 단위로 소수점 첫째 자리에서 반올림하여 다음 예시와 같이 구하시오. 예시: 1,234.5kg → 1,235kg)

Key

- 착과피해사고 발행 이후 사고에 의한 감수량 산정 시 착과피해 구성률 maxA를 적용하는 것을 잊지 않는다.
- 8월 30일 집중호우로 고사주수가 7주(12주 − 5주) 추가되었음을 확인하고, 고사나무감수량에 maxA 적용시 (1 − maxA)를 곱하는 것에 유의한다.

정답

maxA: 8월 7일 사고 착과피해 구성률

- 착과감수량 = $\frac{950}{10}$ × (400 − 10 − 12) × $\frac{11.1}{60}$ × (0.37 − 0.28) = 597.9 → **598kg**

- 낙과감수량 = 5,670 × $\frac{11.1}{60}$ × (0.48 − 0.28) = 209.7 → **210kg**

- 고사나무감수량 = 7 × ($\frac{950}{10}$ + $\frac{5,670}{400-10-12}$) × $\frac{11.1}{60}$ × (1 − 0.28) = 102.5 → **103kg**

주당 착과수   주당 낙과수

④ 수확량을 산정하시오.

Key 중요!!

과중조사를 한 품종이라도 하지 못한 경우, 수확량은

결국 수확량
= max(착과량, 평년수확량) − 사고당 감수량의 합

- 착과량 < 평년수확량의 경우, 수확량 = 평년수확량 − 사고당 감수량의 합
- 착과량 ≥ 평년수확량의 경우, 수확량 = 착과량 − 사고당 감수량의 합

정답

착과량(16,627kg) < 평년수확량(21,000kg)이므로,

수확량 = 21,000 − 사고당 감수량의 합 = 21,000 − (1,954 + 3,037 + 598 + 210 + 103) = **15,098kg**

⑤ 위 조사내용 및 위 각 물음에 따른 피해율을 산정하시오. (단, 미보상감수량은 kg 단위로 소수점 첫째 자리에서 반올림하여 적용하고, 피해율은 % 단위로 소수점 셋째 자리에서 반올림하여 예시와 같이 구하시오. 예시: 12.345% → 12.35%)

Key

미보상감수량 산정 시 적용하는 미보상비율은 원인이 같을 경우 미보상비율 중 최댓값을 적용한다.

정답

- 미보상감수량 = (평년수확량 − 수확량) × 미보상비율 = (21,000 − 15,098) × 0.2 = 1,180.4 → 1,180kg

- 피해율 = $\dfrac{평년수확량 − 수확량 − 미보상감수량}{평년수확량}$ = $\dfrac{21,000 − 15,098 − 1,180}{21,000}$ = 0.22485 → **22.49%**

핵심문제 11

다음은 종합위험 수확감소보장방식 보험에 가입한 매실과수원의 계약사항 및 조사내용이다. 수확개시 후 수확량조사를 하지 않았을 경우 다음의 내용을 보고 수확감소보험금을 산정하시오. (단, 수확량 및 미보상감수량은 kg 단위로 소수점 첫째 자리에서 반올림하여 적용하고, 피해율은 % 단위로 소수점 셋째 자리에서 반올림하여 적용하시오.)

• 계약사항

품목	보험가입금액	평년수확량	실제결과주수	자기부담비율
매실(옥매)	16,000,000원	9,000kg	100주	10%

• 수확개시전 사고조사(5월 20일) 내용: 우박(5월 16일)으로 인한 피해 확인됨

나무조사			착과피해조사(표본주수: 6주)		비대추정지수	미보상비율
실제결과주수	미보상주수	고사주수	표본주착과무게(절반조사)	착과피해구성률		
100주	8주	2주	175kg	24%	1.511	20%

Key

- 매실은 수확량 산정 시 비대추정지수를 적용하여 사고조사일부터 수확기까지 매실의 비대를 보정하여야 함을 잊지 않는다.
- 표본주 착과된 과실 중 절반만을 조사한 경우(절반조사) 실제착과무게는 '표본주착과무게×2'임을 잊지 않는다.

정답

절반조사이므로 표본주착과무게 × 2 하며, 매실의 경우 비대추정지수를 곱한다.

- 수확량 = 착과수확량 + 미보상주수 수확량 = $\dfrac{175 × 2 × 1.511}{6}$ × (100 − 8 − 2) × (1 − 0.24) + $\dfrac{9,000}{100}$ × 8

  = 6,748.8 → 6,749kg

- 미보상감수량 = (9,000 − 6,749) × 0.2 = 450.2 → 450kg

- 피해율 = $\dfrac{9,000 - 6,749 - 450}{9,000}$ = 0.20011 → 20.01%

- 수확감소보험금 = 16,000,000 × (0.2001 − 0.1) = **1,601,600원**

핵심문제 12

다음은 종합위험 수확감소보장방식 보험에 가입한 밤과수원의 계약사항 및 조사내용이다. 수확개시 후 수확량조사를 하지 않았을 경우 다음의 내용을 보고 수확감소 보험금을 산정하시오. (단, 수확량 및 미보상감수량은 kg 단위로 소수점 첫째 자리에서 반올림하여 적용하고, 피해율은 % 단위로 소수점 셋째 자리에서 반올림하여 예시와 같이 구하시오. 예시: 12.345% → 12.35%)

• 계약사항

품목	보험가입금액	평년수확량	실제결과주수	자기부담비율
밤(광주올밤)	6,000,000원	1,200kg	100주	10%

• 수확개시전 사고조사(8월 27일) 내용: 태풍(8월24일)으로 인한 피해 확인됨, 미보상비율 20%

나무조사			착과 및 낙과수조사(표본주 6주)				과중조사(송이수 60개)	
실제결과 주수	미보상 주수	고사주수	표본주 착과수	착과피해 구성률	표본주 낙과수	낙과피해 구성률	과립지름 30mm초과	과립지름 30mm이하
100주	5주	3주	420개	21%	96개	36%	4,800g	2,400g

Key

- 밤 품목은 착과량조사를 하지 않으며 수확량조사를 한다.
- 포도·복숭아·자두품목의 수확량은 '착과량 − 감수량의 합'으로 산정하는 반면, 밤 품목은 수확개시전 수확량조사와 수확개시후 수확량조사를 통해 수확량을 산정하고, 업무방법서의 별표 6에 따르면 수확개시전 수확량조사를 통한 수확량 = { 품종별 표본조사 대상 주수 × 품종별 주당 착과수 × (1 − 착과피해구성률) × 품종별 개당 과중 } + { 품종별 표본조사 대상 주수 × 품종별 주당 낙과수 × (1 − 낙과피해구성률) × 품종별 개당 과중 } + (품종별 주당 평년수확량 × 품종별 미보상주수)이다. 이는 결국 착과 수확량 + 낙과 수확량 + 미보상주수 수확량으로 산정한다.
- 밤 품목의 과립지름이 30mm 이하인 경우는 무게의 80%를 적용한다.
- 수확량조사를 통해 피해율을 산정하므로 피해율은 평−수−미÷평으로 산정한다.

정답

- 착과수확량 = (100 − 5 − 3) × $\dfrac{420}{6}$ × $\dfrac{4.8 + 2.4 \times 0.8}{60}$ × (1 − 0.21) = 569.8 → 570kg

- 낙과수확량 = $(100 - 5 - 3) \times \dfrac{96}{6} \times \dfrac{4.8 + 2.4 \times 0.8}{60} \times (1 - 0.36) = 105.5 \rightarrow 106\text{kg}$

- 미보상주수 수확량 = $5 \times \dfrac{1{,}200}{100} = 60\text{kg}$

- 수확량 = 착과수확량 + 낙과수확량 + 미보상주수수확량 = 570 + 106 + 60 = 736kg

- 미보상감수량 = $(1{,}200 - 736) \times 0.2 = 92.8 \rightarrow 93\text{kg}$

- 피해율 = $\dfrac{1{,}200 - 736 - 93}{1{,}200} = 0.30916 \rightarrow 30.92\%$

- 수확감소 보험금 = $6{,}000{,}000 \times (0.3092 - 0.1) = \textbf{1,255,200원}$

핵심문제 13

다음은 종합위험 수확감소보장방식에 가입한 참다래과수원의 계약사항 및 조사내용이다. 다음의 내용을 보고 각 물음에 답하시오.

- 계약사항

품목	보험가입금액		평년수확량	실제 결과주수	재식면적		자기부담 비율
	과실	나무			주간거리(m)	열간거리(m)	
참다래(해금)	1,600만원	1,000만원	8,200kg	200주	4	5	10%

- 조사내용(수확전 사고) – 태풍 피해 확인됨, 미보상비율 10%

나무조사		표본구간 면적조사			표본구간 착과수조사 (표본주수 8주)		과중조사 (표본과실: 60개)	
고사주수	미보상 주수	윗변	아랫변	높이	착과수 합계	피해 구성률	50g 이하	50g 초과
12주	8주	1.6m	1.4m	1.6m	840개	24%	1,450g /36개	2,165g /24개

① 위 조사내용을 보고 표본구간의 단위면적(㎡)당 착과량을 산정하시오. (단, 단위면적당 착과량은 kg 단위로 소수점 셋째 자리에서 반올림하여 구하시오. 예시: 12.345kg → 12.35kg)

Key
- 참다래 품목은 덩쿨 형태로 자라는 이유로 주당착과량이 아닌 단위면적당 착과량으로 수확량을 산정함을 이해한다.
- 사다리꼴의 면적은 (윗변 + 아랫변) × 높이 ÷ 2이다.

정답

50g 이하 과실은 무게의 70% 적용

- 개당 과중 = $\dfrac{1{,}450 \times 0.7 + 2{,}165}{60} = 53\text{g}$
- 표본구간 1개의 면적 = (1.6 + 1.4) × 1.6 ÷ 2 = 2.4㎡

- 단위면적당 착과량 = $\dfrac{\text{착과수 합계} \times \text{개당 과중} \times (1 - \text{피해 구성률})}{\text{표본구간 전체면적}} = \dfrac{840 \times 0.053 \times (1 - 0.24)}{2.4 \times 8}$

  = 1.762kg → **1.76kg**

② 위 조사내용을 보고 수확량을 산정하시오. (단, 수확량은 kg 단위로 소수점 첫째 자리에서 반올림하여 예시와 같이 구하시오. 예시: 45.6kg → 46kg)

Key
- '재식면적 = 주간거리 × 열간거리'는 참다래 1주가 차지하는 면적이다.
- 조사대상주수면적은 재식면적 × 조사대상주수임을 이해한다.

정답

수확량 = 단위면적당 착과량 × 재식면적 × 조사대상주수 + 미보상주수 × 주당 평년수확량

= $1.76 \times 4 \times 5 \times (200 - 12 - 8) + 8 \times \dfrac{8,200}{200}$ = **6,664kg**

③ 위 조사내용을 보고 과실피해율 및 나무피해율을 산정하시오. (단, 미보상감수량은 kg 단위로 소수점 첫째 자리에서 반올림하여 적용하고, 피해율은 % 단위로 소수점 셋째 자리에서 반올림하여 예시와 같이 구하시오. 예시: 12.345% → 12.35%)

정답
- 미보상감수량 = (8,200 − 6,664) × 0.1 = 153.6 = 154kg
- 피해율 = $\dfrac{8,200 - 6,664 - 154}{8,200}$ = 0.16853 → **16.85%**
- 나무피해율 = $\dfrac{\text{고사나무주수}}{\text{실제결과주수}} = \dfrac{12}{200}$ = **6%**

④ 위 조사내용을 보고 수확감소보험금 및 나무보험금을 산정하시오.

Key
- 나무의 보험가입금액이 문제에서 제시되지 않을 경우 보험가입금액 = 가입주수 × 주당 가입금액이다.
- 나무의 자기부담비율이 문제에서 별도로 제시되지 않을 경우 5%로 한다.

정답
- 수확감소보험금 = 16,000,000 × (0.1685 − 0.1) = **1,096,000원**
- 나무보험금 = 10,000,000 × (0.06 − 0.05) = **100,000원**

핵심문제 14

다음은 종합위험 수확감소보장방식 보험에 가입한 대추과수원의 비가림시설에 대한 계약사항 및 조사내용이다. 다음의 내용을 보고 ① 손해를 입은 장소에서 시설복구 시 보험금과 ② 시설미복구 시 보험금을 각각 산정하시오. (단, 경년감가율은 % 단위로 소수점 셋째 자리에서 반올림하여 예시와 같이 구하시오. 예시: 12.345% → 12.35%)

• 계약사항

보험가입금액	시설면적(1동)	시설 ㎡당 재조달가액		내용연수	
		구조체	피복재	구조체	피복재
7,600,000원	400㎡	15,000원/㎡	4,000원/㎡	18년	5년

• 수확개시전 사고조사(5월 20일) 내용: 우박(5월 16일)으로 인한 피해 확인됨

구분	피해면적	경과년수	잔존물제거비용
구조체	150㎡	5년	280,000원
피복제	250㎡	2년	

Key

· 자기부담금은 구조체+피복재사고의 경우는 손해액의 10%(최소 30만원 ~ 최대 100만원), 피복재 단독 사고시에는 손해액의 10%(최소 10만원 ~ 최대 30만원)이다.
· 시설물이 손해를 입은 장소에서 실제로 수리 또는 복구되지 않은 때에는 재조달가액에 의한 보상을 하지 않고 시가(감가상각된 금액)로 보상한다.
· 농업재해보험의 시설물은 잔가율 20%와 유형별 내용연수를 기준으로 경년감가율을 산출한다.
· 경년감가율은 신규설치 또는 제작 생산된 자산이 1년 단위로 없어져가는 것을 일정한 비율로, (1 - 잔가율) ÷ 내용연수로 계산한다.
· 시가는 재조달가액 × (1 - 경과년수 × 경년감가율)이다. 즉, 시가는 설치된 시설이 경과년수 동안 사용으로 인한 가치의 하락을 반영한 금액을 의미한다.
· 보험사에서 지급하는 잔존물제거비용은 손해액의 10%를 초과할 수 없으므로, 보험사에서 지급하는 잔존물제거비용은 실제 잔존물제거비용과 손해액의 10% 중 작은 값으로 한다.

정답

① 손해를 입은 장소에서 시설복구 시 보험금

· 손해액 = 150 × 15,000 + 250 × 4,000 = 3,250,000원
· 잔존물제거비용 = Min(280,000, 3,250,000 × 0.1) = 280,000원
· 자기부담금 = (3,250,000 + 280,000) × 0.1 = 353,000
· 보험금 = (3,250,000 + 280,000) - 353,000 = **3,177,000원**

② 시설미복구 시 보험금

- 구조체 경년감가율 = $\dfrac{1 - 0.2}{18}$ = 0.04444 = 4.44%

  <small>잔가율 20%, 즉 80%의 가치가 18년 동안 매년 줄어드는 가치의 비율</small>

- 피복제 경년감가율 = $\dfrac{1 - 0.2}{5}$ = 0.16 = 16%

- 손해액 = 재조달가액 × (1 − 경과년수 × 경년감가율) = 150 × 15,000 × (1 − 5 × 0.0444) + 250 × 4,000 × (1 − 2 × 0.16) = 2,430,500원

- 잔존물제거비용 = Min(280,000, 2,430,500 × 0.1) = 243,050원

- 자기부담금 = 손해액의 10%(최소 30만원~최대 100만원)이며, 손해액(2,430,500 + 243,050)의 10% = 267,355이므로 자기부담금은 30만원이다.

- 보험금 = (2,430,500 + 243,050) − 300,000 = **2,373,550원**

핵심문제 15

다음은 종합위험 수확감소보장방식 보험에 가입한 대추과수원의 계약사항 및 수확개시후 수확량조사 내용이다. 다음의 조사는 수확개시 후 최초 조사이며, 수확개시 이전 수확량조사는 하지 않았을 경우 다음의 내용을 보고 수확감소보험금을 산정하시오. (단, 피해율은 % 단위로 소수점 셋째 자리에서 반올림하여 예시와 같이 구하시오. 예시: 12.345% → 12.35%)

- 계약사항

품목	보험가입금액	평년수확량	실제결과주수	자기부담비율
대추(월출)	9,000,000원	1,650kg	200주	20%

- 수확개시후 수확량조사

나무조사			표본주(7주) 무게조사		피해구성조사		기수확량	미보상비율
실제결과주수	미보상주수	고사주수	착과무게	낙과무게	착과피해구성률	낙과피해구성률		
200주	8주	4주	35kg	10.5kg	28%	46%	120kg	10%

Key

금차 수확 개시 후 수확량조사가 최초 조사인 경우(이전 수확량조사가 없는 경우)

- 금차 착과량 + 금차 감수량 + 기수확량 〈 평년수확량인 경우, 수확량 = 평년수확량 − 금차 감수량

- 금차 착과량 + 금차 감수량 + 기수확량 ≥ 평년수확량인 경우, 수확량 = 금차 착과량 + 기수확량

정답

- 금차착과량 = 착과수확량 + 낙과수확량 + 미보상주수 수확량

$$= \frac{35}{7} \times (200 - 8 - 4) \times (1 - 0.28) + \frac{10.5}{7} \times (200 - 8 - 4) \times (1 - 0.46) + \frac{1,650}{200} \times 8$$

$$= 895.0 \rightarrow 895kg$$

· 금차감수량 = 착과감수량 + 낙과감수량 + 고사주수 감수량

$$= \frac{35}{7} \times (200 - 8 - 4) \times 0.28 + \frac{10.5}{7} \times (200 - 8 - 4) \times 0.46 + (\frac{35}{7} + \frac{10.5}{7}) \times 4 \times (1 - 0)$$

$$= 418.9 \rightarrow 419kg$$

금차 착과량 + 금차 감수량 + 기수확량 = 895 + 419 + 120 = 1,434kg 〈 평년수확량(1,650kg) 이므로,

· 수확량 = 평년수확량 − 금차 감수량 = 1,650 − 419 = 1,231kg

· 미보상감수량 = (1,650 − 1,231) × 0.1 = 41.9 → 42kg

· 피해율 $= \dfrac{1,650 - 1,231 - 42}{1,650} = 0.22848 \rightarrow 22.85\%$

· 수확감소보험금 = 보험가입금액 × (피해율 − 자기부담비율) = 9,000,000 × (0.2285 − 0.2)

= **256,500원**

종합위험 수확감소 과수 ▫ 115

3. 농업수입감소보장방식 과수 품목

개요

농업수입감소보장방식이 적용되는 과수는 유일하게 포도 품목으로, 보상하는 재해로 인한 수확량 감소와 농지별 기준가격(가입 당시의 가격)보다 수확기가격이 하락하여 수입(수확량×가격)이 감소한 경우 이를 보장하는 방식이다.

농업수입감소보장방식은 농업수확감소보장방식에 수입에 영향을 주는 수확기의 가격하락을 추가로 보장하는 방식으로 농업수확감소보장방식의 일종이라고 할 수 있다. 따라서, 손해평가의 내용은 보험금 산정에 관한 것을 제외하고는 종합위험수확감소보장방식과 거의 100% 동일하므로, 손해평가와 관련한 업무방법서의 내용은 추가로 학습할 필요는 없다. 그러나 포도 품목에서 문제가 출제된다면 농업수확감소보장방식보다는 농업수입감소보장방식에서 출제될 가능성이 높다.

농업수입감소보장방식 포도품목은 농업수확감소보장방식 포도품목에 대한 학습이 선행되어야 한다. 농업수확감소보장방식 포도품목의 학습이 충분히 되었다면 아래의 피해율 산정방법을 이해하는 것으로 농업수입감소보장방식 포도품목의 학습을 시작하도록 하자.

농업수입감소보장방식 피해율

농업수입감소보장방식 피해율 $= \dfrac{\text{기준수입} - \text{실제수입}}{\text{기준수입}}$ 이고, 기준수입 = 평년수확량 × 농지별 기준가격,

실제수입 = (수확량 + 미보상감수량) × min(농지별기준가격 또는 농지별 수확기가격)이다.

만약 min(농지별기준가격 또는 농지별 수확기가격)가 농지별기준가격이라고 한다면,

농업수입감소 보장방식 피해율 $= \dfrac{\text{기준수입} - \text{실제수입}}{\text{기준수입}}$

$= \dfrac{\text{평년수확량} \times \text{농지별기준가격} - (\text{수확량} + \text{미보상감수량}) \times \text{농지별기준가격}}{\text{평년수확량} \times \text{농지별기준가격}}$

$= \dfrac{(\text{평년수확량} - \text{수확량} - \text{미보상감수량}) \times \text{농지별기준가격}}{\text{평년수확량} \times \text{농지별기준가격}} = \dfrac{(\text{평년수확량} - \text{수확량} - \text{미보상감수량})}{\text{평년수확량}}$

즉, 농업수입감소보장방식 피해율 산정방식도 수확감소보장방식과 동일한 것임을 알 수 있다.
이때 미보상감수량은

· 보상하는 재해가 있는 경우: (평년수확량 – 수확량) × 미보상비율
· 보상하는 재해가 확인 안된 경우: (평년수확량 – 수확량)이다.

위에서 보상하는 재해가 확인이 안 된 경우에 '평년수확량 – 수확량', 즉 감수량은 보상하는 재해로 인한 감수량이 아니며 이는 농작물재해보험에서 '보상하지 않는 감수량'인 것이다. 따라서, 이때의 미보상감수량은 "평년수확량 – 수확량" 즉, 감수량 전체가 되는 것이다.

1. 적용 품목

본 관의 적용 품목은 포도 품목으로 한다.

2. 사고접수

가입사무소(본·지점포함)의 담당자 등은 계약자 등으로부터 사고발생 통지를 받은 즉시 사고 내용을 전산에 입력한다.

3. 조사 종류 및 방법

1 피해사실확인조사

가. 사고가 접수된 농지 모두에 대하여 실시하는 조사로, 사고 접수 직후 실시하며 다음 각 목에 해당하는 사항을 확인한다.

　① 보상하는 재해로 인한 피해 여부 확인

　　기상청 자료 확인 및 현지 방문 등을 통하여 보상하는 재해로 인한 피해가 맞는지 확인하며, 필요시에는 이에 대한 근거로 다음의 자료를 확보할 수 있다.

　　⒜ 기상청 자료, 농업기술센터 의견서 및 손해평가인 소견서 등 재해 입증 자료

　　⒝ 피해농지 사진: 농지의 전반적인 피해 상황 및 세부 피해내용이 확인 가능하도록 촬영

　② 수확량조사 필요여부 판단

　　보상하는 재해 여부 및 피해 정도 등을 감안하여 추가조사(수확량조사)가 필요한지 여부를 판단하여 해당 내용에 대하여 계약자에게 안내하고, 추가조사(수확량조사)가 필요할 것으로 판단된 경우에는 수확기에 손해평가반구성 및 추가조사 일정을 수립한다.

나. 단, 태풍 등과 같이 재해 내용이 명확하거나 사고 접수 후 바로 추가조사가 필요한 경우 등에는 피해사실확인조사를 생략할 수 있다.

2 수확량조사

본 항의 수확량조사는 다음 호의 조사종류별방법에 따라 실시한다. 또한, 수확량조사 시 따거나 수확한 과실은 계약자의 비용 부담으로 한다.

가. 착과수 조사

(피해사실확인조사)

보상하는 재해로 인한 피해 여부만을 확인하며, 피해가 확인될 경우 추가조사 일정을 수립하기 위하여 실시한다. 따라서, 태풍 등과 같이 재해내용이 명확한 경우나 추가조사가 필요한 경우는 피해사실확인조사가 생략된다.

① 착과수조사는 사고 여부와 상관없이 계약된 농지 전 건에 대하여 실시한다.

② 조사 시기는 최초 수확 품종 수확기 직전으로 한다.

③ 품종별·수령별로 실제결과주수, 미보상주수 및 고사나무주수를 파악하고, 실제결과주수에서 미보상주수 및 고사나무주수를 빼서 조사대상주수를 계산한다.

④ 농지별 전체 조사대상주수를 기준으로 품목별 표본주수표(별표 1-1 참조)에 따라 농지별 전체 표본주수를 산정하되, 품종별·수령별 표본주수는 품종별·수령별 조사대상주수에 비례하여 산정한다.

⑤ 산정한 품종별·수령별 표본주수를 바탕으로 품종별·수령별 조사대상주수의 특성이 골고루 반영될 수 있도록 표본주를 선정한다.

⑥ 선정된 표본주별로 착과된 전체 과실수를 조사하되, 품종별 수확 시기 차이에 따른 자연낙과를 감안한다.

⑦ 품목별 미보상비율 적용표(별표 2-1)에 따라 미보상비율을 조사한다.

나. **과중조사**

수확감소보장 포도의 과중조사는 사고 접수가 된 농지에 한하여 품종별로 수확시기에 실시

① 과중조사는 사고접수여부와 관계없이 가입된 모든 농지에 대하여 품종별 수확시기에 각각 실시한다.

　·수확기 판단: 조기수확 및 수확해태 등으로 수확기에 대한 분쟁이 발생할 경우 수확시기 판단은 지역의 농업기술센터 등 농업 전문기관의 판단에 따른다.

② 보상하는 재해 여부 심사

사고가 접수된 농지는 농지 및 작물 상태 등을 감안하여 약관에서 정한 보상하는 재해로 인한 피해가 맞는지 확인하며, 필요시에는 이에 대한 근거 자료(피해사실확인조사 참조)를 확보할 수 있다.

③ 농지에서 품종별로 착과가 평균적인 3개 이상의 표본주에서 크기가 평균적인 과실을 품종별 20개 이상(농지당 30개 이상) 추출하여 품종별 과실 개수와 무게를 조사한다.

④ 위 목에도 불구하고 현장에서 과중조사를 실시하기가 어려운 경우, 품종별 평균과중(별표 6 참조)을 적용하거나 증빙자료가 있는 경우에 한하여 농협의 품종별 출하 자료로 과중조사를 대체할 수 있다. (수확 전 대상재해 발생 시 계약자는 수확 개시 최소 10일 전에 보험가입농

검증조사 재조사 우선

과중조사 및 미보상비율 조사에서 재조사 또는 검증조사로 조사값이 변경된 경우에는 재조사 또는 검증조사 값이 우선한다.

협으로 수확예정일을 통보하고 최초 수확 1일 전에는 조사를 실시한다.)

⑤ 품목별 미보상비율 적용표(별표 2-1)에 따라 미보상비율을 조사하며, 품종별로 미보상비율이 다를 경우에는 품종별 미보상비율 중 가장 높은 미보상비율을 적용한다. 다만, 재조사 또는 검증조사로 미보상비율이 변경된 경우에는 재조사 또는 검증조사의 미보상비율을 적용한다.

⑥ 하나의 품종에 대하여 여러 차례의 과중조사가 실시된 경우에는 최초 조사 값을 적용한다. 다만, 재조사 또는 검증조사로 조사 값이 변경된 경우에는 재조사 또는 검증조사의 조사 값을 적용한다.

다. **착과피해조사**

① 착과피해조사는 심도피해를 유발하는 재해가 있을 경우에만 시행하며, 해당 재해 여부는 재해의 종류와 과실의 상태 등을 고려하여 조사자가 판단한다.

② 착과피해조사는 착과된 과실에 대한 피해정도를 조사하는 것으로 해당 피해에 대한 확인이 가능한 시기에 실시하며, 필요 시 품종별로 각각 실시할 수 있다.

③ 착과피해조사에서는 가장 먼저 착과수를 확인하여야 하며, 이때 확인할 착과수는 수확 전 착과수조사(위 가호의 착과수조사)와는 별개의 조사를 의미한다. 다만, 이전 실시한 착과수조사(이전 착과피해조사 시 실시한 착과수조사 포함)의 착과수와 착과피해조사 시점의 착과수가 큰 차이가 없는 경우에는 별도의 착과수 확인 없이 이전에 실시한 착과수조사 값으로 대체할 수 있다.

④ 착과수 확인은 실제결과주수에서 수확완료주수, 미보상주수 및 고사나무주수를 뺀 조사대상주수를 기준으로 적정 표본주수를 산정하며(별표 1-1 참조), 이후 조사 방법은 위 가.호의 착과수조사 방법과 같다.

⑤ 착과수 확인이 끝나면 수확이 완료되지 않은 품종별로 표본 과실을 추출한다. 이때 추출하는 표본 과실수는 품종별 20개 이상(농지당 30개 이상)으로 하며(표본 과실을 추출할 때에는 품종별 3개 이상의 표본주에서 추출한다), 추출한 표본 과실을 과실 분류에 따른 피해인정계수(별표 3)에 따라 품종별로 구분하여 해당 과실 개수를 조사한다.

⑥ 조사 당시 수확이 완료된 품종이 있거나 피해가 경미하여 피해구성 조사가 의미가 없을 때에는 품종별로 피해구성조사를 생략할 수 있다.

라. 낙과피해조사

① 낙과피해조사는 착과수조사 이후 낙과피해가 발생한 농지에 대하여 실시한다.

② 보상하는 재해 여부 심사

농지 및 작물 상태 등을 감안하여 약관에서 정한 보상하는 재해로 인한 피해가 맞는지 확인하며, 필요시에는 이에 대한 근거 자료(피해사실확인조사 참조)를 확보할 수 있다.

③ 낙과피해조사는 표본조사로 실시한다. (단, 계약자 등이 낙과된 과실을 한 곳에 모아 둔 경우 등 표본조사가 불가능한 경우에 한하여 전수조사를 실시한다.)

④ 실제결과주수에서 수확완료주수, 미보상주수 및 고사나무주수를 뺀 조사대상주수를 기준으로 농지별 전체 표본주수를 산정하되(별표 1-1 참조) 다만 거대재해 발생시 표본조사의 표본주수는 『품목별 표본주수표(별표 1-1)』의 1/2 이하로 할 수 있다.

· 품종별·수령별 표본주수는 품종별·수령별 조사대상주수에 비례하여 산정한다.

· 선정된 품종별·수령별 표본주수를 바탕으로 품종별·수령별 조사대상주수의 특성이 골고루 반영될 수 있도록 표본주를 선정하고,

· 표본주별로 수관면적 내에 있는 낙과수를 조사한다(이때 표본주의 수관면적 내의 낙과는 표본주와 품종이 다르더라도 해당 표본주의 낙과로 본다).

⑤ 낙과수 전수조사 시에는 농지 내 전체 낙과를 품종별로 구분하여 조사한다. 단, 전체 낙과에 대하여 품종별 구분이 어려운 경우에는 전체 낙과수를 세고 전체 낙과수 중 100개 이상의 표본을 추출하여 해당 표본의 품종을 구분하는 방법을 사용한다.

⑥ 낙과수 확인이 끝나면 낙과 중 품종별로 표본 과실을 추출한다. 이때 추출하는 표본 과실수는 품종별 20개 이상(농지당 최소 30개 이상)으로 하며, 추출한 표본 과실을 과실 분류에 따른 피해인정계수(별표 3)에 따라 품종별로 구분하여 해당 과실 개수를 조사한다. (다만, 전

체 낙과수가 30개 미만일 경우 등에는 해당 기준 미만으로도 조사가
가능하다.)

⑦ 조사 당시 수확기에 해당하지 않는 품종이 있거나 낙과의 피해 정도
가 심해 피해 구성 조사가 의미가 없는 경우 등에는 품종별로 피해 구
성 조사를 생략할 수 있다.

3 고사나무조사

본 항의 고사나무조사는 다음 호의 조사방법에 따라 실시한다.

가. 나무손해보장 특약 가입 여부 및 사고 접수 여부 확인

해당 특약을 가입한 농지 중 사고가 접수된 모든 농지에 대해서 고사나
무조사를 실시한다.

나. 보상하는 재해 여부 심사

농지 및 작물 상태 등을 감안하여 약관에서 정한 보상하는 재해로 인한
피해가 맞는지 확인하며, 필요시에는 이에 대한 근거 자료(피해사실확
인조사 참조)를 확보할 수 있다.

다. 품종별·수령별로 실제결과주수, 수확 완료 전 고사주수, 수확 완료 후
고사주수 및 미보상 고사주수를 조사한다.

① 수확 완료 전 고사주수는 고사나무조사 이전 조사(착과수조사, 착과
피해조사 및 낙과피해조사)에서 보상하는 재해로 고사한 것으로 확
인된 주수를 의미하며,

② 수확 완료 후 고사주수는 보상하는 재해로 고사한 나무 중 고사나무
조사 이전 조사에서 확인되지 않은 나무주수를 말한다.

③ 미보상 고사주수는 보상하는 재해 이외의 원인으로 고사한 나무주수
를 의미하며, 고사나무조사 이전 조사(착과수조사, 착과피해조사 및
낙과피해조사)에서 보상하는 재해 이외의 원인으로 고사하여 미보상
주수로 조사된 주수를 포함한다.)

라. 수확 완료 후 고사주수가 없는 경우(계약자 유선 확인 등)에는 고사나무
조사를 생략할 수 있다.

4 비가림시설 피해조사

본 항의 비가림시설 피해조사는 다음 각 호의 조사방법에 따라 실시한다.

가. 조사기준

해당 목적물인 비가림시설의 구조체와 피복재의 재조달가액을 기준금액으로 수리비를 산출한다.

나. 평가단위

물리적으로 분리 가능한 시설 1동을 기준으로 보험 목적물별로 평가한다.

다. 조사방법

① 피복재: 피복재의 피해면적을 조사한다.

② 구조체

ⓐ 손상된 골조를 재사용할 수 없는 경우: 교체수량 확인 후 교체비용 산정

ⓑ 손상된 골조를 재사용할 수 있는 경우: 보수면적 확인 후 보수비용 산정

4. 보험금 산정방법

지급보험금의 계산에 필요한 보험가입금액, 평년수확량, 수확량, 미보상감수량, 자기부담비율 등은 농지(과수원)별로 산정하며, 품종별로 산정하지 않는다.

1 농업수입감소보험금 산정

가. 농업수입감소보험금은 보험가입금액에 피해율에서 자기부담비율을 차감한 비율을 곱하여 산정한다.

· 농업수입감소보험금 = 보험가입금액 × (피해율 − 자기부담비율)

나. 피해율은 기준수입에서 실제수입을 뺀 값을 기준수입으로 나누어 산출한다.

· 피해율 = (기준수입 − 실제수입) ÷ 기준수입

① 기준수입은 평년수확량에 농지별 기준가격을 곱하여 산출한다.

* 기준수입 = 평년수확량 × 농지별 기준가격

② 실제수입은 수확량에 미보상감수량을 더한 값에 농지별 기준가격과 농지별 수확기가격 중 작은 값을 곱하여 산출한다.

· 실제수입 = (수확량 + 미보상감수량) × min(농지별 기준가격, 농지별 수확기가격)

(a) 수확량은 종합위험 수확감소보장방식 과수작물 품목과 같은 방법으로 산출한다.

(b) 수확량조사를 하지 않아 조사한 수확량이 없는 경우에는 <u>평년수확량을 수확량</u>으로 한다. 다만, 계약자 또는 피보험자의 고의 또는 중대한 과실로 수확량조사를 하지 못하여 수확량을 확인할 수 없는 경우에는 농업수입감소보험금을 지급하지 않는다.

• 수확량 조사를 하지 않은 경우는 통상 보상하는 재해가 없는 경우이므로, '수확량 = 평년수확량'

(c) 미보상감수량은 평년수확량에서 수확량을 뺀 값에 미보상비율을 곱하여 산출하며, 평년수확량보다 수확량이 감소하였으나 보상하는 재해로 인한 감소가 확인되지 않는 경우에는 감소한 수량을 모두 미보상감수량으로 한다.
- 보상하는 재해가 있는 경우 미보상감수량: (평년수확량 − 수확량) × 미보상비율
- 보상하는 재해가 확인 안된 경우 미보상감수량: (평년수확량 − 수확량)

보상하는 재해가 확인 안된 경우 미보상감수량

보상하는 재해가 확인이 안된 경우 감수량 즉, '평년수확량 − 수확량'은 보상하지 않으므로 '평년수확량 − 수확량' 전체가 미보상감수량이 되는 것이다.

2 나무손해보장특약의 보험금 산정

가. 보험금 = 보험가입금액 × (피해율 − 자기부담비율)

나. 피해율 = 피해주수(고사된 나무) ÷ 실제결과주수 (피해주수는 수확 전 고사주수와 수확 완료 후 고사주수를 더하여 산정하며, 미보상 고사주수는 피해주수에서 제외한다.)

다. 자기부담비율은 약관에 따른다.

3 비가림시설의 보험금 산정

가. 비가림시설의 손해액은 구조체(파이프) 손해액에 피복재 손해액을 합하여 산정한다.
① 피복재 손해액: 피복재 중 손해가 발생된 부재의 재조달가액의 합
② 구조체 손해액: 구조체 중 손해가 발생된 부재의 재조달가액의 합

나. 손해액 산출 기준
① 손해평가는 재조달가액 산출내역을 기초로 실시하며, 손해액은 비가림시설 1동 단위로 산출
② 구조체(서까래, 가로대, 부속자재 등)와 피복재 손해평가는 실제피해에 대한 복구비용으로 산출한 재조달가액으로 산정한다.

잔존물제거비용 vs 잔존물보전비용

잔존물제거비용은 보험계약자에게 유익하고, 잔존물보전비용은 보험사에 유익하므로 잔존물제거비용은 보험가입금액을 한도로 하며, 잔존물보전비용은 보험가입금액을 초과하여도 지급한다.

시가로 보상하는 경우

· 비가림시설: 손해를 입은 장소에서 실제로 수리 또는 복구되지 않은 경우
· 해가림시설: 손해를 입은 장소에서 실제로 수리 또는 복구되지 않은 경우, 손해발생 후 180일이 경과하여도 수리 또는 복구의 서면 통지가 없는 경우

다. 보상하는 손해에 의한 보험금과 잔존물 제거비용은 지급 보험금의 계산을 준용하여 계산하며, 그 합은 보험증권(보험가입증서)에 기재된 보험가입금액을 한도로 한다. 다만, 잔존물 제거비용은 손해액의 10%를 초과할 수 없다.

라. 비용손해 중 손해방지비용, 대위권 보전비용, 잔존물 보전비용은 지급 보험금의 계산을 준용하여 계산한 금액이 보험가입금액을 초과하는 경우에도 이를 지급한다. 단, 손해방지비용은 20만원을 한도로 한다.

마. 비용손해 중 기타 협력비용은 보험가입금액을 초과한 경우에도 이를 전액 지급한다.

바. 지급보험금은 보험가입금액을 한도로 손해액에서 자기부담금을 차감한 금액으로 한다.

사. 자기부담금
① 최소자기부담금(30만원)과 최대자기부담금(100만원)을 한도로 보험사고로 인하여 발생한 손해액의 10%에 해당하는 금액을 적용
② 피복재 단독사고는 최소자기부담금(10만원)과 최대자기부담금(30만원)을 한도로 보험사고로 인하여 발생한 손해액의 10%에 해당하는 금액 적용
· 자기부담금(구조체 + 피복재사고)
= 손해액의 10%(최소 30만원 ~ 최대 100만원)
· 피복재단독사고시 자기부담금
= 손해액의 10%(최소 10만원 ~ 최대 30만원)

아. 다만, 보험의 목적이 손해를 입은 장소에서 실제로 수리 또는 복구되지 않은 때에는 재조달가액에 의한 보상을 하지 않고 시가(감가상각된 금액)로 보상한다.

아래 조건에 의해 농업수입감소보장 포도 품목의 피해율 및 농업수입감소보험금을 산출하시오.
(피해율은 % 단위로 소수점 셋째 자리에서 반올림하여 둘째 자리까지 다음 예시와 같이 구하시
오. 예시: 0.12345 → 12.35%로 기재) [15점]   제3회

· 평년수확량: 1,000kg	· 조사수확량: 500kg	· 미보상감수량: 100kg
· 농지별 기준가격: 4,000원/kg	· 수확기 가격: 3,000원/kg	· 보험가입금액: 4,000,000원
· 자기부담비율: 20%		

정답

① **피해율**

- 기준수입 = 평년수확량 × 기준가격 = 1,000kg × 4,000원/kg = 4,000,000원

- 실제수입 = (수확량 + 미보상감수량) × min(기준가격, 수확기가격) = (500 + 100) × 3,000

  = 1,800,000원

- 피해율 = $\dfrac{\text{기준수입} - \text{실제수입}}{\text{기준수입}}$ = $\dfrac{4,000,000 - 1,800,000}{4,000,000}$ = 0.55 = **55%**

② **농업수입감소보험금**

- 보험금 = 보험가입금액 × (피해율 − 자기부담비율) = 4,000,000 × (0.55 − 0.2) = **1,400,000원**

아래 조건에 의해 농업수입감소보장방식 포도품목의 피해율을 산출하시오. 단, 보상하는 재해로
인한 피해는 확인되지 않았다. (피해율은 % 단위로 소수점 셋째 자리에서 반올림하여 둘째 자리
까지 다음 예시와 같이 구하시오. 예시: 0.12345 → 12.35%로 기재)

· 평년수확량: 2,000kg	· 조사수확량: 1,500kg	· 보험가입금액: 1,000만원
· 수확기 가격: 5,000원/kg	· 농지별 기준가격: 6,000원/kg	· 미보상비율: 10%

정답

- 기준수입: 평년수확량 × 기준가격 = 2,000kg × 6,000원/kg = 12,000,000원

  보상하는 재해로 인한 피해는 확인되지 않았으므로, 미보상감수량 = 평년수확량 − 수확량

- 실제수입 = (수확량 + 미보상감수량) × min(기준가격, 수확기가격)

  = (수확량 + 평년수확량 − 수확량) × min(기준가격, 수확기가격)

  = 평년수확량 × 수확기가격 = 2,000 × 5,000 = 10,000,000원 ← 보상하는 재해가 발견되지 않았으므로,
  실제수입 = 평년수확량 × min(기준가격, 수확기가격)

$$\cdot \text{피해율} = \frac{\text{기준수입} - \text{실제수입}}{\text{기준수입}} = \frac{12,000,000 - 10,000,000}{12,000,000} = 0.16666 = \textbf{16.67\%}$$

다음은 종합위험 수입감소보장방식 보험에 가입한 포도 과수원에 관한 내용이다. 다음의 계약사항 및 조사내용을 보고 수입감소보험금을 산정하시오. 단, 다음 내용 이외의 사고당 감수량은 없는 것으로 한다.

• 계약사항

품목	가입금액	평년수확량	실제결과주수	기준가격	자기부담비율
포도(거봉)	16,000,000원	4,000kg	250주	4,000원/kg	20%

• 조사내용(보상하는 재해로 인한 피해는 확인되지 않음)

고사주수	미보상주수	표본주수	표본주 착과수	개당 과중	미보상비율
5주	5주	8주	280개	400g	10%

* 수확기 가격: 3,500원/kg

Key

보상하는 재해로 인한 피해는 확인되지 않았으므로 수확량감소는 보상하지 않아도 되고 따라서 수확량을 계산하지 않고 가격하락으로 인한 피해율만 계산하여도 수입감소보험금을 산정할 수 있음도 안다.

정답

· 기준수입 = 평년수확량 × 기준가격 = 4,000kg × 4,000원/kg = 16,000,000원

· 착과량 = 착과수 × 개당 과중 + 주당 평년착과량 × 미보상주수

$$= \frac{280}{8} \times (250 - 5 - 5) \times 0.4 = 3,360kg$$

· 수확량 = 착과량 − 사고당 감수량의 합 = 3,360 − 0 = 3,360kg

보상하는 재해가 발견되지 않았으므로 미보상감수량 = 평년수확량 − 수확량 = 4,000 − 3,360 = 640kg

· 실제수입 = (수확량 + 미보상감수량) × min(기준가격, 수확기가격) = (3,360 + 640) × min(4,000, 3,500)

= 4,000 × 3,500 = 14,000,000원

$$\cdot \text{피해율} = \frac{\text{기준수입} - \text{실제수입}}{\text{기준수입}} = \frac{16,000,000 - 14,000,000}{16,000,000} = 0.125 = \underline{12.5\%}$$

피해율이 자기부담비율보다 적으므로 수입감소보험금은 **지급되지 않는다.**

보상하는 재해가 확인되지 않았으므로 수확량감소는 보상하지 않으며,
가격하락으로 인한 수입감소만 보상한다. 따라서,

$$\text{피해율} = \frac{\text{기준가격} - \text{수확기가격}}{\text{기준가격}} = \frac{4,000 - 3,500}{4,000} = 0.125 = 12.5\%$$

아래 조건에 의해 농업수입감소보장 포도 품목의 피해율 및 농업수입감소보험금을 산출하시오.
(피해율은 % 단위로 소수점 셋째 자리에서 반올림하여 둘째 자리까지 다음 예시와 같이 구하시
오. 예시: 0.12345 → 12.35%로 기재)

기출문제 응용

- 평년수확량: 1,000kg   · 조사수확량: 500kg   · 미보상감수량: 100kg
- 농지별 기준가격: 4,000원/kg   · 수확기 가격: 5,000원/kg   · 보험가입금액: 4,000,000원
- 자기부담비율: 20%

Key

위 조건에 따르면 수확기 가격이 농지별 기준가격보다 상승하였으므로 수확기 가격 하락에 의한 수입의 감
소는 보상하지 않는다. 이 경우 피해율은 수확량감소에 의한 평-수-미-평과 동일하게 되며 평수미평으로
도 피해율을 계산할 수 있다.

정답

① 피해율

- 기준수입 = 평년수확량 × 기준가격 = 1,000kg × 4,000원/kg = 4,000,000원
- 실제수입 = (수확량+미보상감수량) × min(기준가격, 수확기가격) = (500+100) × 4,000 = 2,400,000원
- 피해율 = $\dfrac{기준수입 - 실제수입}{기준수입}$ = $\dfrac{4,000,000 - 2,400,000}{4,000,000}$ = 0.4 = **40%**

② 농업수입감소보험금

- 보험금 = 보험가입금액 × (피해율 – 자기부담비율) = 4,000,000 × (0.4 – 0.2) = **800,000원**

 수입감소보장 방식에서 보상하는 재해가 확인 안 된 경우 피해율·

수입감소보장 방식에서 보상하는 재해가 확인이 안 된 경우 발생한 감수량은 보상하는 재해에 의한 것이 아
니므로 감수량은 당연히 보상하지 않는다. 이 경우에는 수확기가격의 하락으로 인한 피해만을 보상하므로,

피해율 = $\dfrac{실제수입 - 기준수입}{기준수입}$ = $\dfrac{기준가격 - 수확기가격}{기준가격}$ 이다.

 수입감소보장 방식에서 수확기에 가격하락이 없는 경우 피해율

수입감소보장 방식에서 수확기에 가격하락이 없는 경우 가격하락으로 인한 수입의 감소는 보상하지 않고
보상하는 재해로 인한 수입감소만을 보상하므로,

피해율 = $\dfrac{실제수입 - 기준수입}{기준수입}$ = $\dfrac{평년수확량 \times 기준가격 - (수확량 + 미보상감수량) \times 기준가격}{평년수확량 \times 기준가격}$

= $\dfrac{평년수확량 - (수확량 + 미보상감수량)}{평년수확량}$ = $\dfrac{평년수확량 - 수확량 - 미보상감수량}{평년수확량}$

4. 종합위험 및 수확전 종합위험 과실손해보장방식 과수 품목 _____

개요

본 과수 품목은 수확량(무게)의 감소를 보장하는 것이 아닌 과실의 손해를 보장한다. 과실손해보장방식은 먼저 수확량조사를 하지 않는다는 것에 (무화과의 수확전 수확량조사는 예외) 유의할 필요가 있다. 이는 복분자와 오디는 과실이 작고 수확기간이 너무 짧아 수확량 조사가 거의 불가능한 품목이고, 무화과는 날씨만 허용된다면 수확기간의 제한 없이 수확이 가능한 품목으로 수확기의 어느 시기를 특정하여 수확량을 조사하는 의미가 없기 때문이다. (감귤은 수확감소보장방식이 아닌 과실손해보장방식을 채택한 이유에 대해 추정이 안 됨.)

종합위험 및 수확전 종합위험 과실손해보장방식이 적용되는 오디, 복분자, 무화과, 감귤 품목은 손해조사방법, 피해율 및 보험금 산정방식에 공통점이 거의 없고 용어도 생소한 것이 많아 학습하는 데 가장 어렵다고 느낄 수 있는 품목이다. 따라서, 본 과수 품목은 고배점 문제의 출제 가능성도 높고 실제로 꾸준히 출제되어 온 만큼 철저한 준비가 필요하다.

본 과수 품목은 업무방법서만으로 손해평가 과정을 이해하는 것이 상당히 어렵다. 따라서, 핵심문제의 풀이 과정의 이해를 통해 업무방법서의 손해평가 과정을 이해하는 방법으로 학습할 필요가 있다. 피해율 및 보험금 계산 공식은 논리적으로 이해가 어려운 부분이 많으니 핵심문제를 반복하여 풀어봄으로써 계산 공식이 자연스럽게 암기될 수 있도록 하자.

보험기간의 이해

품목	보험기간		조사종류 (피해사실확인조사는 전품목 적용)
	종합위험	특정위험	
오디	~ 결실완료 시점	적용 안 함	과실손해조사
복분자	~ 5월 31일	6월 1일 ~ 6월 20일	종합위험과실손해조사, 특정위험과실손해조사
무화과	~ 7월 31일	8월 1일 ~ 10월 31일	종합위험과실손해조사, 특정위험과실손해조사, 나무피해조사(11월 20일[1] 보험종료)
감귤	발아기[2] ~ 11월 30일	12월 1일 ~ 이듬해 2월말	수확전사고조사, 과실손해조사, 동상해과실손해조사, 나무피해조사

1 보험계약 체결 이듬해 11월 20일
2 발아기가 경과한 경우에는 계약체결일 24시

품목별 피해율 공식

품목	피해율
오디	(평년결실수 – 조사결실수 – 미보상결실수) ÷ 평년결실수
복분자	고사결과모지수(종합위험과실손해조사 + 특정위험과실손해조사) ÷ 평년결과모지수
무화과	7월 31일 이전 피해율 + 8월 1일 이후 피해율
감귤	[미보상비율을 반영하지 않은 수확전사고피해율 + { (1 – 미보상비율을 반영하지 않은 수확전피해율) × 미보상비율을 반영하지 않은 수확개시후 피해율 }] × (1 – 미보상비율)[1]

1 미보상비율은 수확전후 미보상비율 중 최댓값 적용

1. 적용 품목

본 관의 적용 품목은 복분자, 오디, 감귤, 무화과 품목으로 한다.

2. 사고접수

가입사무소(본·지점포함)의 담당자 등은 계약자 등으로부터 사고발생 통지를 받은 즉시 사고 내용을 전산에 입력한다.

3. 조사 종류 및 방법

1 피해사실확인조사 피해사실확인조사 방법은 모든 품목이 동일, 고추, 브로콜리, 원예시설작물, 버섯은 피해사실확인조사를 실시하지 않음

가. 사고가 접수된 과수원 모두에 대하여 실시하는 조사로, 사고 접수 직후 실시하며 다음 각 목에 해당하는 사항을 확인한다.

① 보상하는 재해로 인한 피해 여부 확인

기상청 자료 확인 및 현지 방문 등을 통하여 보상하는 재해로 인한 피해가 맞는지 확인하며, 필요시에는 이에 대한 근거로 다음의 자료를 확보할 수 있다.

(a) 기상청 자료, 농업기술센터 의견서 및 손해평가인 소견서 등 재해 입증 자료

(b) 피해과수원 사진: 농지의 전반적인 피해 상황 및 세부 피해내용이 확인 가능하도록 촬영

② 추가조사 필요여부 판단

보상하는 재해 여부 및 피해 정도 등을 감안하여 추가조사(과실손해조사)가 필요한지 여부를 판단하여 해당 내용에 대하여 계약자에게 안내하고, 추가조사가 필요할 것으로 판단된 경우에는 손해평가반 구성 및 추가조사 일정을 수립한다.

나. 단, 태풍 등과 같이 재해 내용이 명확하거나 사고 접수 후 바로 추가조사가 필요한 경우 등에는 피해사실확인조사를 생략할 수 있다.

2 경작불능조사(복분자) 경작불능조사 방법은 경작불능조사를 실시하는 품목 모두 동일하다.

가. 경작불능조사는 복분자 품목에만 해당한다.

나. 피해사실확인조사 시 경작불능조사가 필요하다고 판단된 농지 또는 사고 접수 시 이에 준하는 피해가 예상되는 농지에 대하여 실시하는 조사

품목별 보장기간 및 보장 재해

오디
· ~최초수확전(5월 31일), 종합위험

복분자
· ~최초수확전(5월 31일), 종합위험
· 6월 1일~수확종료시점, 특정위험(태풍(강풍),우박)

무화과
· ~7월 31일, 종합위험
· 8월 1일~10월 31일, 특정위험(태풍(강풍),우박)

감귤
· ~11월 31일, 종합위험
· ~12월 1일~이듬해 2월말, 겨울동상해

복분자의 경작불능보험금

과수 품목 중 유일하게 복분자만이 경작불능조사를 실시한다.

경작불능 보험기간

· 복분자: 계약체결일 24시 ~ 수확개시시점
· 생산비보장밭작물: 계약체결일 24시 or 정식(파종)완료일 24시 중 늦은 때 ~ 수확개시일 직전
· 수확감소보장밭작물: 2과목 업무방법서에 기간 적시 안 됨
· 논작물: 2과목 업무방법서에 기간 적시 안 됨

로, 조사 시기는 피해사실확인조사 직후 또는 사고 접수 직후로 한다.

다. 경작불능조사의 절차

① 보험기간 확인

경작불능보장의 보험기간은 계약체결일 24시부터 수확 개시 시점 (단, 가입 이듬해 <u>5월 31일</u>을 초과할 수 없음)까지로, 해당 기간 내 사고인지 확인한다.
┕━● 복분자는 5월 31일을 기준으로 "수확전"과 "수확후"로 나뉜다.

② 보상하는 재해 여부 심사

농지 및 작물 상태 등을 감안하여 약관에서 정한 보상하는 재해로 인한 피해가 맞는지 확인하며, 필요시에는 이에 대한 근거 자료(피해사실확인조사 참조)를 확보할 수 있다.

③ 실제 경작면적 확인

GPS면적측정기 또는 지형도 등을 이용하여 보험가입 면적과 실제 경작면적을 비교한다. 이때 실제 경작면적이 보험 가입면적 대비 10% 이상 차이가 날 경우에는 계약 사항을 변경해야 한다.

④ 식물체 피해율 조사

목측 조사를 통해 조사 대상 농지에서 보상하는 재해로 인한 식물체 피해율(고사식물체(수 또는 면적)를 보험가입식물체(수 또는 면적)로 나눈 값을 의미하며, 고사식물체 판정의 기준은 해당 식물체의 수확 가능 여부임)이 65% 이상인지 여부를 조사한다.

목측(目測)조사란?
도구를 사용하지 않고 눈대중으로 대략적인 거리나 면적을 추정하여 조사하는 것

⑤ 계약자의 경작불능보험금 신청 여부 확인

식물체 피해율이 65% 이상인 경우 계약자에게 경작불능보험금 신청 여부를 확인한다.

⑥ 종합위험 과실손해조사 대상 확인

식물체 피해율이 65% 미만이거나, 식물체 피해율이 65% 이상이나 계약자가 경작불능보험금을 신청하지 않은 경우에는 향후 종합위험 과실손해조사가 필요한 농지로 결정한다.

종합위험 과실손해조사 대상 두 가지는?
1. 식물체 피해율이 65% 미만이거나,
2. 식물체 피해율이 65% 이상이나 계약자가 경작불능보험금을 신청하지 않은 경우

⑦ 산지폐기 여부 확인(경작불능후조사)

이전 조사에서 보상하는 재해로 식물체 피해율이 65% 이상이고 계약자가 경작불능보험금을 신청한 농지에 대하여, 산지폐기 여부를 확인한다.

3 과실손해조사(오디) _{오디 손해조사시기: 결실완료 시정 ~ 최초 수확전 (오결전)}

가. 과실손해조사는 오디 품목에만 해당한다.

나. 피해사실확인조사 시 과실손해조사가 필요하다고 판단된 과수원에 대하여 실시하는 조사로, 조사 시기는 <u>결실완료 직후부터 최초 수확 전까지</u>로 한다. 다만, 과실손해조사 전 계약자가 피해미미(자기부담비율 이내의 사고) 등의 사유로 과실손해조사 실시를 취소한 과수원은 과실손해조사를 실시하지 않는다.

오디는 쉽게 물러지므로 수확이 완료될 때까지 보장이 불가능하며, 보장종료는 결실완료시점으로 5월 31일을 초과할 수 없다.

다. 과실손해조사의 절차

① 보상하는 재해 여부 심사

과수원 및 작물 상태 등을 감안하여 약관에서 정한 보상하는 재해로 인한 피해가 맞는지 확인하며, 필요시에는 이에 대한 근거 자료(피해사실확인조사 참조)를 확보할 수 있다.

② 품종별·수령별 실제결과주수 확인

품종별·수령별로 실제결과주수를 확인하며, 확인한 실제결과주수가 가입 주수 대비 10% 이상 차이가 날 경우에는 계약 사항을 변경해야 한다.

③ 품종별·수령별 고사주수, 미보상주수 및 표본조사 대상주수 확인 • 오디 품목은 고사주수 대신 결실불능주수라는 용어 사용

   ⓐ 품종별·수령별 결실불능주수 확인: 품종별·수령별로 보상하는 재해로 인하여 결실이 불가능한 주수를 조사한다.

   ⓑ 품종별·수령별 미보상주수 확인: 품종별·수령별로 보상하는 재해 이외의 원인으로 결실이 이루어지지 않는 주수를 조사한다.

   ⓒ 품종별·수령별 조사대상주수 확인: 품종별·수령별 실제결과주수에서 품종별·수령별 결실불능주수 및 품종별·수령별 미보상주수를 빼서 품종별·수령별 조사대상주수를 계산한다.

④ 표본 조사

   ⓐ 표본주수 산정: 농지별 전체 조사대상주수를 기준으로 품목별 표본주수표(별표 1-4 참조)에 따라 농지별 전체 표본주수를 산정하되, 품종별·수령별 표본주수는 품종별·수령별 조사대상주수에 비례하여 산정한다.

   ⓑ 표본주 선정: 산정한 품종별·수령별 표본주수를 바탕으로 품종별·수령별 조사대상주수의 특성이 골고루 반영될 수 있도록 표본주

표본주수 산정기준
· 복분자: 가입포기수
· 오디: 조사대상주주
· 무화과: 조사대상주수
· 감귤: 가입면적(과수 중 유일하게 면적을 기준으로 표본주수 산정)
　종합과수 중 오미자는
유인틀 길이를 기준으로 표본구간 결정

를 선정한다.

ⓒ 표본주 조사: 선정한 표본주에 대하여 아래와 같이 조사를 실시한다.

· 표본가지 선정: 표본주에서 가장 긴 결과모지 3개를 표본가지로 선정한다.

· 길이 및 결실수 조사: 표본가지별로 가지의 길이 및 결실수를 조사한다.   과수품목 중 유일하게 오디는 길이 조사 실시 •————

        밭작물 중 옥수수도 길이 조사 실시

4 종합위험 과실손해조사(복분자)   복분자 손해조사시기: 수정완료 직후 ~ 최초 수확전 (복수전)

가. 종합위험 과실손해조사는 복분자 품목에만 해당한다.

나. 종합위험방식 보험기간(계약 체결일 24시부터 가입 이듬해 5월 31일 이전)까지의 사고로 피해사실확인조사 시 추가조사가 필요하다고 판단된 농지 또는 경작불능조사 결과 종합위험 과실손해조사가 필요할 것으로 결정(식물체 피해율이 65% 미만이거나 계약자가 경작불능보험금을 신청하지 않은 경우)된 농지에 대하여 실시하는 조사로, 조사 시기는 수정완료 직후부터 최초 수확 전까지로 한다. 다만, 종합위험 과실손해조사 전 계약자가 피해미미(자기부담비율 이내의 사고) 등의 사유로 종합위험 과실손해조사를 취소한 농지는 조사를 실시하지 않는다.

다. 종합위험 과실손해조사의 절차

① 보상하는 재해 여부 심사

과수원 및 작물 상태 등을 감안하여 약관에서 정한 보상하는 재해로 인한 피해가 맞는지 확인하며, 필요시에는 이에 대한 근거 자료(피해사실확인조사 참조)를 확보할 수 있다.

② 실제경작면적 및 재식면적 확인

ⓐ 실제경작면적 확인: GPS면적측정기 또는 지형도 등을 이용하여 보험가입 면적과 실제 경작면적을 비교한다. 이때 실제 경작면적이 보험 가입 면적 대비 10% 이상 차이가 날 경우에는 계약 사항을 변경해야 한다.

ⓑ 재식면적 확인: 재식면적은 주간 길이와 이랑 폭을 곱하여 산출하며, 조사한 재식면적이 가입 재식면적 대비 10% 이상 차이가 날 경우에는 계약 사항을 변경해야 한다.

(결과지 & 결과모지)

· 결과지(結果枝): 과수에서 꽃눈이 붙어 열매가 열리는 가지, 열매가지라고도 한다.

· 결과모지(結果母枝): 결과지가 붙는 가지를 말하며, 일반적으로 결과지보다 1년이 더 묵은 가지이다.

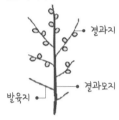

(복분자와 오디의 5월 31일)

· 복분자의 5월 31일은 수확기 기준일로 5월 31일까지는 종합위험방식으로 보장하며, 6월 1일 ~ 6월 20일 기간에는 특정위험방식(태풍, 강풍, 우박)으로 보장한다.

· 오디는 결실완료시점까지만 종합위험방식으로 보장하며, 5월 31일을 초과할 수 없다. 수확기에는 보장하지 않는다.

③ 표본조사

ⓐ 표본포기수 산정: 가입포기수를 기준으로 품목별 표본구간수표 (별표 1-4 참조)에 따라 표본포기수를 산정한다. 다만, 실제경작 면적 및 재식면적이 가입 사항과 차이가 나서 계약 변경이 될 경우에는 변경될 가입포기수를 기준으로 표본포기수를 산정한다.

ⓑ 표본포기 선정: 산정한 표본포기수를 바탕으로 조사 농지의 특성이 골고루 반영될 수 있도록 표본포기를 선정한다.

ⓒ 표본 조사: 선정한 표본포기를 기준으로 아래와 같이 조사를 실시한다.

ⓖ 표본구간 선정: 선정한 표본포기 전후 2포기씩 추가하여 총 5 포기를 표본구간으로 선정한다. 다만, 가입 전 고사한 포기 및 보상하는 재해 이외의 원인으로 피해를 입은 포기가 표본구간에 포함될 경우에는 해당 포기를 표본구간에서 제외하고 이웃한 포기를 표본구간으로 선정하거나 표본포기를 변경한다.

ⓛ 살아있는 결과모지수 조사: 각 표본구간별로 살아있는 결과모지수 합계를 조사한다.

ⓒ 수정불량(송이) 피해율 조사: 각 표본포기에서 임의의 6송이를 선정하여 1송이당 맺혀있는 전체 열매수와 피해(수정불량) 열매수를 조사한다. 다만, 현장 사정에 따라 조사할 송이 수는 가감할 수 있다.

복분자의 표본포기와 표본구간

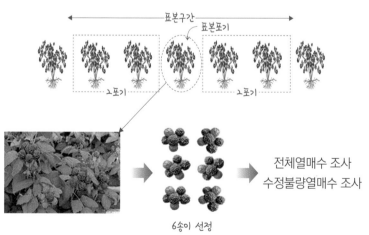

6송이 선정

5 특정위험 과실손해조사(복분자)

가. 특정위험 과실손해조사는 복분자 품목에만 해당한다.
└─ ● 태풍(강풍), 우박

2차지 유도
신초지(1년지)
2년지

나. 특정위험방식 보험기간(가입 이듬해 6월 1일부터 수확기 종료 시점(다만 가입 이듬해 6월 20일 초과할 수 없음)까지)의 사고로 피해사실확인조사 시 추가조사가 필요하다고 판단된 농지에 대하여 실시하는 조사로, 조사 시기는 사고 접수 직후로 한다. 다만, 특정위험 과실손해조사전 계약자가 피해미미(자기부담비율 이내의 사고) 등의 사유로 특정위험 과실손해조사를 취소한 농지는 조사를 실시하지 않는다.

다. 특정위험 과실손해조사의 절차

① 보상하는 재해 여부 심사

과수원 및 작물 상태 등을 감안하여 약관에서 정한 보상하는 재해로 인한 피해가 맞는지 확인하며, 필요시에는 이에 대한 근거 자료(피해사실확인조사 참조)를 확보할 수 있다.

② 실제경작면적 및 재식면적 확인

ⓐ 실제경작면적 확인: GPS면적측정기 또는 지형도 등을 이용하여 보험가입 면적과 실제 경작면적을 비교한다. 이때 실제 경작면적이 보험 가입 면적 대비 10% 이상 차이가 날 경우에는 계약 사항을 변경해야 한다.

ⓑ 재식면적 확인: 재식면적은 주간 길이와 이랑 폭을 곱하여 산출하며, 조사한 재식면적이 가입 재식면적 대비 10% 이상 차이가 날 경우에는 계약 사항을 변경해야 한다.

③ 잔여수확량 비율 적용을 위한 기준일자 확인

기준일자는 사고일자로 하되, 농지의 상태 및 수확 정도 등에 따라 조사자가 수정할 수 있다.

④ 표본조사
└─ ● 특정위험 과실손해조사의 표본조사 시에는 표본포기만 조사, 표본구간당 5포기 아님

ⓐ 표본포기수 산정: 가입포기수를 기준으로 품목별 표본구간수표(별표 1-4 참조)에 따라 표본포기수를 산정한다. 다만, 실제경작면적 및 재식면적이 가입 사항과 차이가 나서 계약 변경이 될 경우에는 변경될 가입포기수를 기준으로 표본포기수를 산정한다.

ⓑ 표본포기 선정: 산정한 표본포기수를 바탕으로 조사 농지의 특성이 골고루 반영될 수 있도록 표본포기를 선정한다.

(c) 표본송이 조사: 각 표본포기에서 임의의 6송이를 선정하여 1송이당 전체 열매수(전체 개화수)와 수확 가능한 열매수(전체 결실수)를 조사한다. 다만, 현장 사정에 따라 조사할 송이수는 가감할 수 있다.

6 수확전 사고조사(감귤)

가. 수확전 사고조사는 감귤 품목에만 해당한다.

나. 사고가 발생한 과수원에 대하여 실시하며, 조사 시기는 사고접수 후 즉시 실시한다. 다만, 수확 전 사고 조사 전 계약자가 피해미미(자기부담비율 이하의 사고) 등의 사유로 조사를 취소한 과수원은 수확전 사고조사를 실시하지 않는다.

다. 수확 전 사고조사 절차

① 보상하는 재해 여부 심사

과수원 및 작물 상태 등을 감안하여 약관에서 정한 보상하는 재해로 인한 피해가 맞는지 확인하며, 필요시에는 이에 대한 근거 자료(피해사실확인조사 참조)를 확보할 수 있다.

② 표본 조사

(a) 표본주 선정 과수품목 중 유일하게 가입면적을 기준으로 표본주수 선정

농지별 가입면적을 기준으로 품목별 표본주수표(별표 1-4)에 따라 농지별 전체 표본주수를 과수원에 고루 분포되도록 선정한다. (단, 필요하다고 인정되는 경우 표본주수를 줄일 수도 있으나 최소 3주 이상 선정한다.)

(b) 표본주 조사 수확전사고조사는 과실을 수확하지 않고 조사한다.

㉠ 선정한 표본주에 리본을 묶고 수관 면적 내 피해 및 정상과실을 조사한다.

착과 과실 중 100% 피해과실 + 보상하는 재해로 낙과된 과실

㉡ 표본주의 과실을 100%형 피해 과실과 정상과실로 구분한다.

㉢ 100%형 피해 과실은 착과된 과실 중 100% 피해가 발생한 과실 및 보상하는 재해로 낙과된 과실을 말한다.

㉣ 선정된 과실 중 보상하지 않는 손해(병충해, 생리적 낙과 포함)에 해당하는 과실과 부분 착과피해 과실은 정상과실로 구분한다.

라. 수확 전 사고조사 건은 추후 과실손해조사를 진행한다.

7 **과실손해조사(감귤)** 감귤의 과실손해조사는 과실을 수확하여 조사한다.

가. 과실손해조사(감귤)는 감귤 품목에만 해당한다. 또한, 과실손해조사 시 따거나 수확한 과실은 계약자의 비용 부담으로 한다.

나. 피해사실확인조사 및 수확전 사고조사 시 과실손해조사가 필요하다고 판단된 과수원에 대하여 실시하며, 조사 시기는 주품종 수확시기에 한다. 다만, 과실손해조사 전 계약자가 피해미미(자기부담비율 이하의 사고) 등의 사유로 조사를 취소한 과수원은 과실손해조사를 실시하지 않는다.

다. 과실손해조사 절차

① 보상하는 재해 여부 심사

과수원 및 작물 상태 등을 감안하여 약관에서 정한 보상하는 재해로 인한 피해가 맞는지 확인하며, 필요시에는 이에 대한 근거 자료(피해사실확인조사 참조)를 확보할 수 있다.

② 표본 조사

(a) 표본주 선정 ──▶ 과수 품목 중 유일하게 가입면적을 기준으로 표본주수 선정

농지별 가입면적을 기준으로 품목별 표본주수표(별표 1-4)에 따라 농지별 전체 표본주수를 과수원에 고루 분포되도록 선정한다.(단, 필요하다고 인정되는 경우 표본주수를 줄일 수도 있으나 최소 2주 이상 선정한다.)

(b) 표본주 조사 ──▶ 감귤의 수확전 사고조사는 과실을 수확하지 않고 조사하나 과실손해조사는 수확하여 조사한다.

㉠ 선정한 표본주에 리본을 묶고 주지(원가지)별로 아주지(버금가지) 1~3개를 수확한다.

㉡ (만감류 제외) 수확한 과실을 등급 내 과실 및 등급 외 과실로 구분한다.

㉢ 등급 내 과실은 정상과실, 30%형 피해과실, 50%형 피해과실, 80%형 피해과실, 100%형 피해과실로 구분하여 등급 내 피해과실수를 산정한다. (만감류는 등급 구분 없이 모두 등급 내로 적용한다.)

㉣ 등급 외 과실은 30%형 피해과실, 50%형 피해과실, 80%형 피해과실, 100%형 피해과실로 구분한 후, 인정비율(50%)을 적용하여 등급 외 피해과실수를 산정한다.

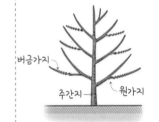

주지 & 아주지

주지(원가지)는 주간지로부터 분지된 가장 굵은 가지이며 주지에서 분지된 두번째로 굵은 가지를 아주지(버금가지)라 함.

버금가지

주간지 ── 원가지

ⓗ 위 항에서 선정된 과실 중 보상하지 않는 손해(병충해 등)에 해당하는 경우 정상과실로 구분한다.

라. 주 품종 최초수확이후 사고가 발생한 경우 추가로 과실손해조사를 진행할 수 있다. 기수확한 과실이 있는 경우 수확한 과실은 정상과실로 본다.

⑧ 동상해 과실손해조사(감귤) 동상해 과실손해조사는 과실을 수확하여 조사

가. 동상해 과실손해조사는 감귤 품목에만 해당한다. 또한, 과실손해조사 시 따거나 수확한 과실은 계약자의 비용 부담으로 한다.

나. 동상해 과실손해조사는 수확기 동상해로 인해 피해가 발생한 경우에 실시하며 다음 각 목에 따라 실시한다.

① 보상하는 재해 여부 심사

과수원 및 작물 상태 등을 감안하여 약관에서 정한 보상하는 재해로 인한 피해가 맞는지 확인하며, 필요시에는 이에 대한 근거 자료(피해사실 확인조사 참조)를 확보할 수 있다.

② 표본 조사

ⓐ 표본주 선정 농지의 면적과 관계없이 실제 결과주수를 기준으로 표본주 2주 이상 선정

농지별 실제결과주수를 기준으로 과수원에 고루 분포되도록 표본주 2주 이상 선정한다.

ⓑ 표본주 조사

선정한 표본주에 리본을 묶고 동서남북 4가지에 대하여 기수확한 과실수를 조사한다. 기수확한 과실수를 파악한 뒤, 4가지에 착과된 과실을 전부 수확하여 정상과실, 80%형 피해과실, 100%형 피해과실로 구분하여 동상해 피해과실수를 산정한다. (다만, 필요시에는 해당 기준 절반 조사도 가능하다.)

ⓒ 위의 ②항에서 선정된 과실 중 보상하지 않는 손해(병충해 등)에 해당하는 경우 정상과실로 구분한다. 또한 사고당시 기수확한 과실 비율이 수확기 경과비율보다 <u>현저히</u> 큰 경우에는 기수확한 과실 비율과 수확기 경과비율의 차이에 해당하는 과실수를 정상 과실로 한다.

└ '현저히'에 대한 기준은 없으며, 실제에서는 그 차이를 모두 정상과실로 하는 문제가 출제된다.

품목별 인정비율
· 감귤 등급외 과실: 50%
· 밤 소과(지름30mm 이하): 80%
· 참다래 중량 50g 이하: 70%

과실손해조사 vs 동상해 과실손해조사 가지 수
· 과실손해조사: 표본주의 주지(원가지)별로 아주지(버금가지) 1~3개를 수확
· 동상해과실손해조사: 표본주의 동서남북 4가지를 수확

감귤의 수확기경과비율
수확기경과비율
= 1 - 수확기잔존비율

감귤의 조사종류

조사종류	조사시기	표본주수	피해과실분류
수확전 사고조사	사고접수 후	가입면적을 기준 표본주수표에 따라 (최소 3주 이상)	정상과실, 100%형 피해과실로 구분
과실 손해조사	주품종 수확시기	가입면적을 기준 표본주수표에 따라 (최소 2주 이상)	과실의 크기에 따라 등급내과실과, 등급외과실로 분류 후(만감류 제외) 1. 등급내 과실은 정상과실, 30%형, 50%형, 80%형, 100%형 피해과실로 구분 2. 등급외 과실은 30%형, 50%형, 80%형, 100%형 피해과실로 구분 – 인정비율 50%
동상해과실 손해조사	12월 1일 ~ 2월 말일	실제결과주수 기준 (최소 2주 이상)	정상과실, 80%형, 100%형 피해과실로 구분

9 종합위험 과실손해조사(무화과) (착과수조사, 착과피해조사)

본 항의 수확량조사는 무화과 품목에만 해당하며, 다음 각 호의 조사종류별 방법에 따라 실시한다. 또한, 수확량조사 시 따거나 수확한 과실은 계약자의 비용 부담으로 한다.

가. **수확량 조사** *8월 1일부터 수확기가 시작이며, 특정위험보장방식으로 변경*

보상하는 재해로 인한 피해 여부를 확인하고 7월 31일 이전에 사고가 발생하는 경우에 해당한다.

① 조사 시기는 최초 수확 품종 수확기 직전으로 한다.

② 품종별·수령별로 실제결과주수, 미보상주수 및 고사나무주수를 파악하고, 실제결과주수에서 미보상주수 및 고사나무주수를 빼서 조사대상주수를 계산한다.

③ 농지별 전체 조사대상주수를 기준으로 품목별 표본주수표(별표 1-1)에 따라 농지별 전체 표본주수를 산정하되 품종별, 수령별 표본주수는 품종별, 수령별 조사대상주수에 비례하여 산정한다.

④ 산정한 품종별,수령별 표본주수를 바탕으로 품종별, 수령별 조사대상주수의 특성이 골고루 반영될 수 있도록 표본주를 선정한다.

⑤ 선정된 표본주마다 착과된 전체 과실수를 세고 리본 및 현지 조사서에 조사내용을 기재한다.

종합위험 과실손해보장 품목 중 수확량조사를 하는 품목은?

무화과 품목만 유일하게 수확량조사를 하며, 수확전 피해율은 평-수-미-평으로 산출한다. 과중조사를 하지 않으므로 실제문제에서 수확량을 산출하기 위하여는 표준중량이 제시된다.

⑥ 착과피해조사는 착과피해를 유발하는 재해가 있을 경우에만 시행한다. 해당 재해 여부는 재해의 종류와 과실의 상태 등을 고려하여 조사자가 판단한다.

ⓐ 품종별로 3개 이상의 표본주에서 임의의 과실 100개 이상을 추출한 후 아래 피해 구성 구분 기준에 따라 구분하여 그 개수를 조사한다.

ⓑ 조사 당시 착과에 이상이 없는 경우 등에는 품종별로 피해구성조사를 생략할 수 있다.

ⓒ 과실 분류에 따른 피해인정계수는 (별표 3)과 같다.
→ 50%형, 80%형, 100형 피해과로 분류

예제	무화과 농지의 조사대상주수가 450주이고, 해당 농지에서 4개 품종의 무화과가 재배될 경우 착과피해조사를 위한 표본주 최소 개수와 표본주에서 추출할 과실 최소 개수는?
풀이	표본주 최소 개수 = 품종수 × 3 = 4 × 3 = **12개** 추출할 과실의 최소 개수 = **100개**

수확량조사는 조사대상주수를 계산하여 표본주수표에 따라 표본주를 선정하여 조사하고, 착과피해조사는 조사대상면적과 관계없이 품종별로 3개 이상의 표본주에서 임의의 과실 100개 이상을 추출하여 조사한다. (표본주당 100개가 아님)

10 **특정위험 과실손해조사(무화과)** (결과지 피해조사)

가. 수확기 사고조사

보상하는 재해(태풍(강풍), 우박)로 인한 피해 여부를 확인하고 이듬해 8월 1일 이후부터 수확기 종료시점(가입한 이듬해 10월 31일을 초과할 수 없음)에 사고가 발생하는 경우에 해당한다.

① 3주 이상의 표본주에 달려 있는 결과지수를 구분하여 고사결과지수, 정상결과지수를 각각 조사한다.

② 기준일자는 사고일자로 하되, 농지의 상태 및 수확정도 등에 따라 조사자가 수정할 수 있다.

③ 보상하는 재해 이외의 원인(병해충 등)으로 고사한 결과지수는 미보상고사결과지수로 한다.

특정위험과실손해조사 시 결과지 분류

결과지 〈 고사 〈 보상 / 미보상 / 정상

11 **나무피해조사(감귤)**

본 항의 나무피해조사는 감귤 품목에만 해당하며, 다음 각 호의 조사방법에 따라 실시한다.

가. 나무손해보장 특약 가입 여부 및 사고 접수 여부 확인

해당 특약을 가입한 농지 중 나무피해 사고가 접수된 모든 농지에 대해서 나무피해조사를 실시한다.

나. 조사 시기의 결정

나무피해조사는 해당 사고가 접수된 직후 실시한다.

다. 보상하는 재해 여부 심사

농지 및 작물 상태 등을 감안하여 약관에서 정한 보상하는 재해로 인한 피해가 맞는지 확인하며, 필요시에는 이에 대한 근거 자료(피해사실확인조사 참조)를 확보할 수 있다.

라. 품종·수령별로 금차 피해주수를 <u>전수조사</u>한다.

└────────● 표본조사가 아님에 유의

12 나무피해조사(무화과)

본 항의 고사나무조사는 무화과 품목에만 해당하며, 다음 각 호의 조사방법에 따라 실시한다.

가. 나무손해보장 특약 가입 여부 및 사고 접수 여부 확인

해당 특약을 가입한 농지 중 사고가 접수된 모든 농지에 대해서 고사나무조사를 실시한다.

나. 조사 시기의 결정

고사나무조사는 수확완료 시점 이후에 실시하되, 나무손해보장특약 종료시점을 고려하여 결정한다.

다. 보상하는 재해 여부 심사

농지 및 작물 상태 등을 감안하여 약관에서 정한 보상하는 재해로 인한 피해가 맞는지 확인하며, 필요시에는 이에 대한 근거 자료(피해사실확인조사 참조)를 확보할 수 있다.

라. 품종별·수령별로 실제결과주수, 수확 완료 전 고사주수, 수확 완료 후 고사주수 및 미보상 고사주수를 조사한다. (수확 완료 전 고사주수는 고사나무조사 이전 조사(종합위험 과실손해조사 및 특정위험 과실손해조사)에서 보상하는 재해로 고사한 것으로 확인된 주수를 의미하며, 수확 완료 후 고사주수는 보상하는 재해로 고사한 나무 중 고사나무조사 이전 조사에서 확인되지 않은 나무주수를 말한다. 미보상 고사주수는 보

<감귤의 나무피해조사>

감귤의 보장종료일은 2월 말일로 과실(동상해특약 가입시)과 나무손해보장 기간이 동일하여 고사주수 등에 대한 조사를 수확완료전과 수확완료후로 나누지 않는다.

상하는 재해 이외의 원인으로 고사한 나무주수를 의미하며, 고사나무조사 이전 조사(종합위험 과실손해조사 및 특정위험 과실손해조사)에서 보상하는 재해 이외의 원인으로 고사하여 미보상주수로 조사된 주수를 포함한다.)

마. 수확 완료 후 고사주수가 없는 경우(계약자 유선 확인 등)에는 고사나무 조사를 생략할 수 있다.

13 미보상비율 조사(공통)

미보상비율 적용표(별표 2-1)에 따라 미보상비율을 조사한다.

4. 보험금 산정방법

1 경작불능보험금의 산정(복분자) 복분자는 과수품목에 속하지만 밭작물과 비슷해 과수 풍목 중 유일하게 복분자만 경작불능보험금 지급

가. 경작불능보험금은 복분자 품목만 해당한다.

나. 경작불능보험금은 경작불능조사 결과 식물체 피해율이 65% 이상이고, 계약자가 경작불능보험금을 신청한 경우에 지급하며, 보험금은 보험가입금액에 자기부담비율별 지급 비율(표 2-2-1 참조)을 곱하여 산출한다.

표 2-2-1 [자기부담비율별 경작불능보험금 지급비율표]

자기부담비율	10%형	15%형	20%형	30%형	40%형
지급비율	45%	42%	40%	35%	30%

* 경작불능보험금 = 보험가입금액 × 자기부담비율별 지급비율

2 과실손해보험금의 산정(복분자, 오디)

가. 과실손해보험금은 보험가입금액에 피해율에서 자기부담비율을 차감한 비율을 곱하여 산정한다.

· 과실손해보험금 = 보험가입금액 × (피해율 – 자기부담비율)

나. **품목별 피해율 산출**

① 복분자

복분자의 피해율은 고사결과모지수를 평년결과모지수로 나누어 산출하며, 고사결과모지수는 종합위험 과실손해조사와 특정위험 과실손해조사를 통해 계산된 고사결과모지수를 합하여 산출한다.

· 피해율 $= \dfrac{\text{고사결과모지수(종합위험과실 손해조사 + 특정위험과실 손해조사)}}{\text{평년결과모지수}}$

복분자의 평년결과모지수

복분자는 평년수확량을 산출하지 않고, 결과모지수를 조사하여 "포기당" 평년결과모지수를 산출하여 이를 기준으로 보험에 가입하고 재해발생 시 피해율을 계산한다.

(a) 종합위험 과실손해조사에서의 고사결과모지수 산출

　　㉠ 고사결과모지수: 기준 살아있는 결과모지수에서 수정불량환산
　　　고사결과모지수를 뺀 후 미보상 고사결과모지수를 더한 값을
　　　평년결과모지수에서 빼어 산출한다.

　　㉡ 기준 살아있는 결과모지수: 표본구간 내 살아있는 결과모지수
　　　합계를 표본구간 포기 수로 나누어 산출한다.

　　㉢ 수정불량환산 고사결과모지수: 각 표본구간별로 살아있는 결
　　　과모지수에 수정불량환산계수를 곱한 값의 합계를 표본구간
　　　포기수로 나누어 산출한다.

　　㉣ 미보상 고사결과모지수: 기준 살아있는 결과모지수에서 수정
　　　불량환산 고사결과모지수를 뺀 값을 평년결과모지수에서 뺀
　　　후 미보상비율을 곱하여 산출하며, 해당 값이 0보다 작을 때에
　　　는 0으로 한다.

　　㉤ 수정불량환산계수: 표본구간별로 피해 열매수를 전체 열매수
　　　로 나눈 값에서 0.15를 뺀 값으로 해당 수치가 0보다 작을 때
　　　에는 0으로 한다.

· 종합위험 과실손해조사 고사결과모지수 = 평년결과모지수 - { (기준살
아있는 결과모지수 - 수정불량환산 고사결과모지수) + 미보상 고사결
과모지수 }

　* 기준 살아있는 결과모지수 = $\dfrac{\text{표본구간 내 살아있는 결과모지수}}{\text{표본구간 포기 수}}$

　* 수정불량환산 고사결과모지수
　　= $\dfrac{\Sigma\ (\text{표본구간별 살아있는 결과모지수} \times \text{수정불량환산계수})}{\text{표본구간 포기 수}}$

　* 미보상 고사결과모지수 = { 평년결과모지수 - (기준살아있는 결과모지수 - 수정
　　불량환산고사결과모지수) } × 미보상비율

　* 수정불량환산계수 = $\dfrac{\text{피해열매수}}{\text{전체열매수}}$ - 0.15 (값이 0보다 작을 때는 "0")
　　　　　　　　　　　　　　　　↑ 자연수정불량율

(b) 특정위험 과실손해조사에서의 고사결과모지수 산출

　　㉠ 고사결과모지수: 수확감소환산 고사결과모지수에서 미보상 고
　　　사결과모지수를 빼어 산출한다.

　　㉡ 수확감소환산 고사결과모지수: 종합위험 과실손해조사 실시
　　　여부에 따라 아래와 같이 산출한다.

　　　· 종합위험 과실손해조사를 실시한 경우: 기준 살아있는 결과
　　　　모지수에서 수정불량환산 고사결과모지수를 뺀 후 누적수확

**기준살아있는 결과
모지수란?**

복분자의 "포기당" 살아있는 결
과모지수를 의미한다.

자연수정불량율 0.15

수정불량환산계수는 보상하는
재해로 인한 수정불량률로서 조
사결과에 따른 수정불량율에서
재해와 무관하게 자연적으로 발
생하는 수정불량율 15%를 뺌
으로써 보상하는 재해로 인한
수정불량율만을 계산하는 것이
다.

"평-수-미"와 형태가 같다.
"기준살아있는 결과모지
- 수정불량환산 고사결과모지수"는
타작물의 수확량과 동일하다고
이해하면 된다.

"(평년수확량 - 수확량) × 미보상비율"과 형태가 같다.
"기준살아있는 결과모지수 - 수정불량환산 고사결과모지수"는
타작물의 수확량과 동일하다.

감소환산계수를 곱하여 산출한다.

· 종합위험 과실손해조사를 실시하지 않은 경우: 평년결과모
지수에 누적수확감소환산계수를 곱하여 산출한다.

ⓒ 누적수확감소환산계수: 특정위험 과실손해조사별 수확감소환
산계수를 합하여 산출한다.

ⓔ 수확감소환산계수: 기준일자별 잔여수확량 비율에서 결실율
(표본송이 중 수확 가능한 총 열매수(전체 결실수)를 표본송이
의 총 열매수(전체 개화수)로 나눈 값)을 빼서 산출한다. 다만,
산출한 결과가 0보다 작을 때에는 해당 조사의 수확감소환산
계수는 0으로 한다.

ⓜ 기준일자별 잔여수확량 비율: 기준일자에 따라 잔여수확량 비
율을 산출(표 2-2-2 참조)한다.

ⓗ 미보상 고사결과모지수: 수확감소환산 고사결과모지수에 미보
상비율을 곱하여 산출한다. 다수의 특정위험 과실손해조사가
이루어진 경우에는 제일 높은 미보상비율을 적용한다.

표 2-2-2 [기준일자별 잔여수확량 비율표]

기준일자	잔여수확량 비율(%)	기준일자	잔여수확량 비율(%)	기준일자	잔여수확량 비율(%)
6.1	97	6.8	90	6.15	20
6.2	96	6.9	77	6.16	13
6.3	95	6.10	66	6.17	6
6.4	94	6.11	55	6.18	3
6.5	93	6.12	45	6.19	1
6.6	92	6.13	35	6.20	0
6.7	91	6.14	27	–	–

· 특정위험과실손해 고사결과모지수

= 수확감소환산고사결과모지수 – 미보상고사결과모지수

* 수확감소환산 고사결과모지수
 · 종합위험 과실손해조사를 실시한 경우: (기준 살아있는 결과모지수 – 수정불량환
 산 고사결과모지수) × 누적수확감소환산계수
 · 종합위험 과실손해조사를 실시하지 않은 경우: 평년결과모지수 × 누적수확감소환
 산계수

* 누적수확감소환산계수 = Σ 특정위험 과실손해조사별 수확감소환산계수

* 수확감소환산계수(최솟값 = 0) = 기준일자별 잔여수확량비율 – 결실율

* 결실율 = $\dfrac{\text{표본송이중 수확가능한 총 열매수 (전체결실수)}}{\text{표본송이의 총 열매수 (전체개화수)}}$

* 미보상고사결과모지수 = 수확감소환산고사결과모지수 × 미보상비율

② 오디

오디의 피해율은 평년결실수에서 조사결실수와 미보상 감수 결실수를 뺀 값을 평년결실수로 나누어 산출한다.

(a) 조사결실수: 품종별·수령별로 환산결실수에 조사대상주수를 곱한 값에 주당 평년결실수에 미보상주수를 곱한 값을 더하여 산출한다.

(b) 미보상 감수 결실수: 평년결실수에서 조사결실수를 뺀 값에 미보상 비율을 곱하여 산출하며, 해당 값이 0보다 작을 때에는 0으로 한다.

(c) 환산결실수: 품종별·수령별로 표본가지 결실수 합계를 표본가지 길이 합계로 나누어 산출한다.

(d) 조사 대상주수: 실제결과주수에서 고사주수와 미보상주수를 빼어 산출한다.

(e) 주당 평년결실수: 품종별·수령별로 평년결실수를 실제결과주수로 나누어 산출한다.

- 오디의 피해율 = $\dfrac{\text{평년결실수 − 조사결실수 − 미보상감수결실수}}{\text{평년결실수}}$

* 조사결실수 = (환산결실수 × 조사대상주수) + (주당 평년결실수 × 미보상주수)

* 미보상감수결실수 = (평년결실수 − 조사결실수) × 미보상비율

* 환산결실수 = $\dfrac{\Sigma \text{ 표본가지 결실수}}{\Sigma \text{ 표본가지 길이}}$

* 주당 평년결실수 = $\dfrac{\text{평년결실수}}{\text{실제결과주수}}$

오디의 환산결실수 계산

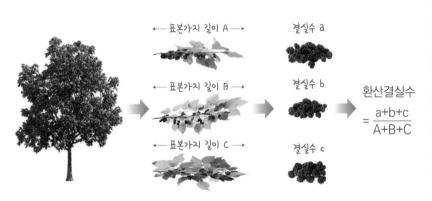

[표본주]   [표본가지 (표본주당 3개)]

오디의 환산결실수

오디의 환산결실수는 오디 1주의 결과모지 1m당 결실수이며, 과수의 주당수확량이나 밭작물의 1㎡당 수확량에 해당한다.

3 과실손해보험금의 산정(감귤)

가. 감귤 품목의 과실손해보험금은 보험가입금액을 한도로 종합위험 보장 기간 중 산정된 손해액에서 자기부담금을 차감하여 산정한다.

> 과실손해보험금 = 손해액 − 자기부담금
>
> * 손해액 = 보험가입금액 × 피해율
>
> * 자기부담금 = 보험가입금액 × 자기부담비율

나. **피해율**

① 수확전 과실손해 피해율 ────● 수확전 모든 사고의 100% 피해과실수의 합

= (금차 100% 피해과실수 합계 / 과실수 합계) × (1 − 미보상비율)

② 최종 수확전 과실손해 피해율은 마지막 사고의 수확전 과실손해 피해율로 계산하며, 이전 100% 피해과실수와 금차 100% 피해과실수의 합계를 과실수 합계로 나눈 후, 1 − 미보상비율을 곱하여 산출한다.

· 최종 수확전 과실손해피해율

$$= \frac{\text{수확전 모든 사고의 100\%형 피해과실수 합}}{\text{과실수 합계}} \times (1 - \text{미보상비율})$$

③ 과실손해 피해율

(a) 수확전 과실손해 피해가 없는 경우 ⌐ 피해인정과실수

· 과실손해피해율 = $\dfrac{\text{(등급내 피해과실수 + 등급외 피해과실수 × 50\%)}}{\text{모든 표본주 과실수 총합}}$

× (1 − 미보상비율) = $\dfrac{\text{수확전 모든 사고의 100\%형 피해과실수 합}}{\text{100형 피해과실수 + 정상과실수}}$

(b) 수확전 과실손해 피해가 있는 경우 ↓

· 과실손해피해율 = { $\dfrac{\text{최종수확전 과실손해피해율}}{1 - \text{최종수확전 사고조사 미보상비율}}$

+ (1 − $\dfrac{\text{최종수확전 과실손해피해율}}{1 - \text{최종수확전 사고조사 미보상비율}}$) ⌐ 수확전 과실손해를 반영하지 않은 과실손해조사에 따른 피해율

× ($\dfrac{\text{수확전 과실손해 피해가 없는 경우 과실손해피해율}}{1 - \text{과실손해 미보상비율}}$) }

× (1 − 수확전후 미보상비율 중 최댓값)

* 피해 인정 과실수 = 등급 내 피해 과실수 + (등급 외 피해 과실수 × 50%)

· 등급 내 피해 과실수 = (등급 내 30%형 과실수 합계 × 0.3) + (등급 내 50%형 과실수 합계 × 0.5) + (등급 내 80%형 과실수 합계 × 0.8) + (등급 내 100%형 과실수 합계 × 1)

· 등급 외 피해 과실수 = (등급 외 30%형 과실수 합계 × 0.3) + (등급 외 50%형 과실수 합계 × 0.5) + (등급 외 80%형 과실수 합계 × 0.8) + (등급 외 100%형 과실수 합계 × 1)

감귤품목의 과실손해조사 시 등급내 과실과 등급외 과실로 구분하는 기준은?

과수의 크기이다. 단, 만감류의 경우는 등급외 피해과실을 별도로 나누지 않는다.

감귤의 피해인정계수

과수중 유일하게 2021년 업무 방법서 개정으로 30%형이 추가되었으며, 구분기준(별표 3)이 대폭 개정되어 2021년 출제 예상

별표 3 반드시 암기 요망!

* 만감류는 등급 외 피해 과실수를 피해 인정 과실수 및 과실손해 피해율에 반영하지 않음.

수확전 과실손해 피해가 있는 경우 피해율

$$= [\frac{\text{수확전 모든 사고의 100\%형 피해과실수 합}}{\text{과실수 합계}}$$

$$+ \{ (1 - \frac{\text{수확전 모든 사고의 100\%형 피해과실수 합}}{\text{과실수 합계}})$$

$$\times \frac{\text{등급내 피해과실수 + 등급외 피해과실수 × 50\%}}{\text{모든 표본주 과실수 총합}} \}]$$

└ 수확개시 후 과실손해조사에 따른 피해과실수

$$\times (1 - \text{수확전후 미보상비율 중 최댓값)이다.}$$

이는 [미보상비율을 반영하지 않은 수확전피해율 + {(1 − 미보상비율을 반영하지 않은 수확전피해율) × 미보상비율을 반영하지 않은 수확개시후 피해율 }] × (1 − 수확전후 미보상비율 중 최댓값)이다.

4 동상해과실손해 보험금(특별약관, 감귤)

동상해과실손해 보험금은 보장기간 중 산정된 손해액에서 자기부담금을 차감하여 산정한다. 손해액은 보험가입금액에서 기사고피해율을 곱한 보험가입금액을 차감한 후 수확기 잔존비율과 동상해피해율을 곱하여 산출한다. 미보상비율이 있는 경우 해당비율을 차감한다.

동상해과실손해보험금 = 손해액 − 자기부담금

* 손해액 = {보험가입금액 − (보험가입금액 × 기사고피해율)}× 수확기잔존비율 × 동상해피해율 × (1 − 미보상비율)

* 자기부담금 = 절대값 |보험가입금액 × 최솟값 (주계약피해율 − 자기부담비율, 0)|

* 단, 기사고 피해율은 주계약피해율의 미보상비율을 반영하지 않은 값과 이전 사고의 동상해 과실손해 피해율을 합산한 값임

가. 동상해피해율

동상해피해율은 80%형 피해과실, 100%형 피해과실로 구분하여 피해율을 산정하며, 동상해 피해 과실수를 기준과실수로 나눈 값이다.

· 동상해피해율 = $\frac{\text{동상해피해과실수}}{\text{기준과실수}}$ ← 모든 표본주 과실수 총합

* 동상해 피해 과실수 = (동상해 피해 80%형 과실수 합계 × 0.8) + (동상해 피해 100%형 과실수 합계 × 1)

* 기준과실수 = 정상과실수 + 동상해피해 80%형 과실수 + 동상해피해 100%형 과실수

온주밀감 vs 만감

보통 감귤이라 하면 원주밀감 혹은 원주귤을 가리키며 일반적으로 흔히 볼 수 있는 감귤이다. 만감(晚柑)은 감귤나무 품종을 오렌지 등과 교배해 새로 만든 재배 감귤류 과일로, 수확 시기가 온주밀감보다 늦은 감귤류로 한라봉, 천혜향, 레드향, 황금향 따위가 있다.

• 동상해과실손해 보험금 산정 시 (1 − 미보상비율)을 곱하므로 기사고 피해율 산정 시 주계약피해율의 미보상비율을 반영할 경우 미보상비율이 이중으로 반영되는 문제가 생길 수 있으므로

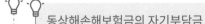

수확기 잔존비율이란?

사고발생일 당시 과실이 수확이 되지 않고 남아 있을 것으로 예상되는 비율이다. 예를 들어 12월 15일 감귤의 수확기 잔존비율 = 100 − (1.5 × 15) = 77.5% 즉, 12월 15일에는 과실의 77.5%가 수확되지 않고 남아있을 것으로 예상된다.

동상해손해보험금의 자기부담금

감귤 품목은 과실손해보험금과 동상해과실손해보험금이 지급되며, 과실손해보험금이 지급된 경우는 주계약피해율이 자기부담비율보다 큰 경우인 경우이므로, 동상해과실손해보험금 산정 시의 자기부담금은 '0'이다. 그러나 보상하는 재해로 과실손해가 있었음에도 과실손해보험금이 지급되지 않은 경우에는 미공제된 자기부담금이 남아 있게 되며, 미공제된 자기부담금은 보험가입금액 × (주계약피해율 − 자기부담비율)이다.

표 2-2-3 [기준일자별 수확기 잔존비율표]

사고발생월	감귤	만감류
12월	100 − (1.5×사고발생일자)	100 − (0.4×사고발생일자)
1월	(100−47) − (1.3×사고발생일자)	(100−13.1) − (1.3×사고발생일자)
2월	(100−88) − (0.4×사고발생일자)	(100−52.6) − (1.7×사고발생일자)

* 사고 발생일자는 해당월의 사고 발생일자를 의미

5 과실손해보험금의 산정(무화과)

가. 과실손해보험금

보험가입금액에 피해율에서 자기부담비율을 차감한 비율을 곱하여 산정한다. 피해율은 7월 31일 이전 사고피해율과 8월 1일 이후 사고피해율을 합산한다.

· 무화과의 과실손해보험금 = 보험가입금액 × (7월 31일 이전 사고 피해율 + 8월 1일 이후 사고피해율 − 자기부담비율)

나. 피해율 산출

① 무화과의 7월 31일 이전 사고

무화과는 수확전 수확량조사를 하므로
· 수확전 피해율은 '평−수−미−평'이다.

· 피해율 = (평년수확량 − 수확량 − 미보상감수량) ÷ 평년수확량

② 무화과의 8월 1일 이후 사고

7월 31일 이전사고 피해율

· 피해율 = (1 − 수확전사고 피해율) × 잔여수확량비율 × 결과지피해율

* 결과지 피해율 = (고사결과지수 + 미고사결과지수 × 착과피해율 − 미보상고사결과지수) ÷ 기준결과지수
* 기준결과지수 = 고사결과지수 + 정상결과지수
* 고사결과지수 = 보상고사결과지수 + 미보상고사결과지수

· 무화과는 8월 1일 이후에는 착과피해조사를 하지 않으므로, 착과피해율은 7월 31일 이전 착과피해조사의 착과피해율로 판단됨

무화과의 8월 1일 이후 사고 피해율

8월 1일 이후 사고피해율 계산 시 (1−수확전사고피해율)을 곱하는 이유는 특정위험과실손해조사는 결과지 피해를 조사하는 것으로 8월1일 이전의 피해과실을 제외한 과실(1−수확전사고 피해율)의 결과지 피해율이어야 하기 때문이다.

[무화과 품목 사고발생일에 따른 잔여수확량 산정식]

구분	잔여수확량 산정식(%)
8월	100 − (1.06 × 사고발생일자)
9월	(100 − 33) − (1.13 × 사고발생일자)
10월	(100 − 67) − (0.84 × 사고발생일자)

* 사고 발생일자는 해당월의 사고 발생일자를 의미

6 **나무손해보장(감귤, 무화과)** 복분자와 오디의 묘목은 값이 저렴하여 나무손해보장 특약이 없음

가. 지급보험금

보험가입금액에 피해율에서 자기부담비율을 차감한 값을 곱하여 산정하며, 피해율은 피해주수(고사된 나무)를 실제결과주수로 나눈 값으로 한다.

· 지급보험금 = 보험가입금액 × (피해율 − 자기부담비율)

  * 피해율 = 피해주수(고사된 나무) ÷ 실제결과주수

나. 자기부담비율은 5%로 한다.

7 **과실손해 추가보장 보험금(특별약관, 감귤)**

보상하는 재해로 손해액이 자기부담금을 초과하는 경우 적용한다.

· 보험금 = 보험가입금액 × 피해율 × 10%

$$\text{* 피해율} = \frac{\text{등급 내 피해과실수} + \text{등급 외 피해과실수} \times 50\%}{\text{기준과실수}} \times (1 - \text{미보상비율})$$

└→ 수확전 과실손해 피해가 없는 경우의   ↖ 모든 표본주 과실수 총합
  과실손해피해율과 같다.

잔여수확량비율 vs 수확기잔존비율

복분자와 무화과 품목에서는 잔여수확량비율을 감귤 품목에서는 수확기잔존비율이라는 용어가 사용되나 모두 같은 의미이다.

과수 품목 추가보장

· 포도, 복숭아: 수확량감소 추가보장
· 감귤: 과실손해 추가보장

다음은 농작물재해보험 업무방법에서 정하는 농작물의 손해평가와 관련한 내용이다. 괄호에 알맞은 내용을 답란에 순서대로 쓰시오. [5점]   제1회

> · 인삼 품목의 수확량을 산출할 경우 기초자료인 칸넓이 산정은 두둑폭과 고랑폭을 더한 합계에 (①)을/를 곱하여 산출한다.
>
> · 매실 품목의 경우 적정 수확시기 이전에 수확하는 경우에는 품종별로 과실 (②)을/를 조사한다.
>
> · 복분자의 피해율은 (③)을/를 (④)로/으로 나누어 산출한다.

정답

  ① 지주목간격   ② 비대추정지수   ③ 고사결과모지수   ④ 평년결과모지수

다음은 업무방법에서 정하는 종합위험방식 복분자 품목의 고사결과모지수 산정방법에 관한 내용이다. 괄호에 알맞는 내용을 답란에 쓰시오. [5점]   제2회, 문제 일부 변경

> 미보상고사결과모지수는 기준 살아있는 결과모지수에서 (①) 고사결과모지수를 뺀 값을 (②)에서 뺀 후 (③)을/를 곱하여 산출하며, 해당 값이 0보다 작을 때에는 0으로 한다.

정답

  ① 수정불량환산   ② 평년결과모지수   ③ 미보상비율

복분자 농사를 짓고 있는 △△마을의 A와 B농가는 4월에 저온으로 인해 큰 피해를 입어 경작이 어려운 상황에서 농작물재해보험 가입사실을 기억하고 경작불능보험금을 청구하였다. 두 농가의 피해를 조사한 결과에 따른 경작불능보험금을 구하시오. (단, 피해는 면적 기준으로 조사하였으며 미보상 사유는 없다.) [5점]   제4회

구분	가입금액	가입면적	피해면적	자기부담비율
A농가	3,000,000원	1,200㎡	900㎡	20%
B농가	4,000,000원	1,500㎡	850㎡	10%

정답

① A농가

- 식물체피해율 = $\dfrac{\text{피해면적}}{\text{가입면적}} = \dfrac{900}{1,200} = 75\%$

식물체 피해율이 65% 이상이므로 경작불능보험금 지급 가능하며,

- 경작불능보험금 = 보험가입금액 × 자기부담비율별 지급비율 = 3,000,000 × 40% = **1,200,000원**

② B농가

- 식물체피해율 = $\dfrac{\text{피해면적}}{\text{가입면적}} = \dfrac{850}{1,500} = 56.666 = 56.66\%$

식물체 피해율이 65% 미만이므로 경작불능보험금은 **지급되지 않는다.**

기출문제 04

다음의 계약사항 및 조사내용을 참조하여 피해율을 구하시오. (단, 피해율은 소수점 셋째 자리에서 반올림하여 둘째 자리까지 예시와 같이 구하시오. 예시: 피해율 12.345% → 12.35%로 기재) [5점]

제5회, 문제 일부 변경

- 계약사항

상품명	보험가입금액(만원)	평년수확량(kg)	수확량(kg)	미보상감수량(kg)
무화과	1,000	200	150	15

- 조사내용

보상고사 결과지수(개)	미보상고사 결과지수(개)	정상 결과지수(개)	사고일	수확전 사고피해율(%)
12	8	20	2019. 09. 07.	20

* 잔여수확량(경과)비율 = [(100 − 33) − (1.13 × 사고발생일)]

정답

* 문제의 내용 중 계약사항에 수확량 및 미보상수확량이 제시되는 건 출제오류로 판단됨. 계약사항의 수확량 및 미보상수확량은 7월 31일 이전 수확량조사내용으로 출제 의도한 것으로 하여 풀이함.

- 무화과 피해율 = 7월 31일 이전 피해율 + 8월 1일 이후 피해율

- 7월 31일 이전 피해율 = $\dfrac{\text{평년수확량} - \text{수확량} - \text{미보상감수량}}{\text{평년수확량}} = \dfrac{200 - 150 - 15}{200} = 0.175 = 17.5\%$

- 8월 1일 이후 피해율 = (1 − 수확전사고피해율) × 잔여수확량비율 × 결과지피해율이며,

- 잔여수확량(경과)비율 = [(100 − 33) − (1.13 × 7)] = 0.5909 = 59.09%

- 결과지피해율 = $\dfrac{보상고사결과지수}{고사결과지수 + 정상결과지수}$ = $\dfrac{12}{12 + 8 + 20}$ = 0.3 = 30%

- 8월 1일 이후 피해율 = (1 − 0.175) × 0.5909 × 0.3 = 0.14624 = 14.62%

- 피해율 = 0.175 + 0.1462 = 0.3212 = **32.12%**

핵심문제 01

종합위험방식 복분자 품목의 표본포기가 4포기인 경우 수정불량률 조사를 위한 복분자의 포기 수와 송이 수를 산정하시오.

정답

- 조사 포기 수 = 표본포기 수 × 5 = 4 × 5 = **20포기** ┐ → 표본포기 전후 2포기씩 추가하여 5포기를 표본구간으로 선정하므로

- 조사 송이 수 = 표본보기 수 × 6 = **24송이**
  └ → 각 표본포기에서 임의의 6송이를 조사

핵심문제 02

다음은 종합위험방식 복분자품목의 계약사항 및 조사내용이다. 아래의 내용을 참조하여 다음의 각 물음에 답하시오. 단, 6월 8일의 잔여수확량비율은 90%이다.

- 계약사항

상품명	보험가입금액(만원)	가입면적	평년결과모지수	가입포기수	자기부담비율
복분자	800	1,800㎡	5	2,500	10%

- 조사내용 1 [2020년 5월 15일 종합위험 과실손해조사]

표본포기수	표본구간 살아있는 결과모지수	과실손해조사		재해내용	미보상비율
		표본구간 전체열매수	표본구간 수정불량열매수		
12	250	320개	120개	봄동상해	20%

- 조사내용 2 [2020년 6월 8일 특정위험 과실손해조사]

표본포기수	과실손해조사		재해내용	미보상비율
	표본송이 전체열매수	표본포기 수확가능열매수		
12	320개	112개	우박	10%

Key

- 복분자 품목의 경우 표본포기와 표본구간의 차이를 이해하고 문제에서의 용어에 유의한다. 표본구간은 복분자의 가입포기수에 따라 표본포기를 선정(품목별 표본주수표에 따라한 후 표본포기 전후 2포기씩 추가하여 총 5포기를 표본구간으로 선정한다. 따라서 표본구간의 총 조사 포기수 = 표본포기수 × 5이다.

• 복분자 피해율 산정의 기준이 되는 평년결과모지수는 복분자 "포기당" 열매가 맺을 수 있는 결과모지이다.

① 조사내용 1을 보고 기준 살아있는 결과모지수를 산정하시오. (단, 결과모지수는 소수점 셋째 자리에서 반올림하여 둘째 자리까지 다음 예시와 같이 구하시오. 예시: 12.345 → 12.35로 기재)

정답

기준 살아있는 결과모지수 = $\dfrac{250}{12 \times 5}$ = 4.166 = **4.17개**

↳ 각 표본포기당 5포기를 표본구간으로 선정
5개의 포기 조사: 12구간

② 조사내용 1을 보고 수정불량 환산계수를 산정하시오. (단, 수정불량 환산계수는 % 단위로 소수점 셋째 자리에서 반올림하여 둘째 자리까지 다음 예시와 같이 구하시오. 예시: 12.345% → 12.35%로 기재)

정답

수정불량 환산계수 = $\dfrac{수정불량(피해)열매수}{전체열매수}$ - 0.15 = $\dfrac{120}{320}$ - 0.15 = 0.225 = **22.5%**

• 자연수정불량율 0.15를 빼는 것에 유의

③ 조사내용 1을 보고 표본구간 수정불량고사결과모지수를 산정하시오.

Key

표본구간 수정불량고사결과모지수란 표본구간(표본포기수 × 5)의 살아있는 결과모지수에 복분자 열매가 맺혀있더라도 수정불량으로 인하여 실질적으로 고사결과모지수와 다름없는 결과모지수를 의미한다.

정답

표본구간 수정불량 고사결과모지수 = 표본구간 살아있는 결과모지수 × 수정불량환산계수

= 240 × 0.225 = **54개**

④ 조사내용 1을 보고 수정불량환산 고사결과모지수를 산정하시오. (단, 수정불량환산 고사결과모지수는 소수점 셋째 자리에서 반올림하여 둘째 자리까지 다음 예시와 같이 구하시오. 예시: 12.345 → 12.35로 기재)

Key

수정불량환산 고사결과모지수란 표본구간의 '포기당' 수정불량 고사결과모지수를 의미한다.

정답

수정불량환산 고사결과모지수 = $\dfrac{수정불량 고사결과모지수}{표본구간 전체포기수}$ = $\dfrac{54}{12 \times 5}$ = **0.9개**

⑤ 조사내용 1을 보고 미보상고사결과모지수를 산정하시오.

평-수-미-평에서 미보상감수량 = (평년수확량-수확량) × 미보상감수량으로 복분자의 미보상고사결과
모지수도 이와 유사하다. 단, 복분자에서는 평년결과모지수가 평년수확량에 해당하고, 수확량에 해당하는
'기준살아있는 결과모지수 - 수정불량환산 고사결과모지수'는 수확이 가능한 '포기당' 결과모지수를 의미
한다.
• 복분자에서는 이것이 수확량에 해당하므로, 항상 set로 외운다.
"복분자에서는 기수가 수확량이다."

정답

미보상고사결과모지수 = { 평년결과모지수 - (기준살아있는 결과모지수 - 수정불량환산 고사결과모지
수)} × 미보상비율 = {5 - (4.17 - 0.9)} × 0.2 = **0.346개**

⑥ 조사내용 1에 따른 종합위험 과실손해 고사결과모지수를 산정하시오.

Key

종합위험 과실손해 고사결과모지수는 평-수-미-평에서의 '평-수-미'에 해당한다. '평-수-미'가 보상하는
감수량을 의미하는 것처럼 과실손해 고사결과모지수는 복분자 포기당 보상하는 고사결과모지수를 의미한다.

정답

종합위험 과실손해 고사결과모지수 = 평년결과모지수 - (기준살아있는 결과모지수 - 수정불량환산 고사
결과모지수) - 미보상고사결과모지수 = 5 - (4.17 - 0.9) - 0.346 = **1.384개**
• "복분자에서는 기수가 수확량이다."

⑦ 조사내용 2를 보고 특정위험 누적수확감소 환산계수를 산정하시오.

Key

수확감소 환산계수 = 기준일자별 잔여수확량 비율 - 결실율이다. 즉, 보상하는 재해발생으로 인하여 잔여
수확량비율(재해가 발생하지 않았을 경우 해당일에 남아 있을 것으로 예상되는 수확량)보다 감소한 과실비
율이다. 기준일자의 잔여수확량비율이 50%이고, 특정위험 과실손해조사 결과 결실율이 20%였다면, 자
연재해 발생으로 30%(50% - 20%)의 수확이 감소되었다는 의미이며, 수확감소 환산계수는 30%이다.

정답

기준일자별 잔여수확량 비율표에 따른 사고발생일자 6월 8일의 잔여수확량비율은 90%이고,

결실율 = $\dfrac{\text{표본송이 전체결실수}}{\text{표본송이 전체개화수}} = \dfrac{112}{320}$ = 0.35 = 35%, 사고가 단 1회 발생하였으므로

누적수확감소 환산계수 = 90% - 35% = **55%**

⑧ 조사내용 2를 보고 특정위험 수확감소환산 고사결과모지수를 산정하시오. (단, 수확감소환산
고사결과모지수는 소수점 넷째자리에서 반올림하여 셋째 자리까지 다음 예시와 같이 구하시
오. 예시: 12.3456 → 12.346로 기재)

6월 1일 당시 수확이 가능한 포기당 결과모지수는 "기준살아있는 결과모지수 − 수정불량환산 고사결과모지수"이며, 보상하는 재해로 인하여 수확감소가 된 비율만큼 결과모지수가 고사한 것으로 환산한 것이 특정위험 수확감소환산 고사결과모지수이다.

정답

수확감소환산고사결과모지수 = (기준 살아있는 결과모지수 − 수정불량환산 고사결과모지수) × 누적수확감소환산계수 = (4.17 − 0.9) × 0.55 = 1.7985 = **1.799개**

⑨ 조사내용 2에 따른 특정위험 미보상결과모지수를 산정하시오.

Key

특정위험미보상결과모지수는 감소한 고사결과모지수 중 보상하지 않는 결과모지수이므로, 수확감소환산고사결과모지수에 미보상비율을 곱하는 것에 유의한다. 이때 미보상비율은 특정위험과실손해조사에 따른 미보상비율 중 가장 큰 값을 적용한다.

정답

특정위험미보상결과모지수 = 수확감소환산고사결과모지수 × 미보상비율 = 1.799 × 0.1 = **0.1799개**

→ 수확기 이후 누적 고사결과모지수

⑩ 조사내용 2에 따른 특정위험 고사결과모지수를 산정하시오.

정답

수확감소환산고사결과모지수 − 특정위험미보상결과모지수 = 1.799 − 0.1799 = **1.6191개**

⑪ 위 조사내용에 따른 피해율을 산정하시오. (단, 피해율은 % 단위로 소수점 셋째 자리에서 반올림하여 둘째 자리까지 다음 예시와 같이 구하시오. 예시: 12.345% → 12.35%로 기재)

정답

$$\text{피해율} = \frac{\text{고사결과모지수(종합위험과실 손해조사 + 특정위험과실 손해조사)}}{\text{평년결과모지수}} = \frac{1.384 + 1.6191}{5}$$
$$= 0.60062 \rightarrow \textbf{60.06\%}$$

⑫ 위 계약내용과 조사내용에 따른 과실손해보험금을 산정하시오.

정답

보험금 = 보험가입금액 × (피해율 − 자기부담비율) = 8,000,000 × (0.6006 − 0.1) = **4,004,800원**

다음은 종합위험방식 복분자품목의 조사내용이다. 다음의 조사내용을 보고 특정위험 과실손해 고사결과모지수를 산정하시오.

계약사항: 평년결과모지수 6개, 가입포기수 1,900포기

• 조사내용 1 – 종합위험 과실손해조사

조사일자	표본포기 수	표본구간 살아있는 결과모지수	수정불량환산 고사결과모지수	재해내용	미보상 비율
5월 23일	10	175	0.9	강풍	30%

• 조사내용 2 – 특정위험 과실손해조사

조사일자	사고일자	재해내용	과실손해조사		미보상 비율
			표본송이 전체개화수	표본송이 전체결실수	
6월 5일	6월 3일	강풍	260개	208개	10%
6월 18일	6월 15일	집중호우	240개	24개	20%

• 기준일자별 잔여수확량 비율표

기준일자	잔여수확량 비율(%)	기준일자	잔여수확량 비율(%)	기준일자	잔여수확량 비율(%)	기준일자	잔여수확량 비율(%)
6. 1	97	6. 6	92	6. 11	55	6. 16	13
6. 2	96	6. 7	91	6. 12	45	6. 17	6
6. 3	95	6. 8	90	6. 13	35	6. 18	3
6. 4	94	6. 9	77	6. 14	27	6. 19	1
6. 5	93	6. 10	66	6. 15	20	6. 20	0

Key
- 복분자의 특정위험 과실손해조사에서의 고사결과모지수 = 수확감소환산고사결과모지수 − 미보상결과 모지수이다.
- 6월 1일 이후 두차례의 보상하는 재해가 발생하였으므로, 각 사고일자 기준 각각의 수확감소환산계수를 계산하고, 이를 합산하여 누적수확감소환산계수를 계산한다.
- 수확감소환산계수를 계산하기 위한 잔여수확량비율의 기준일자는 사고일자임에 유의한다.
- 특정위험 과실손해조사에 따른 미보상고사결과모지수는 계산하기 위한 미보상비율은 특정위험 과실손 해기간 중 가장 큰 미보상비율을 적용하며, 이때 종합위험 과실손해조사에 따른 미보상비율과는 비교하 지 않는다.

정답
- 기준 살아있는 결과모지수 = $\dfrac{175}{10 \times 5}$ = 3.5개

- 수확감소환산계수(6월 3일 사고) = 잔여수확량비율 - 결실율 = $0.95 - \dfrac{208}{260} = 0.15$

- 수확감소환산계수(6월 15일 사고) = $0.2 - \dfrac{24}{240} = 0.1$

따라서, 누적수확감소환산계수 = 0.15 + 0.1 = 0.25

- 수확감소환산고사결과모지수 = (기준살아있는 결과모지수 - 수정불량환산고사결과모지수) × 누적수확감소환산계수 = (3.5 - 0.9) × 0.25 = 0.65개

- 미보상고사결과모지수 = 수확감소환산고사결과모지수 × 미보상비율 = 0.65 × 20% = 0.13개

- 특정위험 과실손해 결과모지수 = 수확감소환산고사결과모지수 - 미보상고사결과모지수 = 0.65 - 0.13 = **0.52개**

핵심문제 04

다음은 종합위험방식 오디 품목의 계약사항 및 조사내용이다. 아래의 내용을 참조하여 다음의 각 물음에 답하시오.

• 계약사항

품목명	보험가입금액(만원)	가입면적	평년결실수	가입주수	자기부담비율
오디(청일뽕)	300	700㎡	72,000	600	10%

• 조사내용 [2020년 5월 26일 과실손해조사]

실제 결과주수	고사주수	미보상주수	표본주조사			재해내용	미보상비율
			표본주수	표본가지 길이합계	표본가지 결실수합계		
600	15	20	12	36m	3,560개	집중호우	20%

Key

- 오디의 과실손해보험금 계산공식은 보험가입금액 × (피해율 - 자기부담비율)이고, 피해율은 평-수-미-평과 유사하다.

- 오디의 환산결실수는 표본가지의 1m당 표본가지결실수이며, 이는 종합과수 품목 표본주의 주당수확량이나 밭작물의 단위면적당 수확량과 유사한 개념이다.

- 오디 품목의 조사결실수는 종합위험 수확감소보장방식 포도 품목의 착과량 산정식과 유사하다.

- 오디의 보험금계산을 위하여는 피해율이 필요하고, 피해율을 계산하기 위하여는 수확량이 필요하며, 수확량을 계산하기 위하여는 환산결실수 계산으로부터 시작함을 이해한다.

① 위 조사내용을 보고 환산결실수를 산정하시오 (단, 환산결실수는 소수점 셋째 자리에서 반올림하여 둘째 자리까지 다음 예시와 같이 구하시오. 예시: 12.345 → 12.35로 기재)

정답

$$환산결실수 = \frac{표본가지결실수합계}{표본가지길이합계} = \frac{3,560}{36} = 98.888 → \textbf{98.89개}$$

↳ 환산결실수는 표본가지 1m당 결실수

② 위 조사내용에 따른 조사결실수를 산정하시오. (단, 조사결실수는 소수점 첫째 자리에서 반올림하여 다음 예시와 같이 구하시오. 예시: 45.6 → 46로 기재)

정답

↳ 미보상주수에 의한 결실수를 빠뜨리지 않도록 유의한다.

조사결실수 = 조사대상주수 × 환산결실수 + 미보상주수 × 주당 평년결실수

$$= (600 - 15 - 20) × 98.89 + 20 × \frac{72,000}{600} = 58,272.85 → \textbf{58,273개}$$

③ 위 조사내용에 따른 미보상감수결실수를 산정하시오. (단, 미보상감수결실수는 소수점 첫째 자리에서 반올림하여 다음 예시와 같이 구하시오. 예시: 45.6 → 46로 기재)

정답

미보상감수결실수 = (평년결실수 - 조사결실수) × 미보상비율 = (72,000 - 58,273) × 20%

$$= 2,745.4 → \textbf{2,745개}$$

④ 위 계약내용과 조사내용에 따른 피해율을 산정하시오. (단, 피해율은 % 단위로 소수점 셋째 자리에서 반올림하여 둘째 자리까지 다음 예시와 같이 구하시오. 예시: 피해율 12.345% → 12.35%로 기재)

정답

↳ 평-수-미-평과 유사하다.

$$피해율 = \frac{평년결실수 - 조사결실수 - 미보상감수결실수}{평년결실수} = \frac{72,000 - 58,273 - 2,745}{72,000} = 0.15252 → \textbf{15.25\%}$$

⑤ 위 계약내용과 조사내용에 따른 과실손해보험금을 산정하시오.

정답

과실손해보험금 = 보험가입금액 × (피해율 - 자기부담비율) = 3,000,000 × (0.1525 - 0.1) = **157,500원**

핵심문제 05

다음은 수확전 종합위험 과실손해방식 무화과 품목의 종합위험과실손해조사내용이다. 평년수확량은 1,600kg이고 표준과중 70g/개일 경우, 다음의 조사내용에 따른 7월 31일 이전(수확전) 사고피해율을 산정하시오. (단, 수확량 및 미보상감수량은 kg 단위로 소수점 첫째 자리에서 반올림하고, 피해율은 % 단위로 소수점 셋째 자리에서 반올림하시오.)

158 ▫ 과수 품목

실제 결과주수	고사주수	미보상 주수	착과수조사		착과피해조사			
			표본주수	표본주 착과수합	100%형	80%형	50%형	정상
380주	10	20	10주	428개	0	20	10	70

Key

· 무화과는 수확전 수확량조사를 하며 피해율은 평-수-미-평으로 계산한다.

· 수확량을 계산하기 위하여는, 착과피해 구성률을 가장 먼저 계산하여야 함을 안다.

· 무화과 수확량 산정식은 종합위험 수확감소보장방식 착과량 산정식과 유사하다.

정답

· 착과피해 구성률 $= \dfrac{0 \times 1.0 + 20 \times 0.8 + 10 \times 0.5}{100} = 0.21 = 21\%$

· 수확량 $= \dfrac{428 \times 0.07}{10} \times (380 - 10 - 20) \times (1 - 0.21) + \dfrac{1,600}{380} \times 20 = 912.6 \rightarrow 913kg$

↑ 미보상주수에 의한 수확량을 빠뜨리지 않는다.

· 미보상감수량 $=$ (평년수확량 $-$ 수확량) $\times$ 미보상비율 $= (1,600 - 913) \times 10\% = 68.7 \rightarrow 69kg$

· 피해율 $= \dfrac{1,600 - 913 - 69}{1,600} = 0.38625 \rightarrow \mathbf{38.63\%}$

핵심문제 06

다음은 수확전 종합위험 과실손해방식 무화과 품목의 계약사항 및 조사내용이다. 아래의 내용을 참조하여 다음의 각 물음에 답하시오.

• 계약사항

품목	보험가입금액	가입면적	평년수확량	가입주수	자기부담비율
무화과(승정도핀)	1,100만원	800㎡	2,500kg	600주	20%

• 조사내용

* 7월 28일 종합위험과실손해조사: 수확량 1,875kg, 미보상비율 20%, 착과피해율 28%
* 9월 27일 특정위험과실손해조사: 태풍(9월 23일)으로 인한 피해 확인됨

표본주수	정상결과지수	고사결과지수	
		보상	미보상
3주	16개	6개	2개

* 무화과 사고발생일에 따른 잔여수확량비율 산정식(9월): (100 − 33) − (1.13 × 사고발생일자)

① 위 조사내용에 따른 7월 31일 이전 사고피해율을 산정하시오. (단, 피해율은 % 단위로 소수점 셋째 자리에서 반올림하여 둘째 자리까지 구하시오. 예시: 12.345% → 12.35%로 기재)

- 7월 31일 이전 사고 미보상감수량 = (2,500 − 1,875) × 20% = 125kg
- 7월 31일 이전 사고피해율 = $\dfrac{\text{평년수확량} - \text{수확량} - \text{미보상감수량}}{\text{평년수확량}}$ = $\dfrac{2,500 - 1,875 - 125}{2,500}$ = 0.2 = **20.0%**

② 위 조사내용에 따른 8월 1일 이후 사고피해율을 산정하시오. (단, 결과지피해율 및 피해율은 % 단위로 소수점 셋째 자리에서 반올림하여 둘째 자리까지 예시와 같이 구하시오. 예시: 12.345% → 12.35%로 기재)

정답

- 결과지피해율 = $\dfrac{\text{보상하는 고사결과지수} + \text{정상결과지수} \times \text{착과피해율}}{\text{기준결과지수}}$ = $\dfrac{6 + 16 \times 0.28}{16 + 6 + 2}$ = 0.43666 = **43.67%**
- 9월 23일 잔여수확량비율 = (100 − 33) − (1.13 × 23) = 41.01% ← 사고발생일
- 8월 1일 이후 사고피해율 = (1 − 수확전사고피해율) × 잔여수확량비율 × 결과지피해율
  = (1 − 0.2) × 0.4101 × 0.4367 = 0.14327 = **14.33%**

③ 계약사항과 조사내용에 따른 과실손해보험금을 산정하시오.

정답 ← 보험금 = 보험가입금액 × (피해율 − 자기부담비율)의 형태와 동일

과실손해보험금 = 보험가입금액 × (7월 31일 이전 사고피해율 + 8월 1일 이후 사고피해율 − 자기부담비율) = 11,000,000 × (0.2 + 0.1433 − 0.2) = **1,576,300원**

핵심문제 07

다음은 수확전 종합위험 과실손해방식 무화과 품목의 계약사항 및 조사내용이다. 다음의 내용을 참조하여 다음의 각 물음에 답하시오.

- 계약사항

품목	보험가입금액		가입면적	평년 수확량	가입주수	표준과중	자기부담 비율
	과실	나무					
무화과(봉협시)	800만원	1,500만원	800㎡	2,200kg	500주	80g	20%

- 종합위험과실손해조사(7월 22일): 집중호우로 인한 피해 확인 (미보상비율 20%)

실제결과 주수	나무피해조사		착과수조사		착과피해조사			
	고사주수	미보상 주수	표본주수	표본주 착과수 합	100%형	80%형	50%형	정상
500주	10주	12주	11주	466개	5개	10개	24개	61개

• 특정위험과실손해조사(9월 30일): 태풍(9월 28일)으로 인한 피해 확인 (미보상비율 10%)

표본주수	정상결과지수	고사결과지수	
		보상	미보상
3주	18개	8개	4개

* 무화과 사고발생일에 따른 잔여수확량비율 산정식(9월): (100 − 33) − (1.13 × 사고발생일자)

① 위 종합위험과실손해조사(7월 22일)에 따른 수확량을 산정하시오. (단, 수확량은 kg 단위로 소수점 첫째 자리에서 반올림하시오. 예시: 45.6kg → 47kg으로 기재)

정답

- 착과피해율 = $\dfrac{1.0 \times 5 + 0.8 \times 10 + 0.5 \times 24}{100}$ = 0.25 = 25%

- 수확량 = $\dfrac{466 \times 0.08}{11} \times (500 - 10 - 12) \times (1 - 0.25) + \dfrac{2,200}{500} \times 12$ = 1,267.7 → **1,268kg**

② 7월 31일 이전 사고피해율을 산정하시오. (단, 피해율은 % 단위로 소수점 셋째 자리에서 반올림하여 둘째 자리까지 다음 예시와 같이 구하시오. 예시: 12.345% → 12.35%로 기재)

정답

- 미보상감수량 = (2,200 − 1,268) × 0.2 = 186.4 → 186kg

- 피해율 = $\dfrac{2,200 - 1,268 - 186}{2,200}$ = 0.33909 = **33.91%**

③ 위 조사내용에 따른 결과지피해율을 산정하시오. (단, 피해율은 % 단위로 소수점 셋째 자리에서 반올림하여 둘째 자리까지 다음 예시와 같이 구하시오. 예시: 12.345% → 12.35%로 기재)

정답

결과지피해율 = $\dfrac{\text{보상하는 고사결과지수} + \text{정상결과지수} \times \text{착과피해율}}{\text{기준결과지수}}$ = $\dfrac{8 + 18 \times 0.25}{18 + 8 + 4}$ = 0.41666 = **41.67%**

④ 위 조사내용에 따른 8월 1일 이후 사고피해율을 산정하시오. (단, 피해율은 % 단위로 소수점 셋째 자리에서 반올림하여 둘째 자리까지 다음 예시와 같이 구하시오. 예시: 12.345% → 12.35%로 기재)

정답

- 9월 28일 잔여수확량비율: (100 − 33) − (1.13 × 28) = 35.36%
  (└─● 사고발생일)

- 8월 1일 이후 사고피해율: (1−수확전사고피해율) × 잔여수확량비율 × 결과지피해율 = (1−0.3391) × 0.3536 × 0.4167 = 0.09738 → **9.74%**

⑤ 위 계약내용과 조사내용에 따른 과실손해보험금을 산정하시오.

정답

과실손해보험금 = 보험가입금액 × (7월 31일 이전 사고피해율 + 8월 1일 이후 사고피해율 − 자기부담비율) = 8,000,000 × (0.3391 + 0.0974 − 0.2) = **1,892,000원**

⑥ 위 계약내용과 조사내용에 따른 나무손해보험금을 산정하시오. (단, 나무피해율은 % 단위로 소수점 셋째 자리에서 반올림하여 둘째 자리까지 다음 예시와 같이 구하여 적용하시오. 예시: 12.345 % → 12.35%로 기재)

정답

· 나무피해율 = $\dfrac{고사주수}{실제결과주수}$ = $\dfrac{10}{500}$ = 0.02 = 2%

나무의 자기부담비율은 5%이며, 나무피해율이 2%로 나무의 자기부담비율보다 적으므로 나무손해보험금은 **지급되지 않는다.**

핵심문제 08

다음은 수확전 종합위험 과실손해방식 온주밀감 품목의 수확전 사고조사 및 과실손해조사 내용이다. 다음의 내용을 참조하여 다음의 각 물음에 답하시오.

· 수확전 사고조사(9월 27일): 태풍으로 인한 피해 확인 (미보상비율 10%)

표본주수	피해과실				정상과실
	강풍낙과	생리적낙과	병충해낙과	부분착과	
3주	250개	50개	40개	20개	420개

· 과실손해조사(11월 18일): 강풍으로 인한 피해 확인 (미보상비율 20%)

피해과실구분	정상	30%형 피해	50%형 피해	80%형 피해	100%형 피해
등급내 과실	60개	20개	30개	20개	10개
등급외 과실		50개	40개	10개	20개

① 위 조사내용을 보고 수확전 사고조사 피해율을 산정하시오. (단, 피해율은 % 단위로 소수점 셋째 자리에서 반올림하여 둘째 자리까지 다음 예시와 같이 구하시오. 예시: 12.345% → 12.35%로 기재)

Key

감귤의 수확전 사고조사에서 피해과실 중 생리적낙과, 병충해낙과 등 재해 이외의 원인으로 낙과된 과실과 부분착과 과실은 정상과실로 구분한다.

정답

$$\text{수확전 사고조사 피해율} = \frac{250}{250 + 50 + 40 + 20 + 420} \times (1 - 0.1) = 0.28846 \rightarrow \mathbf{28.85\%}$$

② 위 조사내용을 보고 과실손해조사 피해율을 산정하시오. (단, 피해율은 % 단위로 소수점 셋째
자리에서 반올림하여 둘째 자리까지 다음 예시와 같이 구하시오. 예시: 12.345% → 12.35%
로 기재)

Key

• 과실손해피해율은 수확기전 ~ 11월 30일 중 피해율이다.

• 수확전 사고조사를 반영하지 않은 과실손해피해율을 먼저 산정한다.

• 수확전 사고조사피해율 = A, 수확전사고조사 미보상비율 = a, 수확전 사고조사를 반영하지 않은 과실손
해조사피해율 = B, 과실손해조사미보상비율 = b라고 하면,

$$\text{과실손해피해율} = [\{\frac{A}{1-a} \times \{(1 - \frac{A}{1-a}) \times \frac{B}{1-b}\}] \times (1 - \max(a, b)) \text{ 이다.}$$

정답

수확전 사고조사를 반영하지 않은 과실손해피해율

$$= \frac{(20 \times 0.3 + 30 \times 0.5 + 20 \times 0.8 + 10 \times 1.0) + (50 \times 0.3 + 40 \times 0.5 + 10 \times 0.8 + 20 \times 1.0) \times 0.5}{60 + 20 + 30 + 20 + 10 + 50 + 40 + 10 + 20}$$

$$\times (1 - 0.2) = 0.24153 \rightarrow 24.15\%$$

$$\text{과실손해피해율} = [\frac{0.2885}{1 - 0.1} + \{(1 - \frac{0.2885}{1 - 0.1}) \times \frac{0.2415}{1 - 0.2}\}] \times (1 - \max(0.1, 0.2)) = 0.42053 \rightarrow \mathbf{42.05\%}$$

핵심문제 09

다음은 종합위험 과실손해보장 방식의 감귤 품목에 관한 내용이다. 다음의 내용을 보고 동상해
손해액을 산정하시오. 단, 기사고피해율은 30%이며, 사고당시 기수확한 과실비율과 수확기 경
과비율의 차이는 정상과실로 평가하여 산정하도록 한다.

• 보험가입내용

• 보험가입금액: 1,000만원	• 자기부담비율: 30%

• 동상해 과실손해조사(1월 14일 표본조사 실시): 동상해(사고발생일 1월 10일) 피해 확인됨

품종	미보상 비율	기수확 과실수	착과과실수		
			정상 과실수	80%형 피해과실수	100%형 피해과실수
황금향	10%	154개	20개	13개	33개

* 감귤 수확기 잔존비율(1월): (100 − 47) − (1.3 × 사고일자)

Key

- 동상해손해액 = (보험가입금액 − 보험가입금액 × 기사고피해율) × 수확기잔존비율 × 동상해피해율 × (1 − 미보상비율)이며, "(보험가입금액 − 보험가입금액 × 기사고피해율)"은 잔손보험손해액이다.
- 업무방법서에 따르면 동상해과실손해조사의 사고당시 기수확한 과실비율이 수확기 경과비율보다 현저히 큰 경우에는 기수확한 과실비율과 수확기 경과비율의 차이에 해당하는 과실수를 정상과실로 한다고 규정하고 있으며, 위 문제에서는 차이(%) 전체에 해당하는 과실수를 정상과실로 평가하여 산정한다.
- 수확기잔존비율은 보상하는 재해가 없었을 경우에 사고당시 수확이 안되고 남아 있을 것으로 기대되는 비율이며, 수확기경과비율 = 1 − 수확기잔존비율이다.

정답

- 사고발생일 1월 22일 수확기 잔존비율 = (100 − 47) − (1.3 × 10) = 40%
- 기수확한 과실비율 = $\dfrac{\text{기수확한 과실수}}{\text{기수확한 과실수 + 조사 당시 착과과실수}}$ = $\dfrac{154}{154 + 20 + 13 + 33}$ = 0.7 = 70%
- 기수확한 과실비율 − 수확기경과비율 = 70% − 60% = 10%

따라서, 표본주 총 과실 220개 × 10%, 즉 22개의 과실을 정상과실에 추가한다.

- 동상해피해율 = $\dfrac{13 \times 0.8 + 33}{20 + 13 + 33 + 22}$ = 0.49318 = 49.32%
- 동상해 손해액 = (10,000,000 − 10,000,000 × 0.3) × 0.4 × 0.4932 × (1 − 0.1) = **1,242,864원**

         ● 자기부담금이나 자기부담비율이 적용되기 이전의 금액

핵심문제 10

다음은 종합위험 과실손해보장 방식의 감귤 품목에 관한 내용이다. 빈 칸을 업무방법서에서 정한 내용대로 쓰시오.

- 동상해 과실손해조사 표본조사
  1) 표본주 선정: 농지별 (㉠)을/를 기준으로 과수원에 고루 분포되도록 표본주를 (㉡)주 이상 선정한다.
  2) 표본주 조사: 선정된 표본주에 리본을 묶고 동서남북 4가지에 대하여 기수확한 과실수를 조사한다. 기수확한 과실수를 파악한 뒤, 4가지에 착과된 과실을 전부 수확하여 (㉢)과실, (㉣)형 피해과실, (㉤)형 피해과실로 구분하여 동상해 피해과실수를 산정한다. (다만, 필요시에는 해당 기준 절반 조사도 가능하다.)
  3) 위의 2)항에서 선정된 과실 중 보상하지 않는 손해(병충해 등)에 해당하는 경우 (㉥)로 구분한다. 또한 사고당시 기수확한 과실비율이 수확기 (Ⓐ)보다 현저히 큰 경우에는 기수확한 과실비율과 수확기 (Ⓐ)의 차이에 해당하는 과실수를 (㉥)로 한다.

정답

| ㉠ 실제결과주수 | ㉡ 2 | ㉢ 정상 | ㉣ 100% |
| ㉤ 80% | ㉥ 정상과실 | ㉦ 경과비율 | |

핵심문제 11

다음은 특정위험 과실손해보장 방식의 무화과 품목의 수확기 사고조사에 관한 내용이다. 빈칸을 업무방법서에서 정한 내용대로 쓰시오.

· 보상하는 재해(태풍(강풍), 우박)로 인한 피해 여부를 확인하고, (㉠) 이후부터 수확기 종료시점에 사고가 발생하는 경우에 해당한다.

· (㉡)주 이상의 표본주에 달려 있는 (㉢)를 구분하여 고사결과지수, 정상결과지수를 각각 조사한다.

· 기준일자는 (㉣)로 하되, 농지의 상태 및 수확정도 등에 따라 (㉤)가 수정할 수 있다.

· 보상하는 재해 이외의 원인(병해충 등)으로 고사한 결과지수는 (㉥)로 한다.

정답

| ㉠ 8월 1일 | ㉡ 3 | ㉢ 결과지수 | ㉣ 사고일자 |
| ㉤ 조사자 | ㉥ 미보상결과지수 | | |

핵심문제 12

다음은 종합위험 과실손해보장방식에 가입한 감귤과수원에 관한 내용이다. 다음의 계약사항과 조사내용을 내용을 보고 각 물음에 답하시오.

· 보험가입내용

품목	특약	보험가입금액		가입면적	가입주수	자기부담비율	
		과실손해	나무			과실손해	나무손해
온주밀감	1. 동상해과실손해보장 2. 나무손해보장 3. 과실손해추가보장	1,000만원	1,500만원	800㎡	150주	20%	5%

· 수확전사고조사(9월 15일 실시): 태풍(사고일자 9월 11일) 피해 확인 - 미보상비율 10%

표본주수	피해과실분류					정상과실
	태풍낙과	100%피해과	생리적낙과	병충해낙과	부분착과	
4	300개	100개	100개	500개	200개	800개

- 과실손해조사(11월 24일 실시): 강풍(사고일자 11월 21일) 피해 확인 - 미보상비율 20%

피해과실구분	정상	30%형 피해	50%형 피해	80%형 피해	100%형 피해
등급내 과실	60개	120개	40개	30개	35개
등급외 과실		90개	30개	65개	10개

- 동상해손해조사(2월 7일 실시): 동해(사고일자 2월 5일) 피해 확인 - 미보상비율 10%

고사나무수	기수확과실수	표본조사(표본주 2주)		
		정상과실수	80%형 피해과실수	100%형 피해과실수
30주	154개	20개	13개	33개

* 온주밀감 수확기 잔존비율(2월): (100 − 88) − (0.4 × 사고발생일자)

① 위 조사내용을 보고 수확전 사고조사 피해율을 산정하시오. (단, 피해율은 % 단위로 소수점 셋째 자리에서 반올림하여 둘째 자리까지 다음 예시와 같이 구하시오. 예시: 12.345% → 12.35%로 기재)

정답

$$수확전\ 사고조사\ 피해율 = \frac{300 + 100}{300 + 100 + 100 + 500 + 200 + 800} \times (1 - 0.1) = 0.18 = \mathbf{18\%}$$

② 위 조사내용을 보고 과실손해피해율을 산정하시오. (단, 피해율은 % 단위로 소수점 셋째 자리에서 반올림하여 둘째 자리까지 다음 예시와 같이 구하시오. 예시: 12.345% → 12.35%로 기재)

Key

- 수확전 사고조사를 반영하지 않은 과실손해피해율을 먼저 산정한다.
- 과실손해조사의 등급외 과실의 인정비율은 50%이다. (70%였으나 2021년 개정)
- 수확전 사고조사피해율 = A, 수확전사고조사 미보상비율 = a, 수확전 사고조사를 반영하지 않은 과실손해조사피해율 = B, 과실손해조사미보상비율 = b라고 하면,

$$과실손해피해율 = \{ \frac{A}{1-a} + (1 - \frac{A}{1-a}) \times \frac{B}{1-b} \} \times (1 - max(a, b))이다.$$

정답

- 수확전 사고조사를 반영하지 않은 과실손해피해율

$$= \frac{(0.3 \times 120 + 0.5 \times 40 + 0.8 \times 30 + 1 \times 35) + (0.3 \times 90 + 0.5 \times 30 + 0.8 \times 65 + 1 \times 10) \times 0.5}{60 + 120 + 40 + 30 + 35 + 90 + 30 + 55 + 10}$$

$$\times (1 - 0.2) = 0.28425 \rightarrow 28.43\%$$

- 과실손해피해율 $= \{ \frac{0.18}{1-0.1} + (1 - \frac{0.18}{1-0.1}) \times \frac{0.2843}{1-0.2} \} \times (1 - max(0.1, 0.2)) = 0.38744 \rightarrow \mathbf{38.74\%}$

  ↖ (1 − 미보상비율)을 빠뜨리지 않도록 주의

③ 위 조사내용을 보고 과실손해보험금을 산정하시오.

과실손해보험금 = 손해액 − 자기부담금이며, 손해액 = 보험가입금액 × 피해율이고, 자기부담금 = 보험가입금액 × 자기부담비율이므로, 과실손해보험금 = 보험가입금액 × (피해율 − 자기부담비율)로 수확감소보장방식 보험금을 계산할 때와 동일하다. 그러나 감귤 품목은 추가로 동상해보험금을 지급하므로, 자기부담금 계산에 대한 문제로 손해액으로 계산하여 과실손해보험금을 산정함에 유의한다.

정답

과실손해보험금 = 10,000,000 × 0.3874 − 10,000,000 × 0.2 = **1,874,000원**

④ 위 조사내용 중 동상해손해조사 시의 수확기경과비율과 기수확과실비율을 산정하시오.

Key

잔존비율은 경과비율을 반대의 의미이며, 경과비율 = 1 − 잔존비율임에 유의한다.

정답

· 수확기경과비율 = 1 − 수확기잔존비율(%) = 1 − { (100 − 88) − (0.4 × <u>사고발생일자</u>) } = 1 − 0.1 = **90%**

                                                     • 사고발생일: 5일

· 기수확과실비율 = $\dfrac{154}{154 + 20 + 13 + 33}$ = 0.7 = **70%**

⑤ 위 조사내용을 보고 동상해피해율을 산정하시오. (단, 사고당시 기수확한 과실비율과 수확기 경과비율이 10% 이상 차이가 날 경우 기수확한 과실비율과 수확기 경과비율의 차이에 해당하는 과실수를 정상과실로 평가하여 산정하도록 하며, 피해율은 % 단위로 소수점 셋째 자리에서 반올림하여 둘째 자리까지 다음 예시와 같이 구하시오. 예시: 12.345% → 12.35%로 기재)

Key

"사고당시 기수확한 과실비율과 수확기 경과비율이 10% 이상 차이가 날 경우"의 차이의 의미는 "사고당시 기수확한 과실비율 − 수확기 경과비율"임에 유의한다.

정답

사고당시 기수확한 과실비율 − 수확기 경과비율 = 70% − 90% = −20%이므로, 정상과실에 추가할 과실은 없다. 따라서, 동상해 피해율 = $\dfrac{13 × 0.8 + 33}{20 + 13 + 33}$ = 0.65757 = **65.76%**

⑥ 위 조사내용을 보고 동상해과실손해 자기부담금을 산정하시오.

Key

동상해과실손해 자기부담금 = 절대값 | 보험가입금액 × { (주계약피해율−자기부담비율, 0) 중 작은 값 } |이며, 과실손해보험금이 지급되었다면 주계약피해율(과실손해피해율)이 자기부담비율보다 큰 경우이므로 동상해과실손해의 보험금 산정 시 적용할 자기부담금은 '0'이다.

동상해과실손해 자기부담금 = 절대값 | 보험가입금액 × { (주계약피해율 − 자기부담비율, 0) 중 작은값 } |

= | 10,000,000 × { (0.4144 − 0.2, 0) 중 작은값 } | = 10,000,000 × 0 = **0원**

⑦ 위 조사내용을 보고 동상해과실손해보험금을 산정하시오. (단, 보험금은 원 단위로 소수점 첫째 자리에서 반올림하여 다음 예시와 같이 구하시오. 예시: 12345.6원 → 12346원으로 기재)

· 동상해보험금 산정 시 적용하는 미보상비율은 동상해과실손해조사 시 조사된 미보상비율임에 유의한다.

· 동상해보험금 산정 시 적용하는 자기부담금은 과실손해보험금 산정 시 미 차감된 잔여 자기부담금임에 유의한다. 만약, 과실손해보험금이 지급되었다면 동상해보험금 산정 시 적용할 잔여자기부담금은 '0'원이다.

· 기사고 피해율은 주계약피해율의 미보상비율을 반영하지 않은 값과 이전 사고의 동상해 과실손해 피해율을 합산한 값임에 유의한다.

· 미보상비율을 반영하지 않은 주계약피해율 = $\{ \frac{0.18}{1-0.1} + (1 - \frac{0.18}{1-0.1}) \times \frac{0.2843}{1-0.2} \} = 0.518 = 51.8\%$ 이고, 이전 사고의 동상해 과실손해는 없으므로

· 기사고 피해율 = 48.43% + 0 = 48.43%   과실손해보험금 산정 시 손해액

· 동상해보험금 = 동상해손해액 − 자기부담금 = (보험가입금액 − 보험가입금액 × 기사고피해율) × 수확기 잔존비율 × 동상해피해율 × (1 − 미보상비율) − 자기부담금

= (10,000,000 − 10,000,000 × 0.518) × 0.1 × 0.6576 × (1 − 0.1) − 0 = 285,266.8원 → **285,267원**

⑧ 위 조사내용을 보고 나무손해보험금을 산정하시오.

보험가입금액 × (피해율 − 자기부담비율) = $15,000,000 \times (\frac{30}{150} - 0.05) = (0.2 - 0.05) =$ **2,250,000원**

⑨ 위 조사내용을 보고 과실손해추가보장보험금을 산정하시오.

· 과실손해추가보장보험금은 과실손해액이 자기부담금을 초과하는 경우 지급한다.

· 과실손해액 = 보험가입금액 × 피해율이며, 이때 피해율은 수확전 사고조사를 반영하지 않은 과실손해피해율이다.

· 자기부담금은 보험가입금액 × 자기부담비율이다. 결국 과실손해추가보장보험금 또한 피해율이 자기부담비율을 초과하면 지급한다.

피해율은 위 문제 ②의 수확전 사고조사를 반영하지 않은 과실손해피해율 = 28.43%, 피해율이 자기부담비율 20%를 초과하므로 손해액이 자기부담금을 초과하며, 과실손해추가보장보험금이 지급된다.

과실손해추가보장보험금 = 보험가입금액 × 피해율 × 10% = 10,000,000 × 0.2843 × 0.1 = **284,300원**

개요

과수 품목과 달리 밭작물 품목은 파종(혹은 정식) 이후 수확까지의 기간이 수 개월 정도로 짧고, 자연재해로 인한 피해의 정도가 크게 나타나는 등의 이유로, 밭작물 품목의 지급보험금은 과수 품목에 비하여 그 종류가 다양하고, 수확량이나 경과비율 산정 시 적용하는 '계수' 또한 품목별로 다양하다는 특징이 있다.

밭작물 품목의 보장 방식은 크게 아래의 두 가지 종류로 나눌 수 있다.

| I. 수확감소보장방식 | 종합위험수확감소보장, 종합위험수입감소보장, 특정위험수확감소보장 |
| II. 생산비보장방식 | 종합위험생산비보장, 종합위험생산비보장 원예시설·버섯 |

밭작물 품목은 지급보험금의 종류가 다양하지만 보험금 산정 과정이 과수 품목에 비해 단순하여 각 품목의 특성을 정확히 이해한다면 2과목 중 가장 쉽게 학습할 수 있는 품목이다.

보험상품별 보장재해 및 지급보험금[1]

상품명	대상품목	보장재해 및 지급보험금	
종합위험 수확감소보장	마늘, 양파, 고구마, 옥수수, 감자(가을, 봄, 고랭지), 차[2], 콩, 팥, 양배추	자연재해, 조수해, 화재	재파종보험금, 재정식보험금, 경작불능보험금, 수확감소보험금
종합위험 수입감소보장	마늘, 양파, 고구마, 감자(가을재배), 콩, 양배추	자연재해, 조수해, 화재, 수확기가격하락	재파종보험금, 재정식보험금, 경작불능보험금, 수입감소보험금
종합위험 생산비보장	고추, 브로콜리, 메밀, 배추, 무, 파, 단호박, 당근, 시금치	자연재해, 조수해, 화재	경작불능보험금, 생산비보장보험금
종합위험 생산비보장 원예시설·버섯	농업용시설물, 부대시설	자연재해, 조수해, 화재[3]	농업용시설물 및 부대시설 손해보장보험금
	딸기, 토마토, 오이, 화훼류, 시금치, 버섯 등	자연재해, 조수해, 화재	생산비보장보험금
특정위험 수확감소보장	인삼	특정자연재해 8종[4]	인삼손해보장보험금
	인삼해가림시설	자연재해, 조수해, 화재	해가림시설 손해보장보험금

1 밭작물은 재해 종류에 따라 지급보험금 산정 방식이 달라지지 않는다.
2 차 품목은 종합위험수확감소보장 밭작물 중 유일하게 다년생 식물로 경작불능보험금이 지급되지 않는다.
3 화재로 인한 피해는 화재위험특약에 가입하였을 경우에 보상한다. (1과목 내용에 해당)
4 태풍(강풍), 폭설, 집중호우, 침수, 우박, 냉해, 폭염, 화재 (1과목 내용에 해당)

1. 종합위험 수확감소보장방식 밭작물 품목

개요

종합위험 수확감소보장방식은 보장하는 재해로 평년수확량(옥수수 품목은 예외) 대비 수확량이 감소하였을 경우 피해율을 계산하여 보험금을 지급하는 방식으로 가입 대상 밭작물은 수확량을 '무게'로 측정 가능한 품목으로 구성되어 있다. 지급보험금 산정 과정이 지극히 단순하여 출제 시 배점은 가장 낮은 편이다. 종합위험 수확감소보장방식 밭작물 중 옥수수와 차 품목은 수확량 조사 방법에 특이한 점이 많아 시험에 출제될 가능성이 상대적으로 크다고 판단되며, 각 품목별로 수확량 조사 시기와 조사방법 등과 관련하여 서술형 문제로 출제 예상되는 것들이 많으니 밭작물은 계산 문제보다는 서술형 문제의 출제 가능성에 대비하여 준비하도록 하자.

각 품목별로 수확량 산정 시 필요한 지수 및 계수를 잊지 않고 적용하기 위하여 각 품목에 해당하는 지수와 계수를 해당 품목과 한 묶음으로 암기하여 수확량 산정 시 잊지 않고 적용할 수 있도록 한다.

대상 품목
감자, 고구마, 양파, 마늘과 같이 수확물이 주로 땅속에서 자라는 것과
차, 콩, 팥과 같이 건조시켜 판매하는 것 그리고 양배추이다.

양파, 마늘, 고구마, 옥수수, 감자(봄재배, 가을재배, 고랭지재배), 차(茶), 콩, 팥, 양배추

조사의 종류

피해사실확인조사	대상품목 전체
재파종조사	마늘 품목만 해당
재정식조사	양배추 품목만 해당
경작불능조사	차를 제외한 대상품목 전체
수확량조사	대상품목 전체, 단 옥수수는 개수를 조사하며 옥수수를 제외한 품목은 무게를 조사

재정식보험금 vs 재파종보험금 vs 경작불능보험금

지급보험금	재파종보험금	재정식보험금	경작불능보험금
대상품목	마늘	양배추	차를 제외한 종합위험 밭작물 대상품목 전체
지급조건	10a당 출현주수가 30,000주 미만이고, 10a당 30,000주 이상으로 재파종을 한 경우	면적피해율이 자기부담비율 초과하고 재정식을 한 경우	식물체피해율 65% 이상이고 보험금을 신청한 경우
판정기준	출현율	작물이 고사되거나 살아있으나 수확이 불가능할 것으로 판단된 면적	고사(해당식물체의 수확가능 여부) 면적
보험금지급 시 보험계약 지속 여부	계약 지속	계약 지속	계약 소멸
지급보험금	보험가입금액 × 35% × 표준출현피해율[1]	보험가입금액 × 20% × 면적피해율[2]	보험가입금액 × 자기부담비율에 해당하는 지급비율

1 표준출현 피해율 = (30,000 − 10a당 출현주수) / 30,000
2 면적피해율 = 피해면적 ÷ 보험가입면적

수확량 계산시 필요한 품목별 지수 및 계수

품목	마늘	양파	감자	콩·팥	옥수수	차
지수 & 계수	환산계수, 비대추정지수	비대추정지수	병충해별 인정계수	기준함수율 (14%)	재식밀도지수, 재식시기지수	기수확지수, 수확면적율

수확량조사 시 품목별 분류 기준

분류기준	품질	최대지름	피해정도	병충해
양배추	80%, 100% 피해			
양파		6cm 미만		
마늘		2cm 미만(한지형), 3.5cm 미만(난지형)		
고구마	50%, 80%, 100% 피해			
감자		5cm 미만	50% 이상	20%, 40%, 60%, 80%, 100% 피해

■ 80%형, 100형 피해로 인정   ■ 실제 무게의 50%를 조사 무게로 인정

1. 적용 품목

└──● 유일하게 병충해로 인한 피해 보장

적용 품목은 양파, 마늘, 고구마, 옥수수, 감자(봄재배, 가을재배, 고랭지재배), 차(茶), 콩, 팥, 양배추 품목으로 한다.

└──● 유일하게 경작불능조사 대상 아님 ● 전수조사 가능

2. 사고접수

가입사무소(본·지점포함)의 담당자 등은 계약자 등으로부터 사고발생 통지를 받은 즉시 사고 내용을 전산에 입력한다.

3. 조사 종류 및 방법

1 피해사실확인조사 중요!!

가. 사고가 접수된 농지 모두에 대하여 실시하는 조사로, 사고 접수 직후 실시하며 다음 각 목에 해당하는 사항을 확인한다.

① 보상하는 재해로 인한 피해 여부 확인

기상청 자료 확인 및 현지 방문 등을 통하여 보상하는 재해로 인한 피해가 맞는지 확인하며, 필요시에는 이에 대한 근거로 다음의 자료를 확보할 수 있다.

ⓐ 기상청 자료, 농업기술센터 의견서 및 손해평가인 소견서 등 재해 입증 자료

ⓑ 피해농지 사진: 농지의 전반적인 피해 상황 및 세부 피해내용이 확인 가능하도록 촬영

② 추가조사 필요여부 판단

보상하는 재해 여부 및 피해 정도 등을 감안하여 추가조사(재정식조사, 재파종조사, 경작불능조사 및 수확량조사)가 필요한지 여부를 판단하여 해당 내용에 대하여 계약자에게 안내하고, 추가조사가 필요할 것으로 판단된 경우에는 손해평가반 구성 및 추가조사 일정을 수립한다.

나. 태풍 등과 같이 재해 내용이 명확하거나 사고 접수 후 바로 추가조사가 필요한 경우 등에는 피해사실확인조사를 생략할 수 있다.

2 재파종조사

가. 재파종조사는 마늘 품목에만 해당한다.

차(茶)

종합위험 수확감소보장방식 밭작물품목 중 유일한 다년생작물로 여러차례에 걸쳐 찻잎을 수확함으로 인하여 수확량계산 시 기수확지수를 적용하는 등 타작물과는 다른 점이 많다. 자연재해 등으로 경작이 불가능할 정도의 피해를 입는 경우는 발생하지 않아 경작불능조사 대상이 아님에 유의한다.

피해사실확인조사 시 보상하는 재해 여부 심사

기상청 자료 및 현지방문 등을 통하여 보상하는 재해로 인한 피해가 맞는지 확인한다.

나. 피해사실확인조사 시 재파종조사가 필요하다고 판단된 농지에 대하여 실시하는 조사로, 조사 시기는 피해사실확인조사 직후로 한다.

다. 재파종조사 절차

① 보상하는 재해 여부 심사

　　농지 및 작물 상태 등을 감안하여 약관에서 정한 보상하는 재해로 인한 피해가 맞는지 확인하며, 필요시에는 이에 대한 근거 자료(피해사실확인조사 참조)를 확보할 수 있다.

② 실제 경작면적 확인

　　GPS면적측정기 또는 지형도 등을 이용하여 보험가입 면적과 실제 경작면적을 비교한다. 이때 실제 경작면적이 보험 가입 면적 대비 10% 이상 차이가 날 경우에는 계약 사항을 변경해야 한다.

③ 재파종 보험금 대상 여부 조사(재파종전조사)

　　ⓐ 표본구간 수 선정: 조사대상면적 규모에 따라 적정 표본구간 수(별표 1-6 참조)이상의 표본구간 수를 선정한다. 다만 가입면적과 실제 경작면적이 10% 이상 차이가 날 경우(계약 변경 대상 건)에는 실제 경작면적을 기준으로 표본구간 수를 선정한다.

　　ⓑ 표본구간 선정: 선정한 표본구간 수를 바탕으로 재배방법 및 품종 등을 감안하여 조사 대상 면적에 동일한 간격으로 골고루 배치될 수 있도록 표본구간을 선정한다. 다만, 선정한 지점이 표본으로 부적합한 경우(해당 지점 마늘의 출현율이 현저히 높거나 낮아서 표본으로 대표성을 가지기 어려운 경우 등)에는 가까운 위치의 다른 지점을 표본구간으로 선정한다.

종합위험 수입감소방식 밭작물의 표본구간수 선정

조사대상면적의 규모에 따라 표본구간 수를 선정하나, 표본조사 시 조사수확량이 평년수확량을 초과할 것이 명백한 경우에는 표본구간 수의 50%를 표본구간 수로 선정할 수 있다.

종합위험생산비보장방식 밭작물의 표본구간수 선정

피해면적을 기준으로 표본구간 수를 선정한다.

마늘의 표본구간

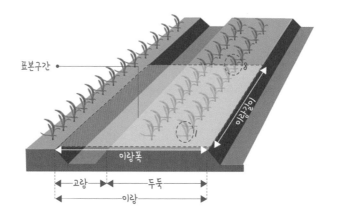

ⓒ 표본구간 길이 및 출현주수 조사: 선정된 표본구간별로 이랑길이 방향으로 식물체 8주(또는 1m)에 해당하는 이랑 길이, 이랑폭(고랑포함) 및 출현주수를 조사한다. *마늘의 수확량조사 시에는 식물체 5주 이상*

④ 재파종 여부 조사(재파종후조사)

ⓐ 조사 대상 농지 및 조사 시기 확인: 재파종 보험금 대상 여부 조사 (재파종전조사) 시 재파종 보험금 대상으로 확인 된 농지에 대하여, 재파종이 완료된 이후 조사를 진행한다.

ⓑ 표본구간 선정: 재파종 보험금 대상 여부 조사(재파종전조사)에서와 같은 방법으로 표본구간을 선정한다.

ⓒ 표본구간 길이 및 파종주수 조사: 선정된 표본구간별로 이랑길이, 이랑폭 및 파종주수를 조사한다.

③ 재정식조사

가. 재정식조사는 양배추 품목에만 해당한다.

나. 피해사실확인조사 시 재정식조사가 필요하다고 판단된 농지에 대하여 실시하는 조사로, 손해평가반은 피해농지를 방문하여 보상하는 재해여부 및 피해면적을 조사한다.

다. 재정식 보험금 지급대상 확인(재정식전조사)

① 보상하는 재해 여부 심사

농지 및 작물 상태 등을 감안하여 약관에서 정한 보상하는 재해로 인한 피해가 맞는지 확인하며, 필요시에는 이에 대한 근거 자료(피해사실확인조사 참조)를 확보할 수 있다.

② 실제 경작면적 확인

GPS면적측정기 또는 지형도 등을 이용하여 보험가입 면적과 실제 경작면적을 비교한다. 이때 실제 경작면적이 보험 가입 면적 대비 10% 이상 차이가 날 경우에는 계약 사항을 변경해야 한다.

③ 피해면적 확인

GPS면적측정기 또는 지형도 등을 이용하여 실제 경작면적대비 피해면적을 비교 및 조사한다.

④ 피해면적의 판정 기준 *피해면적 = 고사면적 + 수확불능면적*

작물이 고사되거나 살아 있으나 수확이 불가능할 것으로 판단된 면적

> **경작불능조사 시 고사식물체 판정 기준**
> 식물체의 수확가능 여부

라. **재정식 이행완료 여부 조사(재정식후조사)**

재정식 보험금 대상 여부 조사(재정식전조사) 시 재정식 보험금 지급 대상으로 확인된 농지에 대하여, 재정식이 완료되었는지를 조사한다. 피해면적 중 일부에 대해서만 재정식이 이루어진 경우에는, 재정식이 이루어지지 않은 면적은 피해 면적에서 제외한다.

예제	다음은 양배추의 재정식전조사와 재정식 후조사의 결과이다. 이때 재정식 면적피해율을 산정하시오. · 전조사: 실제경작면적 2,000㎡, 고사면적 500㎡, 수확불능면적 200㎡ · 후조사: 실제경작면적 2,000㎡, 재정식이 완료된 면적 500㎡
Key	재정식전조사의 면적피해율은 (500 + 200) ÷ 2000 = 35%이나 재정식보험금 계산을 위한 면적피해율은 실제 재정식 완료 면적으로 계산함에 유의
풀이	면적피해율 = 피해면적(재정식 완료 면적) ÷ 실제경작면적 = 500 ÷ 2000 = **25%**

마. 농지별 상황에 따라 재정식전조사를 생략하고 재정식후조사 시 면적조사(실제경작면적 및 피해면적)를 실시할 수 있다.

4 경작불능조사 수확감소보장 밭작물 중 유일하게 차 품목은 경작불능조사 대상 아님

가. 경작불능조사는 양파, 마늘, 고구마, 옥수수, 감자(봄재배, 가을재배, 고랭지재배), 콩, 팥, 양배추 품목에만 해당한다.

나. 피해사실확인조사 시 경작불능조사가 필요하다고 판단된 농지 또는 사고 접수 시 이에 준하는 피해가 예상되는 농지에 대하여 실시하는 조사로, 조사 시기는 피해사실확인조사 직후 또는 사고 접수 직후로 한다.

다. **경작불능조사의 절차**

① 보상하는 재해 여부 심사

농지 및 작물 상태 등을 감안하여 약관에서 정한 보상하는 재해로 인한 피해가 맞는지 확인하며, 필요시에는 이에 대한 근거 자료(피해사실확인조사 참조)를 확보할 수 있다.

차 품목은 왜 경작불능 조사를 하지 않을까?

차는 타 밭작물과 달리 차나무에서 수확하며, 재해로 인하여 식물체 피해율이 65% 이상이 될 가능성이 없다.

② 실제 경작면적 확인

GPS면적측정기 또는 지형도 등을 이용하여 보험가입 면적과 실제 경작면적을 비교한다. 이때 실제 경작면적이 보험가입 면적 대비 10% 이상 차이가 날 경우에는 계약 사항을 변경해야 한다.

③ 식물체 피해율 조사

목측 조사를 통해 조사 대상 농지에서 보상하는 재해로 인한 식물체 피해율(고사식물체(수 또는 면적)를 보험가입식물체(수 또는 면적)로 나눈 값을 의미하며, 고사식물체 판정의 기준은 해당 식물체의 수확 가능 여부임)이 65% 이상인지 여부를 조사한다.

④ 계약자의 경작불능보험금 신청 여부 확인

식물체 피해율이 65% 이상인 경우 계약자에게 경작불능보험금 신청 여부를 확인한다. 경작불능보험금을 수령하면 보험계약은 종료된다.

⑤ 수확량조사 대상 확인(사료용 옥수수 제외)

식물체 피해율이 65% 미만이거나, 식물체 피해율이 65% 이상이나 계약자가 경작불능보험금을 신청하지 않은 경우에는 향후 수확량조 사가 필요한 농지로 결정한다.

⑥ 산지폐기 여부 확인(경작불능후조사, 양파·마늘·감자(가을재배)·콩·양 배추·팥 해당)

이전 조사에서 보상하는 재해로 식물체 피해율이 65% 이상인 농지 에 대하여, 산지폐기 여부를 확인한다.

5 수확량조사(사료용 옥수수 제외) 사료용 옥수수는 피해사실확인조사와 경작불능조사만 실시

가. 수확량조사는 본 항의 모든 품목에 해당한다.

나. 피해사실확인조사 시 수확량조사가 필요하다고 판단된 농지 또는 경작 불능조사 결과 수확량조사를 실시하는 것으로 결정(식물체 피해율이 65% 미만이거나 계약자가 경작불능보험금을 신청하지 않는 경우)된 농 지에 대하여 실시하는 조사로, 조사 시기는 수확 직전(단, 차(茶)의 경우 에는 조사 가능시기)로 한다. 다만, 수확량조사 전 계약자가 피해미미 (자기부담비율 이내의 사고) 등의 사유로 수확량조사 실시를 취소한 농 지는 수확량조사를 실시하지 않는다.

> **경작불능보장 적용품목 중 산지폐기 여부를 확인하지 않는 품목은?**
>
> 고구마, 옥수수, 감자(봄재배, 고랭지재배) *경작불능 후조사 를 하지 않음

> **차의 수확량조사 시기**
>
> 차 품목은 일시에 작물을 수확 하지 않으므로 타 밭작물과는 다르게 수확량조사 시기를 수확 직전으로 특정하지 않고 '조사 가능시기'에 한다.

종합위험 수확감소 밭작물 ▫ **177**

다. 수확량조사 절차

① 보상하는 재해 여부 심사

농지 및 작물 상태 등을 감안하여 약관에서 정한 보상하는 재해로 인한 피해가 맞는지 확인하며, 필요시에는 이에 대한 근거 자료(피해사실확인조사 참조)를 확보할 수 있다.

② 경작불능보험금 대상 여부 확인(양파·마늘·감자(가을재배)·콩·양배추·팥 해당)

경작불능보장의 보험기간 내에 식물체 고사면적이 65% 이상인지 확인한다.

③ 수확량조사 적기 판단 및 시기 결정

해당 작물의 특성에 맞게 수확량조사 적기 여부를 확인(표 2-4-1 참조)하고 이에 따른 조사 시기를 결정한다.

중요!!
반드시 암기할 것

표 2-4-1 [품목별 수확량조사 적기]

품목	수확량조사 적기
양파	양파의 **비대가 종료**된 시점(식물체의 도복이 완료된 때)
마늘	마늘의 **비대가 종료**된 시점(잎과 줄기가 ½ ~ ⅔ 황변하여 말랐을 때와 해당 지역의 통상 수확기가 도래하였을 때)
고구마	고구마의 **비대가 종료**된 시점(삽식일로부터 120일 이후에 농지별로 적용)
고랭지감자	감자의 **비대가 종료**된 시점(파종일로부터 110일 이후)
봄감자	감자의 **비대가 종료**된 시점(파종일로부터 95일 이후)
가을감자	감자의 **비대가 종료**된 시점(파종일로부터 제주지역은 110일 이후, 이외 지역은 95일 이후)
옥수수	옥수수의 **수확적기**(수염이 나온 후 25일 이후)
콩	콩의 **수확적기**(콩잎이 누렇게 변하여 떨어지고 꼬투리의 80~90% 이상이 고유한 성숙(황색)색깔로 변하는 시기인 생리적 성숙기로부터 7~14일이 지난 시기)
팥	팥의 **수확적기**(꼬투리가 70%~80% 이상이 성숙한 시기)
양배추	양배추의 **수확적기**(결구 형성이 완료된 때)
차(茶)	**조사 가능일 직전**(조사 가능일은 대상 농지에 식재된 차나무의 대다수 신초가 1심2엽의 형태를 형성하며 수확이 가능할 정도의 크기(신초장 4.8cm 이상, 엽장 2.8cm 이상, 엽폭 0.9cm 이상)로 자란 시기를 의미하며, 해당 시기가 수확년도 5월 10일을 초과하는 경우에는 수확년도 5월 10일을 기준으로 함)

• 암기법: "영구(0.9)가 이판(2.8) 사판(4.8)"치다
5월 10일에 멈췄다.

[왼쪽 여백 메모]

수확감소보장 밭작물 중 고구마, 감자(고랭지, 봄감자)는 경작불능후조사 대상 품목이 아니므로 식물체 고사면적이 65% 이상임에도 경작불능보험금을 신청하지 않을 수 있다.

(양파의 도복)
양파는 구가 비대 성숙하면서 내부로부터 새로운 잎이 나오지 않으므로 엽초부의 조직이 약해져 지상부의 무게에 의해 스스로 넘어지는데 이를 도복이라 한다.

양파와 같이 수확물이 땅속에서 자라는 작물의 수확량조사 적기는 "비대가 종료"된 시점이다.

(감자의 110일 vs 95일)
고랭지감자와 제주에서 재배하는 가을감자는 높은 지대에서 재배하므로 파종일로부터 110일 이후라고 기억하자.

옥수수와 같이 수확물이 땅 위에서 자라는 작물의 수확량조사 적기는 "수확적기"이다.

차(茶)의 생육과정

[발아개시]　　[1심1엽]　　[1심2엽]　　[1심3엽]

신초장

* 신초: 해당년에 자라난 새 가지

④ 면적 확인

    ⓐ 실제 경작면적 확인: GPS면적측정기 또는 지형도 등을 이용하여 보험가입 면적과 실제 경작면적을 비교한다. 이때 실제 경작면적이 보험 가입 면적 대비 10% 이상 차이가 날 경우에는 계약 사항을 변경해야 한다.

    ⓑ 수확불능(고사)면적 확인: 보상하는 재해로 인하여 해당 작물이 수확될 수 없는 면적을 확인한다.

    ⓒ 타작물 및 미보상 면적 확인: 해당 작물외의 작물이 식재되어 있거나 보상하는 재해 이외의 사유로 수확이 감소한 면적을 확인한다.

    ⓓ 기수확면적 확인: 조사 전에 수확이 완료된 면적을 확인한다.

    ⓔ 조사대상면적 확인: 실제경작면적에서 고사면적, 타작물 및 미보상면적, 기수확면적을 제외하여 조사대상면적을 확인한다.

    ⓕ 수확면적율 확인(차(茶) 품목에만 해당): 목측을 통해 보험가입 시 수확면적율과 실제 수확면적율을 비교한다. 이때 실제 수확면적율이 보험 가입 수확면적율과 차이가 날 경우에는 계약사항을 변경할 수 있다.

⑤ 조사방법 결정　콩·팥 품목만 전수조사와 표본조사가 가능하며, 타 품목은 표본조사만 가능

    품목 및 재배방법 등을 참고하여 적절한 조사 방법을 선택한다.

    ⓐ 표본조사 방법(모든 품목에 해당)

       · 표본구간 수 선정: 조사대상면적 규모에 따라 적정 표본구간 수(별표 1-6, 1-7) 이상의 표본구간 수를 선정한다. 다만, 가입면적과 실제 경작면적이 10% 이상 차이가 날 경우(계약 변경 대상)에는 실제 경작면적을 기준으로 표본구간 수를 선정한다.

       · 표본구간 선정: 선정한 표본구간 수를 바탕으로 재배방법 및 품

정식 vs 파종 vs 삽식

양파와 같이 일정 크기로 길러 밭에 옮겨 심는 것을 정식이라 하고, 콩, 마늘, 감자등과 직접 밭에 씨앗을 심는 것을 파종이라 하며, 고구마와 같이 씨앗이 아닌 줄기를 꽂아 기르는 것을 삽식이라 한다.

· 고구마의 삽식

차(茶) 품목의 수확면적율

차품목을 제외한 품목의 수확량 조사는 이랑폭(두둑+고랑)을 계산하여 수확량을 계산하나, 차 품목의 경우는 표본면적이 아닌 "규격의 테" 내의 수확량으로 계산하므로, 전체경작지에서 실제로 작물이 자라는 면적비율(수확면적율) 조사가 필요하다.

종 등을 감안하여 조사 대상 면적에 동일한 간격으로 골고루 배치될 수 있도록 표본구간을 선정한다.

· 다만, 선정한 구간이 표본으로 부적합한 경우(해당 지점 작물의 수확량이 현저히 많거나 적어서 표본으로 대표성을 가지기 어려운 경우 등)에는 가까운 위치의 다른 구간을 표본구간으로 선정한다.

· 표본구간 면적 및 수확량 조사: 해당 품목별로 선정된 표본구간의 면적을 조사(표 2-4-2 참조)하고, 해당표본구간에서 수확한 작물의 수확량을 조사(표 2-4-3 참조)한다.

· 양파, 마늘의 경우 지역별 수확 적기보다 일찍 조사를 하는 경우, 수확 적기까지 잔여일수별 비대지수를 추정하여 적용할 수 있다.

수확감소보장 밭작물 중 양파와 마늘은 수확적기가 가까워질수록 빠른 속도로 종구가 비대해지므로, 수확량조사 시의 무게에 수확적기까지 증가할 종구의 무게를 더해 주어야 한다.

마늘의 재파종조사 시에는 식물체 '8주'의 이랑길이와 이랑폭을 조사한다.

표 2-4-2 [품목별 표본구간 면적조사 방법]

품목	표본구간 면적조사 방법
양파, 마늘, 고구마, 양배추, 감자, 옥수수	이랑길이(5주 이상) 및 이랑폭 조사
콩, 팥	점파: 이랑길이(4주 이상) 및 이랑폭 조사 산파: 규격의 원형(1㎡) 이용 또는 표본구간의 가로·세로 길이 조사
차(茶)	규격의 테(0.04㎡) 사용

옷걸이로 만든 규격의 테

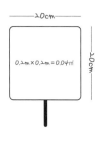

주요밭작물 부위별 명칭

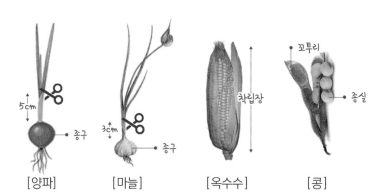

[양파] [마늘] [옥수수] [콩]

표 2-4-3 [품목별 표본구간별 수확량조사 방법]

품목	표본구간별 수확량조사 방법	
양파	표본구간 내 작물을 수확한 후, 종구 5cm 윗부분 줄기를 절단하여 해당 무게를 조사(단, 양파의 최대지름이 6cm 미만인 경우에는 80%(보상하는 재해로 인해 피해가 발생하여 일반시장 출하가 불가능하나, 가공용으로는 공급될 수 있는 작물을 말하며, 가공공장 공급 및 판매 여부와는 무관), 100%(보상하는 재해로 인해 피해가 발생하여 일반 시장 출하가 불가능하고 가공용으로도 공급될 수 없는 작물) 피해로 인정하고 해당무게의 20%, 0%를 수확량으로 인정)	
마늘	표본구간 내 작물을 수확한 후, 종구 3cm 윗부분을 절단하여 무게를 조사 (단, 마늘통의 최대지름이 2cm(한지형), 3.5cm(난지형) 미만인 경우에는 80%(보상하는 재해로 인해 피해가 발생하여 일반시장 출하가 불가능하나, 가공용으로는 공급될 수 있는 작물을 말하며, 가공공장 공급 및 판매 여부와는 무관), 100%(보상하는 재해로 인해 피해가 발생하여 일반 시장 출하가 불가능하고 가공용으로도 공급될 수 없는 작물) 피해로 인정하고 해당무게의 20%, 0%를 수확량으로 인정)	
고구마	표본구간 내 작물을 수확한 후 정상 고구마와 50%형 고구마(일반시장에 출하할 때, 정상 고구마에 비해 50% 정도의 가격하락이 예상되는 품질. 단, 가공공장 공급 및 판매 여부와 무관), 80% 피해 고구마(일반시장에 출하가 불가능하나, 가공용으로 공급될 수 있는 품질. 단, 가공공장 공급 및 판매 여부와 무관), 100% 피해 고구마(일반시장 출하가 불가능하고 가공용으로 공급될 수 없는 품질)로 구분하여 무게를 조사	
감자	표본구간 내 작물을 수확한 후 정상 감자, 병충해별 20% 이하, 21%~40% 이하, 41%~60% 이하, 61%~80% 이하, 1%~100% 이하 발병 감자로 구분하여 해당 병충해명과 무게를 조사하고 최대지름이 5cm 미만이거나 피해정도 50% 이상인 감자의 무게는 실제 무게의 50%를 조사 무게로 함.	
옥수수	표본구간 내 작물을 수확한 후 착립장 길이에 따라 상(17cm 이상)·중(15cm 이상 17cm 미만)·하(15cm 미만)로 구분한 후 해당 개수를 조사	
콩, 팥	표본구간 내 콩을 수확하여 꼬투리를 제거한 후 콩 종실의 무게 및 함수율(3회 평균) 조사	
양배추	표본구간 내 작물의 뿌리를 절단하여 수확(외엽 2개 내외 부분을 제거)한 후, 정상 양배추와 80% 피해 양배추(일반시장에 출하할 때 정상과실에 비해 50% 정도의 가격이 예상되는 품질이거나 일반시장 출하는 불가능하나 가공용으로 공급될 수 있는 품질), 100% 피해 양배추(일반시장 및 가공용 출하불가로 구분하여 무게를 조사	
차(茶)	표본구간 중 두 곳에 20cm × 20cm 테를 두고 테 내의 수확이 완료된 새싹의 수를 세고	남아있는 모든 새싹(1심2엽)을 따서 개수를 세고 무게를 조사

└ ● 1개의 표본구간 두 곳에 테를 두고 조사하므로 1개의 표본구간 면적은 2 × 0.04㎡, 즉 0.08㎡

저울 vs 자

종합위험 수확감소보장방식 밭작물 중 유일하게 옥수수의 경우만 착립장의 길이로 수확량조사를 하므로 수확량조사 시 저울이 아닌 자가 필요하다.

과수 품목의 50%형 및 80%형 피해과실

·50%형 피해과실: 일반시장에 출하할 때 정상과실에 비해 50%정도의 가격하락이 예상되는 품질의 과실(단, 가공공장 공급 및 판매 여부와 무관)

·80%형 피해과실: 일반시장 출하는 불가능하나 가공용으로 공급될 수 있는 품질의 과실(단, 가공공장 공급 및 판매 여부와 무관)

예상 문제

종합위험 수확감소보장방식 밭작물의 수확량 조사 시 작물의 품질에 따라 50%, 80%, 100% 피해로 나누는 품목은?
정답) 고구마

종합위험 수확감소보장방식 밭작물 중 수확량 조사 시 표본조사와 전수조사 모두 가능한 종목은?
정답) 콩, 팥

(b) 전수조사 방법(콩·팥 품목에만 해당)

- 전수조사 대상 농지 여부 확인: 전수조사는 기계수확(탈곡 포함)을 하는 농지 또는 수확직전 상태가 확인된 농지 중 자른 작물을 농지에 그대로 둔 상태에서 기계탈곡을 시행하는 농지에 한한다.

- 콩(종실)·팥(종실)의 중량 조사: 대상 농지에서 수확한 전체 콩(종실)·팥(종실)의 무게를 조사하며, 전체 무게 측정이 어려운 경우에는 10포대 이상의 포대를 임의로 선정하여 포대 당 평균 무게를 구한 후 해당 수치에 수확한 전체 포대 수를 곱하여 전체 무게를 산출한다. ┌→ 표본조사의 경우는 3회 평균값

- 콩(종실)·팥(종실)의 함수율조사: 10회 이상 종실의 함수율을 측정 후 평균값을 산출한다. 단, 함수율을 측정할 때에는 각 횟수마다 각기 다른 포대에서 추출한 콩·팥을 사용한다.

6 미보상비율 조사(모든 조사 시 동시 조사)

상기 모든 조사마다 미보상비율 적용표(별표 2-1, 2-2)에 따라 미보상비율을 조사한다.

4. 보험금 산정방법

1 재파종보험금의 산정(마늘만 해당)

가. 재파종보험금은 재파종조사 결과 10a당 출현주수가 30,000주 미만이었으나, 10a당 30,000주 이상으로 재파종을 한 경우에 1회 지급한다. └→ '이하'가 아니고 '미만'임에 유의

나. **보험금 = 보험가입금액 × 35% × 표준출현 피해율**

다. 표준출현 피해율은 10a 기준 출현주수를 30,000에서 뺀 후 이 값을 30,000으로 나누어 산출한다.

- 표준출현 피해율 = $\dfrac{30,000 - 10a당 출현주수}{30,000}$

2 재정식보험금의 산정(양파만 해당)

가. **지급사유**

보상하는 손해로 면적피해율이 자기부담비율을 초과하고, 재정식을 한 경우에 1회 지급한다. '이상'이 아니고 '초과'임에 유의 ●──┘

재파종보험금은 마늘만 해당
재정식보험금은 양파만 해당
경작불능보험금은 차만 제외

나. 보험금 = 보험가입금액 × 20% × 면적피해율(면적피해율 = 피해면적 ÷ 보험가입면적)

3 경작불능보험금의 산정

'초과'가 아니고 '이상'임에 유의 ●

경작불능보험금은 경작불능조사 결과 식물체 피해율이 65% 이상이고, 계약자가 경작불능보험금을 신청한 경우에 지급하며, 보험금은 가입금액에 품목 및 자기부담비율별 지급 비율(표 2-4-4 참조)을 곱하여 산출한다.

표 2-4-4 [품목 및 자기부담비율별 경작불능보험금 지급 비율]

품목	자기부담비율				
	10%형	15%형	20%형	30%형	40%형
감자, 고구마, 옥수수, 마늘, 양파, 콩	45%	42%	40%	35%	30%
양배추, 팥	–	–	40%	35%	30%

양배추, 팥 품목은 보험가입가능 지역을 일부지역에 한정하여 시범사업 중으로 자기부담비율 10%, 15%가 없음에 유의

4 수확감소보험금의 산정

가. 수확감소보험금은 보험가입금액에 피해율에서 자기부담비율을 차감한 비율을 곱하여 산정한다. 단, 양파·마늘·감자(가을재배)·콩·양배추·팥은 경작불능보장의 보험기간 내에 식물체피해율이 65% 이상인 경우 수확감소보험금을 지급하지 않는다.

● 산지폐기여부를 확인하지 않는 고구마, 옥수수, 감자(봄재배, 고랭지재배)는 식물체피해율이 65% 이상임에도 경작불능보험금을 신청하지 않은 경우 수확감소보험금 지급

나. 피해율은 평년수확량에서 수확량과 미보상감수량을 뺀 값을 평년수확량으로 나누어 산출한다. 다만, 감자의 경우에는 평년수확량에서 수확량과 미보상감수량을 뺀 값에 병충해감수량을 더한 후 평년수확량으로 나누어 산출한다.

- 피해율(감자 제외 전품목) = $\dfrac{평년수확량 - 수확량 - 미보상감수량}{평년수확량}$

- 감자의 피해율 = $\dfrac{평년수확량 - 수확량 - 미보상감수량 + 병충해감수량}{평년수확량}$

다. 수확량은 다음 목과 같이 표본조사 시와 전수조사 시로 나누어 산출한다.

① 표본조사 시 수확량 산출

표본구간 수확량 합계를 표본구간 면적 합계로 나눈 후 표본조사 대상면적 합계를 곱한 값에 평년수확량을 실제 경작면적으로 나눈 후 타작물 및 미보상면적과 기수확면적을 합을 곱한 값을 더하여 산정한다.

> **경작불능보험금 지급대상 품목**
>
> 자연재해로 인한 피해에 취약한 밭작물(고추·브로콜리·차 품목·원예시절작물 제외)과 논작물 그리고 과수중에는 유일하게 밭작물과 유사한 특성이 많은 복분자 품목이 지급대상이다.

> **경작불능보험금 지급비율**
>
> = (100 − 자기부담비율) ÷ 2를 한 후 소수점 첫째자리 내림.
> 예) 15% 형: (100 − 15) ÷ 2 = 42.50이고 소수점 첫째자리 내림하면 42%

> **감자 피해율 계산 시 수확량**
>
> 병충해 피해가 발생하였더라도 병충해로 인한 감수량은 수확량에 적용하지 않고 피해율 계산 시에만 병충해감수량을 적용하여 계산한다.

$$\text{수확량} = \frac{\text{표본구간수확량 합계}}{\text{표본구간면적합계}} \times \text{표본조사대상면적합계}$$
$$+ \frac{\text{평년수확량}}{\text{실제경작면적}} \times (\text{타작물면적} + \text{미보상면적} + \text{기수확면적})$$

기·타·미 면적

(a) 표본구간 수확량 합계: 품목별 표본구간 수확량 합계 산정 방법
(표 2-4-5 참조)에 따라 산출한다.

표 2-4-5 [품목별 표본구간 수확량 합계 산정 방법]

품목	표본구간 수확량 합계 산정 방법
감자	표본구간별 작물 무게의 합계
고구마	표본구간별 정상 고구마의 무게 합계에 50%형 고구마의 무게에 0.5, 80%형 고구마의 무게에 0.2를 곱한 값을 더하여 산정 * 표본구간 고구마 수확량 = 정상고구마 무게 + (50%형 고구마 무게 × 0.5) + (80%형 고구마 무게 × 0.2)
양배추	표본구간별 정상 양배추 무게의 합계에 80%형 양배추의 무게에 0.2를 곱한 값을 더하여 산정 * 표본구간 양배추 수확량 = 정상양배추 무게 + (80%형 양배추 무게 × 0.2)
양파, 마늘	비대추정지수에 1을 더한 값(비대추정지수＋1)에 표본구간별 작물 무게의 합계를 곱하여 산정[단, 마늘의 경우 이 수치에 품종별 환산계수를 곱하여 산정, (품종별 환산계수: 난지형 0.72 / 한지형 0.7)] * 표본구간 양파 수확량 = 표본구간 수확량 × (1 + 비대추정지수) * 표본구간 마늘 수확량 = 표본구간 수확량 × (1 + 비대추정지수) × 품종별 환산계수
옥수수	표본구간 내 수확한 옥수수 중 "하" 항목의 개수에 "중" 항목 개수의 0.5를 곱한 값을 더한 후 품종별 표준중량을 곱하여 피해수확량을 산정 〈품종별 표준중량(g)〉 <table><tr><td>대학찰(연농 2호)</td><td>미백 2호</td><td>미흑찰 등</td></tr><tr><td>160g</td><td>180g</td><td>190g</td></tr></table> * 표본구간 옥수수 피해수확량 = (표본구간 "하" 옥수수 개수 + "중" 옥수수 개수 × 0.5) × 표준중량 × 재식시기지수 × 재식밀도지수
콩, 팥	표본구간별 종실중량에 1에서 함수율을 뺀 값을 곱한 후 다시 0.86을 나누어 산정한 중량의 합계 * 표본구간 콩 수확량 = 종실 중량 × $\dfrac{1 - \text{함수율} }{0.86}$ ← $1 - \text{콩의 기준함수율 } 14\%$
차(茶)	표본구간별로 수확한 새싹무게를 수확한 새싹수로 나눈 값에 기수확 새싹수와 기수확지수를 곱하고, 여기에 수확한 새싹무게를 더하여 산정 * 기수확지수는 기수확비율(기수확 새싹수를 전체 새싹수(기수확 새싹수와 수확한 새싹수를 더한 값)에 따라 산출(표 2-4-6 참조)

마늘의 환산계수

마늘 품목은 수확한 후 바로 판매되지 않고 약간 건조된 상태로 판매되므로 판매 시의 무게는 수확 시의 무게보다 줄게 되는데 마늘의 환산계수는 이 차이를 보정해주는 것이다.

양파·마늘의 비대추정지수

양파와 마늘의 종구는 수확기에 급속도로 비대해지는데 수확적기보다 이른 시기에 수확량조사를 할 경우, 비대가 완료되지 않은 종구의 수확량이 계산되므로 수확적기보다 수확량이 적게 산정될 수 있다. 이를 보정하기 위하여 조사일자부터 수확적기까지 비대해질 예상 무게를 더하는 것이다.
* 비대추정지수 = 비대지수 × 수확적기까지의 잔여일수

콩·팥의 기준함수율 14%

콩·팥은 밭에서 콩을 벤 후 줄기가 마른 상태에서 탈곡하여 수확하는데 건조 정도에 따라 함수량이 달라지고 조사한 수확량에 영향을 미치므로 기준함수율을 정하여 함수율에 따른 오차를 보정하는 것이다.

표 2-4-6 [기수확비율에 따른 기수확지수(차(茶)만 해당)]

기수확비율	기수확지수	기수확비율	기수확지수
10% 미만	1	50% 이상 60% 미만	0.958
10% 이상 20% 미만	0.992	60% 이상 70% 미만	0.949
20% 이상 30% 미만	0.983	70% 이상 80% 미만	0.941
30% 이상 40% 미만	0.975	80% 이상 90% 미만	0.932
40% 이상 50% 미만	0.966	90% 이상	0.924

ⓑ 표본구간 면적 합계: 품목별 표본구간 면적 합계 산정 방법(표 2-4-7 참조)에 따라 산출한다.

표 2-4-7 [품목별 표본구간 면적 합계 산정 방법]

품목	표본구간 면적 합계 산정 방법
양파, 마늘, 고구마, 감자, 옥수수, 양배추	표본구간별 면적(이랑길이 × 이랑폭)의 합계
콩, 팥	표본구간별 면적(이랑길이(또는 세로길이) × 이랑폭(또는 가로길이))의 합계. 단, 규격의 원형(1㎡)을 이용하여 조사한 경우에는 표본구간수에 규격 면적(1㎡)을 곱해 산정
차(茶)	표본구간수에 규격 면적(0.08㎡)을 곱하여 산정

ⓒ 조사대상 면적 합계: 실제 경작면적에서 수확불능(고사)면적, 타작물 및 미보상면적, 기수확면적을 빼어 산출한다.

· 조사대상 면적 = 실제경작면적 − 수확불능면적(고사)면적 − 타작물 및 미보상면적 − 기수확면적

1개의 표본구간 두 곳에 혜를 두고 조사하므로 1개의 표본구간 면적은 2×0.04㎡, 즉 0.08㎡

조사대상 면적은 실제경작면적이 아닌 수확량조사 당시 해당 작물이 수확가능 상태인 면적만을 대상으로 한다.

② 전수조사 시 수확량 산출(콩만 해당)

전수조사 수확량 합계에 평년수확량을 실제 경작 면적으로 나눈 후 타작물 및 미보상면적과 기수확면적의 합을 곱한 값을 더하여 산정한다.

· 전수조사 수확량 = 수확량 합계 + $\dfrac{평년수확량}{실제경작면적}$ × (기수확면적 + 타작물면적 + 미보상면적)

표 2-4-8 [품목별 전수조사 수확량 산정 방법]

품목	수확량 합계 산정 방법
콩, 팥	전체 종실중량에 1에서 함수율을 뺀 값을 곱한 후 0.86을 나누어 산정한 중량의 합계 * 콩 수확량 = 종실 중량 × $\dfrac{1 - 함수율}{0.86}$

라. 미보상감수량은 평년수확량에서 수확량을 뺀 값에 미보상비율을 곱하여 산출한다.

차(茶)의 기수확지수

차 품목은 찻잎을 신초에서 여러차례 수확하기 때문에 수확량 조사 이전에 수확한 찻잎의 수확량을 어떻게 산정할 것인지에 대한 문제가 발생하는데 이를 보정하기 위하여 기수확지수를 적용한다.

- 미보상감수량 = (평년수확량 − 수확량) × 미보상비율
  └─ 감수량

미보상감수량

감수량 중 보험회사가 보상을 하지 않는 감수량으로 수확이 줄어든 원인이 계약자가 통상적인 영농활동을 하지 않았거나 보상하지 않는 재해로 인하여 발생된 감수량으로 보통의 경우 문제출제시 미보상비율은 제시된다.

마. 병충해 감수량은 감자 품목에만 해당하며, 표본구간 병충해감수량 합계를 표본구간 면적 합계로 나눈 후 조사 대상 면적 합계를 곱하여 산출한다.

- 병충해감수량 = $\dfrac{\text{표본구간 병충해감수량 합계}}{\text{표본구간 면적 합계}}$ × 조사대상면적

① 표본구간 병충해감수량 합계 산정: 표본구간 병충해감수량 합계는 각 표본구간별 병충해감수량을 합하여 산출한다.

② 병충해감수량 산정: 표본구간 병충해감수량은 병충해를 입은 괴경의 무게에 손해정도비율과 인정비율을 곱하여 산출한다.

  * 표본구간 병충해감수량 = 병충해를 입은 괴경의 무게 × 손해정도비율 × 인정비율

손해정도 vs 손해정도비율

손해정도에 따라 손해정도비율이 결정되며, 손해정도비율은 20%, 40%, 60%, 80%, 100%임에 유의한다.
예) 손해정도 43%일 경우 손해정도비율은? 60%

③ 손해정도비율 산정: 손해정도비율은 병충해로 입은 손해의 정도에 따라 병충해 감수량으로 적용하는 비율로 아래의 표 2-4-9와 같다.

표 2-4-9 [손해정도에 따른 손해정도비율 – 감자]

손해정도	1%~20%	21%~40%	41%~60%	61%~80%	81%~100%
손해정도비율	20%	40%	60%	80%	100%

④ 인정비율 산정: 인정비율은 병·해충별 등급에 따라 병충해 감수량으로 인정하는 비율로 아래 표 2-4-10와 같다.

표 2-4-10 [병·해충 등급별 인정비율]

구분		병·해충	인정비율
품목	급수		
감자	1급	역병, 갈쭉병, 모자이크병, 무름병, 둘레썩음병, 가루더뎅이병, 잎말림병, 감자뿔나방	90%
	2급	홍색부패병, 시들음병, 마른썩음병, 풋마름병, 줄기검은병, 더뎅이병, 균핵병, 검은무늬썩음병, 줄기기부썩음병, 진딧물류, 아메리카잎굴파리, 방아벌레류	70%
	3급	반쪽시들음병, 흰비단병, 잿빛곰팡이병, 탄저병, 겹둥근무늬병, 오이총채벌레, 뿌리혹선충, 파밤나방, 큰 28 점박이무당벌레, 기타	50%

감자 vs 고추 병해충 등급

밭작물 중 감자(수확감소보장)와 고추(생산비보장)만 병해충에 의한 피해가 보장되며, 두 품목에 공통으로 적용되는 병해충의 급수와 인정비율을 암기하도록 한다.

이렇게 외웠다!

1급(90%): 갈쭉역 감자뿔 모자둘레 무름잎 가루더(라)
2급(70%): 홍시 풋아메리카 마더 줄방 검진균
3급(50%): 반쪽 탄 흰잿(빛) 큰 오겹파뿌(리)

고추의 병·해충 등급별 인정비율

등급	병·해충	인정비율
1등급	역병, 풋마름병, 바이러스병, 탄저병, 세균성점무늬병	70%
2등급	잿빛곰팡이병, 시들음병, 담배가루이, 담배나방	50%
3등급	흰가루병, 균핵병, 무름병, 진딧물 및 기타	30%

* 감자의 병해충 등급별 인정비율과 고추의 병해충 등급별 인정비율이 다름에 유의한다. (감자 1등급은 90%, 고추 1등급은 70%)

이렇게 외웠다!

1등급: 역세풋바탄

2등급: 잿시담담

3등급: 흰균무진기

다음은 농작물재해보험 업무방법에서 정하는 종합위험방식 밭작물 품목별 수확량조사 적기에 관한 내용이다. 괄호에 알맞은 내용을 답란에 순서대로 쓰시오. [5점]　　　제1회

> ・고구마: (①)로/으로부터 120일 이후에 농지별로 조사
>
> ・감자(봄재배): (②)로/으로부터 110일 이후 농지별로 조사
>
> ・마늘: (③)와/과 (④)이/가 1/2~2/3 황변하여 말랐을 때와 해당 지역에 통상 수확기가 도래하였을 때 농지별로 조사
>
> ・옥수수: (⑤)이/가 나온 후 25일 이후 농지별로 조사

정답
> ① 삽식일　　② 파종일　　③ 잎　　④ 줄기　　⑤ 수염

업무방법에서 정하는 종합위험방식 마늘 품목에 관한 다음 두 가지 물음에 답하시오. [10점] 제2회

① 재파종보험금 산정방법을 서술하시오.

정답
> ・재파종보험금은 재파종조사 결과 10a당 출현주수가 30,000주 미만이었으나, 10a당 30,000주 이상으로 재파종을 한 경우에 1회 지급한다.
>
> ・지급금액: 보험가입금액 × 35% × 표준출현 피해율
>
> ・표준출현 피해율은 10a 기준 출현주수를 30,000에서 뺀 후 이 값을 30,000으로 나누어 산출한다.

② 다음의 계약사항과 보상하는 손해에 따른 조사내용에 관하여 재파종보험금을 구하시오. (단, 1a는 100㎡이다.)

• 계약사항

상품명	보험가입금액	가입면적	평년수확량	자기부담비율
종합위험방식 마늘	1,000만원	4,000㎡	5,000kg	20%

• 조사내용

조사종류	조사방식	1㎡당 출현주수(1차 조사)	1㎡당 재파종주수(2차 조사)
재파종조사	표본조사	18주	32주

정답

10a당 출현주수 18,000주/10a로 표준출현율 30,000주/10a 미만이고, 재파종후에는 10a당 32주/1㎡ × 1,000 = 32,000주/10a 로 표준출현율 이상으로 재파종되어 재파종보험금 지급대상이며,

· 표준출현 피해율 = $\dfrac{30,000 - 10a당\ 출현주수}{30,000}$ = $\dfrac{30,000 - 18 \times 1000}{30,000}$ = 0.4 = 40%

· 재파종보험금 = 10,000,000 × 0.35 × 0.4 = **1,400,000원**

기출문제 03

「종합위험 수확감소보장방식 밭작물 품목」에 관한 내용이다. 다음 ( )에 알맞은 용어를 순서대로 쓰시오. [5점]   제4회

- 적용품목은 (①), 마늘, 고구마, 옥수수, 감자(고랭지재배), 감자(가을재배), 차, 콩, 양배추 품목으로 한다.
- (②)는 마늘 품목에만 해당한다. (③) 시 (②)가 필요하다고 판단된 농지에 대하여 실시하는 조사로, 조사 시기는 (③) 직후로 한다.
- (④)는 양배추 품목에만 해당한다. (③) 시 (④)가 필요하다고 판단된 농지에 대하여 실시하는 조사로, 손해평가반은 피해농지를 방문하여 보상하는 재해여부 및 (⑤)을 조사한다.

정답

① 양파   ② 재파종조사   ③ 피해사실확인조사   ④ 재정식조사   ⑤ 피해면적

기출문제 04

다음은 업무방법에서 정하는 종합위험 수확감소보장방식 밭작물 품목별 수확량조사 적기에 관한 내용이다. 밑줄 친 부분에 알맞은 내용을 답란에 쓰시오. [5점]   제3회

품목	수확량조사 적기
양파	양파 양파의 비대가 종료된 시점(식물체의 ⊙이 완료된 때)
고구마	고구마의 비대가 종료된 시점(삽식일로부터 ⓒ일 이후)
감자(봄재배)	감자의 비대가 종료된 시점(파종일로부터 ⓒ일 이후)
콩	콩의 수확 적기(콩잎이 누렇게 변하여 떨어지고 ⓔ의 80~90% 이상이 고유한 성숙(황색) 색깔로 변하는 시기인 생리적 성숙기로부터 7~14일이 지난 시기)
양배추	양배추의 수확 적기(ⓜ 형성이 완료된 때)

기출문제 05

다음은 업무방법에서 정하는 종합위험 수확감소보장방식 밭작물 품목별 수확량조사 방법에 관한 내용이다. 밑줄 친 부분에 알맞은 내용을 답란에 쓰시오. [5점]　　　　제2회, 문제 일부 변경

품목	표본구간별 수확량조사 방법
양파, 마늘	표본구간 내 작물을 수확한 후, 줄기를 절단하고 (양파 종구 ①cm 윗부분 절단, 마늘의 종구 ②cm 윗부분 절단) 해당 무게를 조사
감자	표본구간 내 작물을 수확한 후 정상 감자, 병충해별 20% 이하, 21%~40% 이하, 41%~60% 이하, 61%~80% 이하, 81%~100% 이하 발병 감자로 구분하여 해당 병충해명과 무게를 조사하고 최대 지름이 ③cm 미만이거나 피해정도 50% 이상인 감자의 무게는 실제 무게의 50%를 조사 무게로 함.

정답

　　① 5　　　　　　② 3　　　　　　③ 5

기출문제 06

다음은 수확량산출식에 관한 내용이다. ①~④에 들어갈 작물을 보기에서 선택하여 쓰고, '마늘' 수확량산출식의 ⑤ 환산계수를 쓰시오. [5점]　　　　제5회, 문제 일부 변경

> 보기　마늘(난지형)　감자　고구마　양파　양배추

- 표본구간 수확량 산출식에서 50% 피해형이 포함되는 품목 ------ (①)
- 표본구간 수확량 산출식에서 80% 피해형이 포함되는 품목 ------ (②)
- 마늘(난지형)의 표본구간 단위면적당 수확량: 표본구간 수확량 × (환산계수: ③) ÷ 표본 구간면적

정답

　　① 감자, 고구마　　　　② 고구마, 양파, 마늘, 양배추　　　　③ 0.72

핵심문제 01

다음은 수확감소보장방식 밭작물 품목 중 한지형 마늘의 계약조건이다. 해당 농지가 경작불능보험금 지급대상일 경우 다음의 내용을 보고 경작불능보험금을 구하시오.

> · 보험가입금액: 2,000만원 · 보험가입면적: 3,000㎡ · 자기부담비율: 15%형

Key

경작불능보험금 = 보험가입금액 × 자기부담비율별 지급비율이며 수험생에게 혼란을 주기 위하여 계산에 필요하지 않은 조건을 제시하는 경우가 있으니 이에 유의한다.

정답

경작불능보험금 = 보험가입금액 × 자기부담비율별 지급비율 = 2,000만원 × 42% = **840만원**

자기부담비율별 지급비율

자기부담비율별 지급비율을 암기할 필요 없이 간단하게 계산할 수 있다. 즉, 지급비율은 (100% - 자기부담비율) / 2의 결과를 소수점 첫째 자리 버림한 값이다. 예를 들어, 자기부담비율 15%의 경우 $\frac{100-15}{2} = \frac{85}{2}$ = 42.50이고, 42.5의 소수점 첫째 자리를 버림하면 42%이다.

핵심문제 02

종합위험생산비보장방식 고추품목과 종합위험수확감소보장방식 감자품목에서 보장하는 병충해 중 두 품목 모두에서 보장하는 다음의 병충해에 대하여 다음 ( )의 등급과 인정비율을 채우시오.

병충해 종류	감자품목		고추품목	
	등급	인정비율(%)	등급	인정비율(%)
무름병	1	90	3	30
역병	1	90	(①)	(②)
시들음병	2	70	2	50
균핵병	(③)	(④)	3	30
풋마름병	2	70	1	70
진딧물	2	70	(⑤)	(⑥)
잿빛곰팡이병	3	50	2	50
탄저병	(⑦)	(⑧)	1	70

정답

① 1   ② 70   ③ 2   ④ 70   ⑤ 3   ⑥ 30

⑦ 3   ⑧ 50

다음의 계약사항과 조사내용에 보고 ① 표준출현피해율과 ② 재파종보험금을 산정하시오. (단, 표준출현피해율은 % 단위로 소수점 셋째 자리에서 반올림하여 소수점 둘째 자리까지 다음 예시와 같이 구하시오. 예시: 12.345% → 12.35%)

• 계약사항

품목	보험가입금액	자기부담비율	가입면적	평년수확량
마늘(한지형)	1,000만원	30%	4,000㎡	12,000kg

• 재파종조사

재해	표본 구간수	이랑길이	이랑폭	재파종전조사		재파종후조사	
				일시	출현주수	일시	출현주수
가뭄	6	1.0m	1.5m	9.20	180주	9.25	250주

Key

· 10a = 1,000㎡이며, 표본구간의 출현주수는 10a 당 출현주수로 계산하는 것을 이해한다.

· 표준출현 피해율 = $\dfrac{30,000 - 10a당\ 출현주수}{30,000}$

· 마늘의 재파종보험금의 지급조건(재파종조사 결과 10a당 출현주수가 30,000주 <u>미만</u>이었으나, 10a당 30,000주 <u>이상</u>으로 재파종을 한 경우)을 확인하고, 지급보험금(보험가입금액 × 35% × 표준출현 피해율)을 계산할 수 있도록 한다.

정답

· 1차조사 시 1㎡당 출현주수 = $\dfrac{180}{1.0 \times 1.5 \times 6}$ = 20주/㎡이므로

· 10a당 출현주수 = 20주 × 1,000 = 20,000주

· 2차조사 시 10a 당 출현주수 = $\dfrac{280}{1.0 \times 1.5 \times 6}$ × 1,000 = 31,111주

· 1차조사 시 10a당 출현주수가 30,000주 미만이었으나, 2차조사 시 10a당 30,000주 이상으로 재파종 되었으므로 재파종보험금 지급 대상이며,

① **표준출현피해율** = $\dfrac{30,000 - 20,000}{30,000}$ = 0.33333 → **33.33%**

② **재파종보험금** = 10,000,000 × 0.35 × 0.3333 = **1,166,550원**

다음은 종합위험 수확감소보장보험에 가입한 농지에 대한 수확량조사 내용이다. 다음을 보고 각 품목별로 표본구간의 ㎡당 수확량을 산정하시오. (단, 수확량은 kg 단위로 소수점 셋째 자리에서 반올림하여 소수점 둘째 자리까지 다음 예시와 같이 구하시오. 예시: 12.345kg → 12.35kg)

품목	표본구간수	이랑길이	이랑폭	표본구간수확량	수확적기까지 잔여일수
양파	4	1.5m	1.2m	12kg	20
마늘(한지형)	5	1.5m	1.5m	15kg	16
마늘(난지형)	6	1.0m	1.5m	20kg	5

* 단 일수별 비대지수는 마늘 0.8%, 양파는 2.2%이다.

Key

- 표본구간의 전체면적 = 표본구간수 × 이랑길이 × 이랑폭
- 마늘의 수확량 계산시 환산계수 (난지형 0.72, 한지형 0.7) 적용을 잊지 않도록 한다. 수확한 마늘은 약간의 자연건조 과정을 거쳐 판매되는 유통 특성을 반영하여 수확량조사 시의 무게를 수확량으로 인정하지 않고, 환산계수를 곱한 값을 수확량으로 인정하는 것이다.
- 마늘과 양파 품목은 수확기에 가까워지면 종구가 급속히 비대해지므로 수확적기보다 일찍 수확량조사를 하여 수확량을 추산할 경우 실제 수확량보다 적게 추산될 수 있기에 수확적기까지 잔여일수만큼 증가될 수확량을 비대추정지수(일수별 비대지수 × 수확적기까지 잔여일수)로 보정하여야 하는 것이다.

정답

① **양파의 표본구간 ㎡당 수확량** $= \dfrac{\text{표본구간수확량} \times (1 + \text{비대추정지수})}{\text{표본구간전체면적}} = \dfrac{12 \times (1 + 0.022 \times 20)}{4 \times 1.5 \times 1.2} =$ **2.4kg**

② **마늘(한지형)의 표본구간 ㎡당 수확량** $= \dfrac{\text{표본구간수확량} \times (1 + \text{비대추정지수}) \times \text{환산계수}}{\text{표본구간전체면적}}$

$= \dfrac{15 \times (1 + 0.008 \times 16) \times 0.7}{5 \times 1.5 \times 1.5} = 1.0528 \rightarrow$ **1.053kg**

③ **마늘(난지형)의 표본구간 ㎡당 수확량** $= \dfrac{20 \times (1 + 0.008 \times 5) \times 0.72}{6 \times 1.0 \times 1.5} = 1.664 \rightarrow$ **1.66kg**

수확량조사시에
수확한 마늘

× (1 + 비대추정지수) =

수확적기에
수확한 마늘

× 환산계수 =

판매시의
건조된 마늘

무게 증가
수확량조사일부터
수확적기까지의
작물성장

수확적기부터
유통일까지의
자연건조

무게 감소

다음의 계약사항과 조사내용에 관하여, 재정식완료면적이 ① 800㎡인 경우와 ② 900㎡인 경우의 재정식보험금을 각각 산정하시오. 단, 면적피해율은 % 단위로 소수점 셋째 자리에서 반올림하시오.

• 계약사항

품목	보험가입금액	평년수확량	자기부담비율	실제경작면적
양배추	1,000만원	7,500kg	20%	4,000㎡

• 재정식조사

재해	표본구간수	이랑길이	이랑폭	재정식전조사	
				고사면적	수확불능면적
가뭄	6	1.0m	1.5m	1,500㎡	400㎡

Key

• 면적피해율의 계산 시 피해면적은 재정식 후조사 시 실제 재정식이 완료된 면적이다. 즉, 보상하는 재해로 피해를 입었더라도 실제로 재정식이 이루어지 않은 면적은 면적피해율 산정에 포함되지 않는다.

• 재정식보험금은 실제 재정식완료 후 면적피해율이 자기부담비율을 초과할 경우 지급함에 유의한다.

정답

① 재정식 완료 면적이 800㎡인 경우

면적피해율 = 피해면적(재정식 완료 면적) ÷ 실제경작면적 = 800 ÷ 4000 = 0.2 = 20%, 면적피해율이 자기부담비율 20%를 초과하지 않으므로, 재정식보험금은 **지급되지 않는다.**

② 재정식 완료 면적이 900㎡인 경우

면적피해율 = 900 ÷ 4000 = 0.225 = 22.5%, 면적피해율이 자기부담비율 20%를 초과하므로 재정식보험금이 지급되며,

재정식보험금 = 보험가입금액 × 20% × 면적피해율 = 10,000,000 × 0.2 × 0.225 = **450,000원**

핵심문제 06

다음은 종합위험 수확감소보장방식 밭작물 품목의 수확적기에 관한 내용이다. 밑줄 친 부분에 알맞은 내용을 넣으시오.

팥	팥의 수확적기(①의 70%~80% 이상이 성숙한 시기)
양배추	양배추의 수확적기(② 형성이 완료된 때)
차	조사 가능일 직전(조사 가능일은 대상 농지에 식재된 차나무의 대다수 신초가 1심 2엽의 형태를 형성하며 수확이 가능할 정도의 크기(신초장 ③cm 이상, 엽장 2.8cm 이상, 엽폭 ④cm 이상)로 자란 시기를 의미하며, 해당 시기가 수확년도 ⑤을 초과하는 경우에는 수확년도 ⑤을 기준으로 함)

정답

① 꼬투리　② 결구　③ 4.8　④ 0.9　⑤ 5월 10일

핵심문제 07

다음은 종합위험 수확감소보장보험에 가입한 농지이다. 계약사항과 조사내용이 아래와 같을 때 각 물음에 답하시오.

• 계약사항

품목	보험가입금액	평년수확량	자기부담비율	보험가입면적
마늘(난지형)	500만원	9,000kg	20%	4,000㎡

• 수확량조사

고사면적	미보상 면적	이랑길이	이랑폭	미보상 비율	누적비대 추정지수	표본구간 수확량 조사		
						정상	최대지름 3.5cm 미만	
							80% 피해	100% 피해
600㎡	400㎡	1.0m	2.5m	10%	6%	20kg	5kg	2kg

① 위의 농지가 보상하는 재해로 식물체 피해율이 70%이고, 계약자가 경작불능보험금을 신청하였을 경우, 경작불능보험금을 산정하시오.

정답

식물체 피해율이 65% 이상이므로 경작불능보험금 지급 대상이며, 자기부담비율이 20%인 경우 자기부담비율별 경작불능보험금 지급비율은 40%이므로

· 경작불능보험금 = 보험가입금액 × 자기부담비율별 지급비율 = 5,000,000 × 40% = **2,000,000원**

보통 표본구간수는 문제에 제시되나, 제시되지 않을 경우
고구마·양파·마늘·옥수수·양배추의 표본구간수 = 조사면적 ÷ 1,500 + 4
감자·차·콩의 표본구간수 = 조사면적 ÷ 2,500 + 4로 계산한다.

② 위 농지의 조사대상면적과 표본구간수를 산정하시오.

정답

- 조사대상면적 = 4,000 − 600 − 400 = 3,000㎡

- 표본구간수는 조사대상면적이 3,000㎡이므로, 별표 1-6에 따라 **6구간**이다.

③ 마늘의 수확기까지의 비대추정지수는 0.08일 경우 표본구간의 ㎡ 수확량을 산정하시오. 단, 표본구간수확량은 소수점 넷째자리에서 반올림하여 소수점 셋째 자리까지 다음 예시와 같이 구하시오. (예시: 12.3456kg → 12.346kg)

Key

마늘 수확량 산정 시 환산계수(난지형 0.72, 한지형 0.7)와 비대추정지수(문제출제 시 제시됨)를 잊지 않도록 한다.

정상마늘무게 + 피해정도 80% 무게 × 0.2

1 + 비대추정지수: 마늘과 양파의 경우 수확시기가 비대가 종료되기 이전인 경우 수확기~비대종료 시까지 무게가 늘어날 것을 비대추정지수로 보정

정답

$$표본구간의 ㎡ 수확량 = \frac{(20 + 5 \times 0.2) \times (1 + 0.08) \times 0.72}{1.0 \times 2.5 \times 6} = 1.0886 = \textbf{1.089kg/㎡}$$

표본구간의 전체면적 = 이랑길이 × 이랑폭 × 표본구간 수

④ 수확량을 산정하시오. 단, 수확량은 소수점 첫째 자리에서 반올림하여 정수 단위로 구하시오.

정답

$$1.089 \times 3,000 + \frac{9,000}{4,000} \times 400 = \textbf{4,167kg}$$

표본조사 대상면적
: 4,000 − 600 − 400

(평년수확량 / 가입면적) × 미보상면적
기수확면적, 타작물면적, 미보상면적으로 인한 수확감소는 보상하지 않으므로, 미보상면적 등의 경우는 단위면적당 평년수확량 정도의 수확이 발생한 것으로 인정하여 수확량에 추가한다.

⑤ 미보상감수량과 피해율을 산정하시오. 단, 미보상감수량은 소수점 첫째 자리에서 반올림하여 정수 단위로 구하고, 피해율은 % 단위로 소수점 셋째 자리에서 반올림하여 소수점 둘째 자리까지 다음 예시와 같이 구하시오. (예시: 12.345% → 12.35%)

정답

- 미보상감수량 = (9,000 − 4,167) × 20% = 966.6 → **967kg**

- $$피해율 = \frac{평년수확량 - 수확량 - 미보상감수량}{평년수확량} = \frac{9,000 - 4,167 - 967}{9,000} = 0.42955 → \textbf{42.96\%}$$

⑥ 수확감소보험금을 산정하시오.

정답

수확감소보험금 = 보험가입금액 × (피해율 − 자기부담비율) = 5,000,000 × (0.4296 − 0.2) = **1,148,000원**

피해율 계산시 미보상감수량은 반드시 필요할까?

$$피해율 = \frac{평년수확량 - 수확량 - 미보상감수량}{평년수확량} 이며,$$

미보상감수량 = (평년수확량 − 수확량) × 미보상비율이므로,

$$\text{피해율} = \frac{\text{평년수확량} - \text{수확량} - (\text{평년수확량} - \text{수확량}) \times \text{미보상비율}}{\text{평년수확량}}$$

$$= \frac{(\text{평년수확량} - \text{수확량}) \times (1 - \text{미보상비율})}{\text{평년수확량}} \text{ 이다.}$$

위와 같이 피해율 계산시 미보상감수량을 계산하는 과정이 필요가 없을 수 있으나, 대부분의 실제 문제 출제시 위 핵심 문제와 같이 "미보상감수량은 소수점 첫째 자리에서 반올림하시오."라는 항목이 있음으로 인하여, 미보상감수량을 계산한 후 해당 값을 피해율 계산에 적용하지 않으면 피해율의 결과값이 미세하게 달라질 수 있어 반드시 미보상감수량을 계산하여 피해율을 계산하도록 한다.

핵심문제 08

다음은 종합위험 수확감소보장보험에 가입한 농지이다. 계약사항과 조사내용이 아래와 같을 때 각 물음에 답하시오.

• 계약사항

품목	보험가입금액	평년수확량	자기부담비율	보험가입면적
양배추	3,000만원	80,000kg	30%	4,000㎡

• 조사내용

구분	재해종류	사고일자	조사일자	조사내용
재정식조사	우박	7월 5일	7월 8일	• 재정식전조사 　고사면적: 1,400㎡ • 재정식 후조사 　재정식면적: 1,200㎡
경작불능 조사	태풍	9월 2일	9월 5일	• 고사면적: 2,400㎡ • 미보상비율: 제초불량 10%
수확량조사	집중호우	9월 7일	9월 10일	(아래 표 참조)

이랑 길이	이랑 폭	표본 구간수	표본구간내 수확무게		
			정상	피해구분	
				80%형	100%형
1.5m	2.0m	4	180	25	5

실제경작면적	고사면적	미보상면적	기수확면적
4,000㎡	2,700㎡	400㎡	200㎡

• 미보상비율: 병충해 15%

① 재정식조사 시 피해면적 판정기준에 대하여 서술하시오.

정답

작물이 고사되었거나 살아있으나 수확이 불가능할 것으로 판단되는 면적

② 재정식조사에 따른 면적피해율과 양배추재정식보험금을 산정하시오.

정답

- 면적피해율 $= \dfrac{\text{재정식완료면적}}{\text{실제경작면적}} = \dfrac{1,200}{4,000} = 30\%$이며, 면적피해율이 자기부담비율 30%를 초과하므로 재정식보험금 지급 대상이다.

- 재정식보험금 = 보험가입금액 × 20% × 면적피해율 = 30,000,000 × 0.2 × 0.3 = **1,800,000원**

③ 경작불능조사 시 고사식물체의 판정기준과 위의 경작불능조사에 따라 경작자가 수령할 경작불능보험금을 산정하시오.

정답

- 고사식물체 판정기준: 해당 식물체의 수확 가능 여부

- 식물체피해율 $= \dfrac{\text{고사면적}}{\text{실제경작면적}} = \dfrac{2,400}{4,000} = 60\%$, 경작불능보험금은 식물체 피해율이 65% 이상일 경우 지급되므로 경작불능보험금은 **지급되지 않음.**

④ 표본구간별 수확량 조사 시 80% 피해 양배추 판정기준에 대하여 서술하시오.

정답

└─● 80%가 아님에 유의

일반시장에 출하할 때 정상과실에 비해 50% 정도의 가격이 예상되는 품질이거나, 일반시장 출하는 불가능하나 가공용으로 공급될 수 있는 품질

⑤ 위 수확량 조사에 따른 양배추의 수확감소 보험금을 산정하시오. 단, 수확량 및 미보상감수량은 kg 단위로 소수점 첫째 자리에서 반올림하여 구하고, 피해율은 % 단위로 소수점 셋째 자리에서 반올림하여 소수점 둘째 자리까지 다음 예시와 같이 구하시오. (예시: 12.345% → 12.35%)

Key

양배추 품목은 수확량 산정 시 적용할 지수나 계수는 없으나, 문제에서 기수확면적, 타작물면적, 미보상면적('기·타·미' 면적)이 제시되는 경우 해당 면적의 합계에 단위면적당 평년수확량만큼 수확량을 더하는 것에 유의한다.

정답

┌─● 표본구간 단위면적당 수확량 ┌─● 단위면적당 평년수확량

- 수확량 $= \dfrac{180 + 25 \times 0.2}{1.5 \times 2.0 \times 4} \times (4,000 - 2,700 - 400 - 200) + \dfrac{80,000}{4,000} \times (400 + 200)$

└─● 기·타·미 면적

$= 22,791.6 → 22,792\text{kg}$

각 조사마다 미보상비율을 조사하며, 미보상의 원인이 다른 경우
해당비율을 합산하고, 미보상원인이 동일한 경우 가장 큰 미보상비율 적용

- 미보상감수량 = 감수량 × 미보상비율 = (평년수확량 − 수확량) × 미보상비율 = (80,000 − 22,792) × 25% = 14,302kg

- 피해율 = $\dfrac{\text{평년수확량} - \text{수확량} - \text{미보상감수량}}{\text{평년수확량}}$ = $\dfrac{80,000 - 22,792 - 14,302}{80,000}$ = 0.53632 → 53.63%

- 수확감소보험금 = 보험가입금액 × (피해율 − 자기부담비율) = 30,000,000 × (0.5363 − 0.3) = **7,089,000원**

핵심문제 09

다음은 종합위험 수확감소보장보험에 가입한 농지이다. 계약사항과 조사내용이 다음과 같을 때 각 물음에 답하시오.

- 계약사항

품목	보험가입금액	평년수확량	자기부담비율	보험가입면적
콩	2,000만원	4,000kg	15%	8,000㎡

- 수확량조사(표본조사)

타작물면적	미보상면적	표본구간수	이랑길이(4주)	이랑폭	표본구간 수확량	함수율 (3회 측정)
1,200㎡	500㎡	6	1.2m	1.0m	1,900g	20%

* 미보상비율조사: 제초상태 불량 10%

① 수확량조사에 따른 표본구간 ㎡당 유효수확량을 산정하시오. 단, ㎡당 유효수확량은 g 단위로 소수점 첫째 자리에서 반올림하시오.

Key

콩 품목은 종합위험수확감소보장 밭작물 중 유일하게 기준함수율을 적용하여 유효수확량을 계산하여 수확량을 산정하는 품목으로 콩의 기준함수율은 14%임을 반드시 기억한다.

정답

- 표본구간 유효수확량 = 표본구간수확량 × $\dfrac{1 - \text{함수율}}{0.86}$ = 1,900 × $\dfrac{1 - 0.2}{0.86}$ = 1,767.44186g ← 1 − 기준함수율 14%
- 표본구간 ㎡당 유효수확량 = $\dfrac{\text{표본구간 유효수확량}}{\text{표본구간 면적}}$ = $\dfrac{1,767.44186}{6 × 1.2 × 1.0}$ = 245.4 → **245g**

② 수확량조사에 따른 수확감소보험금을 산정하시오. 단, 수확량 및 미보상감수량은 kg 단위로 소수점 첫째 자리에서, 피해율은 % 단위로 소수점 셋째 자리에서 반올림하여 구하시오.

정답

• 기·타·미 면적 보상하지 않는 면적 (1,200 + 500)

- 수확량 = 0.245 × $\overline{6,300}$ + $\dfrac{4,000}{8,000}$ × $\overline{1,700}$ = 2,393.5 → **2,394kg**

- 미보상감수량 = (평년수확량 – 수확량) × 미보상비율 = (4,000 – 2,394) × 10% = 160.6 → 161kg

- 피해율 = $\dfrac{\text{평년수확량} - \text{수확량} - \text{미보상감수량}}{\text{평년수확량}}$ = $\dfrac{4,000 - 2,394 - 161}{4,000}$ = 0.36125 → 36.13%

- 수확감소보험금 = 보험가입금액 × (피해율 – 자기부담비율) = 20,000,000 × (0.3613 – 0.15)

    = **4,226,000원**

핵심문제 10

종합위험 수확감소보장보험에 가입한 농지에 대한 계약사항과 조사내용이 아래와 같을 때 각 물음에 답하시오.

• 계약사항

품목	보험가입금액	평년수확량	가입수확량	자기부담비율	보험가입면적
고구마	8,000만원	32,000kg	32,000kg	15%	10,000㎡

• 수확량조사(표본조사)

구분	재해종류	사고일자	조사일자	조사내용						
경작불능 조사	집중호우	7월 1일	7월 4일	고사면적 6,800㎡						
수확량 조사	한해	8월 11일	8월 16일	이랑 길이	이랑 폭	표본 구간	표본구간내 수확무게			
							정상	피해구분		
								50%	80%	100%
				1.5m	1.2m	6구간	22kg	3kg	2kg	2kg

* 각 표본구간의 이랑길이 및 폭은 모두 동일하다.

실제경작면적	고사면적	미보상면적	기수확면적
10,000㎡	6,800㎡	100㎡	100㎡

* 미보상비율: 병충해 15%, 제초불량 10%

① 경작불능조사에 따른 식물체피해율 및 경작불능 보험금을 산정하시오.

정답

- 식물체피해율 = $\dfrac{\text{고사면적}}{\text{실제경작면적}}$ = $\dfrac{6,800}{10,000}$ = **68%**

- 경작불능보험금 = 보험가입금액 × 자기부담비율별 지급비율 = 80,000,000 × 42% = **33,600,000원**

자기부담비율 15%에 해당하는 경작불능보험금 지급비율 •

② 계약자가 경작불능보험금을 신청하지 않은 경우 수확감소 보험금을 산정하시오. 단, 수확량 및 미보상감수량은 kg 단위로 소수점 첫째 자리에서, 피해율은 % 단위로 소수점 셋째 자리에서 반올림하시오.

정답

• 수확량 $= \dfrac{22 + 3 \times 0.5 + 2 \times 0.5}{1.5 \times 1.2 \times 6} \times (10{,}000 - 6{,}800 - 100 - 100) + \dfrac{32{,}000}{10{,}000} \times (100 + 100)$

                                 └─• 실제경작면적 − 고사면적 − 미보상면적 ──┘ └─• 기·타·미 면적
                                    즉, 실제로 경작하여 수확예정인 면적

     $= 7{,}278.8 \rightarrow 7{,}279\text{kg}$

• 미보상감수량 $= (32{,}000 - 7{,}279) \times 0.25 = 6{,}180.2 \rightarrow 6{,}180\text{kg}$

                           └─• 미보상비율의 원인이 다른 경우 미보상비율을 합산한다.

• 피해율 $= \dfrac{32{,}000 - 7{,}446 - 6{,}139}{32{,}000} = 0.57546 \rightarrow 57.55\%$

• 수확감소 보험금 $= 80{,}000{,}000 \times (0.5755 - 0.15) = \mathbf{34{,}040{,}000원}$

핵심문제 11

종합위험 수확감소보장보험에 가입한 농지에 대한 계약사항과 조사내용이 아래와 같을 때 각 물음에 답하시오.

• 계약사항

품목	보험가입금액	평년수확량	가입수확량	자기부담비율	보험가입면적
봄감자(수미)	3,000만원	25,000kg	25,000kg	20%	12,000㎡

• 조사내용(한해로 인한 피해 확인됨)

면적조사	실제경작면적 12,000㎡, 고사면적 600㎡, 타작물면적 900㎡							
표본구간조사	표본구간수 8, 이랑길이 1.5m, 이랑폭 1.0m							
미보상비율	제초상태 10%							
표본구간 수확량 조사	정상감자	최대지름 5cm 미만 감자	50% 피해감자	병충해감자(5kg, 탄저병) 손해정도비율				
				20%	40%	60%	80%	100%
	14kg	5kg	5kg	2kg	0	2kg	1kg	0

① 표본구간의 수확량과 표본구간 병충해 감수량을 산정하시오. 단, 산정된 값은 kg 단위로 소수점 셋째 자리에서 반올림하시오.

정답

                                • 병충해 피해를 입은 감자의 무게 100%를 수확량에 포함

• 표본구간 수확량 $= 14 + 5 \times 0.5 + 5 \times 0.5 + 5 = 24\text{kg}$

• 표본구간 병충해감수량 = 병충해를 입은 괴경의 무게 × 손해정도비율 × 인정비율

                                                     • 감자 탄저병의 인정비율 = 0.5

                      $= (2 \times 0.2 + 2 \times 0.6 + 1 \times 0.8) \times 0.5 = \mathbf{1.2\text{kg}}$

기·타·미 면적: 수확량을 계산할 때는 반드시 기·타·미의 유무를 확인한다. •

② 수확량 및 병충해감수량을 산정하시오. 단, 산정된 값은 소수점 첫째 자리에서 반올림하시오.

정답

- 수확량 $= \dfrac{24}{8 \times 1.5 \times 1.0} \times (12{,}000 - 600 - 900) + \dfrac{25{,}000}{12{,}000} \times 900 = 22{,}875.0 = \textbf{22,875kg}$

- 병충해감수량 $= \dfrac{1.2}{8 \times 1.5 \times 1.0} \times (12000 - 600 - 900) = 1{,}050.0 = \textbf{1,050kg}$

③ 수확감소보험금을 산정하시오. 단, 미보상감수량은 kg 단위로 소수점 첫째 자리에서, 피해율은 % 단위로 소수점 셋째 자리에서 반올림하여 산정하시오.

정답

- 미보상감수량 $= (25{,}000 - 22{,}875) \times 0.1 = 212.5 \to 213\text{kg}$

- 피해율 $= \dfrac{\text{평년수확량} - \text{수확량} - \text{미보상감수량} + \text{병충해감수량}}{\text{평년수확량}} = \dfrac{25{,}000 - 22{,}875 - 213 + 1{,}050}{25{,}000}$

  $= 0.11848 \to 11.85\%$

피해율이 자기부담비율보다 작아 수확감소보험금은 **지급되지 않는다.**

핵심문제 12

종합위험 수확감소보장보험에 가입한 농지에 대한 계약사항과 조사내용이 아래와 같을 때 각 물음에 답하시오.

• 계약사항

품목	보험 가입금액	평년수확량	가입수확량	가입면적	수확 면적율	자기부담 비율
차(茶)	3,000만원	2,200kg	2,200kg	12,000㎡	90%	20%

• 수확량조사 (표본조사)

구분	재해종류	사고일자	조사일자	조사내용
수확량조사	냉해	2월 11일	5월 8일	* 면적조사 | 실제 경작면적	고사면적	미보상 면적	타작물 면적	기수확 면적	실제 수확면적율
---	---	---	---	---	---
11,000㎡	1,000㎡	2,000㎡	200㎡	500㎡	80% | * 수확량조사 | 표본구간수	기수확새싹수	금차수확 새싹수	금차수확 새싹무게	기수확지수
8	60개	150개	90g	0.983 | * 미보상비율 조사: 미보상비율 10% (제조상태)

① 차 품목의 수확량조사 적기에 대하여 서술하시오.

차(茶) 품목의 수확량조사 적기는 조사 가능일 직전이며, 조사 가능일은 대상 농지에 식재된 차나무의 대다수 신초가 1심2엽의 형태를 형성하여 수확이 가능할 정도의 크기(신초장 4.8cm 이상, 엽장 2.8cm 이상, 옆폭 0.9cm 이상)로 자란 시기를 의미하며, 해당 시기가 수확년도 5월 10일을 초과하는 경우에는 수확년도 5월 10일을 기준으로 한다.

② 위 수확량조사 시 표본구간 하나의 면적과 전체표본구간 면적의 합을 쓰시오.

1개의 표본구간에서 두 곳에 테를 두고 조사하므로

- 표본구간 1개의 면적 = 표본조사 시 사용하는 테의 면적 × 2 = 0.04㎡ × 2 = **0.08㎡**
- 전체표본구간 면적의 합 = 0.08㎡ × 8 = **0.64㎡**

③ 위 수확량조사결과에 따른 표본구간의 유효중량 및 ㎡당 수확량을 산정하시오. 단, 유효중량은 g 단위로 소수점 셋째 자리에서, ㎡당 수확량은 kg 단위로 소수점 여섯째자리에서 반올림하여 구하시오.

Key

- 차(茶) 품목은 신초에서 새싹이 나오면 여러 차례에 걸쳐 수확을 하며, 수확량조사 이전에 수확된 찻잎의 무게를 수확량조사 시 반영하여야 한다. 이를 위하여 금차(수확량조사를 위하여 표본조사한 시점)에 수확한 찻잎 1개의 중량에 기수확지수를 곱하여 기수확새싹 1개 중량을 계산한다.

$$기수확비율 = \frac{기수확새싹수}{기수확새싹수 + 금차수확새싹수}$$ 이며, $$\frac{기수확면적}{실제경작면적}$$ 으로 착각하지 않도록 유의한다.

- 수확면적율은 전체 차밭에서 순수하게 차가 식재된 면적의 비율로 표본구간 ㎡당 수확량 산정 시 반드시 잊지 않도록 하며, 이때 수확면적율은 가입당시 수확면적율이 아닌 수확량조사의 면적조사 시 확인된 실제수확면적율을 적용하는 것에 유의한다. 타 밭작물은 이랑길이와 이랑폭을 조사하여 표본구간 ㎡당 수확량을 계산하나, 차밭은 이랑단위로 재배하지 않기 때문에 면적조사 시 확인된 수확면적율을 적용하는 것이다.

"기수확지수"는 문제에서 직접 제시되거나 기수확비율을 계산하여 기수확비율에 따른 기수확지수를 기수확지수표에서 직접 찾아 적용

금차수확한 새싹 1개의 중량

- 표본구간 유효중량 = $90 + \boxed{\dfrac{90}{150}} × 60 × 0.983$ = 125.388 → **125.39g**

기수확한 새싹의 유효중량

- 표본구간 ㎡당 수확량 = $\dfrac{0.12539}{0.64} × 0.8$ = 0.156737 → **0.15674kg**

표본구간 전체면적

가입당시 수확면적율이 아닌 면적조사 시 확인된 수확면적율 적용

④ 위 수확량조사결과에 따른 수확감소보험금을 산정하시오. 단, 수확량 및 미보상감수량은 kg 단위로 소수점 첫째 자리에서, 피해율은 % 단위로 소수점 셋째 자리에서 반올림하여 구하시오.

정답

기·라·미 면적: 수확량을 계산할 때는 반드시 기·라·미의 유무를 확인한다. •──┐

- 수확량 = $0.15674 \times (11{,}000 - 1{,}000 - 2{,}000 - 200 - 500) + \dfrac{2{,}200}{12{,}000} \times \overline{(2{,}000} + 200 + 500)$

  = $1{,}639.2 \rightarrow 1{,}639$kg

- 미보상감수량 = $(2{,}200 - 1{,}639) \times 0.1 = 56.1 \rightarrow 56$kg

- 피해율 = $\dfrac{2{,}200 - 1{,}639 - 56}{2{,}200} = 0.22954 \rightarrow 22.95\%$

- 수확감소보험금 = $30{,}000{,}000 \times (0.2295 - 0.2) = \textbf{885,000원}$

핵심문제 13

다음의 종합위험수확감소보장 밭작물 품목 중 경작불능후조사를 하지 않는 품목을 모두 쓰시오.

양파　마늘　고구마　옥수수　감자(봄재배, 가을재배, 고랭지재배)　차(茶)　콩　팥　양배추

정답

　고구마, 옥수수, 감자(봄재배, 고랭지재배)

핵심문제 14

종합위험 수확감소보장보험에 가입한 농지에 대한 계약사항과 조사내용이 아래와 같을 때 각 물음에 답하시오.

• 계약사항

품목	보험 가입금액	실제 경작면적	표준가격	가입 수확량	표준 수확량	자기부담 비율
옥수수 (미흑찰)	630만원	5,000 ㎡	1,800원/kg	3,500kg	3,700kg	30%

• 조사내용

구분	재해종류	사고일자	조사일자	조사내용
경작 불능조사	집중호우	7.1	7.4	수확불능(고사)면적: 3,400㎡
수확량 조사	한해	8.11	8.16	• 면적조사

• 면적조사

실제경작면적	고사면적	미보상면적	타작물면적
5,000㎡	3,400㎡	200㎡	300㎡

• 수확량조사(표본조사)

이랑 길이	이랑 폭	표본 구간	표본구간 내 수확 옥수수 개수		
			상옥수수	중옥수수	하옥수수
1.5m	1.2m	4	4개	8개	12개

* 각 표본구간의 이랑길이 및 폭은 모두 동일하다.
• 미보상비율: 병충해 15%

* 재식시기지수 0.98, 재식밀도지수 0.95

Key

• 옥수수(고구마, 감자(봄재배, 고랭지재배)) 품목은 경작불능조사에 따른 식물체 피해율이 65% 이상임에도 경작불능보험금을 신청하지 않은 경우, 수확량조사에 따른 수확감소보험금 지급대상이 된다.
• 옥수수 품목의 수확감소보험금은 종합위험수확감소방식 밭작물 중 피해율을 계산하여 수확감소보험금을 산정하는 방식이 아닌, 유일하게 피해수확량을 산정하고 이를 표준가격에 곱하여 손해액을 산정하는 방식이다.
• 수확량조사 시 무게조사를 하지 않고, 착립장의 길이에 측정하여 길이에 따라 '상', '중', '하' 옥수수로 분류하고 옥수수 1개당 표준중량을 곱하여 피해수확량을 산정한다.
• 옥수수 품종에 따라 옥수수 1개당 표준중량이 정해져 있으며, 반드시 암기하여야 한다. 대학찰(연농2호): 160g, 미백2호: 180g, 미흑찰 등: 190g.
• 표본구간 피해수확량 산정 시 '재식시기지수'와 '재식밀도지수'를 빠뜨리지 않도록 유의한다.

① 위 경작불능조사에 따른 식물체피해율과 계약자가 경작불능보험금을 신청하였을 경우 지급될 경작불능보험금을 산정하시오.

정답

식물체피해율 = $\frac{3,400}{5,000}$ = 0.68 = 68%, 식물체 피해율이 65% 이상으로 경작불능보험금 지급가능하며,

• 경작불능보험금 = 보험가입금액 × 자기부담비율에 해당하는 지급비율 = 6,300,000 × 0.35

= 2,205,000원

② 계약자가 경작불능보험금을 신청하지 않아 위와 같이 수확량조사를 하였을 경우, 표본구간 피해수확량과 ㎡당 피해수확량을 산정하시오. 단 피해수확량과 ㎡당 피해수확량은 g 단위로 소수점 첫째 자리에서 반올림하시오.

Key

옥수수의 착립장의 길이에 따라 상옥수수(17cm 이상)는 정상옥수수이므로 피해수확량 산정에서 제외하고, 중옥수수(15cm 이상)는 표준중량의 50%, 하옥수수(15cm 미만)는 표준중량의 100%를 피해수확량으로 인정하며, 문제에서 상중하 대신 착립장의 길이를 제시할 수 있으니 상 중 하로 분류하는 기준이 되는 착립장 길이를 숙지하고 있어야 한다.

정답   수확량이 아닌 피해수확량을 산정하므로 상옥수수는 제외

재식시기지수와 재식밀도지수를 곱하는 것을 잊지 않도록 유의

- 표본구간 피해수확량: (중옥수수 개수 × 0.5 + 하옥수수 개수) × 표준중량 × 재식시기지수 × 재식밀도지수 = (8 × 0.5 + 12) × 190g × 0.98 × 0.95 = 2,830.2 → **2,830g**

미흑찰의 표준중량

- 표본구간 ㎡당 피해수확량 = $\dfrac{\text{표본구간 피해수확량}}{\text{표본구간면적}}$ = $\dfrac{2.830}{4 \times 1.5 \times 1.2}$ = 393.05 → **393g**

③ 위 수확량조사결과에 따른 수확감소보험금을 산정하시오. 단, 피해수확량 및 미보상감수량은 kg 단위로 소수점 첫째 자리에서 반올림하시오.

Key

- 옥수수 품목은 수확량이 아닌 피해수확량을 구하여 손해액을 산정하므로, 수확량 산정 시 반드시 고려할 기타미(기수확, 타작물, 미보상면적)가 아닌 '고사면적'에 단위면적당 '표준수확량'(옥수수는 평년수확량이 존재하지 않음)을 곱하는 것에 유의한다.
- 옥수수 품목의 손해액 산정 시 필요한 미보상감수량 = 피해수확량 × 미보상비율이다.

정답

옥수수는 표준수확량으로

미보상감수량 = (평년수확량 − 수확량) × 미보상비율 = 피해수확량 × 미보상비율

- 피해수확량 = 0.393 × (5,000 − 3,400 − 200 − 300) + $\dfrac{3,700}{5,000}$ × 3,400 = 2,948.3 → 2,948kg
- 미보상감수량 = 피해수확량 × 미보상비율 = 2,948 × 0.15 = 442.2 → 442kg

피해수확량을 계산하므로 기·라·미가 아닌 고사면적

- 손해액 = (2,948 − 442) × 1,800 = 4,510,800원
- 자기부담금 = 보험가입금액 × 자기부담비율 = 6,300,000 × 30% = 1,890,000원
- 수확감소보험금 = 손해액 − 자기부담금 = 4,510,800 − 1,890,000 = **2,620,800원**

2. 농업수입감소보장방식 밭작물 품목

개요

종합위험수입감소보장방식은 기준수입(평년수확량 × 기준가격, 보험계약 시 결정) 대비 실제수입이 감소하였을 경우에 보험금을 지급하는 방식으로, 보장하는 재해로 인한 '수확감소' 및 수확기의 '가격하락'에 따른 수입감소를 보장한다.

농업수입감소보장방식은 종합위험수확감소보장방식에 '가격'이라는 하나의 변수가 추가된 것으로, 종합위험수확감소보장 밭작물 품목보다는 지급보험금 계산의 난이도를 높일 수 있어 농업수확감소보장방식 밭작물 품목에 비해 고배점의 문제가 출제될 가능성이 높다. 특히 밭작물 중 유일하게 병충해를 보장하는 감자 품목은 타 품목에 비해 출제 가능성이 높으니 이에 대하여 철저히 준비하자.

종합위험수입감소보장방식에서 기준가격과 수확기가격은 손해평가의 대상이 아니며, 농업수입감소보장방식의 손해평가의 내용은 종합위험수확감소보장방식과 동일하므로, 종합위험수확감소보장방식 밭작물 품목을 충분히 학습하였다면, 농업수입감소보장방식 밭작물 품목에서는 보험금 산정과 관련된 내용만 이해하면 된다.

대상 품목
(아래의 종합위험수확감소보장 밭작물 품목 중 줄 그은 품목 제외)
양파, 마늘, 고구마, 옥수수, 감자(봄재배, 가을재배, 고랭지재배), 차(茶), 콩, 팥, 양배추

조사의 종류

피해사실확인조사, 경작불능조사, 수확량조사	대상품목 전체
재파종조사	마늘 품목만 해당
재정식조사	양배추 품목만 해당

농업수입감소 보험금

= 보험가입금액 × (피해율 − 자기부담비율)

피해율	$\dfrac{\text{기준수입} - \text{실제수입}}{\text{기준수업}}$
기준수입	평년수확량 × 기준가격
실제수입	· 감자 이외 품목: (수확량 + 미보상감수량) × min(기준가격, 수확기가격) · 감자 품목: (수확량 + 미보상감수량 − 병충해감수량) × min(기준가격, 수확기가격)
미보상감수량	· 보상하는 재해가 있는 경우: (평년수확량 − 수확량) × 미보상비율 · 보상하는 재해가 확인 안 된 경우: 평년수확량 − 수확량

수확량 계산시 필요한 품목별 지수 및 계수

품목	마늘	양파	감자	콩
지수 & 계수	환산계수, 비대추정지수	비대추정지수	병충해별 인정계수	기준함수율 (14%)

수확량조사 시 품목별 분류 기준

분류기준	품질	최대지름	피해정도	괴근중량	병충해
양배추	80%, 100% 피해				
양파		6cm 미만			
마늘		2cm 미만(한지형), 3.5cm 미만(난지형)			
고구마	50%, 80%, 100% 피해				
가을감자		5cm미만	50% 이상		20%, 40%, 60%, 80%, 100% 피해

  80%형, 100형 피해로 인정   실제 무게의 50%를 조사 무게로 인정

1. 적용 품목

적용 품목은 콩, 양배추, 양파, 감자(가을재배), 마늘, 고구마 품목으로 한다.

2. 사고접수

가입사무소(본·지점포함)의 담당자 등은 계약자 등으로부터 사고발생 통지를 받은 즉시 사고 내용을 전산에 입력한다.

3. 조사 종류 및 방법

1 피해사실확인조사

종합위험 수확감소보장방식 밭작물 품목의 피해사실확인조사 방식과 같다.

2 재파종조사·재정식조사

종합위험 수확감소보장방식 밭작물 품목의 재파종조사(마늘) 및 재정식조사 (양배추) 방식과 같다.

3 경작불능조사

종합위험 수확감소보장방식 밭작물 품목의 경작불능조사 방식과 같다.

4 수확량조사

가. 수확량조사는 사고가 접수된 농지 전부에 대하여 실시한다. 다만, 경작불능보험금 지급 대상 농지(경작불능조사 시 식물체 피해율이 65% 이상이고, 계약자가 경작불능보험금을 신청한 농지)는 수확량조사를 실시하지 않는다.

나. 수확량조사는 다음 각 목에 따라 실시한다.
   ① 보상하는 재해 여부 심사
      사고가 접수된 농지는 농지 및 작물 상태 등을 감안하여 약관에서 정한 보상하는 재해로 인한 수확량 감소가 맞는지 확인하며, 필요시에는 이에 대한 근거 자료(피해사실확인조사 참조)를 확보할 수 있다.
   ② 수확량조사 적기 판단 및 시기 결정
      해당 작물의 특성에 맞게 수확량조사 적기 여부를 확인(표 3-2-1 참조)하고 이에 따른 조사 시기를 결정한다.

농업수입감소 보장 방식의 보장 내용

자연재해, 조수해, 화재
+ '수확기 가격하락'

표 3-2-1 [품목별 수확량조사 적기]

└── 결구

품목	수확량조사 적기
양파	양파의 **비대가 종료**된 시점(식물체의 도복이 완료된 때)
마늘	마늘의 **비대가 종료**된 시점(잎과 줄기가 1/2~2/3 황변하여 말랐을 때와 해당 지역의 통상 수확기가 도래하였을 때)
고구마	고구마의 **비대가 종료**된 시점(삽식일로부터 120일 이후에 농지별로 적용)
감자 (가을재배)	감자의 **비대가 종료**된 시점(파종일로부터 95일 이후)
콩	콩의 **수확적기**(콩잎이 누렇게 변하여 떨어지고 꼬투리의 80~90% 이상이 고유한 성숙(황색)색깔로 변하는 시기인 생리적 성숙기로부터 7~14일이 지난 시기)
양배추	양배추의 **수확적기**(결구 형성이 완료된 때)

③ 면적 확인

　ⓐ 실제 경작면적 확인: GPS면적측정기 또는 지형도 등을 이용하여 보험가입 면적과 실제 경작면적을 비교한다. 이때 실제 경작면적이 보험 가입 면적 대비 10% 이상 차이가 날 경우에는 계약 사항을 변경해야 한다.

　ⓑ 고사면적 확인: 보상하는 재해로 인하여 해당 작물이 고사하여 수확될 수 없는 면적을 확인한다.

　ⓒ 타작물 및 미보상 면적 확인: 해당 작물외의 작물이 식재되어 있거나 보상하는 재해 이외의 사유로 수확이 감소한 면적을 확인한다.

　ⓓ 기수확면적 확인: 조사 전에 수확이 완료된 면적을 확인한다.

　ⓔ 조사대상면적 확인: 실제경작면적에서 고사면적, 타작물 및 미보상면적, 기수확면적을 제외하여 조사대상면적을 확인한다.

④ 조사방법 결정

　품목 및 재배방법 등을 참고하여 적절한 조사 방법을 선택한다.

　ⓐ 표본조사 방법

　　· 표본구간 수 선정: 조사대상면적 규모에 따라 적정 표본구간 수(별표 1-6, 1-7 참조)이상의 표본구간 수를 선정하여야 하나, 조사수확량이 평년수확량을 초과할 것이 명백한 경우에는 적정 표본구간 수의 50%를 표본구간 수로 선정할 수 있다. 다만, 가입면적과 실제 경작면적이 10% 이상 차이가 날 경우(계약 변경

종합위험수확감소 방식 밭작물에는 없으며, 수입감소보장방식에 추가된 부분 •

대상)에는 실제 경작면적을 기준으로 표본구간 수를 선정한다.

· 표본구간 선정: 선정한 표본구간 수를 바탕으로 재배방법 및 품종 등을 감안하여 조사 대상 면적에 동일한 간격으로 골고루 배치될 수 있도록 표본구간을 선정한다. 다만, 선정한 구간이 표본으로 부적합한 경우(해당 지점 작물의 수확량이 현저히 많거나 적어서 표본으로 대표성을 가지기 어려운 경우 등)에는 가까운 위치의 다른 구간을 표본구간으로 선정한다.

· 표본구간 면적 및 수확량 조사: 해당 품목별로 선정된 표본구간의 면적을 조사(표 3-2-2 참조)하고, 해당 표본구간에서 수확한 작물의 수확량을 조사(표 3-2-3 참조) 한다.

· 양파, 마늘의 경우 지역별 수확 적기보다 일찍 조사를 하는 경우, 수확 적기까지 잔여일수별 비대지수를 추정하여 조사수확량에 가산할 수 있다.

표 3-2-2 [품목별 표본구간 면적조사 방법]

품목	표본구간 면적 조사 방법
콩	점파: 이랑길이(4주 이상) 및 이랑폭 조사 산파: 규격의 원형(1㎡) 이용 또는 표본구간의 가로·세로 길이 조사
양배추, 양파, 마늘, 고구마, 감자(가을재배)	이랑길이(5주 이상) 및 이랑폭 조사

표 3-2-3 [품목별 표본구간별 수확량 조사 방법]

품목	표본구간별 수확량 조사 방법
콩	표본구간 내 콩을 수확하여 꼬투리를 제거한 후 콩 종실의 무게 및 함수율(3회 평균) 조사
양배추	표본구간 내 작물의 뿌리를 절단하여 수확(외엽 2개 내외 부분을 제거)한 후, 정상 양배추와 80% 피해 양배추(일반시장에 출하할 때 정상과실에 비해 50% 정도의 가격이 예상되는 품질이거나 일반시장 출하는 불가능하나 가공용으로 공급될 수 있는 품질), 100% 피해 양배추(일반시장 및 가공용 출하 불가)로 구분하여 무게를 조사
양파	표본구간 내 작물을 수확한 후, 종구 5cm 윗부분 줄기를 절단하여 해당 무게를 조사(단, 양파의 최대지름이 6cm 미만인 경우에는 80%(보상하는 재해로 인해 피해가 발생하여 일반시장 출하가 불가능하나, 가공용으로는 공급될 수 있는 작물을 말하며, 가공공장 공급 및 판매 여부와는 무관), 100%(보상하는 재해로 인해 피해가 발생하여 일반시장 출하가 불가능하고 가공용으로도 공급될 수 없는 작물)피해로 인정하고 해당무게의 20%, 0%를 수확량으로 인정)

마늘	표본구간 내 작물을 수확한 후, 종구 3cm 윗부분을 절단하여 무게를 조사 (단, 마늘통의 최대 지름이 2cm(한지형), 3.5cm(난지형) 미만인 경우에는 80%(보상하는 재해로 인해 피해가 발생하여 일반시장 출하가 불가능하나, 가공용으로는 공급될 수 있는 작물을 말하며, 가공공장 공급 및 판매 여부와는 무관), 100%(보상하는 재해로 인해 피해가 발생하여 일반 시장 출하가 불가능하고 가공용으로도 공급될 수 없는 작물) 피해로 인정하고 해당무게의 20%, 0%를 수확량으로 인정)
감자 (가을재배)	표본구간 내 작물을 수확한 후 정상 감자, 병충해별 20% 이하, 21%~40% 이하, 41%~60% 이하, 61%~80% 이하, 81%~100% 이하 발병 감자로 구분하여 해당 병충해명과 무게를 조사하고 최대 지름이 5cm 미만이거나 피해정도 50% 이상인 감자의 무게는 실제 무게의 50%를 조사 무게로 함.
고구마	표본구간 내 작물을 수확한 후 정상 고구마와 50%형 고구마(일반시장에 출하할 때, 정상 고구마에 비해 50% 정도의 가격하락이 예상되는 품질. 단, 가공공장 공급 및 판매 여부와 무관), 80% 피해 고구마(일반시장에 출하가 불가능하나, 가공용으로 공급될 수 있는 품질. 단, 가공공장 공급 및 판매 여부와 무관), 100% 피해 고구마(일반시장 출하가 불가능하고 가공용으로 공급될 수 없는 품질)로 구분하여 무게를 조사

중요!!

(b) 전수조사 방법(콩만 해당) 서술형 15점 문제 출제 예상

· 전수조사 대상 농지 여부 확인: 전수조사는 기계수확(탈곡 포함)을 하는 농지 또는 수확직전 상태가 확인된 농지 중 자른 작물을 농지에 그대로 둔 상태에서 기계탈곡을 시행하는 농지에 한한다.

· 콩(종실)의 중량 조사: 대상 농지에서 수확한 전체 콩(종실)의 무게를 조사하며, 전체 무게 측정이 어려운 경우에는 10포대 이상의 포대를 임의로 선정하여 포대 당 평균 무게를 구한 후 해당 수치에 수확한 전체 포대 수를 곱하여 전체 무게를 산출한다.

· 콩(종실)의 함수율조사: 10회 이상 종실의 함수율을 측정 후 평균값을 산출한다. 단, 함수율을 측정할 때에는 각 횟수마다 각기 다른 포대에서 추출한 콩을 사용한다.

표본조사의 경우는 3회 평균값이며 전수조사의 경우 10회 평균값이다.

5 미보상비율 조사(모든조사 시 동시조사)

상기 모든 조사마다 미보상비율 적용표(별표 2-2, 2-2)에 따라 미보상비율을 조사한다.

4. 보험금 산정방법

1 경작불능보험금, 재파종보험금, 재정식보험금의 산정

종합위험 수확감소보장방식 밭작물 품목의 경작불능보험금, 재파종보험금, 재정식보험금의 산정 방식과 같다.

2 농업수입감소보험금 산정

가. 농업수입감소보험금은 보험가입금액에 피해율에서 자기부담비율을 차감한 비율을 곱하여 산정한다. 단, 경작불능보장(고구마 제외)의 보험기간 내에 식물체피해율이 65% 이상인 경우 농업수입감소보험금을 하지 않는다.

> • 농업수입감소보험금 = 보험가입금액 × (피해율 − 자기부담비율)

농업수입감소보장 밭작물 중 고구마는 경작불능후조사 대상품목이 아니므로 제외한다.

나. 피해율은 기준수입에서 실제수입을 뺀 값을 기준수입으로 나누어 산출한다.

> • 피해율 = (기준수입 − 실제수입) / 기준수입

① 기준수입은 평년수확량에 농지별 기준가격을 곱하여 산출한다.

> • 기준수입 = 평년수확량 × 농지별 기준가격

② 실제수입은 수확량에 미보상감수량을 더한 값에 농지별 기준가격과 농지별 수확기가격 중 작은 값을 곱하여 산출한다.

> • 실제수입 = (수확량 + 미보상감수량) × min(농지별 기준가격, 농지별 수확기가격)

    (a) 수확량은 종합위험 수확감소보장방식 밭작물 품목과 같은 방법으로 산출한다.

    (b) 수확량조사를 하지 않아 조사한 수확량이 없는 경우에는 평년수확량을 수확량으로 한다. 다만, 계약자 또는 피보험자의 고의 또는 중대한 과실로 수확량조사를 하지 못하여 수확량을 확인할 수 없는 경우에는 농업수입감소보험금을 지급하지 않는다.

    (c) 미보상감수량은 평년수확량에서 수확량을 뺀 값에 미보상비율을 곱하여 산출하며, 평년수확량 보다 수확량이 감소하였으나 보상하는 재해로 인한 감소가 확인되지 않는 경우에는 감소한 수량을 모두 미보상감수량으로 한다.

      ㉠ 보상하는 재해가 있는 경우

> • 미보상감수량 = (평년수확량 − 수확량) × 미보상비율

감자 품목의 실제수입

= (수확량 + 미보상감수량 − 병충해감수량) × min(기준가격, 수확기가격)

* Min(기준가격, 수확기가격): 수확기가격이 기준가격보다 상승한 경우, 수확량이 줄었음에도 수입이 감소하지 않을 수가 있는데 이를 방지하기 위하여 실제수입은 기준가격과 수확기가격 중 작은 값을 택한다.

수확량조사를 하지 않은 경우 농업수입감소보험금

평년수확량=수확량이므로 수입감소보험금은 수확기가격이 기준가격보다 하락하였을 경우에만 지급한다.

보상하는 재해가 확인 안 된 경우 미보상감수량

보상하는 재해가 확인이 안 되었음에도 수확감소(평년수확량 – 수확량)가 발생하였다면, 수확감소는 보상하지 않는 원인으로 발생한 것이므로 미보상감수량 = (평년수확량 – 수확량)이 되는 것이다.

ⓒ 보상하는 재해가 확인 안 된 경우
- 미보상감수량 = (평년수확량 – 수확량)

보상하는 재해가 확인 안 된 경우 실제수입

실제수입 = (수확량 + 미보상감수량) × min(농지별기준가격, 농지별수확기가격)이며, 보상하는 재해가 확인 안 된 경우 미보상감수량 = (평년수확량 – 수확량)이므로, 실제수입 = (수확량 + 평년수확량 – 수확량) × min(농지별기준가격, 농지별수확기가격) = 평년수확량 × min(농지별기준가격, 농지별수확기가격)이다.

결국, 보상하는 재해가 확인되지 않은 경우는 보상하는 재해로 인한 수확감소는 없는 것이고, 수확기 가격하락으로 인한 수입감소만 보상한다. 이는 수확량조사를 하지 않은 경우의 농업수입감소보험금과 동일하다.

다음의 계약사항과 보상하는 손해에 따른 조사내용에 관하여 수확량, 기준수입, 실제수입, 피해율, 농업수입감소보험금을 구하시오. (단, 피해율은 % 단위로 소수점 셋째 자리에서 반올림하여 둘째 자리까지 다음 예시와 같이 구하시오. 예시: 0.12345 → 12.35%) [15점]   제2회

• 계약사항

상품명	보험가입금액	가입면적	평년수확량	기준가격	자기부담비율
농업수입보장보험 콩	900만원	10,000㎡	2,470kg	3,900원/kg	20%

• 조사내용

조사종류	조사방식	실경작면적	수확불능면적	타작물면적
수확량조사	표본조사	10,000㎡	1,000㎡	0㎡

기수확면적	표본구간 유효중량 합계	표본구간 면적 합계	미보상감수량	수확기가격
2,000㎡	1.2kg	12㎡	200kg	4,200원/kg

Key

· 위 문제에서 제시된 표본구간유효중량은 콩의 기준함수율(14%)이 적용되어 산출된 중량이며, 위와 같이 유효중량이 제시된 경우에는 수확량 계산 시 수확량에 기준함수율을 적용하지 않도록 유의한다.

· 실제수입 계산시 적용가격은 min(기준가격, 수확기가격)이다. 즉, 수확기에 가격하락이 안 된 경우에는 기준가격을 적용하며, 수확기에 가격이 하락한 경우에만 수확기 가격을 적용한다.

정답

① **수확량** $= \dfrac{1.2}{12} \times (10,000 - 1,000 - 2,000) + \dfrac{2,470}{10,000} \times 2,000 =$ **1,194kg**

⌐● 기·라·미 면적: 수확량을 계산할 때는 반드시 기라미의 유무를 확인한다.

② **기준수입 및 실제수입**

· 기준수입 = 평년수확량 × 기준가격 = 2,470 × 3,900 = **9,633,000원**

· 실제수입 = (수확량 + 미보상감수량) × min(기준가격, 수확기가격)

= (1,194 + 200) × min(3,900, 4,200) = 1,394 × 3,900 = **5,436,600원**

③ **피해율** $= \dfrac{\text{기준수입} - \text{실제수입}}{\text{기준수업}} = \dfrac{9,633,300 - 5,436,600}{9,633,300} = 0.43564 \to$ **43.56%**

④ **농업수입감소보험금** = 보험가입금액 × (피해율 − 자기부담비율) = 9,000,000 × (0.4356 − 0.2)

= **2,120,4000원**

농업수입보장보험 마늘 품목에 한해와 조해피해가 발생하여 아래와 같이 수확량조사를 하였다. 계약사항과 조사내용을 토대로 하여 ① 표본구간 단위면적당 수확량과 수확량 ② 실제수입, ③ 피해율, ④ 보험가입금액 및 농업수입감소보험금의 계산과정과 값을 각각 구하시오. (단, 소수점 셋째 자리에서 반올림하여 둘째 자리까지 다음 예시와 같이 구하시오. 예시: 수확량 3.456kg → 3.46kg, 피해율 0.12345 → 12.35%로 기재) [15점]   제4회, 문제 일부 변경

• 계약사항

·품종: 남도	·가입면적: 3,300㎡	·자기부담비율: 20%
·평년수확량: 10,000 kg	·가입수확량; 10,000kg	·기준가격: 3,000원

• 조사내용

·실경작면적: 3,300㎡	·수확불능면적: 300㎡	·타작물면적: 500㎡
·수확기가격: 2,500원	·표본구간: 7구간	·표본구간면적: 10.50㎡
·표본구간수확량: 30kg	·미보상비율: 20%	

Key

위 문제와 같이 마늘의 환산계수와 비대추정지수가 제시되지 않는 경우가 있다. 비대추정지수가 문제에서 제시되지 않으면 수확량조사 시기가 수확량조사 적기여서 제시되지 않을 수 있으나, 문제에서 환산계수는 적용하지 않는다는 언급이 없는 한 환산계수를 적용하는 것이 원칙이므로 품종 남도가 난지형마늘임을 상기하여 환산계수 0.72를 적용하여 수확량을 산정하도록 한다.

정답

① 표본구간 단위면적당 수확량과 수확량

- 표본구간 단위면적당 수확량 $= \dfrac{30 \times 0.72}{10.5} = 2.057 \rightarrow 2.06\text{kg}$

- 수확량 $= 2.06 \times (3,300 - 300 - 500) + \dfrac{10,000}{3,300} \times 500 = 6,665.151 \rightarrow \mathbf{6,665.15\text{kg}}$

② 실제수입

- 미보상감수량 $= (10,000 - 6,665.15) \times 20\% = 666.97\text{kg}$

- 실제수입 $= (6,665.15 + 666.97) \times \min(3,000, 2,500) = (6,665.15 + 666.97) \times 2,500 = $ **18,330,300원**

③ 피해율

- 기준수입 = 평년수확량 × 기준가격 = 10,000 × 3,000 = 30,000,000원

- 피해율 $= \dfrac{\text{기준수입} - \text{실제수입}}{\text{기준수입}} = \dfrac{30,000,000 - 18,330,300}{30,000,000} = 0.38899 \rightarrow \mathbf{38.90\%}$

④ 보험가입금액 및 농업수입감소보험금

• 보험가입금액 = 가입수확량 × 기준가격 = 10,000 × 3,000 = **30,000,000원** (1과목 영역)

• 농업수입감소보험금 = 30,000,000 × (0.3890 − 0.2) = **5,670,000원**

기출문제 03

다음의 계약사항과 조사내용을 참조하여 ① 수확량(kg), ② 피해율(%) 및 ③ 보험금을 구하시오. (단, 품종에 따른 환산계수 및 비대추정지수는 미적용하고, 수확량과 피해율은 소수점 셋째 자리에서 반올림하여 다음 예시와 같이 구하시오. 예시: 12.345kg → 12.35kg, 12.345% → 12.35%) [15점]   제6회

• 계약사항

품목	가입금액	가입면적	평년수확량	기준가격	자기부담비율
마늘(수입보장)	2,000만원	2,500㎡	8,000kg	2,800원/kg	20%

• 조사내용

재해종류	조사종류	실제경작면적	고사면적	타작물 및 미보상면적	기수확면적
냉해	수확량조사	2,500㎡	500㎡	200㎡	0㎡

표본구간 수확량	표본구간 면적	미보상비율	수확기가격
5.5kg	5㎡	15%	2,900원/kg

Key

마늘 품종의 수확량을 계산하기 위하여는 환산계수 비대추정지수를 먼저 확인하여야 한다. 그러나 위 문제와 같이 환산계수와 비대추정지수는 적용하지 않는다고 하는 경우는 그러하지 아니하다.

정답

기·라·미 면적: 수확량을 계산할 때는 반드시 기라미의 유무를 확인한다.

① **수확량(kg)** = $\frac{5.5}{5}$ × (2,500 − 500 − 200 − 0) + $\frac{8,000}{2,500}$ × $\overline{200}$ = **2,620kg**

실제 수확가능 면적 = 실제경작면적 − 고사면적 − 기라미 면적

② **피해율(%)**

• 기준수입 = 평년수확량 × 기준가격 = 8,000 × 2,800 = 22,400,000원

• 미보상감수량 = (평년수확량 − 수확량) × 미보상비율 = (8,000 − 2,620) × 15% = 807kg

• 실제수입 = (수확량+미보상감수량) × min(기준가격, 수확기가격)

= (2,620 + 807) × min(2,800, 2,900) = 9,595,600원

• 피해율 = $\frac{\text{기준수입} − \text{실제수입}}{\text{기준수입}}$ = $\frac{22,400,000 − 9,595,600}{22,400,000}$ = 0.57162 → **57.16%**

③ **보험금** = 보험가입금액 × (피해율 − 자기부담비율) = 20,000,000 × (0.5716 − 0.2) = **7,432,000원**

다음의 계약사항와 보상하는 손해에 따른 조사내용에 관하여 각 물음에 답하시오. (단, 피해율은 % 단위로 소수점 셋째 자리에서 반올림하여 둘째 자리까지 다음 예시와 같이 구하시오. 예시: 0.12345 → 12.35%)

• 계약사항

품목	보험가입금액	가입면적	평년수확량	자기부담비율	기준가격
농업수입보장보험 양배추	1,620만원	2,000㎡	18,000kg	30%	1,000원/kg

• 수확량조사(표본조사) - 보상하는 재해는 확인되지 않았음

실제 경작면적	고사면적	기수확 면적	표본구간조사			표본구간 수확량(kg)		
			이랑길이	이랑폭	표본구간수	정상	80% 피해	100% 피해
2,000㎡	250㎡	200㎡	1.5m	1.0m	5	20	20	10

① 위 계약사항을 보고 기준수입을 산정하시오.

정답

기준수입 = 평년수확량 × 기준가격 = 18,000 × 1,000 = **18,000,000원**

② 위 수확량조사 내용을 보고 수확량을 산정하시오.

정답

$$수확량 = \frac{20 + 20 \times 0.2}{1.5 \times 1.0 \times 5} \times \underbrace{(2,000 - 250 - 200)} + \frac{18,000}{2,000} \times \overbrace{200}^{\text{기·라·미 면적}} = \textbf{6,760kg}$$

• 실제 수확가능 면적 = 실제경작면적 − 고사면적 − 기라미 면적

③ 미보상감수량을 산정하시오.

정답

보상하는 재해가 확인되지 않았으므로,

미보상감수량 = 평년수확량 − 수확량 = 18,000 − 6,760 = **11,240kg**

④ 피해율을 산정하시오. 단, 수확기 가격은 1,050원/kg이다.

정답

• 실제수입 = (수확량 + 미보상감수량) × min(기준가격, 수확기가격) = (6,760 + 11,240) × 1,000

= 18,000,000원

• 피해율 = $\dfrac{기준수입 - 실제수입}{기준수입}$ = $\dfrac{18,000,000 - 18,000,000}{18,000,000}$ = **0%**

⑤ 농업수입감소보험금을 산정하시오.

정답

피해율이 0%이므로, 보험금은 **지급되지 않는다.**

 보상하는 재해가 확인되지 않고 수확기가격 하락이 없는 경우 농업수입감소보험금 계산

농업수입감소보험방식은 보상하는 재해와 수확기가격 하락으로 인한 수입의 감소를 보장하므로 보상하는 재해와 수확기 가격하락이 없는 경우는 당연히 지급보험금도 없는 것이다.

핵심문제 02

다음의 계약사항과 조사내용에 관하여 지급가능한 모든 보험금을 산정하시오. (단, 수확량, 미보상감수량은 kg 단위로, 피해율은 % 단위로 소수점 셋째 자리에서 반올림하여 둘째 자리까지 다음 예시와 같이 구하시오. 예시: 수확량 3.456 kg → 3.46kg, 피해율 0.12345 → 12.35%)

• 계약사항

품목	보험가입금액	가입면적	평년수확량	자기부담비율	기준가격
농업수입보장보험 콩	1,500만원	8,000㎡	5,500kg	10%	2,500원/kg

• 수확량조사(표본조사) - 보상하는 재해 집중호우, 미보상비율 20%(제초상태)

실제경작 면적	고사 면적	타작물 면적	표본구간조사			표본구간 수확량	
			이랑길이	이랑폭	표본구간수	종실중량	3회 평균 함수율
8,000㎡	400㎡	600㎡	1.2m	1.0m	6	3.5kg	20%

* 수확기가격: 3,000원/kg

Key

농업수입보장보험 콩 품목의 지급 가능한 보험금은 식물체피해율이 65% 이상으로 경작불능보험금을 신청하였을 때 지급하는 경작불능보험금과, 보상하는 재해로 수확량 감소와 수확기 가격하락으로 수입이 감소하였을 경우 지급하는 농업수입감소보험금이다. 콩 품목은 수확량 계산시 함수율을 적용함을 잊지 않는다.

정답

• 식물체피해율 = $\dfrac{고사면적}{보험가입면적} = \dfrac{400}{8,000} = 0.05 = 5\%$

식물체 피해율이 65% 미만이므로 경작불능보험금은 **지급되지 않음.**

• 표본구간 유효 수확량 = $3.5 \times \dfrac{1-0.2}{1-0.14} = 3.255 → 3.26kg$

- 수확량 $= \dfrac{3.26}{1.2 \times 1.0 \times 6} \times (8,000 - 400 - 600) + \dfrac{5,500}{8,000} \times 600 = 3,581.944 \rightarrow 3,581.94\text{kg}$

- 기준수입 = 평년수확량 × 기준가격 = 5,500 × 2,500 = 13,750,000원

- 보상하는 재해가 확인되었을 경우 미보상감수량 = (평년수확량 − 수확량) × 미보상비율

  = (5,500 − 3,581.94) × 0.2 = 383.612 → 383.61kg

- 실제수입 = (수확량 + 미보상감수량) × min(기준가격, 수확기가격)

  = (3,581.94 + 383.61) × min(2,500, 3,000) = 9,913,875원

- 피해율 $= \dfrac{\text{기준수입} - \text{실제수입}}{\text{기준수입}} = \dfrac{13,750,000 - 9,913,875}{13,750,000} = 0.27899 \rightarrow 27.9\%$

- 종합농업수입보장보험금 = 보험가입금액 × (피해율 − 자기부담비율) = 15,000,000 × (0.279 − 0.1) =

  2,685,000원

핵심문제 03

다음의 계약사항과 조사내용에 관하여 각 물음에 답하시오.

- 계약사항

품목	보험가입금액	가입면적	평년수확량	자기부담비율	기준가격
농업수입보장 감자	3,300만원	3,700㎡	22,000kg	20%	1,500원/kg

- 면적조사

실제경작면적	고사면적	미보상면적	표본구간조사		
			이랑길이	이랑폭	표본구간수
3,700㎡	300㎡	400㎡	1.5m	1.0m	5

- 표본구간 수확량 조사 – 집중호우로 인한 피해 확인됨, 미보상비율: 10%(제초상태)

정상감자	최대지름 5cm 미만 감자	50% 이상 피해 감자	병충해감자(10kg, 역병) 손해정도				
			15%	40%	55%	70%	90%
16	12	8	2	1	4	1	2

└ 수확량 계산 시 무게의 50% 적용   감자 역병 인정비율: 90% ◄

Key

- 감자 품목은 종합위험방식 농업수입감소보장 방식 밭작물 중 유일하게 병충해로 인한 피해를 보장하는 품목으로, 병충해별 인정비율을 반드시 암기하여 병충해 감수량 계산시 적용할 수 있도록 한다.

- 수확량 계산시 병충해감자의 무게의 100%를 적용하여 수확량에 더하여야 함에 유의한다.

- 병충해 감자와 관련하여 문제에 제시된 수확량조사 내용이 손해정도인지 손해정도비율인지 유의하고, 업무방법서에 서술된 아래의 손해정도에 따른 손해정도비율을 적용하여 병충해감수량 계산에 적용하도록 한다.

[손해정도에 따른 손해정도비율 – 감자]					
손해정도	1%~20%	21%~40%	41%~60%	61%~80%	81%~100%
손해정도비율	20%	40%	60%	80%	100%

① 위 계약사항을 보고 기준수입을 산정하시오.

정답

기준수입 = 평년수확량 × 기준가격 = 22,000 × 1,500 = **33,000,000원**

② 위 표본구간 수확량조사에 따른 수확량을 산출하시오. (단, 수확량은 kg 단위로 소수점 셋째 자리에서 반올림하여 소수점 둘째 자리까지 다음 예시와 같이 구하시오. 예시: 3.456kg → 3.46kg)

정답

표본구간 병충해감자: 무게의 100% 적용

$$수확량 = \frac{16 + 12 \times 0.5 + 8 \times 0.5 + 10}{1.5 \times 1.0 \times 5} \times (3,700 - 300 - 400) + \frac{22,000}{3,700} \times 400$$

$$= 16,778.378 \rightarrow \textbf{16,778.38kg}$$

③ 미보상감수량을 산정하시오. (단, 미보상감수량은 kg 단위로 소수점 셋째 자리에서 반올림하여 소수점 둘째 자리까지 다음 예시와 같이 구하시오. 예시: 3.456kg → 3.46kg)

정답

보상하는 재해가 확인되었으므로, 미보상감수량 = (평년수확량 – 수확량) × 미보상비율

$$= (22,000 - 16,778.38) \times 0.1 = \textbf{522.16kg}$$

④ 병충해감수량을 산정하시오. (단, 병충해감수량은 kg 단위로 소수점 셋째 자리에서 반올림하여 소수점 둘째 자리까지 다음 예시와 같이 구하시오. 예시: 3.456 kg → 3.46kg)

정답

손해정도에 따른 손해정도비율은 15% → 20%, 40% → 40%, 55% → 60%, 70% → 80%, 90% → 100%이므로,

병충해감수량을 계산할 경우는 무게 × 손해정도비율이나, 수확량을 계산할 경우는 무게 × (1 – 손해정도비율)이다.

감자 역병 인정비율: 90%

$$병충해감수량 = \frac{(2 \times 0.2 + 1 \times 0.4 + 4 \times 0.6 + 1 \times 0.8 + 2 \times 1) \times 0.9}{1.5 \times 1.0 \times 5} \times (3,700 - 300 - 400) = \textbf{2,160kg}$$

⑤ 수확기가격이 1,300원/kg일 경우 피해율을 산정하시오. (단, 피해율은 % 단위로 소수점 셋째 자리에서 반올림하여 둘째 자리까지 구하시오. 예시: 0.12345 → 12.35%)

정답

- 실제수입 = (수확량 + 미보상감수량 − 병충해감수량) × min(기준가격, 수확기가격)

  = (16,778.38 + 522.16 − 2,160) × 1,300 = 19,682,702원

- 피해율 = $\dfrac{\text{기준수입} - \text{실제수입}}{\text{기준수입}}$ = $\dfrac{33,000,000 - 19,682,702}{33,000,000}$ = 0.40355 → **40.36%**

⑥ 농업수입보장보험금을 산정하시오.

정답

농업수입보장보험금 = 보험가입금액 × (피해율 − 자기부담비율) = 33,000,000 × (0.4036 − 0.2)

= **6,718,800원**

보상하는 재해가 확인 안 된 경우 수확량계산이 필요할까?

농업수입보장 방식에서는 보상하는 재해로 인한 수확감소 및 수확기 가격하락으로 인한 수입감소인데, 보상하는 재해가 확인이 안 된 경우 수확감소로 인한 수입감소는 보상하지 않고 수확기가격하락으로 인한 수입감소만을 보상하게 된다. 따라서 피해율에 영향을 주는 것은 가격에 의한 수입이며, 이 경우

피해율 = $\dfrac{\text{기준수입} - \text{실제수입}}{\text{기준수입}}$ = $\dfrac{\text{기준가격} - \text{min(기준가격, 수확기가격)}}{\text{기준가격}}$ 이 되는 것이며,

수확량을 계산하지 않고도 피해율과 농업수입감소보험금을 산정할 수 있다.

핵심문제 04

다음의 계약사항와 조사내용에 관하여 농업수입감소보험금을 산정하시오. (단, 수확량, 미보상감수량은 kg 단위로, 피해율은 % 단위로 소수점 셋째 자리에서 반올림하여 둘째 자리까지 다음 예시와 같이 구하시오. 예시: 수확량 3.456kg → 3.46kg, 피해율 0.12345 → 12.35%)

- 계약사항

품목	보험가입금액	가입면적	평년수확량	자기부담비율	기준가격
농업수입보장보험 콩	1,500만원	8,000㎡	5,500kg	10%	2,500원/kg

- 수확량조사 (표본조사) – 보상하는 재해로 인한 피해 확인 안 됨

실제경작 면적	고사 면적	타작물 면적	표본구간조사			표본구간 수확량	
			이랑길이	이랑폭	표본구간수	종실중량	3회 평균 함수율
8,000㎡	400㎡	600㎡	1.2m	1.0m	6	3.5kg	20%

* 수확기가격: 3,000원/kg

Key

농업수입감소보장 방식은 보상하는 재해에 의한 수확량감소와 수확기 가격하락에 의한 수입의 감소를 보장함에 유의한다.

정답

보상하는 재해로 인한 피해는 확인되지 않았고, 수확기가격이 3,000원/kg으로 기준가격 2,500원/kg 대비 하락하지 않았으므로 농업수입감소보험금은 **지급되지 않는다.**

3. 종합위험 생산비보장방식 밭작물 품목

개요

종합위험생산비보장방식은 보장하는 재해가 발생하였을 경우 작물의 생산을 위해 투입된 생산비 (수확기 이전) 혹은 회수가 덜 된 생산비(수확기 이후)를 보상하며, 대상 품목은 수확물을 무게로 측정하지 않는 밭작물, 즉 배추 등의 엽경채류 채소가 대부분이다. 생산비보장방식은 수확의 감소를 보장하지 않으므로 수확량조사를 하지 않고 따라서 평년수확량도 존재하지 않는다.

종합위험수확감소보장 방식은 보험금 지급횟수에 따라 아래의 두 가지 유형으로 나뉜다.

피해 발생 시마다 손해조사를 실시하고 보험금을 지급(경과비율 有)	고추, 브로콜리
수확직전에 손해조사를 실시하여 보험금을 1회 지급(경과비율 無)	배추, 무, 파, 당근, 메밀, 시금치

생산비보장방식에서의 피해율은 피해비율(전체재배면적에서 몇 퍼센트가 피해를 입었는지, how much)에 손해정도비율(그 피해는 얼마나 심각한지, how serious)를 곱한 값으로 가입 면적 대비 실질적으로 피해를 입은 면적을 의미한다.

how much   how serious

실제재배면적   피해면적   손해정도비율   표본조사

- 피해비율 = $\dfrac{\text{피해면적}}{\text{실제재배면적}}$
- 피해율 = 피해비율 × 손해정도비율

종합위험생산비보장방식 밭작물의 보험금 산정과 관련된 문제는 기타의 보장방식 보험금 산정방식에 비하여 상대적으로 단순하고, 그동안 시험에서 자주 출제되지 않았으나 그동안 자주 출제가 되지 않았다는 점에서 향후 출제 가능성은 높다 할 수 있으며, 특히 고추와 메밀 품목과 관련한 문제가 출제될 가능성이 높으니 이 두 가지 품목에 대한 준비는 철저하게 하도록 하자.

조사의 종류

피해사실확인조사	고추와 브로콜리를 제외한 대상품목 전체
경작불능조사	고추와 브로콜리를 제외한 대상품목 전체
생산비보장 손해조사	대상품목 전체(고추는 사고접수 직후, 기타 품목은 수확직전)

필수 암기 사항

수확기 이전 경과비율	준비기생산비계수 + (1 - 준비기생산비계수) × $\dfrac{\text{생장일수}}{\text{표준생장일수}}$ * 준비기 생산비계수: 고추 55.7%, 브로콜리 50.9%
수확기 중 경과비율	$1 \times \dfrac{\text{수확일수}}{\text{표준수확일수}}$

1. 적용 품목 주로 김장과 관련된 채소이다.

씨앗 수확용이 아닌 나물용 메밀 ●

본 관의 적용 품목은 <u>고추</u>, 브로콜리, 배추, 무, 단호박, 파, 당근, <u>메밀</u>, 시
금치 품목으로 한다. ●━ 무게로 판매하는 마른고추가 아닌 풋고추

2. 사고접수

가입사무소(본·지점포함)의 담당자 등은 계약자 등으로부터 사고발생 통지
를 받은 즉시 사고 내용을 전산에 입력한다.

3. 조사 종류 및 방법

1 피해사실 확인조사(배추, 무, 단호박, 파, 당근, 메밀, 시금치만 해당)

'고추, 브로콜리'는
피해사실확인조사를 하지 않는다.

가. 사고가 접수된 농지는 모두에 대하여 실시하는 조사로, 사고 접수 직후
실시하며 다음 각 목에 해당하는 사항을 확인한다.

① 보상하는 재해로 인한 피해 여부 확인

기상청 자료 확인 및 현지 방문 등을 통하여 보상하는 재해로 인한
피해가 맞는지 확인하며, 필요시에는 이에 대한 근거로 다음의 자료
를 확보할 수 있다.

ⓐ 기상청 자료, 농업기술센터 의견서 및 손해평가인 소견서 등 재해
입증 자료

ⓑ 피해농지 사진: 농지의 전반적인 피해 상황 및 세부 피해내용이
확인 가능하도록 촬영

② 추가 조사 필요여부 판단

보상하는 재해 여부 및 피해 정도 등을 감안하여 추가조사(생산비보
장 손해조사 또는 경작불능 손해조사)가 필요한지 여부를 판단하여
해당 내용에 대하여 계약자에게 안내하고, 추가조사가(생산비보장
손해조사 또는 경작불능 손해조사) 필요할 것으로 판단된 경우에는
수확기에 손해평가반구성 및 추가조사 일정을 수립한다.

나. 단, 태풍 등과 같이 재해 내용이 명확하거나 사고 접수 후 바로 추가조
사가 필요한 경우 등에는 피해사실확인조사를 생략할 수 있다.

2 경작불능조사 '고추, 브로콜리'는 경작불능조사를 하지 않으며, 경작불능보험금도 지급되지 않는다.

가. 경작불능조사는 배추, 무, 단호박, 파, 당근, 메밀, 시금치 품목에만 해당
한다.

나. 피해사실확인조사 시 경작불능조사가 필요하다고 판단된 농지 또는 사고 접수 시 이에 준하는 피해가 예상되는 농지에 대하여 실시하는 조사로, 조사 시기는 피해사실확인조사 직후 또는 사고 접수 직후로 한다.

다. 경작불능조사의 절차

① 보험기간 확인 ~~중요!~~

경작불능보장의 보험기간은 '계약체결일 24시'와 '정식(파종)완료일 24시(단, 각 품목별 아래의 일자를 초과할 수 없음(메밀·시금치 제외))' 중 늦은 때부터 수확 개시일 직전(다만, 약관에서 정하는 보장 종료일을 초과할 수 없음)까지로 해당 기간 내 사고인지 확인한다.

> (a) 고랭지 배추(정식): 7월 31일   (b) 고랭지 무(파종): 7월 31일
> (c) 대파(정식): 5월 20일   (d) 단호박(정식): 5월 29일   반드시
> (e) 당근(파종): 8월 31일   암기할 것

② 보상하는 재해 여부 심사

농지 및 작물 상태 등을 감안하여 약관에서 정한 보상하는 재해로 인한 피해가 맞는지 확인하며, 필요시에는 이에 대한 근거 자료(피해사실확인조사 참조)를 확보할 수 있다.

③ 실제 경작면적 확인

GPS면적측정기 또는 지형도 등을 이용하여 보험가입 면적과 실제 경작면적을 비교한다. 이때 실제 경작면적이 보험 가입면적 대비 10% 이상 차이가 날 경우에는 계약 사항을 변경해야 한다.

④ 식물체 피해율 조사

조사 대상 농지에서 보상하는 재해로 인한 식물체 피해율(고사식물체(수 또는 면적)를 보험가입식물체(수 또는 면적)로 나눈 값을 의미하며, 고사식물체 판정의 기준은 해당 식물체의 수확 가능 여부임)이 65% 이상인지 여부를 조사한다.

⑤ 계약자의 경작불능보험금 신청 여부 확인

식물체 피해율이 65% 이상인 경우 계약자에게 경작불능보험금 신청 여부를 확인한다. 경작불능보험금을 신청 및 지급받아 계약이 소멸된 때에는 생산비 보장보험금을 지급하지 않는다.

⑥ 종합위험 생산비보장 손해조사 대상 확인   종합위험 생산비보장 밭작물은 경작불능 후조사를 실시하지 않는다.

식물체 피해율이 65% 미만이거나, 식물체 피해율이 65% 이상이나

계약자가 경작불능보험금을 신청하지 않은 경우에는 향후 종합위험 생산비보장 손해조사가 필요한 농지로 결정한다.

⑦ 산지폐기 여부 확인(경작불능후조사, 월동무, 월동배추, 쪽파, 당근, 메밀, 시금치 해당)

이전 조사에서 보상하는 재해로 식물체 피해율이 65% 이상인 농지에 대하여, 산지폐기 여부를 확인한다.

3 생산비보장 손해조사

가. 고추, 브로콜리 외 품목의 생산비보장 손해조사는 피해사실확인조사 시 추가 조사가 필요하다고 판단된 농지 또는 경작불능조사 결과 추가 조사를 실시하는 것으로 결정(식물체 피해율이 65% 미만이거나 계약자가 경작불능보험금을 신청하지 않는 경우)된 농지에 대하여 실시하는 조사로, 조사 시기는 수확 직전으로 한다. 다만, 생산비보장 손해조사 전 계약자가 피해미미(자기부담비율 이내의 사고) 등의 사유로 손해조사 실시를 취소한 농지는 생산비보장 손해조사를 실시하지 않는다.

나. 고추, 브로콜리 품목은 사고가 접수된 농지에 대하여, 사고 접수 직후 실시한다.

다. 생산비보장 손해조사 절차

① 보상하는 재해로 인한 피해 여부 확인

기상청 자료 확인 및 현지 방문 등을 통하여 보상하는 재해로 인한 피해가 맞는지 확인하며, 필요시에는 이에 대한 근거로 다음의 자료를 확보할 수 있다.

ⓐ 기상청 자료, 농업기술센터 의견서 및 손해평가인 소견서 등 재해 입증 자료

ⓑ 피해농지 사진: 농지의 전반적인 피해 상황 및 세부 피해내용이 확인 가능하도록 촬영

② 일자조사 중요!

ⓐ 사고일자 확인   사고일자 기준을 응용하여 지급보험료 계산문제 기출제

재해가 발생한 일자를 확인하고, 가뭄과 같이 지속되는 재해의 사고일자는 재해가 끝나는 날(가뭄 이후 첫 강우일의 전날)을 사고일자로 한다. 다만, 재해가 끝나기 전에 조사가 이루어질 경우에

종합위험 생산비보장 손해조사 대상 조건

1. 식물체 피해율이 65% 이상
2. 식물체 피해율이 65% 이상이나 계약자가 경작불능보험금을 신청하지 않은 경우

손해조사 시기
· 고추, 브로콜리: 사고접수 직후
· 기타 품목: 수확 직전

는 조사가 이루어진 날을 사고일자로 하며, 조사 이후 해당 재해로 추가 발생한 손해는 보상하지 않는다.

ⓑ 수확 예정일자, 수확 개시일자, 수확 종료일자 확인
  · 사고일자를 기준으로 사고일자 전에 수확이 시작되지 않았다면 수확 예정일자를 확인한다.
  · 사고일자 전에 수확이 시작되었다면 최초 수확을 시작한 일자와 수확 종료 (예정)일자를 확인한다.

③ 실제 경작면적조사

GPS면적측정기 또는 지형도 등을 이용하여 보험가입 면적과 실제 경작면적을 비교한다. 이때 실제 경작면적이 보험 가입 면적 대비 10% 이상 차이가 날 경우에는 계약 사항을 변경해야 한다.

④ 피해면적조사

GPS면적측정기 또는 지형도 등을 이용하여 피해 이랑 또는 식물체 피해면적을 확인한다. 단, 메밀 품목은 도복으로 인한 피해면적과 도복 이외 피해면적을 나누어 조사한다.

⑤ 손해정도 비율 조사

ⓐ 고추   표본수에 해당하는 이랑을 조사
  ㉠ 표본 이랑 수 선정: 조사된 피해면적에 따라 (별표 1-8)이상의 표본이랑수를 선정한다.
  ㉡ 표본 이랑 선정: 선정한 표본 이랑 수를 바탕으로 피해 이랑 중에서 동일한 간격으로 골고루 배치될 수 있도록 표본 이랑을 선정한다. 다만, 선정한 이랑이 표본으로 부적합한 경우(해당 지점 작물의 상태가 현저히 좋거나 나빠서 표본으로 대표성을 가지기 어려운 경우 등)에는 가까운 위치의 다른 피해 이랑을 표본 이랑으로 선정한다.
  ㉢ 표본 이랑 내 작물 상태 조사: 표본 이랑별로 식재된 작물(식물체 단위)을 손해정도비율표 (표 2-5-1 또는 표 2-5-2 참조)에 따라 구분하여 조사한다. 이때 피해가 없거나 보상하는 재해 이외의 원인으로 피해가 발생한 작물 및 타작물은 정상으로 분류하며, 가입 이후 추가로 정식한 고추 등 보장 대상과 무관한 고추도 정상으로 분류하여 조사한다.

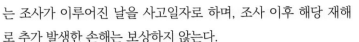

종합위험 원예시설작물 사고일자 조사

연속적인 자연재해(폭염, 냉해)로 사고일자를 특정할 수 없을 경우
1. 수확기 이전 사고: 기상 특보 발령일자를 사고일자로 추정한다.
2. 수확기 중 사고: 최종출하일자를 사고일자로 추정한다. 다만 지역적재해특성, 농가별 피해정도 등을 고려하여 이를 달리 정할 수 있다.

표본구간(이랑) 조사

1. 고추: 표본 이랑을 조사
2. 메밀, 단호박: 표본구간수 × 1㎡ 면적의 표본조사
3. 기타품목: 표본구간수 × 연속하는 10구의 작물
* 메밀, 단호박은 이랑재배를 하지 않으므로 면적의 표본조사

② 미보상비율 조사

품목별 미보상비율적용표(별표 2-2)에 따라 미보상비율을 조사한다.

표본구간마다 1㎡의 면적을 조사 •

(b) 메밀(도복 이외 피해면적만을 대상으로 함)

도복이 된 면적은 손해정도비율을 70%로 인정하고,
도복이 되지 않은 면적은 피해면적의
손해정도비율을 조사한다.

⊙ 표본구간 수 선정: 조사된 도복 이외 피해면적에 따라 (별표 1-8) 이상의 표본구간 수를 선정한다.

ⓛ 표본구간 선정: 선정한 표본구간 수를 바탕으로 피해면적에 골고루 배치될 수 있도록 표본 구간을 선정한다. 다만, 선정한 구간이 표본으로 부적합한 경우(해당작물의 수확량이 현저히 많거나 적어서 표본으로 대표성을 가지기 어려운 경우 등)에는 가까운 위치의 다른 구간을 표본구간으로 선정한다.

손해정도비율 vs
피해인정계수

· 피해인정계수(브로콜리): 50%,
  80%, 100%
· 손해인정비율(기타품목): 20%,
  40%, 60%, 80%, 100%

ⓒ 표본구간 내 메밀 상태(손해정도 비율) 조사: 선정된 표본구간에 규격의 원형(1㎡) 이용 또는 표본구간의 가로·세로 길이 1m×1m를 구획하여, 표본 구간내 식재된 메밀을 손해정도비율표(표 2-5-1 참조)에 따라 구분하여 조사한다. 이때 피해가 없거나 보상하는 재해 이외의 원인으로 피해가 발생한 메밀 및 타작물은 정상으로 분류하여 조사한다.

(c) 브로콜리   표본구간마다 연속하는 10구의 작물을 조사

⊙ 표본구간 수 선정: 조사된 피해면적에 따라 (별표 1-8) 이상의 표본구간 수를 선정한다.

브로콜리의 작물피해율

생산비보장방식에서 브로콜리
품목만 작물피해율을 조사하고,
피해정도에 따라 50%, 80%,
100%형 피해송이로 구분함에
유의한다.

*손해인정비율(기타 품목): 20%,
 40%, 60%, 80%, 100%

ⓛ 표본구간 선정: 선정한 표본구간 수를 바탕으로 재배방법 및 품종 등을 감안하여 조사 대상 면적에 동일한 간격으로 골고루 배치될 수 있도록 표본구간을 선정한다. 다만, 선정한 구간이 표본으로 부적합한 경우(해당 지점 작물의 수확량이 현저히 많거나 적어서 표본으로 대표성을 가지기 어려운 경우 등)에는 가까운 위치의 다른 구간을 표본구간으로 선정한다. 대상 이랑을 연속해서 잡거나 1~2이랑씩 간격을 두고 선택한다.

ⓒ 표본구간 내 브로콜리 상태 조사: 각 표본구간 내에서 연속하는 10구의 작물피해율조사를 진행한다. 작물피해율조사 시, 보상하는 재해로 인한 작물이 훼손된 경우 피해 정도에 따라 정상, 50%형 피해송이, 80%형 피해송이, 100%형 피해송이로 구분하여 조사한다.

ⓓ 배추, 무, 파, 당근, 시금치 표본구간마다 연속하는 10구의 작물을 조사

　ⓐ 표본구간 수 선정: 조사된 피해면적에 따라 (별표 1-8) 이상의 표본구간 수를 선정한다.

　ⓑ 표본구간 선정 및 표식: 선정한 표본구간 수를 바탕으로 피해 면적에 골고루 배치될 수 있도록 표본 구간을 선정한다. 다만, 선정한 구간이 표본으로 부적합한 경우(해당 작물의 수확량이 현저히 많거나 적어서 표본으로 대표성을 가지기 어려운 경우 등)에는 가까운 위치의 다른 구간을 표본구간으로 선정한다. 표본구간마다 첫 번째 작물과 마지막 작물에 리본 등으로 표시 한다.

　ⓒ 표본구간 내 작물 상태 조사: 표본구간 내에서 연속하는 10구의 손해정도 비율 조사를 진행한다. 손해정도비율 조사 시, 보상하는 재해로 인한 작물이 훼손된 경우 손해정도비율표(표 2-5-1 참조)에 따라 구분하여 조사한다.

ⓔ 단호박

　ⓐ 표본구간 수 선정: 조사된 피해면적에 따라 (별표 1-8) 이상의 표본구간 수를 선정한다.

　ⓑ 표본구간 선정: 선정한 표본구간 수를 바탕으로 피해면적에 골고루 배치될 수 있도록 표본구간을 선정한다. 다만, 선정한 구간이 표본으로 부적합한 경우(해당 작물의 수확량이 현저히 많거나 적어서 표본으로 대표성을 가지기 어려운 경우 등)에는 가까운 위치의 다른 구간을 표본구간으로 선정한다.

　ⓒ 표본구간 내 작물 상태 조사: 선정된 표본구간에 표본구간의 가로(이랑폭)·세로(1m) 길이를 구획하여, 표본 구간 내 식재된 단호박을 손해정도비율표 (표 2-5-1 참조)에 따라 구분하여 조사한다.

표 2-5-1 [손해정도에 따른 손해정도비율]

손해정도	1%~20%	21%~40%	41%~60%	61%~80%	81%~100%
손해정도 비율	20%	40%	60%	80%	100%

⑥ 병충해 등급별 인정비율 적용(고추만 해당)

이렇게 외웠다!
1등급: 역세풋바탄, 2등급: 잿시담담, 3등급: 흰균무진기

표 2-5-1 [병충해 등급별 인정비율]

등급	병·해충	인정비율
1등급	역병, 풋마름병, 바이러스병, 탄저병, 세균성점무늬병	70%
2등급	잿빛곰팡이병, 시들음병, 담배가루이, 담배나방	50%
3등급	흰가루병, 균핵병, 무름병, 진딧물 및 기타	30%

<aside>
고추와 공통 병충해의 등급별 감자 인정비율

1등급: 90% (무름병)
2등급: 50% (시들음병, 균핵병, 진딧물류, 풋마름병)
3등급: 30% (역병,탄저병)
</aside>

4. 보험금 산정방법

1 생산비보장보험금의 산정(고추, 브로콜리)

가. 생산비보장보험금은 잔존보험가입금액에 경과비율과 피해율을 곱하여 산정하며, 산정한 값에서 자기부담금을 차감하여 보험금을 지급한다. 단, 병충해가 있는 경우 병충해 등급별 인정비율을 피해율에 곱한다.

- 생산비보장보험금(고추) = 잔존보험가입금액 × 경과비율 × 피해율 × 병충해등급별인정비율 − 자기부담금 _{종합위험생산비보장 밭작물 중 유일하게 고추만 병충해로 인한 피해 보장}

- 생산비보장보험금(브로콜리) = 잔존보험가입금액 × 경과비율 × 피해율 − 자기부담금

나. 경과비율은 다음 목과 같이 수확기 이전에 보험사고가 발생한 경우와 수확기 중에 보험사고가 발생한 경우로 나누어 산출한다.

① 수확기 이전에 보험사고가 발생한 경우

준비기생산비계수와 (1−준비기생산비계수)에 생장일수를 표준생장일수로 나누어 곱한 값을 더하여 산출한다.

ⓐ 준비기생산비계수는 고추: 55.7%, 브로콜리: 50.9%로 한다.

ⓑ 생장일수는 정식일로부터 사고발생일까지 경과일수로 한다.

ⓒ 표준생장일수(정식일로부터 수확개시일까지 표준적인 생장일수)는 사전에 설정된 값으로 고추: 100일, 브로콜리: 130일로 한다.

* 수확기 이전 경과비율(고추)

$$= 0.557 + (1 - 0.557) \times \frac{생장일수}{표준생장일수}$$

* 수확기 이전 경과비율(브로콜리)

$$= 0.509 + (1 - 0.509) \times \frac{생장일수}{표준생장일수}$$

ⓓ 생장일수를 표준생장일수로 나눈 값은 1을 초과할 수 없다.

<aside>
잔존보험가입금액

고추와 브로콜리 품목은 보험기간중에 피해가 발생할 때마다 보험금을 지급하며, 지급보험금의 총액이 가입보험금 이내로 하기 위하여 1차 이후 지급보험금은 잔존보험가입금액을 기준으로 하는 것이다.
</aside>

<aside>
준비기생산비계수 55.7%

준비기생산비계수는 전체생산비 중 정식시점(종합위험생산비보장 개시 시점)까지 투입된 생산비의 비율로 고추는 제초제살포, 비료살포, 모종구입 등 정식시점까지 전체생산비의 55.7%를 사용한다는 의미이다.
</aside>

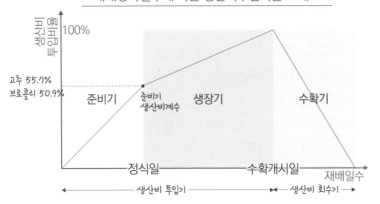

재배경과일수에 따른 생산비투입비율 그래프

경과비율의 의미

경과비율은 생장기 혹은 수확기의 특정 시점에 작물의 생산을 위해 투입되거나(수확기 이전) 회수가 덜 된(수확기 이후)의 생산비의 비율이다.

② 수확기 중에 보험사고가 발생한 경우

1에서 수확일수를 표준수확일수로 나눈 값을 빼어 산출한다.

ⓐ 수확일수는 수확개시일부터 사고발생일까지의 경과일수로 한다.

ⓑ 표준수확일수는 수확개시일부터 수확종료일까지의 일수로 한다.

$$* \ \text{수확기중 경과비율(고추, 브로콜리)} = 1 - \frac{\text{수확일수}}{\text{표준수확일수}}$$

← 사고발생일 – 수확개시일
← 문제에서 제시됨

다. 피해율은 품목별로 아래와 같이 산출한다.

① 고추

피해율은 피해비율에 손해정도비율, (1 – 미보상비율)을 곱하여 산정하며, 각 요소는 아래와 같이 산출한다.

· 피해율(고추) = 피해비율 × 손해정도비율 × (1 – 미보상비율)

$$* \ \text{피해비율} = \frac{\text{피해면적}}{\text{재배면적}}$$

ⓐ 피해비율: 재배면적 대비 피해면적을 의미하며, 피해면적을 재배면적으로 나누어 산출한다.

ⓑ 손해정도비율: 표본이랑 내 고추의 손해정도를 의미하며, 표본이랑 내 각 손해정도비율별 고추(식물체 단위) 수에 손해정도비율(정상 고추의 손해정도 비율은 0으로 한다)을 곱한 값의 합계를 전체 고추 수에서 평가제외 고추를 뺀 값으로 나누어 산출한다.

ⓒ 미보상비율: 품목별 미보상비율 적용표(별표 2-2)에 따라 조사한 미보상비율을 적용한다.

② 브로콜리

피해율은 피해비율에 작물피해율을 곱하여 산정하며, 각 요소는 아래와 같이 산출한다.

수확기 중 경과비율

수확기가 시작되는 시점까지 생산비의 100%가 투입되며, 고추와 브로콜리는 타작물과 달리 2개월 내외에 걸쳐 수확하게 되므로, 투입된 생산비가 일시에 회수되지 않고 수확종료일까지 수확일수에 비례하여 회수되고, 수확이 완료된 날 투입된 생산비는 모두 회수되고 경과비율 ='0'이 된다.

$$\cdot \text{피해율(고추)} = \text{피해비율} \times \text{작물피해율}$$

$$* \text{피해비율} = \frac{\text{피해면적}}{\text{재배면적}}$$

생산비보장 밭작물 중 브로콜리와 메밀은 피해율 산정 시 (1 − 미보상비율)을 곱하지 않는다.

(a) 피해비율: 재배면적 대비 피해면적을 의미하며, 피해면적을 재배면적으로 나누어 산출한다.

(b) 작물피해율: 피해면적 내 피해송이 수를 총 송이 수로 나누어 산출한다. 피해송이는 송이별로 피해정도에 따라 피해인정계수(표 2-5-3 참조)를 정하며, 피해송이 수는 피해송이별 피해인정계수의 합계로 산출한다.

표 2-5-3 [브로콜리 피해정도에 따른 피해인정계수]

구분	정상밭작물	50%형 피해밭작물	80%형 피해밭작물	100%형 피해밭작물
피해인정계수	0	0.5	0.8	1

라. 자기부담금

잔존보험가입금액에 보험 가입을 할 때 계약자가 선택한 자기부담비율을 곱하여 산출한다.

$\cdot$ 자기부담금 = 잔존보험가입금액 × 자기부담비율

자기부담비율

· 고추, 브로콜리: 3%, 5%
· 기타 종합수확감소보장방식 품목: 20%, 30%, 40%

2 생산비보장보험금의 산정(메밀)

$\cdot$ 생산비보장보험금(메밀) = 보험가입금액 × (피해율 − 자기부담비율)

$$* \text{피해율(메밀)} = \frac{\text{피해면적}}{\text{실제 재배면적}} \quad \text{결국, 피해율} = \frac{\text{피해면적} \times \text{손해정도비율}}{\text{실제 재배면적}}$$

$*$ 피해면적 = (도복으로 인한 피해면적 × 0.7) + (도복이외 피해면적 × 손해정도비율)

↳ 도복으로 인한 피해의 손해정도비율은 70%를 적용한다는 의미

가. 생산비보장보험금은 보험가입금액에 피해율에서 자기부담비율을 뺀 값을 곱하여 산출한다.

나. 피해율은 피해면적을 실제 재배면적으로 나누어 산정한다.

다. 피해면적은 도복으로 인한 피해면적에 70%를 곱한 값과 도복 이외 피해면적에 손해정도비율을 곱한 값을 더하여 산정한다.

라. 손해정도비율은 각각의 표본구간 면적(1㎡)에 표본구간별 손해정도비율을 곱한 값을 모두 더한 후 해당 값을 표본구간 면적의 합으로 나누어 산출한다.

종합수확감소보장방식의 피해율

표현은 다르지만 생산비보장방식 피해율은 "피해면적×손해정도비율"을 '실제재배면적'으로 나눈 값에 (1−미보상비율)을 곱하여 계산한다. (브로콜리, 메밀은 제외)

3 생산비보장보험금의 산정(배추, 무, 단호박, 파, 당근, 시금치)

· 생산비보장보험금 = 보험가입금액 × (피해율 − 자기부담비율)

   * 피해율 = 피해비율 × 손해정도비율 × (1 − 미보상비율)

   * 피해비율 = $\dfrac{\text{피해면적}}{\text{실제 재배면적}}$ 피해율 = $\dfrac{\text{피해면적} \times \text{손해정도비율}}{\text{실제 재배면적}}$ × (1 − 미보상비율)

피해율 산정 시 (1−미보상비율) 적용

종합위험생산비보장밭작물 품목 중 피해율 산정 시 (1−미보상비율)을 적용하지 않는 품목은? 답) 브로콜리, 메밀

가. 생산비보장보험금은 보험가입금액에 피해율에서 자기부담비율을 뺀 값을 곱하여 산출한다.

나. 피해율은 피해비율에 손해정도비율, (1 − 미보상비율)을 곱하여 산정하며, 각 요소는 아래와 같이 산출한다.

  ① 피해비율

    실제 재배면적 대비 피해면적을 의미하며, 피해면적을 실제 재배면적으로 나누어 산출한다.

  ② 손해정도비율

    표본 이랑 내 작물의 손해정도를 의미하며, 표본이랑 내 각 손해정도비율별 작물 수에 손해정도비율(정상 작물의 손해정도 비율은 0으로 한다)을 곱한 값의 합계를 전체 작물 수로 나누어 산출한다.

  ③ 미보상비율

    품목별 미보상비율 적용표(별표 2-1)에 따라 조사한 미보상비율을 적용한다.

4 경작불능보험금의 산정(배추, 무, 단호박, 파, 당근, 메밀, 시금치)

가. 경작불능보험금은 배추, 무, 단호박, 파, 당근, 메밀, 시금치 품목만 해당한다.

나. 경작불능보험금은 식물체피해율이 65% 이상이고, 계약자가 경작불능보험금을 신청한 경우에 지급하며, 보험금은 보험가입금액에 자기부담비율별 경작불능보험금 지급 비율(표 2-5-4 참조)을 곱하여 산출한다.

표 2-5-4 [자기부담비율별 경작불능보험금 지급비율표]

자기부담비율	20%형	30%형	40%형
지급비율	40%	35%	30%

지급비율 = $\dfrac{1 - \text{자기부담비율}}{2}$

수확감소보장방식 피해율 산정 시에도 '(1 − 미보상비율)'을 곱한다?

수확감소보장방식 밭작물 피해율 $= \dfrac{\text{평년수확량} - \text{수확량} - \text{미보상감수량}}{\text{평년수확량}}$ 이고,

미보상감수량 = (평년수확량 − 미보상비율) × 미보상비율이므로,

피해율 $= \dfrac{\text{평년수확량} - \text{수확량} - (\text{평년수확량} - \text{수확량}) \times \text{미보상비율}}{\text{평년수확량}}$

$= \dfrac{(\text{평년수확량} - \text{수확량}) \times (1 - \text{미보상비율})}{\text{평년수확량}} = \underset{\text{피해정보비율을 의미}}{\dfrac{\text{감수량}}{\text{평년수확량}}} \times (1 - \text{미보상비율})$이다.

결국, 생산비보장방식의 피해율 $= \dfrac{\text{피해면적} \times \text{손해정도비율}}{\text{실제 재배면적}} \times (1 - \text{미보상비율})$과 거의 유사하다.

종합위험방식 밭작물 고추에 관하여 수확기 이전에 보험사고가 발생한 경우 보기의 조건에 따른 생산비보장보험금을 산정하시오. [10점]

제1회, 문제 일부 변경

- 보험가입금액: 10,000,000원
- 기지급보험금: 5,000,000원
- 자기부담비율: 5%
- 병·해충 미보상비율: 20%
- 생장일수: 50일
- 표준생장일수: 100일
- 피해비율: 50%
- 손해정도비율: 80%

Key

- 고추 품목의 생산비보장보험금 산정 기준은 보험가입금액이 아닌 잔존보험가입금액(보험가입금액 − 기지급보험금)임을 이해한다.
- 자기부담금 = 잔존보험가입금액 × 자기부담비율이다.
- 고추 품목의 피해율 계산시 마지막에 (1 − 미보상비율)을 곱하는 것을 잊지 않는다.
- 보상하는 병충해에 대한 조사 내용은 없으므로 병충해등급별인정비율 적용하지 않는다.

정답

- 잔존보험가입금액 = 10,000,000 − 5,000,000 = 5,000,000원이며,
- 피해율 = 피해비율 × 손해정도비율 × (1 − 미보상비율) = 0.5 × 0.8 × (1 − 0.2) = 32%
- 수확기 이전 경과비율 = $0.557 + (1 - 0.557) \times \dfrac{\text{생장일수}}{\text{표준생장일수}} = 0.557 + (1 - 0.557) \times \dfrac{50}{100} = 0.7785$
- 자기부담금 = 잔존보험가입금액 × 자기부담비율 = 5,000,000 × 0.05 = 250,000원
- 생산비보장보험금 = 잔존보험가입금액 × 경과비율 × 피해율 × 병충해등급별인정비율 − 자기부담금
  = 5,000,000 × 0.7785 × 0.32 − 250,000 = **995,600원**

다음은 종합위험 생산비보장방식 고추에 관한 내용이다. 아래의 조건을 참조하여 다음 물음에 답하시오. [10점]

제6회

• 조건 1

잔존보험 가입금액	가입면적 (재배면적)	자기부담비율	표준생장일수	준비기생산비 계수	정식일
8,000,000원	2,500㎡	5%	100일	55.7%	2020년 5월 10일

• 조건 2

재해종류	내용
한해 (가뭄피해)	· 보험사고 접수일: 2020년 8월 7일 (정식일로부터 경과일수 89일) · 조사일: 2020년 8월 8일 (정식일로부터 경과일수 90일) · 수확개시일: 2020년 8월 18일 (정식일로부터 경과일수 100일) · 가뭄 이후 첫 강우일: 2020년 8월20일 (수확개시일로부터 경과일수 2일) · 수확종료(예정)일: 2020년 10월 7일 (수확개시일로부터 경과일수 50일)

• 조건 3

피해비율	손해정도비율(심도)	미보상비율
50%	30%	20%

① 위 조건에서 확인되는 ⑴ 사고(발생)일자를 기재하고 그 일자를 사고(발생)일자로 하는 ⑵ 근거를 쓰시오.

Key

> 업무방법서는 사고일자 확인과 관련하여 "재해가 발생한 일자를 확인하고, 가뭄과 같이 지속되는 재해의 사고일자는 재해가 끝나는 날(가뭄 이후 첫 강우일의 전날)을 사고일자로 한다. 다만, 재해가 끝나기 전에 조사가 이루어질 경우에는 조사가 이루어진 날을 사고일자로 하며…" 로 규정하고 있다.

정답

> · 사고(발생)일자: 2020년 8월 8일
>
> · 근거: 제시된 문제의 조건 2에 따르면 가뭄이 끝나기 전에 조사가 이루어졌으므로 사고일자는 조사가 이루어진 날

② 경과비율(%)을 구하시오. (단, 경과비율은 소수점 셋째 자리에서 반올림하여 다음 예시와 같이 구하시오. 예시: 12.345% → 12.35%)

정답

> 위 문제 ①에 따라 사고일자가 수확기 이전이므로 수확기 이전 경과비율
>
> = 준비기생산비계수 + (1 − 준비기생산비계수) × $\dfrac{생장일수}{표준생장일수}$ = 0.557 + (1 − 0.557) × $\dfrac{90}{100}$
>
> = 0.9557 → **95.57%**

③ 보험금을 구하시오.

정답

> · 피해율 = 피해비율 × 손해정도비율 × (1 − 미보상비율) = 0.5 × 0.3 × (1 − 0.2) = 12%

- 자기부담금 = 잔존보험가입금액 × 자기부담비율 = 8,000,000 × 0.05 = 400,000원
- 생산비보장보험금 = 잔존보험가입금액 × 경과비율 × 피해율 × 병충해등급별인정비율 − 자기부담금
  = 8,000,000 × 0.9557 × 0.12 − 400,000 = **517,472원**

핵심문제 01

종합위험생산비보장방식 밭작물 품목 중 경작불능보장을 하는 품목을 모두 쓰시오.

정답

배추, 무, 파, 당근, 단호박, 메밀, 시금치 *종합위험 생산비보장 밭작물 중 브로콜리와 고추를 제외한 품목*

핵심문제 02

종합위험생산비보장방식 밭작물 품목 중 표본조사 시 연속하는 작물 10구의 손해정도비율을 조사하는 품목을 모두 쓰시오.

정답

배추, 무, 파, 당근, 시금치 *이랑을 조사하는 고추와 이랑재배를 하지 않는 메밀, 단호박은 제외된다. 브로콜리는 작물피해율을 조사한다.*

핵심문제 03

종합위험생산비보장 방식에 가입한 농지에 대한 내용이다. 단, 가입품목은 브로콜리이며 조사내용에 대하여 수확기이전 사고 및 수확기 중 사고에 대한 경과비율을 산정하시오. (단. 경과비율은 소수점 셋째 자리에서 반올림하여 다음 예시와 같이 구하시오. 예시: 0.12345 → 12.35%)

- 수확기 이전 사고: 생장일수 65일째 우박 피해 발생
- 수확기 중 사고: 표준수확일수는 40일이며, 수확개시후 35일째 집중호우 발생

Key

실전 문제에서 고추와 브로콜리의 준비기생산비계수와 표준생장일수는 반드시 암기해야 한다.

준비기생산비계수: 고추 55.7%, 브로콜리 50.9%, 표준생장일수: 고추 100일, 브로콜리 130일

정답

- 수확기 이전 경과비율 = $0.509 + (1 - 0.509) \times \dfrac{생장일수}{표준생장일수} = 0.509 + (1 - 0.509) \times \dfrac{65}{130} = 0.7545$
  = **75.45%**

・수확기 중 경과비율 = $1 - \dfrac{35}{40}$ = 0.125 = **12.5%**

다음은 종합위험생산비보장방식 보험에 가입한 고추 품목의 일자조사 내용이다. 조사내용을 보고 경과비율을 산정하시오. (단, 경과비율은 % 단위로 소수점 셋째 자리에서 반올림하여 둘째 자리까지 다음 예시와 같이 구하시오. 예시: 0.12345 → 12.35%)

정식일자	가뭄시작일자	가뭄이후 첫강우일자	사고조사일자
5월 20일	7월 9일	7월 22일	7월 19일

Key

가뭄과 같이 지속되는 재해의 사고일자는 재해가 끝나는 날(가뭄 이후 첫 강우일의 전날)을 사고일자로 한다. 다만, 재해가 끝나기 전에 조사가 이루어질 경우에는 조사가 이루어진 날을 사고일자로 하며, 조사 이후 해당 재해로 추가 발생한 손해는 보상하지 않는다.

정답

가뭄이 끝나는 날 이전에 사고조사가 이루어졌으므로, 사고조사일자를 사고일자로 하며 7월 19일 − 5월 20일 = 60일이므로 정식일 이후 경과일자는 60일이다. 또한 고추 품목의 표준생장일수는 100일이므로, 사고일자는 수확기 이전이며

・수확기 이전 경과비율 = 0.557 + (1 − 0.557) × $\dfrac{\text{생장일수}}{\text{표준생장일수}}$ = 0.557 + (1 − 0.557) × $\dfrac{60}{100}$

= 0.8228 = **82.28%**

다음은 종합위험생산비보장방식 배추, 무, 파, 당근, 시금치 품목의 손해정도비율 조사와 관련된 내용이다. 괄호 안에 알맞은 내용을 쓰시오.

・표본구간 수 선정: 조사된 (①)에 따라 표본구간 수를 선정한다.
・표본구간 선정 및 표식: 선정한 표본구간 수를 바탕으로 (①)에 골고루 배치될 수 있도록 표본구간을 선정한다. 다만, 선정한 구간이 표본으로 부적합한 경우(해당 작물의 (②)이 현저히 많거나 적어서 표본으로 대표성을 가지기 어려운 경우 등)에는 가까운 위치의 다른 구간을 표본구간으로 선정한다. 표본구간마다 첫 번째 작물과 마지막 작물에 리본 등으로 표시한다.

- 표본구간 내 작물 상태 조사: 표본구간 내에서 연속하는 (③)구의 손해정도 비율 조사를 진행한다. 손해정도비율 조사 시, 보상하는 재해로 인한 작물이 훼손된 경우 손해정도비율표에 따라 구분하여 조사한다.

정답

① 피해면적   ② 수확량   ③ 10

핵심문제 06

다음은 종합위험생산비보장방식의 사고일자 확인과 관련된 내용이다. 괄호 안에 알맞은 내용을 쓰시오.

재해가 발생한 일자를 확인하고, 가뭄과 같이 지속되는 재해의 사고일자는 (①)을 사고일자로 한다. 다만, 재해가 끝나기 전에 조사가 이루어질 경우에는 (②)을 사고일자로 하며, 조사 이후 해당 재해로 추가 발생한 손해는 보상하지 않는다.

정답

① 재해가 끝나는 날(가뭄 이후 첫 강우일의 전날)

② 조사가 이루어진 날

핵심문제 07

다음의 계약사항와 조사내용에 관하여 각 물음에 답하시오. (단, 경과비율과 피해율은 % 단위로 소수점 셋째 자리에서 반올림하여 둘째 자리까지 다음 예시와 같이 구하시오. 예시: 피해율 0.12345 → 12.35%)

- 계약사항

품목	보험가입금액	가입면적	자기부담비율
종합위험생산비보장방식 고추	3,000만원	8,000㎡	5%

- 조사내용

사고시기	재해종류	실제재배면적	생장일수	피해면적	손해정도비율	미보상비율
수확기 이전	집중호우	8,000㎡	80일	2,000㎡	40%	20%

① 위 조사내용에 따른 경과비율을 산정하시오.

정답

수확기 이전 경과비율 = $0.557 + (1 - 0.557) \times \dfrac{생장일수}{표준생장일수} = 0.557 + (1 - 0.557) \times \dfrac{80}{100} = 0.9114$

= **91.14%**

② 피해율을 산정하시오.

정답

피해율 = 피해비율 × 손해정도비율 × (1 − 미보상비율) = $\dfrac{피해면적}{실제 재배면적} \times 0.4 \times (1 - 0.2) = \dfrac{2,000}{8,000} \times 0.4 \times 0.8$

= 0.08 = **8%**

③ 생산비보장보험금을 산정하시오. 단, 기지급보험금은 없었다.

정답

- 자기부담금 = 잔존보험가입금액 × 자기부담비율 = 30,000,000 × 5% = 1,500,000원
- 생산비보장보험금 = 잔존보험가입금액 × 경과비율 × 피해율 × 병충해등급별인정비율 − 자기부담금이
  며, 병충해는 확인되지 않았으므로,
- 생산비보장보험금 = 30,000,000 × 0.9114 × 0.08 − 1,500,000 = **687,360원**

핵심문제 08

다음은 종합위험생산비보장방식 보험에 가입한 품목에 관한 내용이다. 다음의 계약사항과 조사
내용을 보고 각 질문에 답하시오. (단, 경과비율과 피해율은 % 단위로 소수점 셋째 자리에서 반
올림하여 둘째 자리까지 다음 예시와 같이 구하시오. 예시: 0.12345 → 12.35%)

• 계약사항

품목	보험가입금액	가입면적	자기부담비율
고추	2,000만원	10,000㎡	3%
브로콜리	3,000만원	12,000㎡	5%

• 조사내용

품목	사고시기	재해내용	수확일수	피해면적	손해정도비율 작물피해율	표준수확일수
고추	수확기 중	병충해	30일	2,500㎡	40%	50일
브로콜리	수확기 중	집중호우	20일	5,000㎡	35%	40일

* 단, 고추의 병충해명은 풋마름병이며, 미보상비율은 10%, 기지급보험금은 고추와 브로콜리 모두 500만원이다.

① 위 조사내용에 따른 고추와 브로콜리의 경과비율을 각각 산정하시오.

정답

- 수확기 중 경과비율 = $1 - \dfrac{\text{수확일수}}{\text{표준수확일수}}$ 이므로,

- 고추의 경과비율 = $1 - \dfrac{30}{50}$ = 1 − 0.6 = 0.4 = **40%**

- 브로콜리의 경과비율 = $1 - \dfrac{20}{40}$ = 1 − 0.5 = 0.5 = **50%**

② 위 조사내용에 따른 고추와 브로콜리의 피해율을 각각 산정하시오.

정답

- 고추의 피해율 = $\dfrac{2{,}500}{10{,}000}$ × 0.4 × (1 − 0.1) = 0.09 = **9%**

- 브로콜리의 피해율 = $\dfrac{5{,}000}{12{,}000}$ × 0.35 = 0.14583 → **14.58%**

③ 고추와 브로콜리의 생산비보장보험금을 산출하시오.

정답

자기부담보험금 = (보험가입금액 − 기지급보험금) × 자기부담비율이며,

- 고추의 자기부담보험금 = (20,000,000 − 5,000,000) × 3% = 450,000원

- 브로콜리의 자기부담보험금 = (30,000,000 − 5,000,000) × 5% = 1,250,000원

고추 역병의 병충해인정비율은 70%이다.

- 고추의 생산비보장보험금 = (20,000,000 − 5,000,000) × 0.4 × 0.09 × 0.7 − 450,000

  = −72,000원으로 고추의 생산비보장보험금은 **지급되지 않는다.**

- 브로콜리의 생산비보장보험금 = (30,000,000 − 5,000,000) × 0.5 × 0.1458 − 1,250,000

  = **572,500원**

핵심문제 09

다음은 종합위험생산비보장방식 고추 품목 보험에 가입한 농지의 표본이랑의 손해정도 비율 조사 내용이다. 다음을 보고 손해정도비율을 산정하시오. (단, 손해정도비율은 % 단위로 소수점 셋째 자리에서 반올림하여 소수점 둘째 자리까지 다음 예시와 같이 구하시오. 예시: 0.12345 → 12.35%)

손해정도	정상	1%~20%	21%~40%	41%~60%	61%~80%	81%~100%	합계
표본이랑 1	95	30	50	25	60	20	280
표본이랑 2	120	20	40	30	40	25	275
표본이랑 3	150	50	40	20	10	5	275
표본이랑 4	110	30	30	40	20	40	270
합계	475	130	160	115	130	90	1,100

Key

손해정도에 따른 손해정도비율은 20%, 40%, 60%, 80%, 100%이며, 각 손해정도별 표본이랑 식물체의 합계를 손해정도비율에 곱하여 보험가입대상 농지의 손해정도비율을 산정한다.

정답

$$손해정도비율 = \frac{130 \times 0.2 + 160 \times 0.4 + 115 \times 0.6 + 130 \times 0.8 + 90 \times 1.0}{1,100} = 0.32090 \rightarrow \textbf{32.09\%}$$

핵심문제 10

다음은 종합위험생산비보장방식 브로콜리의 피해율 산정에 관한 내용이다. 괄호 안에 알맞은 내용을 쓰시오.

· 피해율은 (①)에 (②)를 곱하여 산정한다.
· 피해비율은 (③) 대비 피해면적을 의미하며, 피해면적을 (③)으로 나누어 산출한다.
· (②)은 피해면적 내 피해송이 수를 총 송이 수로 나누어 산출한다. 피해송이는 송이별로 피해정도에 따라 (④)를 정하며, 피해송이 수는 피해송이별 (④)의 합계로 산출한다.

Key

① 피해비율   ② 작물피해율   ③ 재배면적   ④ 피해인정계수

핵심문제 11

다음은 종합위험생산비보장방식 보험에 가입한 농지의 계약사항 및 표본구간 손해정도 조사에 관한 내용이다. 다음의 계약사항 및 조사내용을 보고 각 물음에 답하시오. (단, 피해율과 손해정도비율은 % 단위로 소수점 셋째 자리에서 반올림하여 소수점 둘째 자리까지 다음 예시와 같이 구하시오. 예시: 0.12345 → 12.35%)

- 계약사항

품목	계약체결일	정식일	보험가입금액	가입면적	자기부담비율
단호박	5월 16일	5월 19일	3000만원	3,000㎡	30%

- 표본구간 조사내용: 피해면적 1,800㎡, 미보상비율 10%

손해정도	정상	1%~20%	21%~40%	41%~60%	61%~80%	81%~100%	합계
표본구간 1	2	1	3	0	2	3	11
표본구간 2	3	0	2	1	2	2	10
표본구간 3	3	1	2	0	2	2	10
표본구간 4	2	2	2	2	1	2	11
합계	10	4	9	3	7	10	42

① 위 계약사항에 따른 경작불능보장 개시일을 쓰시오.

Key

경작불능보장의 보험기간은 '계약체결일 24시'와 '정식(파종)완료일 24시 중 늦은 때부터 수확 개시일 직전까지이다.

정답

경작불능보장 개시일은 **5월 19일 24시**이다.

② 위 표본구간 조사내용에 따른 손해정도비율을 산정하시오.

정답

손해정도비율 $= \dfrac{4 \times 0.2 + 9 \times 0.4 + 3 \times 0.6 + 7 \times 0.8 + 10 \times 1.0}{42} = 0.51094 \rightarrow$ **51.09%**

③ 위 계약사항 및 표본구간 조사내용에 따른 피해율을 산정하시오.

정답

〔실제 피해면적을 의미한다.〕

피해율 $= \dfrac{\text{피해면적}}{\text{실제재배면적}} \times$ 손해정도비율 $\times (1 - \text{미보상비율}) = \dfrac{1,800}{3,000} \times 0.5109 \times (1 - 0.1)$

$= 0.27588 \rightarrow$ **27.59%**

④ 위 계약사항 및 표본구간 조사내용에 따른 생산비보장보험금을 산정하시오.

정답

피해율이 자기부담비율보다 작으므로 생산비보장보험금은 **지급되지 않는다.**

다음은 종합위험생산비보장방식 보험에 가입한 농지의 계약사항 및 표본구간 손해정도 조사에 관한 내용이다. 다음의 계약사항 및 조사내용을 보고 각 물음에 답하시오.

• 계약사항

품목	계약체결일	정식일	보험가입금액	가입면적	자기부담비율
메밀	9월 16일	9월 13일	300만원	4,000㎡	30%

• 표본구간 조사내용: 태풍으로 인한 피해 확인됨, 미보상비율 20%

면적조사		도복이외 피해면적 표본구간 손해정도비율조사(표본구간당 1m × 1m)							
도복면적	도복이외 피해면적	표본구간	정상	1% ~20%	21% ~40%	41% ~60%	61% ~80%	81% ~100%
1,000㎡	1,500㎡	구간 1					✓	
		구간 2				✓		
		구간 3				✓		
		구간 4	✓					

↳ 각 표본구간이 손해정도의 어느 구간에 위치하는지를 조사

① 위 계약사항에 따른 경작불능보장 개시일을 쓰시오.

정답

경작불능보장 개시일은 계약체결일 **9월 16일 24시**이다.

② 표본구간 조사내용에 따른 도복이외 피해면적의 손해정도비율을 산정하시오.

정답

↳ 각 표본구간 손해정도비율의 합

$$손해정도비율 = \frac{0.8 + 0.6 + 0.6 + 0}{4} = 0.5 = \textbf{50\%}$$

↳ 총 표본구간 수

③ 표본구간 조사내용에 따른 피해면적을 산정하시오.

정답

피해면적 = 도복으로 인한 피해면적 × 0.7 + 도복이외 피해면적 × 손해정도비율

↳ 도복으로 인한 피해의 손해정도비율은 70%라는 의미

= 1,000 × 0.7 + 1,500 × 0.5 = **1,450㎡**

④ 위 계약사항 및 표본구간 조사내용에 따른 피해율을 산정하시오. (단, 피해율은 % 단위로 소수점 셋째 자리에서 반올림하여 소수점 둘째 자리까지 구하시오. 예시: 0.12345 → 12.35%)

정답

↳ 메밀 품목은 피해율 산정시 (1 − 미보상비율)을 적용하지 않는다.

$$피해율 = \frac{피해면적}{실제재배면적} = \frac{1,450}{4,000} = 0.3625 \rightarrow \textbf{36.25\%}$$

⑤ 위 계약사항 및 표본구간 조사내용에 따른 생산비보장보험금을 산정하시오.

정답

생산비보장보험금 = 보험가입금액 × (피해율 − 자기부담비율) = 3,000,000 × (0.3625 − 0.3) = **187,500원**

핵심문제 13

종합위험생산비보장방식 보험에 가입한 고추품목의 ① 준비기생산비계수 ② 경과비율에 관하여
서술하고 ③ 준비기, 생장기, 수확기로 나누어 재배일수에 따른 경과비율 변화를 보여주는 그래
프를 그리시오. 단, 그래프를 그릴 때 X축은 재배일수, Y축은 경과비율로 하고 그래프에 고추의
준비기생산비계수가 그래프에 나타나도록 하시오.

Key

- 업무방법서에는 준비기생산비계수, 경과비율에 대하여 명확한 용어의 정의에 대한 내용은 없다. 그러나
  생산비보장방식에서 준비기생산비계수와 경과비율에 대한 정확한 의미는 필수이다.
- 최근 손해평가사 출제 경향은 업무방법서의 단순한 암기를 넘어 업무방법서의 내용을 정확하게 이해했
  는지 응용하는 문제가 많이 출제되고 있다.

정답

① **준비기생산비계수**: 준비기생산비계수는 전체 생산비 중 정식시점(종합위험생산비보장 개시시점)까지
  투입된 생산비의 비율을 의미한다.

② **경과비율**: 경과비율은 전체생산비 대비 생장기 혹은 수확기의 특정 시점에 작물의 생산을 위해 투입되
  었거나(수확기 이전) 회수가 덜 된(수확기 이후)의 생산비의 비율을 의미한다.

③ **경과비율 그래프**

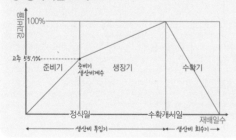

4. 종합위험방식 원예시설·버섯 품목

개요

종합위험방식 원예시설·버섯 품목은 생산비보장방식으로 보험금을 산정하며, 보험금 산정방식 등은 종합위험생산비보장 밭작물 품목에서 학습한 내용과 유사하다. 그러나 1년에 1회만 경작을 하는 노지 밭작물과는 달리 원예시설작물은 시설 내에서 일 년에 수 차례 경작을 하기 때문에 경작불능보험금이 지급되지 않으며, 자기부담비율도 없다는 것에 유의한다. (농업용시설물과 부대시설은 자기부담금이 있다.)

종합위험방식 원예시설·버섯 품목은 지금까지 출제 빈도는 낮았으나, 아래의 그림과 같이 품목에 따른 다양한 유형의 경과비율이 존재하고, 동일한 품목임에도 경작방식에 따라 적용하는 경과비율의 유형이 달라지기 때문에 경과비율을 적용한 다양한 형태의 문제 출제가 가능하다. 더군다나 2021년 업무방법서 개정으로 종합위험방식 원예시설·버섯 품목의 보험금 산정방식의 상당 부분이 변경되었기 때문에 그 여느 때보다 출제 가능성은 높다고 할 수 있다.

종합위험방식 원예시설·버섯 품목에서는 무엇보다 경과비율에 대해 정확히 이해하는 것이 중요하며, 농업용시설물 및 부대시설에 대하여는 과수 품목의 비가림시설 및 인삼품목의 해가림시설과의 차이점을 학습함으로써 이 부분에 대한 출제 가능성에도 대비하도록 하자.

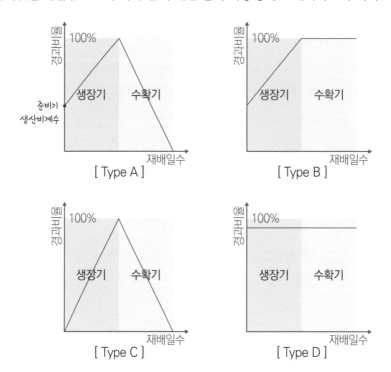

* 위 경과비율의 Type은 설명의 편의를 위해 저자가 임의로 규정한 것이며, 업무방법서에 정의된 내용이 아님.

경과비율의 유무에 따른 작물 분류

경과비율이 없는 품목		원예작물 중 장미, 부추, 원목재배 표고
경과비율이 있는 품목	Type[1] A	딸기, 토마토, 오이, 호박, 풋고추, 파프리카, 배추, 대파, 백합, 국화, 카네이션 등 (준비기생산비계수(α)는 40%, 재절화재배 국화와 카네이션의 α = 20%) 표고버섯(톱밥배지재배, α = 82.2%), 느타리버섯(균상재배, α = 74.5%), 양송이(균상 재배, α = 83.9%)
	Type B	멜론, 국화, 수박 (α = 40%)
	Type C	시금치, 파(쪽파), 무, 쑥갓 (α = 0%)
	Type D	느타리버섯(병재배, α = 90.3%), 새송이버섯(병재배, α = 92.5%)

1 경과비율의 Type은 설명의 편의를 위해 저자가 임의로 규정한 것이며, 업무방법서에는 적시되지 않음.

시설작물 및 버섯의 경과비율의 유무에 따른 보험금 계산

경과비율이 없는 경우는 결국 경과비율 = 1이다.

경과비율이 없는 경우	재배면적 × 단위면적당보장생산비 × 피해율 ←
경과비율이 있는 경우	재배면적 × 단위면적당보장생산비 × 경과비율 × 피해율

농업용시설물 부대시설(버섯재배사 포함) 보험금 계산

손해를 입은 장소에서 실제로 수리 또는 복구를 한 경우	재조달가액 기준으로 손해액 적용
손해를 입은 장소에서 실제로 수리 또는 복구를 하지 않은 경우와 손해발생 후 180일이 경과하여도 수리 또는 복구의 서면 통지가 없는 경우	시가(감가상각된 금액)를 기준으로 손해액 적용

1. 적용 품목

본 관의 적용 품목은 원예시설·버섯으로 한다.

1 원예시설: 농업용시설물, 부대시설, 시설작물

단동하우스

가. 농업용시설물

단동하우스(광폭하우스 포함), 연동하우스 및 유리(경질판)온실

나. 부대시설

시설작물 재배를 위하여 농업용시설물에 설치한 시설(단, 동산시설 제외)

연동하우스

다. 시설작물

딸기, 토마토, 오이, 참외, 호박, 풋고추, 파프리카, 국화, 수박, 멜론, 상추, 가지, 배추, 파(대파), 백합, 카네이션, 미나리, 장미, 부추, 시금치, 파(쪽파), 무, 쑥갓

2 버섯: 농업용시설물, 부대시설, 버섯

유리온실

가. 농업용시설물

단동하우스(광폭하우스 포함), 연동하우스, 경량철골조 등

나. 부대시설

시설작물 재배를 위하여 농업용시설물에 설치한 시설(단, 동산시설 제외)

다. 버섯

표고버섯(원목재배, 톱밥배지재배), 느타리버섯(균상재배, 병재배), 새송이버섯(병재배), 양송이버섯(균상재배)

2. 사고 접수

가입사무소(본·지점포함)의 담당자 등은 계약자 등으로부터 사고발생 통지를 받은 즉시 사고 내용을 전산에 입력한다.

3. 조사 종류 및 방법

1 농업용시설물·부대시설 손해조사(버섯 포함)

가. 조사기준

① 손해가 생긴 때와 곳에서의 가액에 따라 실제 복구수리비를 산출한 다.

● 손해를 입은 장소에서의 수리 복구 여부가 지급보험금 계산의 Key이다.

② 보험의 목적이 손해를 입은 장소에서 실제로 수리 또는 복구되지 않은 때에는 재조달가액에 의한 보상을 하지 않고 시가(감가상각된 금액)로 보상한다.

나. 평가단위

물리적으로 분리 가능한 시설 1동을 기준으로 계약원장에 기재된 목적물 별로 평가한다.

다. 조사방법

① 계약사항 확인

(a) 계약원장 및 현지 조사표를 확인하여 사고 목적물의 소재지 및 보험시기 등을 확인한다.

(b) 계약원장 상의 하우스 규격(단동, 연동, 피복재 종류 등)을 확인한다.

② 사고현장방문

(a) 계약원장 상의 목적물과 실제 목적물 소재지 일치여부를 확인한다.

(b) 면담을 통해 사고경위, 사고일시 등을 확인한다.

(c) 면담결과, 사고경위, 기상청 자료 등을 감안하여 보상하는 재해로 인한 손해가 맞는지를 판단한다.

③ 손해평가

(a) 피복재: 아래의 표를 참고하여 하우스 폭에 피해길이를 감안하여 피해범위를 산정한다.

> · 전체 교체가 필요하다고 판단되어 전체교체를 한 경우 전체 피해로 인정함
> · 전체 교체가 필요하다고 판단되지만 부분교체를 한 경우 교체한 부분만 피해로 인정함
> · 전체 교체가 필요하지 않다고 판단되는 경우 피해가 발생한 부분만 피해로 인정함

(b) 구조체 및 부대시설: 아래의 표를 참고하여 교체수량(비용), 보수 및 수리면적(비용)을 산정하되, 재사용 할 수 없는 경우(보수불가)

또는 수리비용이 교체비용보다 클 경우에는 재조달비용을 산정한다.

> · 손상된 골조(부대시설)을 재사용할 수 없는 경우는 교체수량 확인 후 교체비용 산정
> · 손상된 골조(부대시설)을 재사용할 수 있는 경우는 수리 및 보수비용 산정

    (c) 인건비: 실제 투입된 인력, 시방서, 견적서, 영수증 및 시장조사를 통해 피복재 및 구조체 시공에 소모된 인건비 등을 감안하여 산정한다.

생산비보장 밭작물 vs 원예시설작물 및 버섯

생산비보장 밭작물의 보험금 산정기준은 잔존보험가입금액이며, 원예시설작물 및 버섯은 보험가입금액이다.

2 시설작물•버섯 손해조사

가. **조사기준** 중요!!

① 1사고마다 생산비보장 보험금을 보험가입금액 한도 내에서 보상한다.

② 평가단위는 목적물 단위로 한다.

③ 동일 작기에서 2회 이상 사고가 난 경우 동일 작기 작물의 이전 사고의 피해를 감안하여 산정한다.

④ 평가시점은 피해의 확정이 가능한 시점에서 평가한다.

나. **조사방법**

① 계약사항 확인

    (a) 계약원장 및 현지 조사표를 확인하여 사고 목적물의 소재지 및 보험시기 등을 확인한다.

    (b) 계약원장 상의 하우스 규격 및 재배면적 등을 확인한다.

② 사고현장방문

    (a) 면담을 통해 사고경위, 사고일자 등을 확인한다.

    (b) 기상청 자료 확인, 계약자 면담, 작물의 상태 등을 고려하여 보상하는 재해로 인한 피해여부를 확인하며, 필요시 계약자에게 아래의 자료를 요청하여 보상하는 재해여부를 판단한다.

> · 농업기술센터 의견서
> · 출하내역서(과거 출하내역 포함)
> · 기타 정상적인 영농활동을 입증할 수 있는 자료 등

중요!!

③ 재배일정 확인(정식·파종·종균접종일, 수확개시·수확종료일 확인)

    (a) 문답조사를 통하여 확인

ⓑ 필요시 재배일정 관련 증빙서류(모종구매내역, 출하 관련 증명서, 영농일지 등)를 확인

④ 사고일자 확인: 계약자 면담, 기상청 자료 등을 토대로 사고일자를 특정한다.

ⓐ 수확기 이전 사고: 연속적인 자연재해(폭염, 냉해 등)로 사고일자를 특정할 수 없는 경우에는 기상특보 발령일자를 사고일자로 추정한다. 다만 지역적 재해특성, 농가 별 피해정도 등을 고려하여 이를 달리 정할 수 있다.

ⓑ 수확기 중 사고: 연속적인 자연재해(폭염, 냉해 등)로 사고일자를 특정할 수 없는 경우에는 최종 출하일자를 사고일자로 추정한다. 다만 지역적 재해특성, 농가별 피해정도 등을 고려하여 이를 달리 정할 수 있다.

다. 손해조사

① 경과비율 산출: 사고현장 방문 시 확인 한 정식일자(파종·종균접종일), 수확개시일자, 수확종료일자, 사고일자를 토대로 작물 별 경과비율을 산출한다.

② 재배비율 및 피해비율 확인: 해당작물의 재배면적(주수) 및 피해면적(주수)를 조사한다.

③ 손해정도비율: 보험목적물의 뿌리, 줄기, 잎 과실 등에 발생한 부분의 손해정도비율을 산정한다.

3 화재대물배상책임

가. 조사기준

손해평가는 피보험자가 보험증권에 기재된 농업용시설물 및 부대시설 내에서 발생한 화재사고로 타인의 재물을 망그러뜨려 법률상의 배상책임이 발생한 경우에 한하여 조사 실시

나. 조사방법

① 피보험자가 피해자에게 지급할 책임을 지는 법률상의 손해배상금 조사

② 피보험자가 손해의 방지 또는 경감을 위하여 지출한 필요 또는 유익하였던 비용 조사

종합위험 생산비보장 밭작물 사고일자 조사

재해가 발생한 일자를 확인하고, 가뭄과 같이 지속되는 재해의 사고일자는 재해가 끝나는 날(가뭄 이후 첫 강우일의 전날)을 사고일자로 한다. 다만, 재해가 끝나기 전에 조사가 이루어질 경우에는 조사가 이루어진 날을 사고일자로 하며, 조사 이후 해당 재해로 추가 발생한 손해는 보상하지 않는다.

원예시설 재배면적조사

원예시설 및 버섯의 보험기간은 보통 1년이며 보험기간 동안 재배하는 시설작물과 재배면적도 수 차례 바뀌는 것이 일반적이다. 따라서, 손해조사 시 생산비보장 밭작물과 다르게 해당작물의 재배면적을 조사해야 하는 것이다.

③ 피보험자가 지급한 소송비용, 변호사비용, 중재, 화해 또는 조정에 관한 비용 조사

4. 보험금 산정방법

1 농업용시설물·부대시설

가. 손해액 산정 손해액 산정 〈 농업용시설물: 구조체 + 피복재
                              부대시설

시설하우스의 손해액은 구조체(파이프, 경량철골조) 손해액에 피복재 손해액을 합하여 산정하고 부대시설 손해액은 별도로 산정한다.

나. 손해액 산출 기준 중요!!

① 손해를 입은 장소에서 실제로 수리 또는 복구를 한 경우 재조달가액 기준으로 손해액을 적용한다.

② 손해를 입은 장소에서 실제로 수리 또는 복구를 하지 않은 경우와 손해 발생 후 180일이 경과하여도 수리 또는 복구의 서면 통지가 없을 경우에는 시가(감가상각된 금액)을 적용한다.

* 감가상각된 금액 = 재조달가액 × (1 – 경년감가율 × 경과년수)

[농업용시설물 감가율]

(a) 고정식하우스

구분		내용연수	경년감가율
구조체	단동하우스	10년	8%
	연동하우스	15년	5.3%
피복재	장수PE, 삼중EVA, 기능성필름, 기타	1년	40% 고정감가
	장기성PO	5년	16%

(b) 이동식하우스(최초 설치년도 기준)

구분	경과기간			
	1년 이하	2~4년	5~8년	9년 이상
구조체(고정감가)	0%	30%	50%	70%
피복재	40%(고정감가)			

(c) 유리온실·부대시설

구분		내용연수	경년감가율
부대시설		8년	10%
유리온실	철골조·석조·연와석조	60년	1.33%
	블록조·경량철골조·단열판넬조	40년	2.0%

* 유리온실은 손해보험협회가 발행한 『보험가액 및 손해액의 평가기준』 건물의 추정내용년수 및 경년감가율표를 준용

농업용시설물 손해액 시가 적용의 두 가지 경우

1. 손해를 입은 장소에서 실제로 수리 또는 복구를 하지 않은 경우
2. 손해 발생 후 180일이 경과하여도 수리 또는 복구의 서면 통지가 없을 경우

원예시설의 보험가입금액 복원

원예시설은 보험기간 내 2차 이상의 사고가 발생해도 가입 때와 동일하게 손해액을 보상한다. 단, 사고별로 가입금액 이상의 보험금 수령 시 보험계약은 소멸되고 가입금액의 복원은 불가하다. (1과목 내용 중)

경년감가율과 내용연수 경년감가율은 잔가율

경년감가율이란 신규설치 또는 제작된 자산이 1년 단위로 가치가 없어져가는 것을 일정한 비율로 나타내는 것으로 '경년감가율(1년) = (100%–잔가율) ÷ 내용년수'로 계산하며, 수명이 다하였을 때(내용년수가 경과하였을 때) 신가대비 잔여가치의 비율(잔가율)을 농업용시설물은 20%로 계산하여 경년감가율을 계산한다.

예) 내용연수 10년인 구조체의 경년감가율은?
답) (100%–20%) ÷ 10 = 8%

다. 보험금과 잔존물제거비용의 합계액은 보험증권에 기재된 보험가입금액을 한도로 하며 잔존물제거비용은 손해액의 10%를 초과할 수 없다.

라. 손해방지비용, 대위권 보전비용 및 잔존물보전비용은 보험가입금액을 초과하는 경우에도 지급한다.
  └─── 잔존물제거비용과 달리 보험회사의 이익을 위해 지출하는 비용이므로
       보험가입금액을 초과하는 경우에도 지급하는 것이다.

⭘ 인삼 해가림시설의 경우는
기타 협력비용 또한 지급하며,
손해방지비용은 최대 20만원 한도이다.

마. 보험금의 계산

① 보험금은 1사고마다 재조달가액(동형·동질의 신품을 조달하는 데 소요되는 금액) 기준으로 계산한 손해액에서 자기부담금을 차감한 금액에 보험증권에 기재된 보상비율(50%~100%, 10% 단위)만큼을 보험가입금액과 보상비율을 곱한 금액 내에서 산출한다.

② 보험금 = MIN(손해액 − 자기부담금, 보험가입금액) × 보상비율
   보험가입 시 보험계약자가 선택 ↗

③ 자기부담금

  (a) 최소자기부담금(30만원)과 최대자기부담금(100만원)을 한도로 보험사고로 인하여 발생한 손해액의 10%에 해당하는 금액을 적용한다.

  (b) 피복재단독사고는 최소자기부담금(10만원)과 최대자기부담금(30만원)을 한도로 한다.

  (c) 농업용 시설물과 부대시설 모두를 보험의 목적으로 하는 보험계약은 두 보험의 목적의 손해액 합계액을 기준으로 자기부담금을 산출하고 두목적물의 손해액 비율로 자기부담금을 적용한다.

  (d) 자기부담금은 단지 단위, 1사고 단위로 적용한다.

  (e) 화재로 인한 손해는 자기부담금을 적용하지 않는다.

[농업용시설물 및 부대시설 자기부담금]

구분	자기부담금
구조체	30만원 ≤ 손해액의 10% ≤ 100만원
피복제단독사고	10만원 ≤ 손해액의 10% ≤ 30만원

2 시설작물·버섯 태풍못과 달리 자기부담비율이 존재하지 않으며 따라서 자기부담금도 없다.

가. 보험금 지급기준

① 생산비보장보험금이 10만원을 초과하는 경우 그 전액을 보험가입액 내에서 보상한다.

② 동일 작기에서 2회 이상 사고가 난 경우 동일 작기 작물의 이전 사고의 피해를 감안하여 산출한다.

잔존물제거비용이란?
사고 잔존물의 운반, 처리 등 보험사고로 인해 발생한 잔존물을 실제로 제거하는 데 소요되는 일체의 비용을 의미한다.

농업용시설물 및 부대시설의 자기부담금
원예시설 및 시설작물은 보험가입시 자기부담비율 설정을 하지 않으며, 보험가입금액과 관계없이 일정금액의 자기부담금을 제외하고 보험금을 지급한다.

시설작물과 버섯의 소손해면책금
시설작물과 버섯은 자기부담금이 없으며, 생산비보장보험금이 10만원 이하인 경우 보험금이 지급되지 않고, 10만원 초과의 경우 손해액 전액을 보험금으로 지급하며, 이때 10만원을 소손해면책금이라 한다.

나. 보험금 산출방법

시설작물의 미보상비율

모든 시설작물은 종합위험 생산비보장 밭작물(브로콜리, 메밀 제외)과 달리 피해율 계산시 미보상비율을 적용하지 않는다.

재절화재배 준비기생산비계수

재절화재배는 한 번 절화한 개화모주의 새로 나오는 싹이나 동지아를 이용하여 수확 후 새로 삽식하지 않고 1년에 2회 수확하므로 국화와 카네이션의 준비기생산비계수는 통상의 40%에서 20%로 대폭 감소되는 것이다.

① 딸기·토마토·오이·참외·호박·풋고추·파프리카·국화·멜론·상추·가지·배추·파(대파)·백합·카네이션·미나리·수박 (준비기생산비계수 = 40% or 20%)

(a) 생산비보장보험금 = 피해작물재배면적 × 단위면적당 보장생산비 × 경과비율 × 피해율

　　→ 사고일자까지 투입되거나(수확기 이전) 회수되지 않은(수확기 중) 생산비

(b) 경과비율

수확기 이전 사고	·경과비율 = α + (1 − α) × (생장일수 ÷ 표준생장일수) ·α = 준비기 생산비계수(40%, 국화·카네이션 재절화재배는 20%) ·생장일수: 정식(파종)일로부터 사고발생일까지 경과일수 ·표준생장일수: 정식일부터 수확개시일까지 표준적인 생장일수 ·생장일수를 표준생장일수로 나눈 값은 1을 초과할 수 없음
수확기중 사고	·경과비율 = 1 − (수확일수 ÷ 표준수확일수) ·수확일수: 수확개시일부터 사고발생일까지 경과일수 ·표준수확일수: 수확개시일부터 수확종료일까지의 일수 ·위 계산식에도 불구하고 국화·수박·멜론의 경과 비율은 1

(c) 피해율 = 피해비율 × 손해정도비율

· 피해비율 = 피해면적 ÷ 재배면적

· 손해정도비율

손해정도	1%~20%	21%~40%	41%~60%	61%~80%	81%~100%
손해정도비율	20%	40%	60%	80%	100%

② 시금치·파(쪽파)·무·쑥갓 (준비기생산비계수 = 0)

(a) 생산비보장보험금 = 피해작물재배면적 × 단위면적당보장생산비 × 경과비율 × 피해율

(b) 경과비율

준비기생산비계수(α) = 0일 경우, 수확기 이전 사고 경과비율
= α + (1 − α) × (생장일수 ÷ 표준생장일수) = 생장일수 ÷ 표준생장일수

수확기 이전 사고	·경과비율 = 생장일수 ÷ 표준생장일수 ·생장일수: 파종일로부터 사고발생일까지 경과일수 ·표준생장일수: 파종일로부터 수확개시일까지 표준적인 생장일수 ·생장일수를 표준생장일수로 나눈 값은 1을 초과할 수 없음
수확기중 사고	·경과비율 = 1 − (수확일수 ÷ 표준수확일수) ·수확일수: 수확개시일부터 사고발생일까지 경과일수 ·표준수확일수: 수확개시일부터 수확종료일까지의 일수

(c) 피해율 = 피해비율 × 손해정도비율

· 손해정도비율

손해정도	1%~20%	21%~40%	41%~60%	61%~80%	81%~100%
손해정도비율	20%	40%	60%	80%	100%

[작물별 표준생장일수]

품목	품종	표준 생장일수	품목	품종	표준 생장일수
딸기	전체	90일	가지	전체	50일
오이		45일 (75일)	배추		70일
토마토		80일 (120일)	쑥갓		50일
참외		90일	백합		100일
풋고추		55일	카네이션		150일
호박		40일	국화	스탠다드형	120일
수박				스프레이형	90일
멜론		100일	파	대파	120일
파프리카				쪽파	60일
상추		30일	무	일반	80일
시금치		40일		기타	50일

* 괄호 안의 표준생장일수는 9월~11월에 정식하여 겨울을 나는 재배일정으로 3월 이후에 수확을 종료하는 경우에 적용

* 무 품목의 기타 품종은 알타리무, 열무 등 큰 무가 아닌 품종의 무임.

시설작물 경과비율 유형

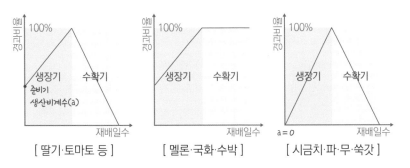

[딸기·토마토 등]　　[멜론·국화·수박]　　[시금치·파·무·쑥갓]

③ 장미

(a) 나무가 죽지 않은 경우

생산비보장보험금 = 장미재배면적 × 장미 단위면적당 나무생존시보장생산비 × 피해율

· 피해율 = 피해비율 × 손해정도비율

· 피해비율 = 피해면적 ÷ 재배면적

원예시설작물 중
경과비율이 없는 품목은?

장미, 부추

종합위험생산비보장방식
밭작물 중 경과비율이
없는 품목의 생산비보장
보험금은?

생산비보장보험금 = 보험가입
금액 × 피해율

* 경과비율 = '1'로 하면 경과비
율이 있는 품목의 보험금계산
공식과 동일하다.

• 손해정도비율

손해정도	1%~20%	21%~40%	41%~60%	61%~80%	81%~100%
손해정도비율	20%	40%	60%	80%	100%

(b) 나무가 죽은 경우

생산비보장보험금 = 장미재배면적 × 장미 단위 면적당 나무고사보장생산비 × 피해율

• 피해율 = 피해비율 × 손해정도비율

• 피해비율 = 피해면적 ÷ 재배면적

• 손해정도비율 = 100%

④ 부추

부추는 "게으른 자의 채소"라고 할 정도로, 한 번 씨앗을 심으면 수 년 동안 새로 심지 않고 수확할 수 있어 생산비가 적기 때문에 보험금지급 시 손해액의 70%만을 지급하는 것이다.

(a) 보험금 = 부추재배면적 × 부추 단위면적당 보장 생산비 × 피해율 × 70%

(b) 피해율 = 피해비율 × 손해정도비율

• 피해비율 = 피해면적 ÷ 재배면적

• 손해정도비율

손해정도	1%~20%	21%~40%	41%~60%	61%~80%	81%~100%
손해정도비율	20%	40%	60%	80%	100%

⑤ 표고버섯(원목재배)   원목재배 표고버섯은 버섯 품목 중 유일하게 "경과비율"이 없다.

(a) 생산비보장보험금 = 재배원목(본)수 × 원목(본)당보장생산비 × 피해율

(b) 피해율 = 피해비율 × 손해정도비율

• 피해비율 = 피해원목(본)수 ÷ 재배원목(본)수

• 손해정도비율 = (표본원목의 피해면적 ÷ 표본원목의 전체면적)

[표본원목 선정기준]

원목수	1000본 이하	1300본 이하	1500본 이하	1800본 이하	2000본 이하	2300본 이하	2300본 초과
표본수	10	14	16	18	20	24	26

버섯재배방법

• 원목재배: 표고
• 톱밥배지재배: 표고
• 균상재배: 느타리, 양송이
• 병재배 : 느타리, 새송이

원목재배(표고)

톱밥배지재배(표고)

⑥ 표고버섯(톱밥배지재배), 느타리버섯(균상재배), 양송이버섯(균상재배)

(a) 생산비보장보험금

• 표고버섯(톱밥배지재배) 생산비보장보험금

= 재배배지(봉)수 × 배지(봉)당 보장생산비 × 경과비율 × 피해율

• 느타리버섯(균상재배), 양송이버섯(균상재배) 생산비보장보험금

= 재배면적 × 단위면적당 보장 생산비 × 경과비율 × 피해율

(b) 경과비율

균상재배(양송이)

수확기 이전 사고	(1) 경과비율 = α + (1 − α) × (생장일수 ÷ 표준생장일수) (2) 준비기 생산비 계수 = α 　· 표고버섯(톱밥배지재배) = 82.2% 　· 느타리버섯(균상재배) = 74.5% 　· 양송이버섯(균상재배) = 83.9% (3) 생장일수 = 종균접종일로부터 사고발생일까지 경과일수 (4) 표준생장일수: 종균접종일로부터 수확개시일까지 표준적인 　생장일수 (5) 생장일수를 표준생장일수로 나눈 값은 1을 초과할 수 없음
수확기중 사고	(1) 경과비율 = 1 − (수확일수 ÷ 표준수확일수) (2) 수확일수 = 수확개시일로부터 사고발생일까지 경과일수 (3) 표준수확일수 = 수확개시일부터 수확종료일까지의 일수

(c) 피해율 = 피해비율 × 손해정도비율

　㉠ 표고버섯(톱밥배지재배) 피해비율 = 피해배지(봉)수 ÷ 재배배지(봉)수

　㉡ 느타리버섯(균상재배), 양송이버섯(균상재배) 피해비율

　　= 피해면적 ÷ 재배면적

　㉢ 손해정도비율

　　· 표고버섯(톱밥배지재배): 손해정도에 따라 50%, 100%에서

　　　결정　*톱밥배지재배 표고버섯의 손해정도비율 = 50% or 100%*

　　· 느타리버섯(균상재배), 양송이버섯(균상재배)

손해정도	1%~20%	21%~40%	41%~60%	61%~80%	81%~100%
손해정도 비율	20%	40%	60%	80%	100%

⑦ 느타리버섯(병재배), 새송이버섯(병재배)

　(a) 생산비보장보험금 = 재배병수 × 병당 보장생산비 × 경과비율 × 피해율

　(b) 경과비율　　　　　*수확기이전과 수확기 중 경과비율이 동일*

　　· 느타리버섯(병재배) = 90.3%

　　· 새송이버섯(병재배) = 92.5%

병재배 버섯 경과비율

　(c) 피해율 = 피해비율 × 손해정도비율

　　· 피해비율 = 피해병수 ÷ 재배병수

　　· 손해정도비율

손해정도	1%~20%	21%~40%	41%~60%	61%~80%	81%~100%
손해정도비율	20%	40%	60%	80%	100%

[버섯종류별 표준생장일수]

품목	품종	표준생장일수
표고버섯(톱밥배지재배)	전체	90일
느타리버섯(균상재배)	전체	28일
양송이버섯(균상재배)	전체	30일

3 시설작물·버섯 보장생산비

가. **시설작물 보장생산비**　　　　　　　　　　　　　　　　　(단위: 원)

구분	보장 생산비	구분		보장 생산비
수박	4,900	국화	일반	16,600
딸기	14,500		재절화	13,100
토마토	11,800	카네이션	일반	33,800
오이	8,500		재절화	20,300
참외	7,200	무		2,100
풋고추	8,000	백합		16,000
호박	8,000	미나리		4,100
파프리카	25,600	쑥갓		2,300
멜론	7,900	나무생존시		9,700
상추	4,200	장미	1년생	17,500
시금치	1,700		2년생	29,200
부추	5,700	나무고사시	3년생	29,200
가지	11,900		4년생	23,400
배추	2,000		5년생이상	11,700

나. **버섯 보장생산비**　　　　　　　　　　　　　　　　　　(단위: 원)

구분		보장생산비	기준
표고버섯 (원목재배)	1년차	9,200	원목 한 본
	2년차	7,000	
	3년차	3,600	
	4년차	800	
표고버섯(톱밥배지재배)		2,800	배지 한 봉
느타리버섯(균상재배)		16,400	㎡ 기준
느타리버섯(병재배)		520	한 병
새송이버섯(병재배)		430	한 병
양송이버섯(균상재배)		28,700	㎡ 기준

종합위험생산비보장방식 보험금 계산식 vs 원예시설작물 보험금 계산식

(1) 경과비율이 있는 경우
- 종합위험생산비보장방식 밭작물: 잔존보험가입금액 × 경과비율 × 피해율 − 자기부담금
- 원예시설작물: 재배면적 × 단위면적당 보장생산비 × 경과비율 × 피해율

(2) 경과비율이 없는 경우
- 종합위험생산비보장방식 밭작물: 보험가입금액 × (피해율 − 자기부담비율)
- 원예시설작물: 재배면적 × 단위면적당 보장생산비 × 피해율

원예시설작물은 보험계약시 자기부담비율이 없고 보험금이 10만원을 초과하면 전액지급하는 소손해면책금이 존재한다.

종합위험생산비보장방식 밭작물 중 경과비율이 있는 품목(고추, 브로콜리)의 보험기간내 2차 이상의 사고 시 보험금은 잔존보험가입금액(보험가입금액 − 기지급보험금)을 기준으로 하나, 원예시설작물은 보험기간내 2차 이상의 사고가 발생해도 1차 사고와 동일하게 '재배면적 × 단위면적당 보장생산비'를 기준으로 함에 유의한다.

기출문제 01

종합위험방식 원예시설작물 딸기에 관한 내용이다. 아래의 내용을 참조하여 물음에 답하시오.
[15점]

제5회, 문제 일부 변경

• 계약사항

품목	보험가입금액(원)	단위면적당 보장생산비(원/㎡)	가입면적(㎡)	전작기지급보험금 (원)
딸기	9,000,000	10,000	1,000	2,300,000

• 조사내용

재배면적(㎡)	손해정도(%)	피해비율(%)	정식일로부터 수확개시일까지의 기간	수확개시일로부터 수확종료일까지의 기간
800	30	30	90일	50일

① 수확일로부터 수확종료일까지의 기간중 1/5 경과시점에서 사고가 발생한 경우 경과비율을 구하시오. (단, 풀이과정 기재)

Key

딸기 품목의 경과비율 그래프는 오른쪽의 그림과 같으며, 수확기 중 경과비율 = 1 − (수확일수÷표준수확일수)로 회수가 안 된 생산비 비율을 의미하며, 문제의 수확일로부터 수확종료일까지 1/5 경과시점이면 투입된 생산비의 1/5이 회수된 시점으로 회수가 안 된 생산비 비율은 80%이다. 1/5 경과시점을 경과비율 20%로 착각하지 않는다.

정답

수확개시일로부터 수확종료일까지의 기간이 50일이고, 수확일로부터 수확종료일까지의 기간중 1/5과 경과하였다면 50일 × 1/5 즉, 10일이 경과하였으므로, 경과비율 = 1 − 10/50 = **80%**

② 정식일로부터 수확개시일까지의 기간 중 1/5 경과시점에서 사고가 발생한 경우 보험금을 구하시오. (단, 풀이과정 기재)

Key

· 정식일로부터 수확개시일까지 1/5 경과시점이면 $\dfrac{생장일수}{표준생장일수}$ = 1/5라는 것을 이해한다.

· 딸기 품목의 준비기 생산비계수(α) = 40%이다.

· 손해정도비율은 손해정도에 따라, 20%·40%·60%·80%·100%로 결정되며, 손해정도를 손해정도비율로 착각하지 않도록 유의한다.

· 원예시설 및 시설작물은 보험기간 내 2차 이상의 사고가 발생하여도 가입 때와 동일하게 손해액을 보상함에 유의하며, 보험금 계산시 전작기지급보험금을 감안하여 계산하지 않도록 유의한다.

- 보험금 = 보험가입면적 × 단위면적당 보장생산비 × 경과비율 × 피해율이다.

- 정식일로부터 수확개시일까지의 기간 중 1/5 경과시점이면 $\dfrac{\text{생장일수}}{\text{표준생장일수}}$ = 1/5 = 0.2라는 의미이므로

  딸기품목 수확기 이전 경과비율 = $\alpha + (1 - \alpha) \times \dfrac{\text{생장일수}}{\text{표준생장일수}}$ = 0.4 + (1 − 0.4) × 0.2 = 0.52 = 52%

- 시설작물 피해율 = 피해비율 × 손해정도비율 = 30% × 40% = 12%
  ● 손해정도가 30%이면, 손해정도비율은 40%

- 보험금 = 재배면적 × 단위면적당 보장생산비 × 경과비율 × 피해율 = 800 × 10,000 × 0.52 × 0.12

  = **499,200원** 원예시설작물의 보험금 산정시 기지급보험금은 무시한다.

핵심문제 01

다음은 종합위험보장방식 보험에 가입한 농지의 농업용시설물(고정식단동하우스, 장수 PE)에 대한 계약사항이다. 아래의 내용을 참조하여 각 물음에 답하시오.

가입면적	보험가입금액	㎡당 재조달가액		내용연수		보상비율
		피복재	구조체	구조체	피복제	
1,500㎡	19,000만원	10,000원	120,000원	10년	1년(40% 고정감가)	80%

① 위 농업용시설물이 태풍으로 인하여 피복재 단독으로 200㎡ 손상이 발생하였고, 계약자는 손상이 발생한 피복재를 손해입은 장소에서 수리하였을 경우 지급보험금을 산정하시오.

Key
- 손해입은 장소에서 수리 복구하였을 경우 재조달가액 기준으로 손해액을 산정한다.
- 피복재 단독사고의 경우 자기부담금은 10만원 ≤ 손해액의 10% ≤ 30만원이다.

손해입은 장소에서 수리복구 하였으므로 피복재 손해액 = 재조달가액이다.

- 손해액 = 200㎡ × 10,000 = 2,000,000원
- 자기부담금 = 손해액 × 10% = 200,000원 (피복재 단독사고의 경우 자기부담금은 10만원 ≤ 손해액의 10% ≤ 30만원)
- 지급보험금 = Min(손해액−자기부담금, 보험가입금액) × 보상비율 = Min(2,000,000−200,000, 190,000,000) × 0.8 = 1,800,000 × 0.8 = **1,440,000원**
  ● 지급보험금 계산시 마지막에 보상비율을 곱하는 것을 잊지 않도록 주의한다.

② 위 농업용시설물이 태풍으로 인하여 피복재 단독으로 150㎡ 손상이 발생하였고, 계약자는 손해발생 후 180일이 경과하도록 수리 또는 복구에 대한 서면 통지를 하지 않았을 경우 지급보험금을 산정하시오.

Key
- 손해를 입은 장소에서 실제로 수리 또는 복구를 하지 않은 경우와 손해 발생 후 180일이 경과하여도 수리 또는 복구의 서면 통지가 없을 경우 손해액은 시가(감가상각된 금액)을 적용한다.
- 고정감가를 적용하는 피복재의 감가율은 경과년수에 관계없이 고정감가율을 적용한다.
- 피복재 단독사고의 경우 자기부담금은 10만원 ≤ 손해액의 10% ≤ 30만원이다.

정답
- 손해액 = 감가상각된 금액 = 재조달가액 × (1 − 감가율) = 150 × 10,000 × (1 − 0.4) = 900,000원
  손해액의 10% 즉 900,000 × 0.1 = 90,000이나 피복재 단독사고시 최소 자기부담금 100,000원이므로,
- 자기부담금 = 100,000원
- 지급보험금 = Min(900,000−100,000, 190,000,000) × 0.8 = **640,000원**

핵심문제 02

다음은 종합위험방식 보험에 가입한 농지의 농업용시설물과 부대시설에 대한 계약사항 및 사고조사내용이다. 아래의 내용을 참조하여 각 물음에 답하시오.

• 계약사항 (농업용시설물과 부대시설의 경과년수 3년)

농업용시설물(구조체 연동하우스, 장기성 PO)				부대시설		보상비율
보험 가입면적	보험 가입금액	내용연수		보험 가입금액	내용연수	
		구조체	피복재			
1,000㎡	9천만원	15년	5년	1,500만원	8년	80%

• 조사내용

농업용시설물(구조체 연동하우스, 장기성PO)				부대시설	
피해면적		사고당시 ㎡당 재조달가액		피해정도	재조달가액
구조체	피복재	구조체	피복재		
400㎡	700㎡	120,000원	15,000원	전손	1,500만원

① 위 계약자가 피해를 입은 농업용시설물 및 부대시설을 손해입은 장소에서 수리하였을 경우의 지급보험금을 농업용시설물과 부대시설로 나누어 산정하시오. 단, 자기부담금 및 지급보험금은 소수점 첫째 자리에서 반올림하시오.

정답

손해액은

· 구조체 손해액 = 400 × 120,000 = 48,000,000원

· 피복재 손해액 = 700 × 15,000 = 10,500,000원

· 농업용시설물 손해액 = 48,000,000 + 10,5000,000 = 58,500,000원

· 부대시설 손해액 = 15,000,000원

· 손해액 총액 = 58,500,000 + 15,000,000 = 73,500,000원

73,500,000 × 10% = 7,350,000, 농업용시설물과 부대시설의 자기부담금은 최대 100만원이므로, 농업용시설물과 부대시설의 자기부담금은 1,000,000원이다.

· 농업용시설물 자기부담금 = $1,000,000 \times \dfrac{농업용시설물 손해액}{손해액총액} = 1,000,000 \times \dfrac{58,500,000}{73,500,000} = 795,918$원

· 부대시설 자기부담금 = $1,000,000 \times \dfrac{15,000,000}{73,500,000} = 204,081.6 \rightarrow 204,082$원

지급보험금은

· 농업용시설물 보험금 = (손해액 − 자기부담금액) × 지급비율 = (58,500,000 − 795,918) × 80%
  = 46,163,265.6 → **46,163,266원**

· 부대시설 보험금 = (15,000,000 − 204,082) × 80% = 11,836,734.4 → **11,836,734원**

② 위 계약자가 피해를 입은 농업용시설물 및 부대시설을 손해입은 장소에서 수리 복구를 하지 않았을 경우의 지급보험금을 농업용시설물과 부대시설로 나누어 산정하시오. 단, 자기부담금 및 지급보험금은 소수점 첫째 자리에서 반올림하고, 경년감가율은 % 단위로 소수점 셋째 자리에서 반올림하시오.

정답

경년감가율은

· 구조체 경년감가율 = $\dfrac{100\% - 20\%}{내용연수} = \dfrac{1 - 0.2}{15} = 0.05333 = 5.33\%$

- 피복재 경년감가율 = $\dfrac{1-0.2}{5}$ = 0.16 = 16%
- 부대시설 경년감가율 = $\dfrac{1-0.2}{8}$ = 0.1 = 10%

손해액은

- 구조체 손해액 = 피해면적 × ㎡당 재조달가액 × (1 − 경년감가율 × 경과년수) = 400 × 120,000 × (1 − 0.0533 × 3) = 40,324,800원
- 피복재 손해액 = 700 × 15,000 × (1 − 0.16 × 3) = 5,460,000원
- 농업용시설물 손해액 = 40,324,800 + 5,460,000 = 45,784,800원
- 부대시설 손해액 = 15,000,000 × (1 − 0.1 × 3) = 10,500,000원
- 손해액 총액 = 농업용시설물 손해액 + 부대시설 손해액 = 45,784,800 + 10,500,000 = 56,284,800원

56,284,800 × 10% = 5,628,480, 농업용시설물과 부대시설의 자기부담금은 최대 100만원이므로, 농업용시설물과 부대시설의 자기부담금은 1,000,000원이다.

- 농업용시설물 자기부담금 = 1,000,000 × $\dfrac{농업용시설물 손해액}{손해액총액}$ = 1,000,000 × $\dfrac{45,784,800}{56,284,800}$

  = 813,448.7 → 813,449원
- 부대시설 자기부담금 = 1,000,000 × $\dfrac{10,500,000}{56,284,800}$ = 186,551.2 → 186,551 원

지급보험금은

- 농업용시설물 보험금 = (손해액 − 자기부담금액) × 지급비율 = (45,784,800 − 813,449) × 80%

  = 35,977,080.8 → **35,977,081원**
- 부대시설 보험금 = (10,500,000 − 186,551) × 80% = 8,250,759.2 → **8,250,759원**

핵심문제 03

다음은 종합위험방식 보험에 가입한 시설작물의 계약사항 및 조사내용이 아래와 같을 때 각 물음에 답하시오. 단, 경과비율과 피해율은 % 단위로 소수점 셋째 자리에서 반올림하여 산정하시오.

시설명	계약사항				조사내용				
	품목	가입 면적	㎡당 보장 생산비	표준생장 일수·표준 수확일수	사고 시기	생장일수· 수확일수	재배 면적	피해 면적	손해 정도 비율
시설1	딸기	1,000㎡	13,000원	생장 90일	수확기 이전	30일	900㎡	600㎡	40%
시설2	쑥갓	1,000㎡	9,000원	생장 50일		15일	1,000㎡	700㎡	60%
시설3	국화	1,000㎡	12,500원	생장 120일		24일	800㎡	500㎡	20%
시설4	멜론	1,000㎡	11,000원	수확 30일	수확기 중	10일	800㎡	600㎡	80%
시설5	토마토	1,000㎡	10,500원	수확50일		10일	1,000㎡	500㎡	40%

① 시설1의 경과비율과 보험금을 산정하시오.

정답

딸기 품목의 준비기생산비계수 = 40%이고 수확기이전 사고이므로

- 경과비율 = $0.4 + (1 - 0.4) \times \dfrac{\text{생장일수}}{\text{표준생장일수}} = 0.4 + 0.6 \times \dfrac{30}{90} = 0.6 = \textbf{60\%}$

- 피해율 = 피해비율 × 손해정도비율

  $= \dfrac{\text{피해면적}}{\text{재배면적}} \times \text{손해정도비율} = \dfrac{600}{900} \times 40\% = 0.2666 = 26.67\%$

- 보험금 = 보험가입면적 × 단위면적당 보장생산비 × 경과비율 × 피해율

  $= 900 \times 13{,}000 \times 60\% \times 26.67\% = \textbf{1,872,234원}$

② 시설2의 경과비율과 보험금을 산정하시오.

정답

쑥갓 품목의 준비기생산비계수 = 0이고 수확기이전 사고이므로

- 경과비율 = $0 + (1 - 0) \times \dfrac{\text{생장일수}}{\text{표준생장일수}} = \dfrac{15}{50} = 0.3 = \textbf{30\%}$

- 피해율 = $\dfrac{700}{1{,}000} \times 60\% = 0.42 = 42\%$

- 보험금 = $1{,}000 \times 9{,}000 \times 30\% \times 42\% = \textbf{1,134,000원}$

③ 시설3의 경과비율과 보험금을 산정하시오. 단, 국화는 재절화재배이다.

정답

재절화재배 국화 품목의 준비기생산비계수 = 20%이고 수확기이전 사고이므로

- 경과비율 = $0.2 + (1 - 0) \times \dfrac{\text{생장일수}}{\text{표준생장일수}} = 0.2 + 0.8 \times \dfrac{24}{120} = 0.36 = \textbf{36\%}$

- 피해율 = $\dfrac{500}{800} \times 20\% = 0.125 = 12.5\%$

- 보험금 = $800 \times 12{,}500 \times 36\% \times 12.5\% = \textbf{450,000원}$

④ 시설4의 경과비율과 보험금을 산정하시오.

Key

멜론 품목의 수확기중 경과비율은 수확일수와 관계없이 항상 1이다.

정답

- 경과비율 = **1**
- 피해율 = $\dfrac{600}{800}$ × 80% = 0.6 = 60%
- 보험금 = 800 × 11,000 × 100% × 60% = **5,280,000원**

⑤ 시설5의 경과비율과 보험금을 산정하시오.

정답

- 경과비율 = $1 - \dfrac{\text{수확일수}}{\text{표준수확일수}}$ = $1 - \dfrac{10}{50}$ = 0.8 = **80%**
- 피해율 = $\dfrac{500}{1,000}$ × 40% = 0.2 = 20%
- 보험금 = 1,000 × 10,500 × 80% × 20% = **1,680,000원**

핵심문제 04

종합위험방식 원예시설작물 장미에 관한 내용이다. 아래의 내용을 참조하여 물음에 답하시오.

• 계약사항 및 조사내용

시설명	계약사항		조사내용			
	수령	가입면적	나무 고사여부	재배면적	피해면적	손해정도 비율
시설1	2년생 장미 식수 후 3년 경과	2,000㎡	생존	1,200㎡	600㎡	60%
시설2	3년생 장미 식수 후 1년 경과	400㎡	고사	400㎡	50㎡	20%

• ㎡당 보장생산비

나무 생존시	나무 고사시				
	1년생	2년생	3년생	4년생	5년생
9,700원	17,500원	29,200원	29,200원	23,400원	11,700원

Key

- 나무의 수령은 밭에 식수 이후의 경과년수이며, 식수 이전의 수령은 계산하지 않는다.
- 장미 나무 생존시의 ㎡당 보장생산비는 수령과 관계없이 9,700원으로 동일하다.

① 시설1의 보험금을 산정하시오.

정답

피해율 $= \dfrac{600}{1,200} \times 60\% = 0.3 = 30\%$

나무가 죽지 않은 경우 장미 생산비보장보험금

= 장미재배면적 × 장미 단위면적당 나무생존시 보장생산비 × 피해율

= 1,200 × 9,700 × 30% = **3,492,000원**

② 시설2의 보험금을 산정하시오.

정답

피해율 $= \dfrac{50}{400} \times 20\% = 0.025 = 2.5\%$

나무가 죽은 경우 장미 생산비보장보험금

= 장미재배면적 × 장미 단위면적당 나무고사 보장생산비(1년생) × 피해율

= 400 × 17,500 × 2.5% = **175,000원**

핵심문제 05

다음은 종합위험방식 원예시설작물 버섯에 관한 내용이다. 아래의 내용을 참조하여 물음에 답하시오.

시설명	계약사항			조사내용				
	품목	가입면적·병수·원목수	보장생산비	사고시기	표준생장(수확)일수	생장(수확)일수	피해	손해 정도 비율
시설1	표고(톱밥배지재배)	5,000병	2,500원/병	수확기 이전	90일	30일	3,000병	40%
시설2	표고(원목재배)	1,000개	9,000원/개				800개	60%
시설3	느타리(병재배)	3,000병	900원/병				600병	20%
시설4	느타리(균상재배)	1,000㎡	15,000원/㎡	수확기 중	28일	10일	600㎡	80%

① 위 시설 중 경과비율이 적용되는 시설을 모두 쓰고, 해당 시설의 경과비율을 산정하시오. 단, 경과비율은 % 단위로 소수점 셋째 자리에서 반올림하시오.

Key

- 경과비율은 원목재배 표고를 제외한 버섯 품목 모두에 적용된다.

- 병재배 느타리버섯과 새송이버섯의 경과비율은 수확기 이전과 수확기 중 모두 동일하다. 느타리버섯(병재배): 90.3%, 새송이버섯(병재배): 92.5%

- 각 품목의 준비기 생산비 계수를 암기하여 적용한다. 표고버섯(톱밥배지재배): 82.2%, 느타리버섯(균상재배): 74.5%, 양송이버섯(균상재배): 83.9%

[톱밥배재·균상재배 경과비율]   [병재배 버섯 경과비율]

정답

- 경과비율이 적용되는 시설: **시설1, 시설3, 시설4**

- 수확기이전 표고(톱밥배지재배) 경과비율 = $0.822 + (1 - 0.822) \times \dfrac{30}{90} = 0.88133$ → **88.13%**

- 수확기이전 느타리(병재배) 경과비율 = **90.3%**

- 수확기 중 느타리(균상재배) 경과비율 = $1 - \dfrac{10}{28} = 0.64285 = $ **64.29%**

② 위 각 시설별 보험금을 산정하시오. 단, 위 모든 시설의 재배비율은 100%로 한다.

Key

- 경과비율이 있는 경우 보험금 = 재배배지(병수) × 보장생산비 × 경과비율 × 피해율

- 경과비율이 없는 경우 보험금 = 재배면적(원목) × 보장생산비 × 피해율

- 버섯작물 피해율 = 피해비율 × 손해정도비율

정답

- 시설1 보험금 = $5,000 \times 2,500 \times 0.8813 \times \dfrac{3,000}{5,000} \times 0.4 = $ **2,643,900원**

- 시설2 보험금 = $1,000 \times 9,000 \times \dfrac{800}{1,000} \times 0.6 = $ **4,320,000원**

- 시설3 보험금 = $3,000 \times 900 \times 0.903 \times \dfrac{600}{3,000} \times 0.2 = 97,524$원이다. 그러나 버섯품목의 경우 생산비보장보험금이 10만원을 초과하는 경우에 지급하므로, 시설3 보험금은 **지급되지 않는다.**

- 시설4 보험금 = $1,000 \times 15,000 \times 0.6429 \times \dfrac{600}{1,000} \times 0.8 = $ **4,628,880원**

다음은 종합위험방식 원예시설작물 버섯의 손해조사기준에 관한 내용이다. 괄호 안에 들어갈 알맞은 내용을 쓰시오.

> - 1사고마다 생산비보장 보험금을 (①) 한도 내에서 보상한다.
> - 평가단위는 (②) 단위로 한다.
> - 동일 작기에서 (③) 이상 사고가 난 경우 동일 작기 작물의 이전 사고의 피해를 감안하여 산정한다.
> - 평가시점은 (④)이/가 가능한 시점에서 평가한다.

정답

① 보험가입금액　　② 목적물　　③ 2회　　④ 피해의 확정

다음은 종합위험보장방식 버섯 및 버섯재배사의 계약사항 및 조사내용에 관한 내용이다. 다음의 내용을 참조하여 물음에 답하시오.

- 계약사항 (부대시설 1천만원 가입, 부대시설의 내용연수 8년이며 설치후 10년 경과)

표고버섯			버섯재배사 시설물					보상비율
가입 원목수	원목당 보장생산비	가입면적	구조체			피복재		
			재조달가액	내용연수	경과년수	재조달가액	감가상각율	
1,000개	5,500원	500㎡	10만원/㎡	10년	3년	3만원/㎡	40%	80%

- 조사내용 (계약자는 손해를 입은 장소에서 수리 복구를 하지 않음)

표고버섯				버섯재배사 시설물		부대시설
재배원목수	피해원목수	표본원목 면적합계	표본원목 피해면적합계	구조체 피해면적	피복재 피해면적	부대시설 피해금액
1,000개	800개	5㎡	2㎡	200㎡	300㎡	1,000만원(전손)

① 위 조사내용에 따른 버섯재배사 시설물 및 부대시설의 손해액을 산정하시오.

정답

- 구조체 경년감가율 = $\dfrac{100\% - 20\%}{\text{내용연수}}$ = $\dfrac{1 - 0.2}{10}$ = 0.08 = 8%
- 구조체 손해액 = 피해면적 × ㎡당 재조달가액 × (1 − 경년감가율 × 경과년수) = 200 × 100,000 × (1 − 3 × 0.08) = 15,200,000원
- 피복재 손해액 = 300 × 30,000 × (1 − 0.4) = 5,400,000원

- 부대시설 경년감가율 = $\frac{100\% - 20\%}{\text{내용연수}} = \frac{1 - 0.2}{8} = 0.10 = 10\%$

- 부대시설 손해액 = $10,000,000 \times (1 - 8 \times 0.1)$ = **2,000,000원**

> 내용연수가 경과한 시설물은 잔가율 20%를 적용
> 설치후 10년이 경과하였으므로 손해액은 재조달가액의 20%

② 버섯재배사 시설물과 부대시설의 자기부담금을 각각 산정하시오. 단, 자기부담금은 소수점 첫째 자리에서 반올림하시오.

정답

- 총 손해액 = 시설물손해액 + 부대시설손해액 = 15,200,000 + 5,400,000 + 2,000,000

  = 22,600,000원

  손해액의 10%는 2,260,000, 농업용시설물 및 부대시설 자기부담금의 최댓값은 1,000,000이므로, 총 자기부담금은 1,000,000원이다.

- 버섯재배사 시설물 자기부담금 = $1,000,000 \times \frac{15,200,000 + 5,400,000}{22,600,000}$ = 911,504.4 → **911,504원**

- 부대시설 자기부담금 = 1,000,000 - 911,504 = **88,496원**

③ 버섯재배사 시설물과 부대시설의 보험금을 각각 산정하시오. 단, 보험금은 소수점 첫째 자리에서 반올림하시오.

정답

> 보상비율을 잊지 않도록 주의한다.

- 버섯재배사 시설물보험금 = { (15,200,000 + 5,400,000) - 911,504 } × 80% = 15,750,796.8

  = **15,750,797원**

- 부대시설 보험금 = (2,000,000 - 88,496) × 80% = 1,529,203.2 **1,529,203원**

④ 버섯보험금을 산정하시오. 단, 보험금은 소수점 첫째 자리에서 반올림하시오.

Key

- 원목재배 표고버섯의 보험금 계산시 경과비율은 적용되지 않는다.

- 원목재배 표고버섯 손해정도비율 = $\frac{\text{표본원목의 피해면적}}{\text{표본원목의 전체면적}}$

- 버섯의 자기부담금은 소손해면책금을 적용하므로, 보험금이 10만원 초과시 전액 지급한다.

정답

- 피해율 = 피해비율 × 손해정도비율 = $\frac{800}{1,000} \times \frac{2}{5}$ = 0.32 = 32%

- 보험금 = 1,000 × 5,500 × 0.32 = **1,760,000원**

  ↑
  시설작물 보험금 산정시에는 보상비율 적용 안 함

다음은 종합위험방식 시설작물 수박품목에 관한 내용이다. 아래의 조건을 참조하여 ① 사고일자를 기재하고 그 일자를 사고일자로 하는 ② 근거를 쓰시오. 또한 ③ 경과비율을 산정하고 ④ 산정 근거를 쓰시오. 단, 수박품목의 표준수확일수는 30일로 한다.

재해종류	내용
폭염	• 수확개시일: 2020년 6월 30일 • 기상특보발령일: 2020년 7월 3일 (수확개시일로부터 경과일수 3일) • 보험사고 접수일: 2020년 7월 5일 (수확개시일로부터 경과일수 5일) • 조사일: 2020년 7월 7일 (정식일로부터 경과일수 7일) • 최종출하일자: 2020년 7월 12일 (수확개시일로부터 경과일수 12일)

Key

업무방법서는 시설작물의 수확기 중 사고일자와 관련하여 "연속적인 자연재해(폭염, 냉해 등)로 사고일자를 특정할 수 없는 경우에는 최종 출하일자를 사고일자로 추정한다."로 규정하고 있다.

정답

① 사고일자: 2020년 7월 12일

② 근거: 연속적인 자연재해(폭염)으로 사고일자를 특정할 수 없는 경우는 최종 출하일자를 사고일자로 추정하기 때문

③ 경과비율: 100%

④ 산정근거: 시설작물 수박품목의 수확기중 경과비율은 수확일수와 무관하게 100%이다.

다음은 종합위험방식 보험에 가입한 농지의 농업용시설물과 부대시설에 대한 계약사항 및 사고 조사내용이다. 8월 12일 이전의 사고로 2천만원의 보험금이 지급되었을 경우 아래의 사고에 따른 각각의 보험금을 산정하시오.

• 계약사항 (농업용시설물 경과년수 3년, 부대시설은 가입하지 않음)

농업용시설물(구조체 연동하우스, 장기성 PO)				보상비율
보험가입면적	보험가입금액	내용연수		
		구조체	피복재	
1,000㎡	9천만원	15년	5년	100%

• 조사내용

사고일자	사고원인	피해면적		사고당시 ㎡당 재조달가액		복구신고현황
		구조체	피복재	구조체	피복재	
8월 12일	태풍	900㎡	900㎡	110,000원	15,000원	사고 2주 후 복구완료 신고
9월 30일	태풍	300㎡	400㎡	110,000원	14,000원	사고 7개월 후 복구완료 신고

Key

- 원예시설의 경우 보험기간 내 2차 이상의 사고가 발생해도 기지급보험금과 관계없이 가입 때와 동일하게 손해액을 보상한다.
- 복구가 완료된 하우스에 한해 농협에 복구완료 신고 후 별도 인수처리 기준 없이 보험가입금액은 자동 복원된다.
- 단, 사고별로 가입금액 이상의 보험금 수령 시 보험계약은 소멸되고 가입금액 복원 불가된다.

정답

① 8월 12일 사고에 의한 지급보험금

손해액은

- 구조체 손해액 = 900 × 110,000 = 99,000,000원
- 피복재 손해액 = 900 × 15,000 = 13,500,000원
- 손해액 총액 = 99,000,000 + 13,500,000 = 112,500,000원

자기부담금은

- 112,500,000 × 10% = 11,250,000이다. 그러나 농업용시설물과 부대시설의 자기부담금은 최대 100만원이므로 8월 12일 사고의 자기부담금은 1,000,000원이다.

지급보험금은

(손해액 − 자기부담금액) × 지급비율 = (112,500,000 − 1,000,000) × 100% = 111,500,000원이다. 이것은 보험가입금액이 90,000,000을 초과하므로, 지급되는 보험금은 **90,000,000원**이다.

② 9월 30일 사고에 의한 지급보험금

8월 12일 사고로 보험가입금액 이상의 보험금이 지급됨으로 인하여 보험계약이 소멸되어 9월 30일 사고에 의한 보험금은 **지급되지 않는다.**

5. 특정위험방식 밭작물 품목

개요

특정위험 밭작물 품목은 인삼 품목에만 해당되며, 해가림시설은 종합위험방식으로 보장한다.

담보 목적물	담보방식	담보재해	조사내용	조사방법
인삼	특정위험방식	태풍(강풍), 폭설, 집중호우, 침수, 우박, 냉해, 폭염, 화재	수확량감소	표본조사, 전수조사
해가림시설	종합위험방식	자연재해, 조수해, 화재	시설손해	비례보상

인삼 품목은 이제까지 출제가 많지 않았던 품목이지만 밭작물 중 특정위험방식으로 보장하는 유일한 품목이라는 점 이외에도 정식 혹은 파종후 수확까지 3~6개월 정도로 경작기간이 짧은 일반 밭작물 품목과는 달리 파종후 수확까지 6년 정도가 소요되는 이유로 타 밭작물과는 손해평가 및 보상 방식에 다른 점이 많아 출제 가능성이 점점 커지고 있다. 특히 해가림시설의 경우는 과수의 비가림시설이나 원예시설과는 달리 보험가액 대비 보험가입금액에 따라 비례보상 하는 등 유의할 내용이 많아 시험 출제 가능성이 크다.

인삼 품목은 보상하는 재해로 인한 수확량(무게)의 감소를 보장하는 품목이다. 따라서, 보험금 산정 시 타 밭작물과 같이 (평-수-미)/평으로 피해율을 계산할 것으로 예상할 수 있으나, 인삼 품목은 다년생 밭작물로 매년 수확량이 산정되지 않으므로 평년수확량이 있을 수가 없다. 따라서 평년수확량이 아닌 다른 새로운 기준이 있을 것이라 예상하고 흥미로운 인삼 품목에 대하여 알아보도록 하자.

용어의 이해

인삼 품목은 타 밭작물과 용어가 정의가 다른 것이 많음에 유의한다.

기준수확량	인삼피해율 산정의 기준이 되는 단위면적당 수확량으로 연근별로 사전에 설정된 양이다. 농협중앙회 인삼특작부 통계자료와 인삼연구소 논문의 자료를 가중평균하여 산출하며, 인삼 품목 피해율 산정의 기준이 된다.
전수조사	종합위험방식 밭작물의 경우 전수조사는 수확기에 농지 전체의 작물을 수확하여 수확량을 조사하나, 인삼 품목에서의 전수조사는 보상하는 재해로 피해를 입은 전체면적(농지 전체 면적이 아님)의 인삼을 수확하여 수확량을 조사한다.
칸면적	인삼은 해가림시설을 설치하여 재배한다. 이때 해가림시설의 지주목으로 분리된 공간을 칸이라고 하며, 지주목간격 × (두둑폭 + 고랑폭)을 칸면적이라고 한다.
비례보상 vs 실손보상	• 비례보상: 손해보험에서 분손사고의 경우 보험자가 손해액을 보험가액 대비 보험가입금액의 비율로 보상하는 것을 말한다. (해가림시설에 적용) • 실손보상: 비례보상과 대비되는 개념으로 보험자가 보험금액을 한도로 하여 실제의 손해액을 보상하는 것을 말한다. (비가림시설, 원예시설)
피해액 vs 손해액	• 피해액: 실제 피해에 대하여 피해 당시의 기준 신품으로 교체하기 위하여 필요한 금액 • 손해액: 피해액에서 시설의 사용기간 동안의 가치의 하락을 제외한 금액(감가상각한 금액)

1. 적용 품목

본 관의 적용 품목은 인삼 품목(해가림시설 포함)으로 한다.

2. 사고 접수

가입사무소(본·지점포함)의 담당자 등은 계약자 등으로부터 사고발생 통지를 받은 즉시 사고 내용을 전산에 입력한다.

3. 조사 종류 및 방법

1 피해사실확인조사

가. 사고가 접수된 농지 모두에 대하여 실시하는 조사로, 사고 접수 직후 실시하며 다음 각 목에 해당하는 사항을 확인한다.

① 보상하는 재해로 인한 피해 여부 확인

기상청 자료 확인 및 현지 방문 등을 통하여 보상하는 재해로 인한 피해가 맞는지 확인하며, 필요시에는 이에 대한 근거로 다음의 자료를 확보할 수 있다. 인삼 작물과 해가림시설은 보상하는 재해가 다르므로 주의한다.

ⓐ 기상청 자료, 농업기술센터 의견서 및 손해평가인 소견서 등 재해 입증 자료

ⓑ 피해농지 사진: 농지의 전반적인 피해 상황 및 세부 피해내용이 확인 가능하도록 촬영

② 추가조사 필요여부 판단

보상하는 재해 여부 및 피해 정도 등을 감안하여 추가조사(수확량조사 및 해가림시설손해조사)가 필요한지 여부를 판단하여 해당 내용에 대하여 계약자에게 안내하고, 추가조사가 필요할 것으로 판단된 경우에는 손해평가반 구성 및 추가조사 일정을 수립한다.

나. 태풍 등과 같이 재해 내용이 명확하거나 사고 접수 후 바로 추가조사(수확량조사 및 해가림시설손해조사)가 필요한 경우 등에는 피해사실확인조사를 생략할 수 있다.

2 수확량조사

가. 피해사실확인조사 시 수확량조사가 필요하다고 판단된 농지에 대하여 실시하는 조사로, 조사 시기는 수확량 확인이 가능한 시기로 한다.

> **피해사실확인조사를 생략하는 경우는?**
> 피해사실확인조사는 피해의 구체적인 내용을 확인하지 않고 피해발생여부 및 추가조사 필요여부를 판단하기 위한 조사이다. 따라서, 태풍 등과 같이 재해내용이 명확하거나 사고 접수 후 바로 추가조사가 필요한 경우는 조사를 생략하는 것이다.

나. 수확량조사는 다음에 따라 실시한다.

① 보상하는 재해 여부 심사

농지 및 작물 상태 등을 감안하여 약관에서 정한 보상하는 재해로 인한 피해가 맞는지 확인하며, 이에 대한 근거 자료(피해사실확인조사 참조)를 확보한다.

② 수확량조사 적기 판단 및 시기 결정

조사 시점이 인삼의 수확량을 확인하는 데 적절한지 검토하고, 부적절한 경우 조사 일정을 조정한다.

③ 전체 칸수 및 칸 넓이 조사

(a) 전체 칸수조사: 농지 내 경작 칸수를 센다. 단, 칸수를 직접 세는 것이 불가능할 경우에는 경작면적을 이용한 칸수조사(경작면적 ÷ 칸 넓이)도 가능하다.

(b) 칸 넓이 조사: 지주목간격, 두둑폭 및 고랑폭을 조사하여 칸 넓이를 구한다.

· 전체칸수 = $\dfrac{\text{경작면적}}{\text{칸넓이}}$

* 칸 넓이 = 지주목간격 × (두둑폭+고랑폭)

해가림시설과 칸 넓이

 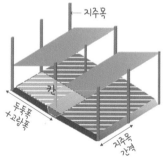

④ 조사방법에 따른 수확량 확인

(a) 전수조사 시

· 칸수조사: 금번 수확칸수, 미수확칸수 및 기수확칸수를 확인한다.

· 실 수확량 확인: 수확한 인삼 무게를 확인한다.

(b) 표본조사 시

· 칸수조사: 정상 칸수 및 피해 칸수를 확인한다.

└ ● 인삼의 표본칸수는 피해 칸수를 기준으로 한다.

・표본칸 선정: 피해칸수에 따라 적정 표본칸수(별표 1-2 참조)를 선정하고, 해당 수의 칸이 피해칸에 골고루 배치될 수 있도록 표본칸을 선정한다.

・인삼 수확 및 무게 측정: 표본칸 내 인삼을 모두 수확한 후 무게를 측정한다.

3 인삼 해가림시설 손해조사

가. 피해사실확인조사 시 해가림시설 손해조사가 필요하다고 판단된 농지에 대하여 실시하는 조사로, 조사 시기는 피해사실확인조사 후로 한다.

나. 해가림시설 손해조사는 다음 각 목에 따라 실시한다.

① 보상하는 재해 여부 심사

농지 및 작물 상태 등을 감안하여 약관에서 정한 보상하는 재해로 인한 피해가 맞는지 확인하며, 이에 대한 근거 자료(피해사실확인조사 참조)를 확보한다.

② 전체 칸수 및 칸 넓이 조사

(a) 전체 칸수조사: 농지 내 경작 칸수를 센다. 단, 칸수를 직접 세는 것이 불가능할 경우에는 경작면적을 이용한 칸수조사(경작면적 ÷ 칸 넓이)도 가능하다.

(b) 칸 넓이 조사: 지주목간격, 두둑폭 및 고랑폭을 조사하여 칸 넓이를 구한다.

③ 피해 칸수 조사

피해 칸에 대하여 전파 및 분파(20%형, 40%형, 60%형, 80%형)로 나누어 각 칸수를 조사한다.

└─ *100%형*

└─ *생산비보장방식 밭작물의 손해정도비율도 손해정도에 따라 20%, 40%, 60%, 80%, 100%형으로 나눔*

④ 손해액 산정

(a) 단위면적당 시설가액표, 파손 칸수 및 파손 정도 등을 참고하여 실제 피해에 대한 복구비용을 기평가한 재조달가액으로 산출한 피해액을 산정한다.

(b) 산출된 피해액에 대하여 감가상각을 적용하여 손해액을 산정한다. 다만, 피해액이 보험가액의 20% 이하인 경우에는 감가를 적용하지 않고, 피해액이 보험가액의 20%를 초과하면서 감가 후 피해액이 보험가액의 20% 미만인 경우에는 보험가액의 20%를 손해액으로 산출한다.

이랑

종합위험 수확감소보장방식밭작물에서는 두둑+고랑을 이랑이라고 하나, 인삼 품목에서는 이랑이라는 용어를 사용하지 않는다.

피해액 vs 손해액

피해액은 재조달가액이며, 손해액은감가상각된 피해액이다. 그러나 해가림시설의 경우 보험가액에 따라 손해액이 결정됨에 유의한다.

> ㉠ 보험가액 = 전체칸수 × 칸넓이 × ㎡당 시설비 × (1 – 감가상각율)
>
> ㉡ 피해액 ≤ 보험가액 × 20%인 경우, 손해액 = 피해액
>
> ㉢ 피해액 〉보험가액 × 20%인 경우,
>
> · 감가후 피해액 〈 보험가액 × 20%이면, 손해액 = 보험가액 × 20%
>
> · 감가후 피해액 ≥ 보험가액 × 20%이면, 손해액 = 감가후 피해액

피해액이 보험가액의 20%보다 큰 경우
손해액의 최솟값은 보험가액의 20%라는 의미

4 미보상비율 조사(모든 조사 시 동시조사)

상기 모든 조사마다 미보상비율 적용표(별표 2-1)에 따라 미보상비율을 조사한다.

4. 보험금 산정 방법

1 인삼보험금의 산정

가. 인삼보험금은 보험가입금액에 피해율에서 자기부담비율을 차감한 비율을 곱하여 산정한다.

나. 기지급 보험금이 있을 경우에는 위 가호에 따라 산정된 보험금에서 차감한다.

· 보험금 = 보험가입금액 × (피해율 – 자기부담비율) – 기지급보험금

다. 피해율은 다음 목과 같이 전수조사 시와 표본조사 시로 나누어 산정한다.

① 전수조사란 수확하는 모든 인삼의 무게를 조사하는 방법을 의미한다.

ⓐ 전수조사 시 피해율은 연근별 기준수확량(표 1-2-1 참조)에서 수확량을 뺀 후 연근별 기준수확량으로 나눈 값과 피해면적(금차 수확칸수)을 재배면적(실경작칸수)으로 나눈 값을 곱하여 계산한다.

인삼의 기준수확량

인삼피해율 산정의 기준이 되는 단위면적당 수확량으로 연근별로 사전에 설정된 양(출처: 1과목 업무방법서)

인삼 피해율은 "표준"을 기준으로 산출하되, 점검결과 우수 또는 불량으로 판정되는 경우 → 해당 기준수확량을 기준으로 피해량을 산출한다.

표 1-2-1 [연근별 기준수확량(가입 당시 년근 기준)]

단위: kg/㎡

구분	2년근	3년근	4년근	5년근
불량	0.45	0.57	0.64	0.66
표준	0.50	0.64	0.71	0.73
우수	0.55	0.70	0.78	0.81

ⓑ 수확량은 단위면적당 조사수확량과 단위면적당 미보상감수량을 합하여 계산한다. 단위면적당 조사수확량은 총수확량을 금차수확면적(금차 수확칸수 × 조사칸넓이)으로 나누어 계산한다. 단위면적당

미보상감수량은 기준수확량에서 단위면적당 조사수확량을 뺀 값과 미보상비율을 곱하여 계산한다.

- 전수조사 시 피해율 $= \dfrac{\text{연근별기준수확량} - \text{수확량}}{\text{연근별기준수확량}} \times \dfrac{\text{피해면적}}{\text{재배면적}}$

  * 수확량 = 단위면적당 조사수확량 + 단위면적당 미보상감수량
  - 단위면적당 조사수확량 $= \dfrac{\text{총수확량}}{\text{금차 수확면적}}$
  - 금차수확면적 = 금차수확칸수 × 지주목간격 × (두둑폭 + 고랑폭)
  - 단위면적당 미보상감수량 = (기준수확량 − 단위면적당 조사수확량) × 미보상비율

  * 피해면적 = 금차 수확칸수
  * 재배면적 = 실제 경작칸수

② 표본조사란 수확하는 인삼 중 일부 표본을 정하고 해당 표본의 무게 조사를 통해 전체 무게를 조사하는 방법을 의미한다.

  ⓐ 표본조사 시 피해율은 연근별기준수확량(표 1-2-1 참조)에서 수확량을 뺀 후 연근별 기준수확량으로 나눈 값과 피해면적(피해칸수)을 재배면적(실경작칸수)으로 나눈 값을 곱하여 계산한다.

  ⓑ 수확량은 단위면적당 조사수확량과 단위면적당 미보상감수량을 합하여 계산한다. 단위면적당 조사수확량은 표본수확량 합계를 표본칸 면적(표본칸수 × 조사칸넓이)으로 나누어 계산한다. 단위면적당 미보상감수량은 기준수확량에서 단위면적당 조사수확량을 뺀 값과 미보상비율을 곱하여 계산한다.

  - 표본조사 피해율 $= \dfrac{\text{연근별기준수확량} - \text{수확량}}{\text{연근별기준수확량}} \times \dfrac{\text{피해면적}}{\text{재배면적}}$

    * 수확량 = 단위면적당 조사수확량 + 단위면적당 미보상감수량
    - 단위면적당 조사수확량 $= \dfrac{\text{표본수확량합계}}{\text{표본칸면적}}$
    - 표본칸면적 = 표본칸수 × 지주목간격 × (두둑폭 + 고랑폭)
    - 단위면적당 미보상감수량 = (기준수확량 − 단위면적당 조사수확량) × 미보상비율

    * 피해면적 = 피해칸수
    * 재배면적 = 실제경작칸수

인삼 피해율 산정식에서

$\dfrac{\text{연근별기준수확량} - \text{수확량}}{\text{연근별기준수확량}}$

$= \dfrac{\text{연근별기준수확량} - \text{단위면적당 조사수확량} - \text{단위면적당 미보상감수량}}{\text{연근별기준수확량}}$ 이다.

연근별기준수확량은 수확감소보장밭작물이나 과수에서의 단위면적당 평년수확량에 해당하고, 단위면적당 조사수확량은 단위면적당 수확량에 해당하므로,

$$\frac{연근별기준수확량 - 수확량}{연근별기준수확량} = \frac{평년수확량 - 수확량 - 미보상감수량}{평년수확량}$$ 과 동일하다.

2 인삼 해가림시설 보험금의 산정

가. 해가림시설 보험금은 보험가입금액을 한도로 손해액에서 자기부담금을 차감하여 산정한다. 단, 보험가입금액이 보험가액보다 클 때에는 보험가액을 한도로 한다.

① 보험가입금액이 보험가액보다 작을 경우에는 보험가입금액을 한도로 다음과 같이 비례보상한다.

- 보험금 = (손해액 − 자기부담금) × $\dfrac{보험가입금액}{보험가액}$

② 자기부담금은 최소자기부담금(10만원)과 최대자기부담금(100만원)을 한도로 손해액의 10%에 해당하는 금액을 적용한다.

나. 해가림시설 보험금과 잔존물 제거비용의 합은 보험가입금액을 한도로 한다. 단, 잔존물 제거비용은 손해액의 10%를 초과할 수 없다.

다. 손해방지비용, 대위권 보전비용, 잔존물 보전비용, 기타 협력비용은 보험가입금액을 초과하는 경우에도 지급한다. 단, 손해방지비용은 농지당 20만원을 초과할 수 없다.

> 손해방지비용, 대위권보전비용, 잔존물보전비용 등은 보험사의 이익을 위해 지출되는 비용이므로 보험가입금액을 초과해도 지급한다.

해가림시설의 비례보상

과수의 비가림시설, 원예시설, 해가림시설 보험금 중 유일하게 해가림시설의 보험금만 비례보상한다.

해가림시설 자기부담금

원예시설 버섯 품목에서 농업용시설물(구조체+피복재)의 자기부담금 또한 10만원~100만원이다.

다음은 농작물재해보험 업무방법에서 정하는 농작물의 손해평가와 관련한 내용이다. 괄호에 알맞은 내용을 답란에 순서대로 쓰시오. [5점]　　　　　　　　　　　　　제1회

> - 인삼 품목의 수확량을 산출할 경우 기초자료인 칸넓이 산정은 두둑폭과 고랑폭을 더한 합계에 (㉠)을/를 곱하여 산출한다.
> - 매실 품목의 경우 적정 수확시기 이전에 수확하는 경우에는 품종별로 과실 (㉡)을/를 조사한다.
> - 복분자의 피해율은 (㉢)을/를 (㉣)로/으로 나누어 산출한다.

정답

㉠ 지주목간격　　㉡ 비대추정지수　　㉢ 고사결과모지수　　㉣ 평년결과모지수

다음은 특정위험방식 인삼 품목 해가림시설의 손해조사에 관한 내용이다. 밑줄 친 틀린 내용을 알맞은 내용으로 수정하시오. [5점]　　　　　　　　　　　　　제2회

> - 피해칸에 대하여 전파 및 ㉠ 분파(30%형, 60%형, 90%형)로 나누어 각 칸수를 조사한다.
> - 산출된 피해액에 대하여 감가상각을 적용하여 손해액을 산정한다. 다만, 피해액이 보험가액의 20%를 초과하면서 감가 후 피해액이 보험가액의 20% 미만인 경우에는 ㉡ 감가상각을 적용하지 않는다.
> - 잔존물 제거비용과 잔존물 가액을 조사하며, 이때 잔존물 제거비용은 ㉢ 보험가입금액의 20%를 한도로 한다.

정답

㉠ 분파(20%형, 40%형, 60%형, 80%형)
㉡ 보험가액의 20%를 손해액으로 산출한다.
㉢ 손해액의 10%

특정위험담보 인삼 품목 해가림시설에 관한 내용이다. 태풍으로 인삼 해가림시설에 일부 파손 사고가 발생하여 아래와 같은 피해를 입었다. 가입조건이 아래와 같을 때 ① 감가율, ② 손해액, ③ 자기부담금, ④ 보험금, ⑤ 잔존보험가입금액을 계산 과정과 답을 각각 쓰시오. [15점]　　제5회

- 보험가입내용

재배칸수	칸당 면적(㎡)	시설 재료	설치비용(원/㎡)	설치년월	가입금액(원)
2,200	3.3	목재	5,500	2017. 06	39,930,000

- 보험사고내용

파손칸수	사고원인	사고 년월
800칸(전부 파손)	태풍	2019. 07

* 2019년 설치비용은 설치년도와 동일한 것으로 함.

* 손해액과 보험금은 원 단위 이하 버림.

정답

① 감가율

해가림시설 목재의 내용연수는 6년이고 철재는 18년이다.

해가림시설 목재의 경년감가율 = $\dfrac{80\%}{6}$ = **13.33%**

② 손해액

- 피해액 = 800 × 3.3 × 5,500 = 14,520,000원

- 보험가액 = 전체칸수 × 칸넓이 × 설치비용(원/㎡) × (1 − 경년감가율 × 경과년수)

  = 2,200 × 3.3 × 5,500 × (1 − 0.1333 × 2) = 29,284,662원

- 피해액 14,520,000 〉 29,284,662 × 20%이므로,

감가 후 피해액 = 14,520,000 × (1 − 0.1333 × 2) = 10,648,968원이고 29,284,662 × 20%보다 크

므로, 손해액 = **10,648,968원**

③ 자기부담금

손해액 × 10% = 1,064,896원이며, 해가림시설의 자기부담금의 최댓값은 100만원이므로, 자기부담

금은 **100만원**이다.

④ 보험금

보험가입금액이 보험가액보다 크므로 보험가액을 한도로 보험금을 지급하며,

보험금 = 10,648,968 − 1,000,000 = **9,648,968원**

⑤ 잔존보험금액

보험가입금액 − 기지급금액 = 39,930,000 − 9,648,968 = **30,281,032원**

다음은 특정위험담보 인삼농지에 관한 내용이다. 태풍으로 인하여 3년근 인삼에 피해가 발생하였을 때 아래의 계약사항 및 조사내용을 보고 각 물음에 답하시오.

• 계약사항

보험가입금액	전체경작면적	기준수확량	자기부담비율
3,500만원	3,000㎡	0.64kg/㎡	20%

• 조사내용(표본조사, 미보상비율 20%)

피해칸수	표본칸수	표본칸 총수확량	두둑폭	고랑폭	지주목간격
530	5	4.5kg	1.6m	0.4m	1.5m

① 위 조사내용에 따른 인삼농지의 칸넓이와 전체칸수를 산정하시오.

정답

- 칸넓이 = (두둑폭 + 고랑폭) × 지주목간격 = (1.6 + 0.4) × 1.5 = 3.0㎡

- 전체칸수 = $\dfrac{\text{전체경작면적}}{\text{칸넓이}}$ = $\dfrac{3,000}{3.0}$ = 1,000칸

② 수확량을 산정하시오. 단, 단위면적당 조사수확량, 단위면적당 미보상감수량, ㎡당 인정감수량은 kg 단위로 소수점 넷째 자리에서 반올림하여 구하시오.

Key

- 인삼 표본조사의 수확량은 단위면적당 수확량으로 단위면적당 조사수확량과 단위면적당 미보상감수량의 합이다.
- 과수 등의 평년수확량은 과수 전체의 수확량(무게)임에 반하여 인삼의 기준수확량은 단위면적당(㎡당) 수확량이므로 인삼 품목에서 수확량은 항상 단위면적당 수확량으로 변환하여 계산한다.

정답

- 단위면적당 조사수확량 = $\dfrac{4.5kg}{5칸 \times 3.0m^2/칸}$ = **0.3kg/㎡**
   ⌐ 전체 표본구간의 면적
- 단위면적당 미보상감수량 = (기준수확량 − 단위면적당조사수확량) × 미보상비율 = (0.64 − 0.3) × 0.2 = **0.068kg/㎡**
- 수확량 = 0.3 + 0.068 = **0.368kg/㎡**

③ 보험금을 산정하시오. 단. 피해율 % 단위로 소수점 셋째 자리에서 반올림하고, 손해액과 보험금은 원 단위 이하 버림하여 구하시오.

정답

- 피해율 = (1 − $\dfrac{\text{수확량}}{\text{연근별기준수확량}}$) × $\dfrac{\text{피해면적}}{\text{전체경작면적}}$ = (1 − $\dfrac{0.368}{0.64}$) × $\dfrac{530}{1,000}$ = 0.22525 = 22.53%

- 보험금 = 보험가입금액 × (피해율 − 자기부담비율) = 35,000,000 × (0.2253 − 0.2) = **885,500원**

특정위험방식에 보험에 가입한 인삼농지가 태풍 피해를 입어 전수조사를 하였다. 다음의 내용을 보고 각 물음에 답하시오.

· 전체 경작면적: 2,000㎡	· 기준수확량: 0.45kg/㎡	· 자기부담비율: 10%
· 금차 수확면적: 400㎡	· 총 수확무게: 100Kg	· 미보상비율: 10%

① 수확량을 산정하시오. 단, 단위면적당 조사수확량, 단위면적당 미보상감수량, 수확량은 kg 단위로 소수점 넷째 자리에서 반올림하여 구하시오.

Key
- 인삼의 표본조사의 수확량은 단위면적당 수확량으로 단위면적당 조사수확량과 단위면적당 미보상감수량의 합이다.
- 과수 등의 평년수확량은 과수 전체의 수확량(무게)임에 반하여 인삼의 기준수확량은 단위면적당(㎡당) 수확량이므로 인삼 품목에서 수확량은 항상 단위면적당 수확량으로 변환하여 계산한다.

정답

조사수확량 = ㎡당 수확량

- 단위면적당 조사수확량 = $\frac{100}{400}$ = 0.25kg/㎡
- 단위면적당 미보상감수량 = (기준수확량 − 조사수확량) × 미보상비율 = (0.45 − 0.25) × 10%
  = 0.02kg/㎡
- 수확량 = 0.25 + 0.02 = **0.27kg/㎡**

② 피해율을 산정하시오. 단, 피해율은 % 단위로 소수점 셋째 자리에서 반올림하시오.

정답

피해율 = $(1 - \frac{수확량}{연근별기준수확량}) \times \frac{금차\ 수확면적}{전체\ 경작면적} = (1 - \frac{0.27}{0.45}) \times \frac{400}{2,000}$ = 0.08 = **8%**

특정위험방식에 보험에 가입한 인삼농지의 손해액 산정에 관한 내용이다. 괄호 안에 들어갈 알맞은 내용을 쓰시오.

- 단위면적당 시설가액표, 파손 칸수 및 파손 정도 등을 참고하여 실제 피해에 대한 복구비용을 기평가한 (①)으로 산출한 피해액을 산정한다.
- 산출된 피해액에 대하여 (②)을 적용하여 손해액을 산정한다. 다만, 피해액이 (③)의 (④) 이하인 경우에는 감가를 적용하지 않고, 피해액이 (③)의 (④)를 초과하면서 감가 후 피해액이 (③)의 (④) 미만인 경우에는 (③)의 (④)를 손해액으로 산출한다.

정답

① 재조달가액　　② 감가상각　　③ 보험가액　　④ 20%

핵심문제 04

특정위험보장 인삼 품목 해가림시설에 관한 내용이다. 태풍으로 인삼 해가림시설에 일부 파손 사고가 발생하여 아래와 같은 피해를 입었다. 보험가입내용과 사고내용이 아래와 같을 때 지급 보험금의 계산 과정과 답을 쓰시오.

- 보험가입내용

가입면적(㎡)	시설재료	설치비용(원/㎡)	설치년월	경과년수	가입금액(원)
3,300	철재	12,000	2015. 02	5년	28,000,000

- 보험사고내용

사고 년월	피해칸	두둑폭	고랑폭	지주목간격
2020. 07	210칸(전파 60칸, 분파 80%형 150칸)	1.9m	0.3m	1.5m

* 2020년 설치비용은 설치년도와 동일한 것으로 함.
* 손해액과 보험금은 원 단위 미만 버림.
* 보험가액 산정 시 만원 단위 미만은 버림.

Key

- 인삼해가림 시설의 보험금은 비례보상으로 계산하므로, 원예시설 등과 달리 인삼해가림 시설의 보험금 계산에서 가장 먼저 떠올릴 것은 보험가액이다.
- 보험가액을 계산하기 위하여는 경년감가율이 필요하고 경년감가율 계산을 시작으로 문제의 실마리를 풀어가자.

정답

매 1년마다 4.44%씩 가치가 줄어 18년 후 잔여가치는 20%

해가림시설 철재의 내용연수는 18년이며, 경년감가율 = $\dfrac{80\%}{18}$ = 4.44%

- 보험가액 = 3,300 × 12,000 × (1 − 5 × 0.0444) = 30,808,800 → 30,800,000원
- 칸넓이 = (두둑폭 + 고랑폭) × 지주목간격 = (1.9 + 0.3) × 1.5 = 3.3㎡

해가림시설이 분파된 경우 파손된 정도에 따라 피해칸수를 산정한다.

· 피해액 = (60 + 150 × 80%) × 3.3㎡ × 12,000 = 7,128,000원

피해액 7,128,000원 〉 보험가액 30,800,000 × 20%이므로,

· 감가 후 피해액 = 7,128,000 × (1 - 5 × 0.0444) = 5,545,584원

· 감가 후 피해액 5,545,584원 〈 30,800,000 × 20%이므로, ← 피해액이 보험가액의 20%보다 큰 경우 감가 후 피해액과 보험가액의 20%를 다시 비교

· 손해액 = 30,800,000 × 20% = 6,160,000원

· 손해액 × 10% = 616,000원이고, 이 금액은 10만원~100만원 이내이므로,

· 자기부담금 = 616,000원

· 보험금 = (손해액 - 자기부담금) × $\frac{보험가입금액}{보험가액}$ = (6,161,000 - 616,000) × $\frac{28,000,000}{30,800,000}$

  = **5,040,000원**

핵심문제 05

특정위험보장 인삼 품목 해가림시설에 관한 내용이다. 두차례의 태풍으로 인삼 해가림시설에 파손 사고가 발생하여 피해가 발생하였다. 보험가입내용과 사고내용이 다음과 같을 때 각 물음에 답하시오.

• 보험가입내용 (2020년 1월에 보험가입)

가입면적(㎡)	시설 재료	설치비용(원/㎡)	내용연수	설치년월	가입금액(원)
5,000	목재	5,500	6년	2016.03	22,000,000

• 보험사고내용

	사고 년월일	피해칸	두둑폭	고랑폭	지주목간격
1차 사고	2020. 8. 17	150칸(전파 60칸, 분파 60%형 90칸)	1.9m	0.3m	1.5m
2차 사고	2020. 9. 02	60칸(전파 10칸, 분파 80%형 50칸)			

* 2020년 설치비용은 설치년도와 동일한 것으로 함.
* 손해액과 보험금은 원 단위 이하 버림.
* 보험가액 산정 시 만원 단위 미만은 버림.

① 1차 사고에 의한 보험금을 산정하시오.

Key

인삼해가림시설의 경과년수 적용 시점은 보험가입시점을 기준으로 적용하며, 보험가입금액은 보험기간동안 동일하다. (출처: 1과목 업무방법서) 따라서 위 문제의 경우는 설치 후 보험가입시까지(사고시까지가 아님에 주의)의 경과기간은 3년 10개월로 경과년수는 3년이다.

정답

해가림시설 목재의 경년감가율 = $\dfrac{100\% - 20\%}{6}$ = 13.33%이며,

· 보험가액 = 5,000 × 5,500 × (1 - 3 × 0.1333) = 16,502,750 → 16,500,000원

· 칸넓이 = (두둑폭 + 고랑폭) × 지주목간격 = (1.9 + 0.3) × 1.5 = 3.3㎡ *피해액이 보험가액의 20%보다 적을 경우*

· 피해액 = (60 + 90 × 0.6) × 3.3 × 5,500 = 2,069,100원이고 *피해액을 손해액으로 확정,*
  손해액은 보험가액의 최소 20% 지급

피해액 2,069,100원 〈 보험가액 16,500,000원 × 20%이므로, 손해액은 2,069,100원이다.

손해액 × 10% = 206,910원이고, 이 금액은 10만원 ~ 100만원 이내이므로,

· 자기부담금 = 손해액 × 10% = 206,910원

보험가입금액이 보험가액보다 크므로, 보험금은 "손해액 – 자기부담금" 전액을 지급하며,

· 보험금 = 손해액 – 자기부담금 = 2,069,100 – 206,910 = **1,862,190원**

② 2차 사고에 의한 보험금을 산정하시오.

정답

· 피해액 = (10 + 50 × 0.8) × 3.3 × 5,500 = 907,500원이고 피해액 907,500원 〈 보험가액
  16,500,000원 × 20%이므로, 손해액은 907,500원이다.

· 손해액 × 10% = 90,750원이고, 자기부담금의 최소금액은 10만원이므로,

· 자기부담금 = 100,000원

보험가입금액이 보험가액보다 크므로, 보험금은 '손해액 – 자기부담금' 전액을 지급하며,

· 보험금 = 손해액 – 자기부담금 = 907,500 – 100,000 = **807,500원**

핵심문제 06

특정위험보장 인삼 품목에 관한 내용이다. 다음과 같이 보험계약한 인삼농지에 두 차례의 보상하는 재해가 발생하였다. 보험가입내용과 사고내용이 아래와 같을 때 각 물음에 답하시오. 단, ㎡당 수확량 및 미보상감수량은 kg 단위로 소수점 셋째 자리에서, 각 비율 및 피해율은 % 단위로로 소수점 셋째 자리에서 반올림하고, 보험금의 만원 미만은 버림하시오.

• 계약사항

보험가입금액	전체경작면적	기준수확량	자기부담비율
3,072만원	4,800㎡	0.64kg/㎡	20%

• 조사내용(표본조사, 미보상비율 10%)

	사고내용	사고월일	조사월일	피해칸수	표본구간수	표본구간수확량	두둑폭	고랑폭	지주목간격
1차 사고	집중호우	08. 17	08. 25	600	5	3.4kg	1.7m	0.3m	1.5m
2차 사고	태풍	09. 02	09. 10	450	4	3.2kg			

① 1차 사고에 따른 보험금을 산정하시오.

Key

· 인삼 품목의 보험금 공식은 보험가입금액 × (피해율 − 자기부담비율)이므로, 피해율을 계산하여야 한다.

· 인삼은 기준수확량 대비 감수량으로 피해율을 계산하므로, 표본구간의 단위면적당 수확량을 계산하는 것으로 문제 풀이를 시작한다.

정답

· 칸넓이 = (두둑폭 + 고랑폭) × 지주목간격 = (1.7 + 0.3) × 1.5 = 3.0㎡

· 단위면적당 조사수확량 = $\dfrac{3.4}{\text{표본구간수} \times \text{칸넓이}}$ = $\dfrac{3.4}{5 \times 3}$ = 0.226 → 0.23kg/㎡

· 단위면적당 미보상감수량 = (기준수확량 − 단위면적당 조사수확량) × 미보상비율

= (0.64 − 0.23) × 10% = 0.041 → 0.04kg/㎡

· 수확량 = 0.23 + 0.04 = 0.27kg/㎡

· 피해율 = $(1 - \dfrac{\text{수확량}}{\text{연근별기준수확량}}) \times \dfrac{\text{피해면적}}{\text{재배면적}}$ = $(1 - \dfrac{0.27}{0.64}) \times \dfrac{600 \times 3.0}{4,800}$ = 0.21679 → 21.68%

· 보험금 = 30,720,000 × (0.2168 − 0.2) = 516,096 → **510,000원**

② 2차 사고에 따른 보험금을 산정하시오.

Key

인삼 품목은 보험기간 중 보상하는 재해로 인한 사고 발생시 2회 이상의 보험금을 지급할 수 있고, 보험금 지급시 자기부담금 (보험가입금액 × 자기부담비율)을 공제한 금액을 지급하므로, 2차 이후의 보험금 계산시 자기부담비율을 적용하면 자기부담금 이상이 공제되는 문제가 발생할 가능성이 있다. 이 문제를 해결하기 위하여 2차 이후의 보험금 계산시 다음의 방법으로 자기부담금이 '보험가입금액 × 자기부담비율'을 초과하지 않도록 한다.

a. 1차 사고에 따라 보험금이 지급된 경우(1차 사고 피해율이 자기부담비율을 초과한 경우)

2차 사고에 따른 보험금 계산시 "자기부담비율 = 0"으로 하여 계산

b. 1차 사고에 따른 보험금이 지급되지 않은 경우(1차 사고 피해율이 자기부담비율 이하인 경우)

2차조사피해율에 1차조사피해율을 합산한 피해율로 보험금을 계산

정답

- 단위면적당 조사수확량 $= \dfrac{3.2}{4 \times (1.7 + 0.3) \times 1.5} = 0.266 \rightarrow 0.27 kg/㎡$

- 단위면적당 미보상감수량 $= (0.64 - 0.27) \times 10\% = 0.037 \rightarrow 0.04 kg/㎡$

- 수확량 $= 0.27 + 0.04 = 0.31 kg/㎡$

- 피해율 $= (1 - \dfrac{0.31}{0.64}) \times \dfrac{450 \times 3.0}{4,800} = 0.14501 \rightarrow 14.5\%$

- 보험금 = 잔존보험가입금액 × (피해율 − 자기부담비율) = (30,720,000 − 510,000) × (0.145 − 0)

  $= 4,380,450 \rightarrow$ **4,380,000원**   *1차 사고에서 자기부담비율 이상의 피해가 발생하여 보험금이 지급되었으므로 2차 사고의 자기부담비율은 "0"이다.*

③ 만약, 1차 사고에 의한 피해율이 10%였을 경우, 2차 사고에 따른 보험금을 산정하시오.

정답

1차 사고 시 피해율 10%인 경우 자기부담비율 이하로 보험금이 지급되지 않았으므로,

- 전체 피해율 = 1차 사고 피해율 + 2차 사고 피해율 = 10.0% + 14.5% = 24.5%

- 보험금 = 잔존보험가입금액 × (피해율 − 자기부담비율) = (30,720,000 − 0) × (0.245 − 0.2)

  $= 1,382,400 =$ **1,380,000원**

제3절 논작물 품목

1. 종합위험 수확감소보장방식 논작물 품목

개요

2020년 12월 현재 대한민국 전체 경지면적 중 논이 차지하는 비율은 50% 이상으로 매년 쌀의 소비량이 줄고 있음에도 농업에서 논농사가 차지하는 비중은 여전히 크며, 논작물이 농작물재해 보험에서 차지하는 비율도 보험료 기준 76%로 절대적인 비율을 차지하고 있는 만큼 손해평가사 시험에서 논작물 품목은 적과전종합 과수 품목과 함께 한 해도 빠지지 않고 출제되고 있는 가장 중요한 품목이다.

논작물 품목은 출제의 난이도 측면에서 다른 품목에 비해 까다롭게 출제할 부분이 상대적으로 적어 손해평가사 시험에서 한 문제도 놓쳐서는 안 되는 품목이다.

논작물 품목 중 벼 품목은 아래의 그림과 같이 경작 시기별로 다양한 종류의 조사가 실시되고 이에 따른 다양한 보험금이 지급되기 때문에 시기별 조사내용과 지급보험금에 대하여 정확히 이해 하도록 한다.

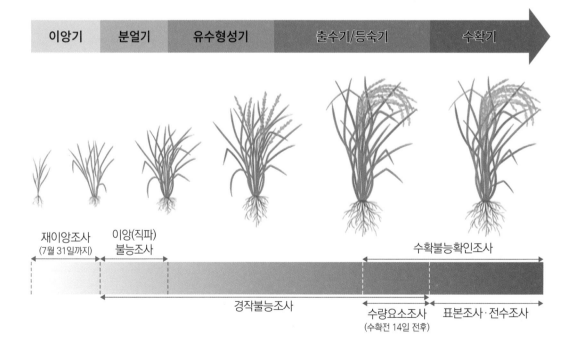

수확량조사 방법

구분	적용 품목	피해율 산정 기준
수량요소조사	벼	표준수확량
표본조사, 전수조사	벼, 밀, 보리	평년수확량

보험금의 종류

지급보험금	적용품목	지급보험금 계산식
이앙직파불능보험금	벼	보험가입금액 × 10%
재이앙재직파보험금	벼	보험가입금액 × 25% × 면적피해율
경작불능보험금	벼, 밀, 보리, 조사료용벼	보험가입금액 × 자기부담비율별 지급비율
수확감소보험금	벼, 밀, 보리	보험가입금액 × (피해율 – 자기부담비율)
수확불능보험금	벼	보험가입금액 × 자기부담비율별 지급비율

보장하는 병해충 (벼만 해당)

· 세균성벼알마름병, 깨시무늬병, 먹노린재, 흰잎마름병, 줄무늬잎마름병, 도열병, 벼멸구
· 병해충 단독사고 여부 확인(밀 제외): 농지의 피해가 자연재해, 조수해 및 화재와는 상관없이 보상하는 병해충만으로 발생한 병해충 단독사고로 판단될 경우에는 가장 주된 병해충명을 조사 (병해충 단독사고일 경우 병해충 최대인정피해율 적용, 최대인정피해율은 문제에서 제시됨.)

1. 적용 품목

본 관의 적용 품목은 벼·밀·보리·조사료용 벼 품목으로 한다.

● 메벼·찰벼

조사료용 벼 품목에서 실시하는 조사 두 가지

· 피해사실확인조사
· 경작불능조사

2. 사고 접수

가입사무소(본·지점포함)의 담당자 등은 계약자 등으로부터 사고발생 통지를 받은 즉시 사고 내용을 전산에 입력한다.

3. 조사 종류 및 시기   피해사실확인조사를 제외한 모든 조사 시 '실제경작면적' 확인

조사종류		조사 시기
피해사실확인조사		사고 접수 직후
이앙·직파불능 조사(벼만 해당)		이앙한계일(7월 31일) 이후
재이앙·재직파 조사(벼만 해당)		사고 후 ~ 재이앙 직후
경작불능조사		사고 후 ~ 수확 개시 시점
수확불능확인조사(벼만 해당)		수확포기가 확인되는 시점
수확량조사 (조사료용 벼제외)	수량요소조사 (벼만 해당)	수확전 14일 전후
	표본조사	알곡이 여물어 수확이 가능한 시기
	전수조사	수확시

밀 품목에서 실시하는 조사 세 가지

· 피해사실확인조사
· 경작불능조사
· 수확량조사

조사료(粗飼料)란?

생초나 건초·사일리지 및 볏짚 등을 말하며 지방, 단백질, 전분 등의 함유량이 적고 섬유질이 많은 사료를 말하며, 조사료용 벼는 알곡을 수확하기 위하여 경작하는 것이 아닌 볏짚을 생산하기 위한 것으로 수확량조사를 하지 않는다.

4. 조사 종류 및 방법

1 피해사실확인조사

가. 사고가 접수된 농지에 대하여 실시하는 조사로, 사고 접수 직후 실시하며 다음 각 목에 해당하는 사항을 확인한다.

① 보상하는 재해로 인한 피해 여부 확인

기상청 자료 확인 및 현지 방문 등을 통하여 보상하는 재해로 인한 피해가 맞는지 확인 또는 ICT 기반 무인항공기(드론) 등을 활용하여 피해농지 촬영 및 피해면적을 산출하며 필요시에는 이에 대한 근거로 다음의 자료를 확보할 수 있다.

ⓐ 기상청 자료, 농업기술센터 의견서 및 손해평가인 소견서 등 재해 입증 자료

ⓑ 피해농지 사진: 농지의 전반적인 피해 상황 및 세부 피해내용이 확인 가능하도록 촬영

ⓒ ICT 기반 무인항공기를 활용한 피해농지 촬영

② 추가조사 필요여부 판단 *중요!!*

보상하는 재해 여부 및 피해 정도 등을 감안하여 이앙·직파불능 조사(농지 전체이앙·직파불능 시), 재이앙·재직파 조사(면적피해율 10% 초과), 경작불능조사(식물체피해율 65% 이상), 수확량조사(자기부담비율 초과) 중 필요한 조사를 판단하여 해당 내용에 대하여 계약자에게 안내하고, 추가조사가 필요할 것으로 판단된 경우에는 손해평가반 구성 및 추가조사 일정을 수립한다.

나. 단, 태풍 등과 같이 재해 내용이 명확하거나 사고 접수 후 바로 추가조사가 필요한 경우 등에는 피해사실확인조사를 생략할 수 있다.

2 이앙•직파불능조사(벼만 해당) 보험금 = 보험가입금액 × 10%

가. 피해사실확인조사 시 이앙·직파불능조사가 필요하다고 판단된 농지에 대하여 실시하는 조사로, 손해평가반은 피해농지를 방문하여 보상하는 재해여부 및 이앙·직파불능 여부를 조사한다.

나. 이앙•직파불능 보험금 지급대상 여부 조사

① 보상하는 재해 여부 심사

농지 및 작물 상태 등을 감안하여 약관에서 정한 보상하는 재해로 인한 피해가 맞는지 확인하며, 필요시 이에 대한 근거 자료(피해사실확인조사 참조)를 확보할 수 있다.

② 실제 경작면적 확인

GPS면적측정기 또는 지형도 등을 이용하여 보험가입 면적과 실제 경작면적을 비교한다. 이때 실제 경작면적이 보험 가입 면적 대비 10% 이상 차이가 날 경우에는 계약 사항을 변경해야 한다.

③ 이앙·직파불능 판정기준   일부 or 대부분이 아닌 "전체"

보상하는 손해로 인하여 이앙한계일(7월 31일)까지 해당농지 전체를 이앙·직파하지 못한 경우 이앙·직파불능피해로 판단한다.

④ 통상적인 영농활동 이행여부 확인

대상 농지에 통상적인 영농활동(논둑정리, 논갈이, 비료시비, 제초제 살포 등)을 실시했는지를 확인한다.

3 재이앙•재직파조사(벼만 해당)   재이앙 재직파보험금 = 보험가입금액 × 25% × 면적피해율

수확불능조사 필요여부 판단

'수확량조사'시 수확불능 대상 농지(벼의 제현율이 65% 미만)로 확인된 농지인 경우
• 예상피해율이 자기부담비율을 초과하는 경우

이앙 vs 직파

· 이앙법: 못자리에서 키운 모를 논에 옮겨 심어(모내기) 수확하는 경작법
· 직파법: 옮겨 심지 않고 볍씨를 뿌린 땅에서 키워 수확하는 경작법

이앙한계일이란?

수확이 가능한 가장 늦은 이앙 일자로 지역마다 다르나, 농작물재해보험에서의 이앙한계일은 7월 31일로 지역에 관계없이 동일하게 적용한다.

논둑이란?

논의 가장자리에 흙으로 높고 길게 쌓아 물이 빠지지 못하게 만든 언덕을 말하며, 논과 논 사이의 경계로 논 농사는 겨울 동안의 추운 날씨로 부서진 논둑을 보수하는 논둑정리로 시작한다.

가. 피해사실확인조사 시 재이앙·재직파조사가 필요하다고 판단된 농지에 대하여 실시하는 조사로, 손해평가반은 피해농지를 방문하여 보상하는 재해여부 및 피해면적을 조사한다.

나. 재이앙·재직파 보험금 지급대상 확인(재이앙·재직파 전조사)

① 보상하는 재해 여부 심사

농지 및 작물 상태 등을 감안하여 약관에서 정한 보상하는 재해로 인한 피해가 맞는지 확인하며, 필요시에는 이에 대한 근거 자료(피해사실확인조사 참조)를 확보할 수 있다.

② 실제 경작면적 확인

GPS면적측정기 또는 지형도 등을 이용하여 보험가입 면적과 실제 경작면적을 비교한다. 이때 실제 경작면적이 보험 가입 면적 대비 10% 이상 차이가 날 경우에는 계약 사항을 변경해야 한다.

③ 피해면적 확인

GPS면적측정기 또는 지형도 등을 이용하여 실제 경작면적대비 피해 면적을 비교 및 조사한다.

④ 피해면적의 판정 기준은 다음 각 목과 같다.

ⓐ 묘가 본답의 바닥에 있는 흙과 분리되어 물 위에 뜬 면적
ⓑ 묘가 토양에 의해 묻히거나 잎이 흙에 덮여져 햇빛이 차단된 면적
ⓒ 묘는 살아 있으나 수확이 불가능할 것으로 판단된 면적

다. 재이앙·재직파 이행완료 여부 조사(재이앙·재직파 후조사)

재이앙·재직파 보험금 대상 여부 조사(전조사) 시 재이앙·재직파 보험금 지급 대상으로 확인된 농지에 대하여, 재이앙·재직파가 완료되었는지를 조사한다. 피해면적 중 일부에 대해서만 재이앙·재직파가 이루어진 경우에는, 재이앙·재직파가 이루어지지 않은 면적은 피해 면적에서 제외한다.

라. 단, 농지별 상황에 따라 재이앙·재직파 전조사가 어려운 경우, 최초이앙에 대한 증빙자료를 확보하여 최초이앙 시기와 피해사실에 대한 확인을 하여야 한다.

4 경작불능조사

가. 피해사실확인조사 시 경작불능조사가 필요하다고 판단된 농지 또는 사

고 접수 시 이에 준하는 피해가 예상되는 농지에 대하여 실시하는 조사로, 조사 시기는 피해사실확인조사 직후 또는 사고 접수 직후로 한다.

나. **경작불능조사 절차**

① 보상하는 재해 여부 심사

농지 및 작물 상태 등을 감안하여 약관에서 정한 보상하는 재해로 인한 피해가 맞는지 확인하며, 필요시에는 이에 대한 근거 자료(피해사실확인조사 참조)를 확보할 수 있다.

② 실제 경작면적 확인

GPS면적측정기 또는 지형도 등을 이용하여 보험가입 면적과 실제 경작면적을 비교한다. 이때 실제 경작면적이 보험 가입면적 대비 10% 이상 차이가 날 경우에는 계약 사항을 변경해야 한다.

③ 식물체 피해율 조사

목측 조사를 통해 조사 대상 농지에서 보상하는 재해로 인한 식물체 피해율(고사식물체(수 또는 면적)를 보험가입식물체(수 또는 면적)로 나눈 값을 의미하며, <u>고사식물체 판정의 기준은 해당 식물체의 수확 가능 여부임</u>)이 65% 이상인지 여부를 조사한다. ─── • 경작불능조사에서 고사식물체 판정 기준은 식물체의 상태와 관계없이 "수확가능여부"만으로 판단한다.

④ 계약자의 경작불능보험금 신청 여부 확인

식물체 피해율이 65% 이상인 경우 계약자에게 경작불능보험금 신청 여부를 확인한다.

⑤ 수확량조사 대상 확인

식물체 피해율이 65% 미만이거나, 식물체 피해율이 65% 이상이나 계약자가 경작불능보험금을 신청하지 않은 경우에는 향후 수확량조사가 필요한 농지로 결정한다.

⑥ 산지폐기 여부 확인(경작불능후조사)

이전 조사에서 보상하는 재해로 식물체 피해율이 65% 이상인 농지에 대하여, 산지폐기 여부를 확인한다.

5 수확량조사(조사료용 벼제외) 조사료용 벼는 가축사료용 벼로 알곡 생산이 목적이 아니므로 수확량조사를 하지 않음

가. 피해사실확인조사 시 수확량조사가 필요하다고 판단된 농지에 대하여 실시하는 조사로, 수확량조사의 조사방법은 수량요소조사, 표본조사, 전수조사가 있으며, 현장 상황에 따라 조사방법을 선택하여 실시할 수 있다. 단, 거대재해 발생 시 대표농지를 선정하여 각 수확량조사의 조사

(수확량조사 대상 농지)

· 예상피해율이 자기부담비율을 초과한 경우
· 경작불능조사 시 식물체 피해율이 65% 미만이거나, 65% 이상이나 경작불능보험금을 신청하지 않는 경우

수확량 조사의 정확도는
전수조사 < 표본조사 < 수량요소조사
순이며, 이를 응용한 문제가 출제됨 →

결과 값(조사수확비율, 단위면적당 조사수확량 등)을 대표농지의 인접 농지(동일 '리'등 생육환경이 유사한 인근 농지)에 적용할 수 있다.

나. 동일 농지에 대하여 복수의 조사방법을 실시한 경우 피해율 산정의 우선순위는 전수조사, 표본조사, 수량요소조사 순으로 적용한다.

다. 수확량조사는 다음 각 목에 따라 실시한다.

① 보상하는 재해 여부 심사

농지 및 작물 상태 등을 감안하여 약관에서 정한 보상하는 재해로 인한 피해가 맞는지 확인하며, 필요시에는 이에 대한 근거 자료(피해사실확인조사 참조)를 확보할 수 있다.

② 경작불능보험금 대상 여부 확인

식물체 피해율이 65% 이상인 경작불능보험금 대상인지 확인한다.

③ 면적확인

(a) 실제 경작면적 확인: GPS면적측정기 또는 지형도 등을 이용하여 보험가입 면적과 실제 경작면적을 비교한다. 이때 실제 경작면적이 보험 가입 면적 대비 10% 이상 차이가 날 경우에는 계약 사항을 변경해야 한다.

(b) 고사면적 확인: 보상하는 재해로 인하여 해당 작물이 수확될 수 없는 면적을 확인한다.

(c) 타작물 및 미보상 면적 확인: 해당 작물외의 작물이 식재되어 있거나 보상하는 재해 이외의 사유로 수확이 감소한 면적을 확인한다.

(d) 기수확면적 확인: 조사 전에 수확이 완료된 면적을 확인한다.

(e) 조사대상면적 확인: 실제경작면적에서 고사면적, 타작물 및 미보상면적, 기수확면적을 제외하여 조사대상면적을 확인한다.

④ 수확불능 대상여부 확인

벼의 제현율이 65% 미만으로 정상적인 출하가 불가능한지를 확인한다.

⑤ 조사방법 결정

조사 시기 및 상황에 맞추어 적절한 조사방법을 선택한다.

(a) 수량요소조사 방법(벼만 해당) 조사시기: 수확전 14일 전후

㉠ 표본포기 수: 4포기(가입면적과 무관함)

수확량조사 방법과 기준

벼
· 수량요소조사: 표준수확량
· 표본조사, 전수조사: 평년수
  확량

밀
· 표본조사,전수조사: 평년수
  확량

벼의 제현율이란?

벼를 찧어 현미가 되는 비율로
벼의 껍질을 벗겨 이를 1.6mm
줄체로 쳐서 체를 통과하지 않
은 아니하는 현미의 양을 측정
하여 계산하며 제현율이 높을수
록 좋다.

ⓛ 표본포기 선정: 재배방법 및 품종 등을 감안하여 조사 대상 면적에 동일한 간격으로 골고루 배치될 수 있도록 표본 포기를 선정한다. 다만, 선정한 포기가 표본으로 부적합한 경우(해당 포기의 수확량이 현저히 많거나 적어서 표본으로 대표성을 가지기 어려운 경우 등)에는 가까운 위치의 다른 포기를 표본으로 선정한다.

ⓒ 표본포기 조사: 선정한 표본 포기별로 이삭상태 점수 및 완전낟알상태 점수를 조사한다.

수량요소조사의 조사 이삭수

수량요소조사는 가입면적과 무관하게 표본포기는 4포기만 조사하며, 완전낟알상태 점수조사는 표본포기별로 평균적인 이삭 1개를 선정하여 조사한다.

- 이삭상태 점수 조사: 표본 포기별로 포기당 이삭 수에 따라 아래 이삭상태 점수표를 참고하여 점수를 부여한다.

[이삭상태 점수표]

포기당 이삭수	점수
16 미만	1
16 이상	2

- 완전낟알상태 점수 조사: 표본 포기별로 평균적인 이삭 1개를 선정하여, 선정한 이삭별로 이삭당 완전낟알수에 따라 아래 완전낟알상태 점수표를 참고하여 점수를 부여한다.

← 표본포기 4개 x 포기당 이삭 1개
총 "4개"의 이삭을 조사

[완전낟알상태 점수표]

이삭당 완전낟알수	점수
51개 미만	1
51개 이상 61개 미만	2
61개 이상 71개 미만	3
71개 이상 81개 미만	4
81개 이상	5

ⓔ 수확비율 산정
- 표본 포기별 이삭상태 점수(4개) 및 완전낟알상태 점수(4개)를 합산한다.
- 합산한 점수에 따라 조사수확비율 환산표에서 해당하는 수확비율 구간을 확인한다.
- 해당하는 수확비율구간 내에서 조사 농지의 상황을 감안하여 적절한 수확비율을 산정한다.

[조사수확비율 환산표]

점수 합계	조사수확비율(%)	점수 합계	조사수확비율(%)
10점 미만	0% ~ 20%	16점 ~ 18점	61% ~ 70%
10점 ~ 11점	21% ~ 40%	19점 ~ 21점	71% ~ 80%
12점 ~ 13점	41% ~ 50%	22점 ~ 23점	81% ~ 90%
14점 ~ 15점	51% ~ 60%	24점 이상	91% ~ 100%

수량요소조사 예

4포기

[표본포기 선정]   [이삭상태 점수조사]   [완전낟알상태 점수조사]

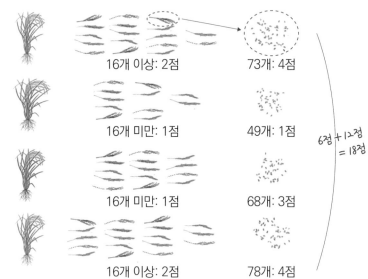

16개 이상: 2점   73개: 4점

16개 미만: 1점   49개: 1점

16개 미만: 1점   68개: 3점

16개 이상: 2점   78개: 4점

6점 + 12점 = 18점

피해면적이 제시되지 않을 경우

수량요소조사를 통한 수확량 계산과 관련된 문제에서 피해면적이 제시 안 된 경우에는 피해면적 보정계수="1"로 계산하도록 한다.

수량요소조사의 표준수확량

수량요소조사는 무게조사를 하지 않으므로 해당농지의 평년수확량을 기준으로 사용하지 않고 '표준수확량'을 기준으로 한다.

ⓓ 피해면적 보정계수 산정: 피해정도에 따른 보정계수를 산정한다.

[피해면적 보정계수]

피해정도	피해면적비율	보정계수
매우경미	10% 미만	1.2
경미	10% 이상 30% 미만	1.1
보통	30% 이상	1

ⓑ 병해충 단독사고 여부 확인(벼만 해당): 농지의 피해가 자연재해, 조수해 및 화재와는 상관없이 보상하는 병해충만으로 발생한 병해충 단독사고인지 여부를 확인한다. 이때, 병해충 단독사고로 판단될 경우에는 가장 주된 병해충명을 조사한다.

· 수량요소조사에 의한 수확량 = 표준수확량 × 조사수확비율 × 보정계수

(b) 표본조사 방법

　　⊙ 표본구간 수 선정: 조사대상면적에 따라 적정 표본구간 수(별 표 1-5 참조)이상의 표본구간 수를 선정한다. 다만, 가입면적과 실제경작면적이 10% 이상 차이가 날 경우(계약 변경 대상)에는 실제경작면적을 기준으로 표본구간 수를 선정한다.

별표 1-5 [종합위험방식 논작물 품목(벼, 밀)]

조사대상면적	표본구간	조사대상면적	표본구간
2,000㎡ 미만	3	4,000㎡ 이상 5,000㎡ 미만	6
2,000㎡ 이상 3,000㎡ 미만	4	5,000㎡ 이상 6,000㎡ 미만	7
3,000㎡ 이상 4,000㎡ 미만	5	6,000㎡ 이상	8

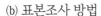

　　ⓛ 표본구간 선정: 선정한 표본구간 수를 바탕으로 재배방법 및 품종 등을 감안하여 조사 대상 면적에 동일한 간격으로 골고루 배치될 수 있도록 표본구간을 선정한다. 다만, 선정한 구간이 표본으로 부적합한 경우(해당 작물의 수확량이 현저히 많거나 적어서 표본으로 대표성을 가지기 어려운 경우 등)에는 가까운 위치의 다른 구간을 표본구간으로 선정한다.

　　ⓒ 표본구간 면적 및 수량 조사

　　　· 표본구간 면적: 표본구간마다 4포기의 길이와 포기 당 간격을 조사한다. (단, 농지 및 조사 상황 등을 고려하여 4포기를 2포기로 줄일 수 있다.)

　　　· 표본 중량 조사: 표본구간의 작물을 수확하여 해당 중량을 측정한다.
　　　　　　　　　　　표본조사, 전수조사 모두 3회 이상 실시 ●─┐

　　　· 함수율 조사: 수확한 작물에 대하여 함수율을 3회 이상 실시하여 평균값을 산출한다.

표본조사에 의한 수확량 산정

· 전체 표본구간의 면적
= 표본구간수 × 4포기의 길이 × 포기당 간격

· 표본조사에 의한 수확량
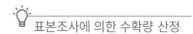

$$= \dfrac{\text{표본중량} \times \dfrac{1-\text{함수율}}{1-\text{기준함수율}} \times 0.93}{\text{전체표본구간의 면적}} \times \text{조사대상면적} + \dfrac{\text{평년수확량}}{\text{가입면적}} \times \text{기·타·미}$$

기수확 + 타작물 + 미보상면적

논작물 표본구간 계산

(조사대상면적÷1000) + 2 를 하고 소수점 이하는 버림한다. 예를 들어 조사대상면적이 3200이면, (3200÷1000) + 2 = 5.2이므로 표본구간은 5이다.

논작물 보장하는 병해충 (조사료용 벼 제외)

세균성벼알마름병, 깨시무늬병, 먹노린재, 흰잎마름병, 줄무늬잎마름병, 도열병, 벼멸구

이렇게 외웠다!
세-깨씨-먹(은)-흰-줄무늬잎-도-벼(다)

표본조사 수확량의 0.93

표본조사에 의한 수확량 계산 시 0.93을 곱하는 이유는, 기계 탈곡 후 시행하는 전수조사와 달리 손으로 탈곡을 하는 표본조사는 조곡의 쭉정이 등 이물질이 표본중량에 포함되므로, 이를 수확량에서 빼기 위하여 0.93을 곱하는 것이다.
- Loss율 7% 적용

포기 / 포기당 간격 / 4포기의 길이
표본구간 유효중량

ⓔ 병해충 단독사고 여부 확인(벼만 해당): 농지의 피해가 자연재해, 조수해 및 화재와는 상관없이 보상하는 병해충만으로 발생한 병해충 단독사고인지 여부를 확인한다. 이때, 병해충 단독사고로 판단될 경우에는 가장 주된 병해충명을 조사한다.

(c) 전수조사 방법 _{조사시기: 수확시}

ⓖ 전수조사 대상 농지 여부 확인: 전수조사는 기계수확(탈곡 포함)을 하는 농지에 한한다.

ⓛ 조곡의 중량 조사: 대상 농지에서 수확한 전체 조곡의 중량을 조사 하며, 전체 중량 측정이 어려운 경우에는 콤바인, 톤백, 콤바인용 포대, 곡물적재함 등을 이용하여 중량을 산출한다.

ⓒ 조곡의 함수율 조사: 수확한 작물에 대하여 함수율을 3회 이상 실시하여 평균값을 산출한다. _{콩 전수조사 시에는 "10회 이상" 실시 ●}

ⓔ 병해충 단독사고 여부 확인(밀제외): 농지의 피해가 자연재해, 조수해 및 화재와는 상관없이 보상하는 병해충만으로 발생한 병해충 단독사고인지 여부를 확인한다. 이때, 병해충 단독사고로 판단될 경우에는 가장 주된 병해충명을 조사한다.

· 전수조사에 의한 수확량

$$= \text{전체 조곡의 중량} \times \frac{1 - \text{함수율}}{1 - \text{기준함수율}} + \frac{\text{평년수확량}}{\text{가입면적}} \times \text{기·타·미}$$

_{기수확 + 타작물 + 미보상면적}

<aside>
병해충 단독사고 시 피해율
병해충 단독사고 시 피해율이 최대인정피해율을 초과할 경우 피해율은 최대인정피해율을 적용하며, 최대인정피해율은 문제에서 제시된다.

기준함수율(건물중량)
· 메벼: 15%(85%)
· 콩: 14%(86%)
· 찰벼,밀,보리: 13%(87%)
</aside>

6 수확불능확인조사(벼만 해당)

가. 수확량조사 시 수확불능 대상 농지(벼의 제현율이 65% 미만으로 정상적인 출하가 불가능한 농지)로 확인된 농지에 대하여 실시하는 조사로, 조사 시점은 수확 포기가 확인되는 시점으로 한다.

나. 수확불능확인조사는 다음 각 목에 따라 실시한다.

① 보상하는 재해 여부 심사

농지 및 작물 상태 등을 감안하여 약관에서 정한 보상하는 재해로 인한 피해가 맞는지 확인하며, 필요시에는 이에 대한 근거 자료(피해사실확인조사 참조)를 확보할 수 있다.

② 실제 경작면적 확인

GPS면적측정기 또는 지형도 등을 이용하여 보험가입 면적과 실제 경작면적을 비교한다. 이때 실제경작면적이 보험 가입면적 대비 10% 이상 차이가 날 경우에는 계약 사항을 변경해야 한다.

③ 수확불능 대상여부 확인

벼의 제현율이 65% 미만으로 정상적인 출하가 불가능한지를 확인한다.

④ 수확포기 여부 확인

아래의 경우에 한하여 수확을 포기한 것으로 한다.

> · 당해년도 11월 30일까지 수확을 하지 않은 경우 *중요!!*
> · 목적물을 수확하지 않고 갈아엎은 경우(로터리 작업 등)
> · 대상농지의 수확물 모두가 시장에 유통되지 않은 것이 확인된 경우 ← *단 /%도 안 됨*

7 미보상비율 조사(모든 조사 시 동시 조사)

상기 모든 조사마다 미보상비율 적용표(별표 2-1)에 따라 미보상비율을 조사한다.

5. 보험금 산정방법

1 이앙•직파불능보험금(벼만 해당)

가. 지급사유

보상하는 손해로 이앙한계일(7월 31일)까지 이앙·직파를 하지 못한 경우에 지급한다. 다만, 이앙 전의 통상적인 영농활동(논둑정리, 논갈이, 비료 시비, 제초제 살포 등)을 하지 않은 농지에 대해서는 이앙·직파불능 보험금을 지급하지 않는다.

나. 지급금액 = 보험가입금액 × 10%

다. 이앙·직파불능보험금 지급으로 해당 보험계약은 소멸된다.

2 재이앙•재직파보험금(벼만 해당)

가. 지급사유

보상하는 손해로 면적피해율이 10%를 초과하고, 재이앙·재직파를 한 경우에 1회 지급한다.

나. 지급금액 = 보험가입금액 × 25% × 면적피해율

* 면적피해율 = 피해면적 ÷ 보험가입면적

<aside>

보험금 지급 후 보험계약이 소멸되는 보험금은?

· 이앙 직파불능 보험금
· 경작불능보험금

자기부담비율과 무관한 보험금은?

· 이앙 직파불능 보험금
· 재이앙 재직파 보험금

조사료용 벼에 지급가능한 보험금은?

경작불능보험금

</aside>

3 경작불능보험금

가. 지급사유

보상하는 손해로 인해 식물체 피해율이 65% 이상이고, 계약자가 경작불능보험금을 신청한 경우, 산지폐기 등의 방법을 통해 시장으로 유통되지 않게 된 것을 확인한 후 지급한다.

나. 지급금액 = 보험가입금액 × 자기부담비율별 지급비율

[자기부담비율별 경작불능보험금 지급비율표]

자기부담비율	10%형	15%형	20%형	30%형	40%형
지급비율	45%	42%	40%	35%	30%

다. 경작불능보험금 지급으로 해당 보험계약은 소멸됨

4 수확감소보험금(조사료용 벼제외)

가. 지급사유

보상하는 재해로 인해 피해율이 자기부담비율을 초과하는 경우 다음과 같이 계산한 수확감소보험금을 지급한다. 단, 벼는 식물체 고사면적이 65% 이상인 경작불능보험금 대상인 경우 수확감소보험금을 지급하지 않는다. 밀, 보리 품목에는 적용되지 않음에 유의 •

나. 지급금액 = 보험가입금액 × (피해율 − 자기부담비율)

* 피해율 = (평년수확량 − 수확량 − 미보상감수량) ÷ 평년수확량

5 수확불능보험금(벼만 해당)

가. 지급사유

벼의 제현율이 65% 미만으로 떨어져 정상출하가 불가능하고, 해당 농지의 작물에 대한 수확포기가 확인된 경우에 지급한다. 단, 식물체 고사면적이 65% 이상인 경작불능보험금 대상인 경우 수확불능보험금을 지급하지 않는다.

나. 지급금액 = 보험가입금액 × 자기부담비율별 지급비율

[자기부담비율별 수확불능보험금 지급비율표]

자기부담비율	10%형	15%형	20%형	30%형	40%형
지급비율	60%	57%	55%	50%	45%

> **수확불능보험금 지급비율**
> = 경작불능보험금 지급비율 + 15%이다.

업무방법에서 정하는 종합위험방식 벼 상품에 관한 다음 두 가지 물음에 답하시오. [15점]

제1회, 문제 일부 수정

① 재이앙·재직파 보험금, 경작불능 보험금, 수확감소 보험금의 지급사유를 각각 서술하시오.

정답

- 재이앙·재직파 보험금: 보상하는 손해로 면적피해율이 10%를 초과하고, 재이앙·재직파를 한 경우에 1회 지급한다.
- 경작불능 보험금: 보상하는 손해로 식물체 피해율이 65% 이상이고, 계약자가 경작불능보험금을 신청한 경우에 지급한다.
- 수확감소 보험금: 보상하는 재해로 인해 피해율이 자기부담비율을 초과하는 경우 수확감소보험금을 지급한다.

② 아래 조건 1, 2, 3에 따른 보험금을 산정하시오. (단, 아래의 조건들은 지급사유에 해당된다고 가정한다.)

- 조건 1: 재이앙·재직파 보험금

· 보험가입금액: 2,000,000원	· 자기부담비율: 20%
· (면적)피해율: 50%	· 미보상감수 면적: 없음

정답

지급금액 = 보험가입금액 × 25% × 면적피해율 = 2,000,000 × 25% × 50% = **250,000원**

- 조건 2: 경작불능 보험금

· 보험가입금액: 2,000,000원	· 자기부담비율: 15%	· 식물체: 80% 고사

정답

지급금액 = 보험가입금액 × 자기부담비율별 지급비율이고 자기부담비율 15%의 경우 지급비율은 42%이므로, 지급금액 = 2,000,000 × 42% = **840,000원**

- 조건 3: 수확감소 보험금

· 보험가입금액: 2,000,000원	· 평년수확량: 1,400kg	· 미보상감수량: 200kg
· 수확량: 500kg	· 미보상감수량: 200kg	

> - 피해율 = (평년수확량 − 수확량 − 미보상감수량) ÷ 평년수확량 = (1,400 − 500 − 200) ÷ 1,400
>   = 0.5 = 50%
> - 지급금액 = 보험가입금액 × (피해율 − 자기부담비율) = 2,000,000 × (0.5 − 0.2) = **600,000원**

기출문제 02

아래의 계약사항과 조사내용에 따른 표본구간 유효중량, 피해율 및 보험금을 구하시오. [15점]

제3회, 문제 일부 수정

• 계약 사항

품목명	가입특약	가입금액	가입면적	평년 수확량	가입 수확량	자기부담 비율	품종구분
벼	벼 병해충 보장특약	5,500,000원	5,000㎡	3,500kg	3,150kg	15%	백진주 (메벼)

• 조사 내용: 미보상비율 0%

조사종류	재해 내용	실제경작 면적	고사면적	타작물· 미보상면적	기수확 면적	표본구간 면적	표본구간 작물중량 합계	함수율
수확량(표본) 조사	병해충(도열병) /집중호우	5,000 ㎡	1,000 ㎡	0㎡	0㎡	0.5㎡	300g	23.5%

① 표본구간 유효중량 (표본구간 유효중량은 g 단위로 소수점 첫째 자리에서 반올림하여 다음 예시와 같이 구하시오. 예시: 234.5g → 235g로 기재)

Key

> - 메벼의 표본조사 유효중량을 계산하기 위하여 메벼의 기준함수율 15%와 보정계수 0.93을 기억한다.
> - 단위면적당 유효중량과 표본구간 유효중량을 착각하지 않도록 유의한다.

$$표본구간\ 유효중량 = 표본구간\ 작물중량\ 합계 \times \frac{1 - 함수율}{1 - 기준함수율} \times 0.93 = 300 \times \frac{1 - 0.235}{1 - 0.15} \times 0.93$$

$$= 251.1 \rightarrow \textbf{251g}$$

② 피해율(피해율은 % 단위로 소수점 셋째 자리에서 반올림하여 둘째 자리까지 다음 예시와 같이 구하시오. 예시: 0.12345 → 12.35%로 기재)

Key

> 수확량 계산 시 기·타·미 면적의 수확량을 빠뜨리지 않도록 한다.

- 수확량 $= \dfrac{251}{0.5} \times (5{,}000 - 1{,}000) + \dfrac{3{,}500}{5{,}000} \times 0 = 2{,}008{,}000g = 2{,}008kg$

- 피해율 = (평년수확량 − 수확량 − 미보상감수량) ÷ 평년수확량 $= \dfrac{3{,}500 - 2{,}008 - 0}{3{,}500}$

  $= 0.42628 \rightarrow \textbf{42.63\%}$

③ 보험금

정답

보험금 = 보험가입금액 × (피해율 − 자기부담비율) $= 5{,}500{,}000 \times (0.4263 - 0.15) = \textbf{1{,}519{,}650원}$

기출문제 03

종합위험 수확감소보장방식 논작물 벼 품목의 통상적인 영농활동 중 보상하는 손해가 발생하였다. 아래 조사종류별 조사 시기, 보험금 지급사유 및 지급보험금 계산식을 각각 쓰시오. 제4회

조사종류	조사 시기	보험금 지급사유	지급보험금 계산식
① 이앙·직파불능조사			
② 재이앙·재직파조사			
③ 경작불능조사(자기부담비율 20%형)			
④ 수확불능조사(자기부담비율 20%형)			

정답

① 이앙한계일(7월 31일) 이후, 보상하는 손해로 이앙한계일까지 이앙·직파를 하지 못한 경우

  지급보험금 = 보험가입금액 × 10%

② 사고 후 ~ 재이앙 직후, 보상하는 손해로 면적피해율이 10%를 초과하고 재이앙·재직파를 한 경우

  지급보험금 = 보험가입금액 × 25% × 면적피해율

③ 사고 후 ~ 수확개시 시점, 보상하는 손해로 식물체피해율이 65% 이상이고 계약자가 경작불능보험금을 신청한 경우

  지급보험금 = 보험가입금액 × 자기부담비율별 지급비율

④ 수확포기가 확인되는 시점, 벼의 제현율이 65% 미만으로 정상적인 출하가 불가능한 농지

  지급보험금 = 보험가입금액 × 자기부담비율별 지급비율

종합위험 수확감소보장방식 벼 품목의 가입농가가 보상하는 재해로 피해를 입어 수확량조사 방법 중 수량요소조사를 실시하였다. 아래 계약사항 및 조사내용을 기준으로 주어진 조사표의 ①~⑫항의 해당 항목값을 구하시오. (단, 조사수확비율 결정은 해당 구간의 가장 큰 비율을 적용하고 미보상 사유는 없으며, 항목별 요소점수는 조사표본포기 순서대로 기재하고, 소수점 셋째 자리에서 반올림하여 둘째 자리까지 다음 예시와 같이 구하시오. 예시: 수확량 3.456kg → 3.46kg, 피해율 0.12345 → 12.35%로 기재) [15점]   제4회, 문제 일부 변경

• 조사내용

표본포기	1포기	2포기	3포기	4포기
포기당 이삭수	19	22	18	13
완전낟알수	75	85	45	62

• 수량요소조사 조사표: 피해면적 1,200㎡

실제 경작 면적 (㎡)	평년 수확량 (kg)	항목별요소점수									조사 수확 비율 (%)	표준 수확량 (kg)	조사 수확량 (kg)	평년 수확량 (kg)	피해율 (%)
		이삭상태				완전낟알상태				합계					
3,500	1,500	①	②	③	④	⑤	⑥	⑦	⑧	⑨	⑩	1,600	⑪	1,650	⑫

정답

① 2   ② 2   ③ 2   ④ 1   ⑤ 4   ⑥ 5

⑦ 1   ⑧ 3   ⑨ 2 + 2 + 2 + 1 + 4 + 5 + 1 + 3 = 20점

⑩ 80%(점수가 20점일 때 조사수확비율 환산표에 의한 조사수확비율은 71%~80%이나 문제에서 조사수확비율 결정은 해당 구간의 가장 큰 비율을 적용하도록 하므로)

⑪ 수량요소조사 수확량 = 표준수확량 × 조사수확비율 × 보정계수 = 1,600 × 0.8 × 1 = **1,280kg**

  (피해면적비율 = 1,200/3,500으로 30% 이상이므로 보정계수는 1이다.)

⑫ 피해율 = (평년수확량 – 수확량 – 미보상감수량) ÷ 평년수확량 = (1,650 – 1,280 – 0) ÷ 1,650
  = 0.22424 = **22.42%**

종합위험 수확감소보장 논작물 벼보험에 관한 내용이다. 아래와 같이 보험가입을 하고 보험사고가 발생한 것을 가정한 경우 다음의 물음에 답하시오. [15점]   제5회, 문제 일부 변경

• 보험가입내용

구분	평년수확량(kg)	보험가입금액	자기부담비율	가입비율
A농지	13,600kg	17,000,000원	20%	평년수확량의 100%
B농지	10,000kg	11,250,000원	15%	평년수확량의 90%

* 실제경작면적은 가입면적과 동일한 것으로 조사됨

• 보험사고내용

구분	사고내용	조사방법	수확량(kg)	미보상비율(%)	미보상사유
A농지	도열병	전수조사	2,500	10	방재미흡
B농지	벼멸구	전수조사	4,000	10	방재미흡

* 위 보험사고는 각각 병충해 단독사고이며, 모두 병충해 특약에 가입함.
* 병충해 단독사고 시 최대인정피해율은 70%
* 함수율은 배제하고 계산함.
* 피해율 계산은 소수점 셋째 자리에서 반올림하여 둘째 자리까지 구함(예시: 123.456% → 123.46%).
* 보험금은 원 단위 이하 버림.

① 병충해담보 특약에서 담보하는 7가지 병충해를 쓰시오.

정답

세균성벼알마름병, 깨시무늬병, 먹노린재, 흰잎마름병, 줄무늬잎마름병, 도열병, 벼멸구

② 수확감소에 따른 A농지 (1) 피해율, (2) 보험금과 B농지 (3) 피해율, (4) 보험금을 각각 구하시오.

Key

위 보험사고는 병충해 단독사고이므로, 최대인정피해율이 적용됨에 유의한다.

정답

A농지

· 미보상감수량 = (평년수확량 − 수확량) × 미보상비율 = (13,600 − 2,500) × 10% = 1,110kg

(1) 피해율 = $\dfrac{13,600 - 2,500 - 1,110}{13,600}$ = 0.73455 → **73.46%**

병충해 단독사고로 최대인정피해율은 70%이므로,

(2) 보험금 = 보험가입금액 × (피해율 − 자기부담비율) = 17,000,000 × (0.7 − 0.2) = **8,500,000원**

B농지

· 미보상감수량 = (평년수확량 − 수확량) × 미보상비율 = (10,000 − 4,000) × 10% = 600kg

(3) 피해율 = $\dfrac{10,000 - 4,000 - 600}{10,000}$ = 0.54 = **54%**

(4) 보험금 = 보험가입금액 × (피해율 − 자기부담비율) = 11,250,000 × (0.54 − 0.15) = **4,387,500원**

③ 각 농지의 식물체가 65% 이상 고사하여 경작불능보험금을 받을 경우, A농지 보험금과 B농지 보험금을 구하시오.

정답

- A농지 보험금 = 보험가입금액 × 자기부담비율별 지급비율 = 17,000,000 × 40% = **6,800,000원**
- B농지 보험금 = 11,250,000 × 42% = **4,725,000원**

핵심문제 01

종합위험방식 밀 품목에서 시행하는 조사의 종류와 조사 시기를 쓰시오.

정답

- 피해사실 확인 조사: 필요시
- 경작불능조사: 사고 후 ~ 재이앙직후
- 수확량조사: 표본조사는 알곡이 여물어 수확이 가능한 시기, 전수조사는 수확시

핵심문제 02

종합위험방식 벼 품목에서 보상하는 재해로 피해를 입었을 경우 수확기 이전 지급 가능한 보험금 중 보험금 지급 후 보험계약이 소멸되는 보험금을 모두 쓰시오.

정답

이앙 직파불능보험금, 경작불능보험금

핵심문제 03

종합위험방식 벼 품목에서 보상하는 재해로 피해를 입었을 경우 지급가능한 보험금 중 자기부담비율과 무관하게 지급되는 보험금을 모두 쓰시오.

정답

이앙 직파불능보험금, 재이앙 재직파 보험금

핵심문제 04

다음은 업무방법에서 정하는 종합위험방식 벼 상품에 관한 내용이다. 다음의 각 물음에 답하시오.

- 보험가입면적: 20,000㎡
- 평년수확량: 17,000kg
- 가입비율: 평년수확량의 100%
- 보험가입금액: 20,400,000원

① 이앙직파불능보험금의 지급사유를 서술하시오.

정답

> 보상하는 재해로 이앙한계일(7월 31일)까지 이앙 직파를 하지 못한 경우에 지급하며, 이앙 전의 통상적인 영농활동(논둑정리, 논갈이, 비료시비, 제초제 살포 등)을 하지 않은 농지에 대하여는 이앙 직파불능보험금을 **지급하지 않는다.**

② 해당 농지가 이앙직파불능보험금 지급대상일 경우 이앙직파불능보험금을 선정하시오.

정답

> 지급금액 = 보험가입금액 × 10% = **2,040,000원**

핵심문제 05

다음은 업무방법에서 정하는 종합위험방식 벼 상품에 관한 내용이다. 다음의 각 물음에 답하시오.

품종구분	보험가입금액	평년수확량	실제경작면적	자기부담비율
새누리(메벼)	13,200,000원	10,000kg	12,000㎡	10%

① 경작불능보험금 지급사유를 서술하고, 위 농지가 보험가입 농지가 경작불능보험금 지급대상일 경우 경작불능보험금을 산정하시오.

정답

> - 지급사유: 보상하는 손해로 식물체 피해율이 65% 이상이고, 계약자가 경작불능보험금을 신청한 경우
> - 경작불능보험금 = 보험가입금액 × 자기부담비율별 지급비율 = 13,200,000 × 45% = **5,940,000원**

② 재이앙 재직파보험금의 지급사유를 서술하고, 아래의 각 Case별로 재이앙재직파보험금을 산정하시오.

구분	전조사(피해면적조사)	후조사(재이앙재직파면적조사)
Case 1	2,000㎡	2,000㎡
Case 2	3,000㎡	1,200㎡
Case 3	5,000㎡	3,000㎡

Key

· 재이앙·재직파보험금은 면적피해율이 10%를 초과(이상이 아님에 유의)할 때 지급한다.

· 피해면적 중 일부에 대해서만 재이앙·재직파가 이루어진 경우에는, 재이앙·재직파가 이루어지지 않은 면적은 피해 면적에서 제외한다. 즉, 재이앙 재직파한 면적만 피해면적으로 계산한다.

정답

재이앙재직파 완료후 후조사 시 재이앙재직파면적

· Case 1: 보험가입금액 × 25% × $\dfrac{피해면적}{실제경작면적}$ = 13,200,000 × 0.25 × $\dfrac{2,000}{12,000}$ = **550,000원**

· Case 2: 면적피해율 = $\dfrac{1,200}{12,000}$ = 10%, 면적피해율이 10%를 초과하지 않으므로 **0원**

· Case 3: 13,200,000 × 0.25 × $\dfrac{3,000}{12,000}$ = **825,000원**

핵심문제 06

다음은 업무방법에서 정하는 종합위험방식 논작물 품목에 가입한 농지의 계약사항 및 조사내용이다. 다음의 각 물음에 답하시오.

• 계약사항

품목명	가입금액	가입면적	평년수확량	표준수확량	자기부담비율
밀	5,500,000원	5,000㎡	3,500kg	3.200kg	20%

• 조사 내용

조사종류	실제경작면적	고사면적	타작물/미보상면적	기수확면적	표본구간면적	표본구간 작물중량 합계	함수율(3회 평균)	미보상비율
수확량(표본)조사	5,000㎡	1,000㎡	300㎡	700㎡	0.5㎡	300g	21%	10%

① 위의 조사내용을 보고 표본구간 유효중량 및 수확량을 산정하시오. 단, 표본구간 유효중량은 g 단위로 그리고 수확량은 kg 단위로 소수점 첫째 자리에서 반올림하여 구하시오.

Key

· 밀의 수확량 계산시 기준은 평년수확량이다.

· 밀의 기준함수율은 13%이며, 표본구간 유효중량 산출시 Loss율 7%를 적용하는 것을 잊지 않는다. 즉, 유효중량 산정 시 1 − 0.07 = 0.93을 곱한다.

정답

- 표본구간 유효중량 = 표본구간 작물중량 합계 × $\dfrac{1 - 함수율}{1 - 기준함수율}$ × 0.93 = 300 × $\dfrac{1 - 0.21}{1 - 0.13}$ × 0.93

  = 253.3 → **253g**

- 수확량 = $\dfrac{0.253}{0.5}$ + $\dfrac{3,500}{5,000}$ × (300 + 700) = **2,218kg**

  기·타·미 면적

② 수확감소보험금을 산정하시오. 단, 미보상감수량은 kg 단위로 소수점 첫째 자리에서, 피해율은 % 단위로 소수점 셋째 자리에서 반올림하여 구하시오.

정답

- 미보상감수량 = (평년수확량 − 수확량) × 미보상비율 = (3,500 − 2,218) × 10% = 128.2 = 128kg

- 피해율 = $\dfrac{평년수확량 − 수확량 − 미보상감수량}{평년수확량}$ = $\dfrac{3,500 − 2,218 − 128}{3,500}$ = 0.32971 → 32.97%

- 수확감소보험금 = 5,500,000 × (0.3297 − 0.2) = 713,350원

핵심문제 07

다음은 찰벼 품목을 종합위험방식 수확감소 보장방식에 자기부담비율 10%로 가입한 농지에 보상하는 재해로 손해를 입어 다음과 같이 손해조사를 하였다. 다음의 조사내용을 따른 지급보험금을 산정하시오. 단, 수확량과 미보상비율은 kg 단위로 소수점 첫째 자리에서, 피해율은 % 단위로 소수점 셋째 자리에서 반올림하여 구하시오.

• 조사 내용 – 전수조사

보험 가입금액	평년 수확량	표준 수확량	실제경작 면적	고사 면적	타작물/ 미보상 면적	조사대상 작물중량 합계	함수율 (3회 평균)	미보상 비율
1,000만원	4,500kg	4,200kg	7,000㎡	500㎡	200㎡	2,800kg	20%	20%

Key

- 찰벼의 기준함수량은 13%이며, 전수조사 시에는 Loss율 7%를 적용하지 않는다.

정답

- 수확량 = 2,800 × $\dfrac{1 - 0.2}{1 - 0.13}$ + $\dfrac{4,500}{7,000}$ × 200 = 2,703.2 → 2,703kg

  기·타·미 면적

- 미보상감수량 = (4,500 − 2,703) × 20% = 359.4 → 359kg

- 피해율 = $\dfrac{(4,500 − 2,703 − 359)}{4,500}$ = 0.31955 → 31.96%

- 수확감소보험금 = 10,000,000 × (0.3196 − 0.1) = **2,196,000원**

다음은 업무방법에서 정하는 종합위험방식 논작물 품목에 가입한 농지의 계약사항 및 조사내용이다. 다음을 보고 수확감소보험금을 산정하시오. 단, 표본구간 유효중량은 g 단위로 소수점 첫째 자리에서, 수확량과 미보상비율은 kg 단위로 소수점 첫째 자리에서, 피해율은 % 단위로 소수점 셋째 자리에서 반올림하여 구하시오.

• 계약 사항

품목명	보험가입금액	보험가입면적	평년수확량	표준수확량	가입수확량	자기부담비율
메벼	700만원	9,000㎡	6,000kg	6,200kg	5,400kg	20%

• 조사 내용: 표본조사, 미보상비율 20%

실제경작 면적	고사면적	타작물 면적	미보상 면적	기수확 면적	표본구간 4포기 길이	포기당 간격	표본구간 작물중량 합계	함수율 (3회 평균)
9,000㎡	1,000㎡	100㎡	200㎡	700 ㎡	1.0m	0.3m	1,350g	20%

• [별표 1-5] 종합위험방식 논작물 품목(벼, 밀)

조사대상면적	표본구간	조사대상면적	표본구간
2,000㎡ 미만	3	4,000㎡ 이상 5,000㎡ 미만	6
2,000㎡ 이상 3,000㎡ 미만	4	5,000㎡ 이상 6,000㎡ 미만	7
3,000㎡ 이상 4,000㎡ 미만	5	6,000㎡ 이상	8

Key

- 메벼의 표본구간 유효중량을 계산하기 위하여는 기준함수율(15%)과 0.93(Loss율 7%)을 기억하도록 한다.
- 조사대상면적 7,000㎡(9,000 − 1,000 − 100 − 200 − 700)의 경우 표본구간의 수는 8구간이다.
- 표본구간 전체 면적 = 표본구간 4포기길이 × 포기당 간격 × 표본구간수이다.

정답

- 표본구간 유효중량 = 표본구간 작물중량 합계 × $\dfrac{1 - 함수율}{1 - 기준함수율}$ × 0.93 = $1,350 × \dfrac{1 - 0.2}{1 - 0.15} × 0.93$

  (표본조사 시 함수율 계산을 잊지 않도록 유의)

  = 1,181.6 → 1,182g

- 수확량 = $\dfrac{1,182}{1.0 × 0.3 × 8}$ × (9,000 − 1,000 − 100 − 200 − 700) + $\dfrac{6,000}{9,000}$ × (700 + 100 + 200)

  (기·타·미 면적)
  (표본구간 수)
  (실제경작면적 − 고사면적 − 기·타·미 면적)

  = 4,114.1 → 4,114kg

- 미보상감수량 = (보장수확량 − 수확량) × 미보상비율 = (6,000 − 4,114) × 20% = 377.2 → 377kg

- 피해율 = $\dfrac{6,000 - 4,114 - 377}{6,000}$ = 0.2515 = 25.15%

- 수확감소보험금 = 보험가입금액 × (피해율 − 자기부담비율) = 7,000,000 × (0.2515 − 0.2)

  = **360,500원**

종합위험 수확감소보장방식 논작물 품목의 재이앙·재직파조사의 피해면적 판정기준 3가지를 모두 쓰시오.

정답

① 묘가 본답의 바닥에 있는 흙과 분리되어 물 위에 뜬 면적

② 묘가 토양에 의해 묻히거나 잎이 흙에 덮여져 햇빛이 차단된 면적

③ 묘는 살아 있으나 수확이 불가능할 것으로 판단된 면적

다음은 종합위험 수확감소보장방식 벼 품목 가입농가 계약사항이다. 다음의 계약사항을 보고 각 물음에 답하시오. 단, 각 물음은 서로 관련이 없으며 각 물음의 조건에 서로 영향을 받지 않는다.

품목명	보험가입금액	가입면적	평년수확량	표준수확량	가입수확량	자기부담비율
메벼	1,000만원	9,000㎡	9,000kg	9,200kg	9,000kg	15%

① 위 농지는 이앙 전에 제초제살포 등 통상적인 영농활동을 하였음에도 봄가뭄으로 인하여 해당 농지에 이앙한계일까지 가입면적의 5%만을 이앙하였을 경우 이앙 직파불능보험금을 산정하시오.

정답

이앙직파불능보험금은 이앙한계일까지 농지 전체에 이앙이나 직파를 하지 못한 경우에 지급되므로, 해당 농가에 이앙직파불능보험금은 지급되지 않는다.

② 위 농지에 냉해로 인하여 피해면적이 6,100㎡가 발생하였을 경우, 경작불능보험금의 지급사유를 서술하고 위 농지가 지급 대상인지를 확인하여 지급 가능한 계약불능보험금을 산정하시오.

정답

· 경작불능보험금 지급사유: 보상하는 재해로 식물체피해율이 65% 이상이고, 계약자가 경작불능보험금을 신청한 경우 지급한다.

· 식물체피해율 = $\dfrac{\text{피해면적}}{\text{보험가입면적}}$ = $\dfrac{6,100}{9,000}$ = 67.78%이며, 식물체피해율이 65% 이상이므로 경작불능 보험금지급대상임.

· 경작불능보험금 = 보험가입금액 × 자기부담비율별 지급비율 = 10,000,000원 × 42% = **4,200,000원**

③ 다음은 위 농지의 수량요소조사의 조사내용이다. 다음의 내용을 보고 수확감소보험금을 산정하시오. (단, 조사수확비율 결정은 해당 구간의 가장 큰 비율을 적용하고, 수확량과 미보상감수량은 kg 단위로 소수점 첫째 자리에서, 피해율은 % 단위로 소수점 셋째 자리에서 반올림하여 다음 예시와 같이 구하시오. 예시: 수확량 234.5kg → 235kg, 피해율 0.12345 → 12.35%로 기재)

• 조사내용 – 미보상비율 20%, 피해면적 700㎡

표본포기	1포기	2포기	3포기	4포기
포기당 이삭수	16	20	12	17
완전낟알수	75	85	45	62

Key

• 수량요소조사를 통한 수확량 계산시 기준은 표준수확량임에 유의한다.

정답

• 이삭상태 점수 + 완전낟알상태 점수 = (2 + 2 + 1 + 2) + (4 + 5 + 1 + 3) = 20점

20점의 조사수확비율은 71% ~ 80%이므로 가장 큰 비율 80%를 적용

• 피해면적비율 = $\dfrac{700}{9,000}$ 〈 10%이므로, 피해면적 보정계수 = 1.2이다.

• 수확량 = 표준수확량 × 조사수확비율 × 보정계수 = 9,200 × 0.8 × 1.2 = 8,832kg

• 미보상감수량 = (평년수확량 − 수확량) × 미보상비율 = (9,000 − 8,832) × 20% = 33.6 → 37kg

• 피해율 = $\dfrac{9,000 - 8,832 - 37}{9,000}$ = 0.01455 → 1.46%

피해율이 자기부담비율보다 작으므로 수확감소보험금은 **지급되지 않는다.**

제3장
보험금 지급

1. 보험금 지급

① 회사는 수확기간 경과 후 보험금 청구서류를 접수하면 지체없이 지급할 보험금을 결정하고 지급할 보험금이 결정되면 7일 이내에 지급한다. 다만 품목 및 보험금 종류에 따라 수확기간 경과와 상관없이 보험금이 지급될 수 있으며, 이 경우는 해당 품목의 약관에 따른다.

② 회사는 보험기간 경과 후 보험금 청구서류가 접수되면 지급할 보험금이 결정되기 전이라도 피보험자의 청구가 있을 때에는 회사가 추정한 보험금의 50% 상당액을 가지급보험금으로 지급한다.

③ 회사는 제1항의 규정에 정한 지급기일 내에 보험금을 지급하지 아니하였을 때에는 그 다음날로부터 지급일까지의 기간에 대하여 〈보험금을 지급할 때의 적립이율표〉에 따라 연단위 복리로 계산한 금액을 더하여 지급한다. 다만 계약자 또는 피보험자의 책임 있는 사유로 지급이 지연된 때에는 그 해당 기간에 대한 이자를 더하여 지급하지 아니한다.

보험금을 지급할 때의 적립이율표 기출!!	
기간	지급이자
지급기일의 다음 날부터 30일 이내 기간	보험계약대출이율
지급기일의 31일 이후부터 60일 이내 기간	보험계약대출이율 + 가산이율(4.0%)
지급기일의 61일 이후부터 90일 이내 기간	보험계약대출이율 + 가산이율(6.0%)
지급기일의 91일 이후 기간	보험계약대출이율 + 가산이율(8.0%)

* 보험계약대출이율은 보험개발원이 공시하는 보험계약대출이율을 적용

④ 농어업재해보험법에 의거하여 보험금을 지급받을 권리는 압류할 수 없다. 다만 보험목적물이 담보로 제공된 경우에는 그러하지 아니한다.

2. 보험금 지급 절차

① 농협의 담당자는 계약자 또는 피보험자 등에게 보험금 청구서류 접수를 안내한다.

② 농협의 담당자는 보험금 청구서류가 접수되면 관련 서류의 진위 여부를 확인한다.

③ 농협의 담당자는 계약자 또는 피보험자 등에게 결정된 지급할 보험금을 안내 및 지급한다.

④ 계약자 및 피보험자 이외의 대리인에게 보험금을 지급할 경우에는 관련서류의 진위 여부, 대리인 확인 등에 각별히 유의한다.

3. 보험금 지급 전결권

농협의 담당자는 지급 보험금이 5천만원 이하인 경우에는 해당 팀장의 결재를 받아야 하고, 5천만원이 초과하는 경우에는 사무소장의 결재를 받아야 한다. 다만 사무소장 부재 시에는 4급 이상 책임자 복수 결재를 받아 처리한 후 사무소장의 사후 결재를 받을 수 있다.

중요!!

4. 회사 승인 사항

다음 각 항의 경우에는 별도로 회사의 승인을 받아야 한다.

① 보험금 수령자가 계약자 및 피보험자가 아닌 경우

② 보험금 지급 방법이 계좌 이체가 아닌 경우

③ 증권 당 지급할 보험금이 5천만원을 초과하는 경우

④ 지연이자 지급대상인 경우

중요!!

02

가축재해보험

출처: 농업정책보험금융원 2021. 3. 15. 최종본

제1장
사고보험금 청구 절차

제1절 사고보험금 접수 시 처리방법

1. 접수대상범위

① 접수대상은 사고보험금 청구 전 건으로 한다.

② 고객이 내방할 경우 계약이 체결된 사무소와 관계없이 사고보험금 접수 업무를 처리한다.

2. 업무처리 프로세스

① 보험금 청구를 위한 보장급부별 제출서류(필수기재사항, 서류 발급처 등), 서류의 제출방법, 청구 서류의 사본 허용 가능 여부 및 기준에 대해 상세히 안내하고 고객에게 보험금 청구서류를 작성하도록 한다.

② 제출서류에 따라 전산접수 입력을 완료하고 접수증과 「보험금 지급절차 안내문」을 교부 및 사고보험금 처리절차를 안내한다.

3. 구비서류 확인

① 청구유형별로 사고보험금 구비서류가 맞는지 확인하고, 구비서류가 완비되었을 경우 사고보험금 전산접수를 한다.

② 구비서류 확인 후 보험금 청구서류를 출력하여 고객에게 제공하여 작성하도록 한다.

4. 청구서 작성

보험금 청구서 작성요령을 안내한다.

① 사고보험금 청구서 및 개인(신용)정보처리동의서 피보험자란은 피보험자가 직접 체크(√)하여야 한다.

② 피보험자 또는 수익자 외 타인 내방 시에는 보험금 청구서류는 피보험자 또는 수익자가 작

성한 서류를 제출토록 안내한다.

③ 보험금 심사 및 지급 등에 중요한 사항이므로 해당 항목을 빠짐없이 작성하도록 안내한다.

제2절 사고보험금 접수 시 확인할 사항

1. 수익자의 일치여부 확인

보험금 청구서 및 송금 요청서의 고객작성 란은 수익자(보험금을 받는 자) 또는 대리인이 자필 서명날인 하도록 하고, 신분증으로 본인여부를 확인한다.

2. 피보험자 일치여부 확인

청약서, 보험가입증서 및 전산 원부상의 피보험자(보험대상자)와 보험 사고자의 일치 여부를 확인한다.

3. 위·변조 여부 확인

청구서류가 위조 또는 변조되지 않았는지 확인한다.

4. 청구서류 상의 기재사항 확인

① 관공서 등에서 발급한 서류는 발급기관(회사), 발급 수의사의 면허번호, 성명 및 직인(서명)의 누락여부를 확인한다.

② 기타 해당서류의 기재사항의 누락여부를 확인한다.

5. 개인(신용)정보 활용 동의 여부

① 보험금 청구서 상 (개인[신용]정보 활용 동의)의 청구자(동의자) 및 수익자의 체크(√)란 누락 여부를 확인한다.

② 피보험자 체크(√) 항목은 필수 기재사항으로서 대리인 내방 시에는 피보험자가 직접 작성한 서류를 제출토록 하고 위임받았을 경우에는 위임여부 확인한다.

제3절 사고보험금 청구 접수 시 받을 서류

1. 공통

1 기본

보험금 청구서	보험수익자 또는 위임받은 대리인 작성
개인(신용)정보처리 동의서	피보험자 및 수익자가 직접 서명(단, 미성년자인 경우 친권자 서명) · 보험금 지급 심사 및 조사를 위한 개인(신용)정보 이용, 수집, 제공을 위해 고객 동의가 필요
청구인(수익자) 신분증 사본	실명 확인증(주민번호 13자리 모두 기재) · 주민등록증, 운전면허증, 여권, 공무원증, 복지카드, 외국인 등록증 · 신분증 사본을 징구하는 경우 주민등록번호 뒤 6자리 및 주민등록증 뒷면의 지문 정보는 수집하지 않는다.
고객확인사항 (CDD)	보험금 지급 시 계약자와 수익자가 다른 경우 · 계약자 ≠ 수익자 사망보험금 지급 시 수익자가 법정상속인으로 지정된 경우 · 법정상속인 중 대표수익자를 지정하는 경우, 대표수익자 1인에 대해서만 이행

2 추가서류

가. **가족관계 확인 시**

　가족관계 확인 서류

나. **상속관계 확인 시**

　① 가족관계 확인 서류

　② 상속인이 다수인 경우

　　ⓐ 상속인 위임장

　　ⓑ 상속인 인감증명서

　　ⓒ 상속인 개인(신용)정보처리동의서

　③ 대리인 청구

　　ⓐ 위임자의 인감도장 날인된 위임장

　　ⓑ 인감증명서(본인발급)

　　　· 대리청구 시 인감증명서 본인발급이 원칙이나 상황에 따라 대리발급 인감증명서 허용. 단, 대리인 발급 인감증명서 경우 수익자에게 대리인, 청구내용, 송금계좌 등 확인 필수

2. 가축재해보험(소)

1 공통서류

가. 보험금 청구서

개인[신용]정보 이용·수집, 조회 동의, 송금계좌번호 포함

나. 청구인 신분증 사본

쇠고기 개체 식별번호 정보조회에서 피보험자 확인 시 생략 가능

다. 현지사고 조사표

손해평가자(농어업재해보험법 11조 제1항) 및 보험계약자 자필서명 날인

라. 가축목적물 조회표

마. 사고사진

이표확인 가능한 사고시점의 두부 및 전신사진 각 1매 포함

바. 쇠고기 개체식별번호 정보조회

쇠고기 이력시스템에서 폐사 또는 도축출하 등록 확인 후 출력

2 사고유형별 서류

가. 긴급도축

① 진단서: 수의사 직인 또는 자필서명 확인

② 매매계약서 또는 도축장 정산서: 매매업자와 또는 도축장의 자필서명 확인

③ 도축검사증명서, 도축대상 기립불능소 확인서: 매매계약서 제출 건 중 심사자 추가 요청

나. 폐사

① 검안서: 수의사 직인 또는 자필서명 확인

② 소각(랜더링) 또는 매장증명서

③ 도체결함: 도축장 정산서(사고사진 생략)

3. 가축재해보험(소) 제외 담보

가. 공통서류

보험금 청구서(개인[신용]정보 이용·수집, 조회 동의, 송금계좌번호 포함)

나. 피해 입증서류

필요시 화재증명원, 경찰서 확인서 등

다. 기타 회사가 요구하는 서류 및 증거자료

[참조] 가축재해보험 추진 절차

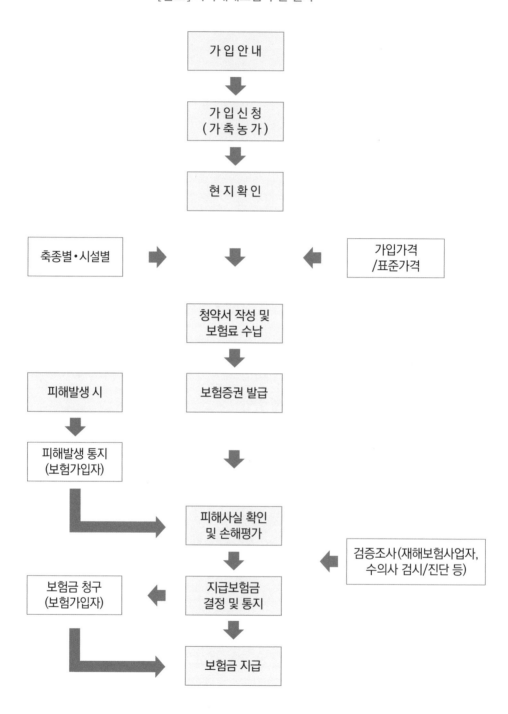

제2장
보험금 심사 및 손해평가 절차

제1절 **사고보험금 심사방법**

---

1. 약관의 정의

약관은 계약 일방 당사자가 다수의 상대방과 계약을 체결하기 위해 일정한 형식에 의하여 미리 정한 계약의 내용으로 정하여져 있다.

1 보통약관

보험자가 같은 위험에 처해 있는 다수의 보험계약자와 보험계약을 체결하기 위해 보험자가 미리 작성한 보험계약의 내용을 이루는 일반적, 보편적, 표준적인 계약조항을 말한다.

2 특별약관

보험계약자가 보험자가 개별적으로 계약의 내용을 협약하여 정한 약관(개별약관)을 말한다.
① 특별약관은 개별약정으로 보통약관에 우선 적용된다.
② 계약의 전내용에 대하여 개별적으로 약정하는 것이 아니라, 보통약관의 내용 중 일부에 대해서만 당사자 간에 다른 약정을 하기 때문에, 달리 정하지 아니한 부분에 대해서는 보통약관이 구속력을 가진다.

2. 약관의 해석 원칙

보험의 단체성과 부합계약성 때문에 약관의 특수한 해석원칙이 필요하므로 심사 시 다음의 각 호에 따라 해석할 수 있도록 한다.

① 신의성실의 원칙에 따라 약관을 해석하여야 하며, 약관해석의 일반적인 기본원칙이다.
② 거래에 있어서 일정한 사항에 관하여 당사자가 약관의 내용과 다른 협의를 할 때는 당사자 간의 개별약정이 보통약관에 우선하여 적용된다.
③ 보험약관의 뜻이 불분명한 단어나 문장이 있을 때 보험계약자에게 유리하게 해석해야 한다.

즉, 작성자인 보험자에게 불이익하게 해석하여야 한다.

④ 약관상 보험자의 면책조항은 제한적으로 해석하여 보험계약자에게 불이익하지 않도록 해석하여야 한다.

⑤ 개괄적 부가문언에 의하여 확정하고 있는 경우에 부가문언의 적용은 선행하는 특정적인 사항과 동질의 것만을 의미하므로 동종제한해석의 원칙에 따라 적용한다.

3. 보험금지급의 면·부책 판단

1 보험금 지급의 면·부책은 보험약관의 내용에 따르며, 보험금 청구서류 서면심사 및 손해조사 결과를 검토하여 보험약관의 보상하는 손해에 해당되는지 또는 보상하지 아니하는 손해에 해당하는지 결정해야 한다.

2 면·부책 판단의 요건은 다음 각 호와 같다.

① 보험기간 내에 보험약관에서 담보하는 사고인지 여부

② 원인이 되는 사고와 결과적인 손해사이의 상당인과관계 여부

③ 보험사고가 상법과 보험약관에서 정하고 있는 면책조항에 해당되는지 여부

④ 약관에서 보상하는 손해 및 보상하지 아니하는 손해 조항 이외에도 알릴의무위반 효과에 의거 손해보상책임이 달라질 수 있으므로 주의

중요!!

4. 손해액 평가

가축재해보험 손해액 산정 및 평가와 관련된 사항은 별첨. 가축재해보험 약관 참조.

제2절 보험금 지급심사 시 유의사항

---

1. 계약체결의 정당성 확인

보험계약 체결 시 보험대상자(피보험자)의 동의여부, 보험금을 받는 자(보험수익자) 본인여부 등을 확인한다.

2. 고의, 역선택 여부 확인

① 고의적인 보험사고를 유발하거나 허위사고 여부를 확인한다.

② 다수의 보험을 가입하고 고의로 사고를 유발하는 경우가 있으므로 특히 주의를 요하며, 보험

계약이 역선택에 의한 계약인지 확인한다.

3. 고지의무 위반 여부 확인
각 종목별 보통약관 〈계약 후 알릴 의무〉 등

4. 면책사유 확인
고지의무 위반여부, 보험계약의 무효사유, 보험사고 발생의 고의성, 청구서류에 고의로 사실과 다른 표기, 청구시효 소멸 여부를 확인한다.

5. 기타 확인
① 개별약관을 확인하여 위에 언급한 사항이외에 보험금 지급에 영향을 미치는 사항이 있는지 확인한다.
② 미비된 보험금 청구 서류의 보완 지시로 인한 지연지급, 불필요한 민원을 방지하기 위하여, 보험금 청구서류 중 사고의 유무, 손해액 또는 보험금의 확정에 영향을 미치지 않는 범위 내에서 일부 서류를 생략할 수 있으며, 사고내용에 따라 추가할 수 있다.

제3장
보험사기 방지

1. 보험사기 정의

보험사기는 보험계약자 등이 보험제도의 원리상으로는 취할 수 없는 보험혜택을 부당하게 얻거나 보험 제도를 역이용하여 고액의 보험금을 수취할 목적으로 고의적이며 악의적으로 행동하는 일체의 불법행위로써 형법상 사기죄의 한 유형

1 각 법령 사기정의

가. 보험사기방지 특별법

보험사고의 발생, 원인 또는 내용에 관하여 보험자를 기망하여 보험금을 청구하는 행위

나. 형법

사람을 기망하여 재물의 교부를 받거나 재산상의 이익을 취득하는 행위

[형법 제347조 제1항]

> 사람을 기망하여 재물의 교부를 받거나 재산상의 이익을 취득한 자는 10년 이하의 징역 또는 2천만원 이하의 벌금에 처한다.

2 처벌 규정 및 법적 지위

① 형법의 특별법으로 보험사기 방지 특별법 우선 적용
② 특별법에서는 10년 이하의 징역 또는 5,000만원 이하 벌금 부과

2. 성립요건

가. 계약자 또는 보험대상자에게 고의가 있을 것

계약자 또는 보험대상자의 고의에 회사를 기망하여 착오에 빠뜨리는 고의와 그 착오로 인해 승낙의 의사표시를 하게 하는 것이 있음

나. 기망행위가 있을 것

기망이란 허위진술을 하거나 진실을 은폐하는 것, 통상 진실이 아닌 사실을 진실이라 표시하는 행위를 말하거나 알려야 할 경우에 침묵, 진실을 은폐하는 것도 기망행위에 해당

다. 상대방인 회사가 착오에 빠지는 것

상대방인 회사가 착오에 빠지는 것에 대하여 회사의 과실 유무는 문제되지 않음

라. 상대방인 회사가 착오에 빠져 그 결과 승낙의 의사표시를 한 것

착오에 빠진 것과 그로 인해 승낙 의사표시 한 것과 인과관계 필요

마. 사기가 위법일 것

사회생활상 신의성실의 원칙에 반하지 않는 정도의 기망행위는 보통 위법성이 없다고 해석

3. 사기행위자

사기행위에 있어 권유자가 사기를 교사하는 경우도 있으며, 권유자가 개입해도 계약자 또는 피보험자 자신에게도 사기행위가 있다면 고지의무 위반과 달리 보장개시일로부터 5년 이내에 계약을 취소할 수 있다.

4. 사기증명

계약자 또는 피보험자의 사기를 이유로 보험계약의 무효를 주장하는 경우에 사기를 주장하는 회사 측에서 사기 사실 및 그로 인한 착오 존재를 증명해야 함

5. 보험사기 조치
① 청구한 사고보험금 지급을 거절 가능
② 약관에 의거하여 해당 계약을 취소 할 수 있음

6. 보험사기 방지의무
1 제1단계(인지)
① 보험금 청구 및 심사과정에서 사기의심 건 접수
② 고객, 권유자, 기타 직원을 통한 제보 접수(인터넷, 전화 등)

2 제2단계(조회)
① 사고이력조회
② 타 보험사 및 공제기관의 계약조회

3 제3단계(자료취합)

사고 보험금 관련서류 일체 (사본)

4 제4단계(분석)

① 사고유형 분석(사고이력, 동일수법 등)
② 보험가입현황(가입 시기, 가입경위, 보험료 등)

5 제5단계(범죄일람표 작성)

① 범죄유형에 따라 범죄일람표 작성
② 혐의입증에 필요한 서류 추가 징구

6 제6단계(수사의뢰 및 지원)

① 지역 및 사기혐의 건을 고려한 관할 경찰서, 검찰청 선정
② 지정된 수사관 확인 및 수사 일정 관련 협의 및 지원

7 제7단계(사건종결 및 관리)

① 사기관련자 사법처리 및 편취보험금 확인
② 보험사기 시스템 자료집적/데이터 관리

[민법 제741조(부당이득의 내용)]

법률상 원인 없이 타인의 재산 또는 노무로 인하여 이익을 얻고 이로 인하여 타인에게 손해를 가한 자는 그 이익을 반환하여야 한다.
※ 소멸시효: 10년

제4장
구상권 관리

제1절 구상권의 의의 및 발생유형

1 구상권의 의의

구상권이란 함은 보험금 지급 후 피보험자가 제3자(타인)에게 가지는 손해배상 청구권을 대위 취득하여 그 타인에 대하여 가지는 반환청구의 권리를 말한다.

2 관련법규

가. 상법 제682조(보험자대위)

　　피보험자의 손해가 제3자의 행위로 인하여 생긴 경우에는 보험금액을 지급한 보험자는 그 지급한 금액의 한도 내에서 그 제3자에 대한 보험계약자 또는 피보험자의 권리를 취득한다.

나. 민법 제390조(채무불이행과 손해배상)

　　채무자가 채무의 내용에 이행을 하지 아니한 때에는 채권자는 손해배상을 청구할 수 있다. 그러나 채무자의 고의나 과실 없이 이행할 수 없게 된 때에는 그러하지 아니한다.

다. 민법 제750조 (불법행위의 내용)

　　고의 또는 과실로 인한 위법행위로 타인에게 손해를 가한 자는 그 손해를 배상할 책임이 있다.

3 구상권의 발생 유형

구상권의 발생 유형은 다음과 같다.
① 임차인의 사용공간에서 발생한 화재
② 방화로 인한 화재
③ 공사업체 작업 중(용접작업 등) 작업 부주의로 인한 화재
④ 생산물(제조물)의 결함으로 인한 화재

⑤ 중복보험 사고 건에 대하여 선 보상처리 후 타 보험사에 분담금 청구

⑥ 공동불법행위자에 대한 분담비율 청구

⑦ 무보험차량에 의한 타차일방과실

제2절 구상권 행사 절차 순서

1. 구상권 행사 절차

구상권 행사 절차는 다음 순서에 의한다. 다만, 채권확보를 위하여 필요한 경우에는 순서를 변경하여 진행할 수 있다.

① 구상권의 성립 여부 확인 및 관련서류 입수

② 구상가액을 정하고 피구상자에게 임의변제 요청

③ 피구상자가 임의변제를 거부 시 채권을 추심(채권추심 회사에 의뢰하는 경우 포함)하되 채권 추심은 피구상자의 재산조사 및 채권확보(가압류 조치 등) 후에 진행한다.

④ 피구상자가 채권추심에 불응 시에는 소송(지급명령 포함)을 통하여 강제집행하고 구상금을 회수하여 환입처리 한다.

2. 구상권 행사 종결

다음 각 호의 어느 하나에 해당하는 경우 구상권 행사를 종결한다.

① 구상금 전액 환수

② 구상금 감면 및 분할상환 이행

③ 소송 시 승소 가능성(소송실익이 없는 경우 포함)이 희박한 경우

④ 소송비용, 채권추심비용 등을 감안하여 조기 합의가 필요한 경우 구상권 포기

⑤ 재산이 없는 등 구상실익이 없는 경우 전결권자 승인을 받아 구상권을 포기하고 종결

⑥ 종결 시 사고보험금 지급심사 승인에 따른 전결권을 준용

3. 채권추심 수수료 지급

채권추심수수료 및 재산조사수수료는 위임계약서에 따른 지급률을 적용하여 지급한다.

[별표 1-1] 사과, 배, 단감, 떫은감, 포도(수입보장 포함), 복숭아, 자두, 밤, 호두, 무화과

조사대상주수	표본주수	조사대상주수	표본주수
50주 미만	5	500주 이상 600주 미만	12
50주 이상 100주 미만	6	600주 이상 700주 미만	13
100주 이상 150주 미만	7	700주 이상 800주 미만	14
150주 이상 200주 미만	8	800주 이상 900주 미만	15
200주 이상 300주 미만	9	900주 이상 1,000주 미만	16
300주 이상 400주 미만	10	1,000주 이상	17
400주 이상 500주 미만	11		

[별표 1-2] 특정위험방식 밭작물 품목(인삼)

피해칸수	표본칸수	피해칸수	표본칸수
300칸 미만	3칸	900칸 이상 1,200칸 미만	7칸
300칸 이상 500칸 미만	4칸	1,200칸 이상 1,500칸 미만	8칸
500칸 이상 700칸 미만	5칸	1,500칸 이상 1,800칸 미만	9칸
700칸 이상 900칸 미만	6칸	1,800칸 이상	10칸

[별표 1-3] 종합위험방식 과수 품목(참다래, 매실, 대추, 오미자)

참다래		매실, 대추		오미자	
조사대상주수	표본주수	조사대상주수	표본주수	조사대상 유인틀길이	표본구간수
50주 미만	5	100주 미만	5	500m 미만	5
50주 이상 100주 미만	6	100주 이상 300주 미만	7	500m 이상 1,000m 미만	6
100주 이상 200주 미만	7	300주 이상 500주 미만	9	1,000m 이상 2,000m 미만	7
200주 이상 500주 미만	8	500주 이상 1,000주 미만	12	2,000m 이상 4,000m 미만	8
500주 이상 800주 미만	9	1,000주 이상	16	4,000m 이상 6,000m 미만	9
800주 이상	10			6,000m 이상	10

[별표 1-4] 종합위험방식 과수 품목(오디, 복분자, 감귤)

오디		복분자		감귤	
조사대상주수	표본 주수	가입포기수	표본 포기수	가입면적	표본 주수
50주 미만	6	1,000포기 미만	8	5,000㎡ 미만	4
50주 이상 100주 미만	7	1,000포기 이상 1,500포기 미만	9	10,000㎡ 미만	6
100주 이상 200주 미만	8	1,500포기 이상 2,000포기 미만	10	10,000㎡ 이상	8
200주 이상 300주 미만	9	2,000포기 이상 2,500포기 미만	11		
300주 이상 400주 미만	10	2,500포기 이상 3,000포기 미만	12		
400주 이상 500주 미만	11	3,000포기 이상	13		
500주 이상 600주 미만	12				
600주 이상	13				

[별표 1-5] 종합위험방식 논작물 품목(벼, 밀, 보리)

조사대상면적	표본구간	조사대상면적	표본구간
2,000㎡ 미만	3	4,000㎡ 이상 5,000㎡ 미만	6
2,000㎡ 이상 3,000㎡ 미만	4	5,000㎡ 이상 6,000㎡ 미만	7
3,000㎡ 이상 4,000㎡ 미만	5	6,000㎡ 이상	8

[별표 1-6] 종합위험방식 밭작물 품목(고구마, 양파, 마늘, 옥수수, 양배추) ※ 수입보장 포함

조사대상면적	표본구간	조사대상면적	표본구간
1,500㎡ 미만	4	3,000㎡ 이상 4,500㎡ 미만	6
1,500㎡ 이상 3,000㎡ 미만	5	4,500㎡ 이상	7

[별표 1-7] 종합위험방식 밭작물 품목 (감자, 차, 콩, 팥) ※ 수입보장 포함

조사대상면적	표본구간	조사대상면적	표본구간
2,500㎡ 미만	4	7,500㎡ 이상 10,000㎡ 미만	7
2,500㎡ 이상 5,000㎡ 미만	5	10,000㎡ 이상	8
5,000㎡ 이상 7,500㎡ 미만	6		

[별표 1-8] 생산비보장방식 (고추, 메밀, 브로콜리, 배추, 무, 단호박, 파, 당근, 시금치)

피해면적	표본구간(이랑)수	피해면적	표본구간(이랑)수
3,000㎡ 미만	4	7,000㎡ 이상 15,000㎡ 미만	8
3,000㎡ 이상 7,000㎡ 미만	6	15,000㎡ 이상	10

[별표 1-9] 종합위험방식 과수 품목(유자)

조사대상주수	표본주수	조사대상주수	표본주수
50주 미만	5	200주 이상 500주 미만	8
50주 이상 100주 미만	6	500주 이상 800주 미만	9
100주 이상 200주 미만	7	800주 이상	10

별표 2 품목별 미보상비율 적용표

[별표 2-1] 농작물재해보험 미보상비율 적용표(감자, 고추 제외 전품목)

구분	제초 상태	병해충 상태	기타
해당 없음	0%	0%	0%
미흡	10% 미만	10% 미만	10% 미만
불량	20% 미만	20% 미만	20% 미만
매우 불량	20% 이상	20% 이상	20% 이상

* 미보상비율은 보상하는 재해 이외의 원인이 조사 농지의 수확량 감소에 영향을 준 비율을 의미하며 제초상태, 병해충 상태 및 기타 항목에 따라 개별 적용한 후 해당 비율을 합산하여 산정

㉠ 제초 상태(과수품목은 피해율에 영향을 줄 수 있는 잡초만 해당)

  ⓐ 해당 없음: 잡초가 농지 면적의 20% 미만으로 분포한 경우

  ⓑ 미흡: 잡초가 농지 면적의 20% 이상 40% 미만으로 분포한 경우

  ⓒ 불량: 잡초가 농지 면적의 40% 이상 60% 미만으로 분포한 경우 또는 경작불능 조사 진행 건이나 정상적인 영농활동 시행을 증빙하는 자료(비료 및 농약 영수증 등)가 부족한 경우

  ⓓ 매우 불량: 잡초가 농지 면적의 60% 이상으로 분포한 경우 또는 경작불능 조사 진행 건이나 정상적인 영농활동 시행을 증빙하는 자료(비료 및 농약 영수증 등)가 없는 경우

㉡ 병해충 상태(각 품목에서 별도로 보상하는 병해충은 제외)

  ⓐ 해당 없음: 병해충이 농지 면적의 20% 미만으로 분포한 경우

  ⓑ 미흡: 병해충이 농지 면적의 20% 이상 40% 미만으로 분포한 경우

  ⓒ 불량: 병해충이 농지 면적의 40% 이상 60% 미만으로 분포한 경우 또는 경작불능 조사 진행 건이나 정상적인 영농활동 시행을 증빙하는 자료(비료 및 농약 영수증 등)가 부족한 경우

  ⓓ 매우 불량: 병해충이 농지 면적의 60% 이상으로 분포한 경우 또는 경작불능 조사 진행 건이나 정상적인 영농활동 시행을 증빙하는 자료(비료 및 농약 영수증 등)가 없는 경우

㉢ 기타: 영농기술 부족, 영농 상 실수 및 단순 생리장애 등 보상하는 손해 이외의 사유로 피해가 발생한 것으로 추정되는 경우 [해거리, 생리장애(원소결핍 등), 시비관리, 토양관리(연작 및 PH과다·과소 등), 전정(강전정 등), 조방재배, 재식밀도(인수기준이하), 농지상태(혼식, 멀칭, 급배수 등), 가입이전사고 및 계약자 중과실손해, 자연감모, 보상재해이외(종자불량, 일부가입 등)]에 적용

  ⓐ 해당 없음: 위 사유로 인한 피해가 없는 것으로 판단되는 경우

  ⓑ 미흡: 위 사유로 인한 피해가 10% 미만으로 판단되는 경우

  ⓒ 불량: 위 사유로 인한 피해가 20% 미만으로 판단되는 경우

  ⓓ 매우 불량: 위 사유로 인한 피해가 20% 이상으로 판단되는 경우

[별표 2-2] 농작물재해보험 미보상비율 적용표(감자, 고추 품목)

구분	제초 상태	기타
해당 없음	0%	0%
미흡	10% 미만	10% 미만
불량	20% 미만	20% 미만
매우 불량	20% 이상	20% 이상

* 미보상비율은 보상하는 재해 이외의 원인이 조사 농지의 수확량 감소에 영향을 준 비율을 의미하며 제초 상태 및 기타 항목에 따라 개별 적용한 후 해당 비율을 합산하여 산정

㉠ 제초 상태

  ⓐ 해당 없음: 잡초가 농지 면적의 20% 미만으로 분포한 경우

  ⓑ 미흡: 잡초가 농지 면적의 20% 이상 40% 미만으로 분포한 경우

  ⓒ 불량: 잡초가 농지 면적의 40% 이상 60% 미만으로 분포한 경우 또는 경작불능 조사 진행 건이나 정상적인 영농활동 시행을 증빙하는 자료(비료 및 농약 영수증 등)가 부족한 경우

  ⓓ 매우 불량: 잡초가 농지 면적의 60% 이상으로 분포한 경우 또는 경작불능 조사 진행 건이나 정상적인 영농활동 시행을 증빙하는 자료(비료 및 농약 영수증 등)가 없는 경우

ⓒ 기타: 영농기술 부족, 영농 상 실수 및 단순 생리장애 등 보상하는 손해 이외의 사유로 피해가 발생한 것으로 추정되는 경우 [해거리, 생리장애(원소결핍 등), 시비관리, 토양관리(연작 및 PH과다·과소 등), 전정(강전정 등), 조방재배, 재식밀도(인수기준이하), 농지상태(혼식, 멀칭, 급배수 등), 가입이전사고 및 계약자 중과실손해, 자연감모, 보상재해이외(종자불량, 일부가입 등)]에 적용

    ⓐ 해당 없음: 위 사유로 인한 피해가 없는 것으로 판단되는 경우
    ⓑ 미흡: 위 사유로 인한 피해가 10% 미만으로 판단되는 경우
    ⓒ 불량: 위 사유로 인한 피해가 20% 미만으로 판단되는 경우
    ⓓ 매우 불량: 위 사유로 인한 피해가 20% 이상으로 판단되는 경우

별표 3

[과실 분류에 따른 피해인정계수(복숭아 외)]

과실분류	피해인정계수	비고
정상과	0	피해가 없거나 경미한 과실
50%형 피해과실	0.5	일반시장에 출하할 때 정상과실에 비해 50%정도의 가격하락이 예상되는 품질의 과실(단, 가공공장 공급 및 판매 여부와 무관)
80%형 피해과실	0.8	일반시장 출하가 불가능하나 가공용으로 공급될 수 있는 품질의 과실(단, 가공공장공급 및 판매 여부와 무관)
100%형 피해과실	1	일반시장 출하가 불가능하고 가공용으로도 공급될 수 없는 품질의 과실

[과실 분류에 따른 피해인정계수(복숭아)]

과실분류	피해인정계수	비고
정상과	0	피해가 없거나 경미한 과실
50%형 피해과실	0.5	일반시장에 출하할 때 정상과실에 비해 50%정도의 가격하락이 예상되는 품질의 과실(단, 가공공장 공급 및 판매 여부와 무관)
80%형 피해과실	0.8	일반시장 출하가 불가능하나 가공용으로 공급될 수 있는 품질의 과실(단, 가공공장공급 및 판매 여부와 무관)
100%형 피해과실	1	일반시장 출하가 불가능하고 가공용으로도 공급될 수 없는 품질의 과실
병충해 피해과실	0.5	세균구멍병 피해를 입은 과실

[과실 분류에 따른 피해인정계수(감귤)]

구분		기준
정상과실		무피해과실 또는 보상하는 재해로 과피 전체 표면 면적의 10% 내로 피해가 있는 경우
등급 내 피해과실	30%형	보상하는 재해로 과육은 피해가 없고 과피 전체 표면 면적의 10% 이상 30% 미만의 피해가 있는 경우
	50%형	보상하는 재해로 과육은 피해가 없고 과피 전체 표면 면적의 30% 이상 50% 미만의 피해가 있는 경우
	80%형	보상하는 재해로 과육은 피해가 없고 과피 전체 표면 면적의 50% 이상 80% 미만의 피해가 있는 경우
	100%형	보상하는 재해로 과피 전체 표면 면적의 80% 이상 피해가 있거나 과육의 부패 및 물음 등의 피해가 있는 경우
등급 외 피해과실	30%형	[제주특별자치도 감귤생산 및 유통에 관한 조례시행규칙] 제18조제4항에 준하여 과실의 크기만으로 등급 외 크기이면서 무피해 과실 또는 보상하는 재해로 과피 및 과육 피해가 없는 경우를 말함
	50%형	[제주특별자치도 감귤생산 및 유통에 관한 조례시행규칙] 제18조제4항에 준하여 과실의 크기만으로 등급 외 크기이면서 보상하는 재해로 과육은 피해가 없고 과피 전체 표면 면적의 10% 이상 피해가 있으며 과실 횡경이 70mm 이상인 경우를 말함
	80%형	[제주특별자치도 감귤생산 및 유통에 관한 조례시행규칙] 제18조제4항에 준하여 과실의 크기만으로 등급 외 크기이면서 보상하는 재해로 과육은 피해가 없고 과피 전체 표면 면적의 10%이상 피해가 있으며 과실 횡경이 49mm 미만인 경우를 말함
	100%형	[제주특별자치도 감귤생산 및 유통에 관한 조례시행규칙] 제18조제4항에 준하여 과실의 크기만으로 등급 외 크기이면서 과육부패 및 물음 등의 피해가 있어 가공용으로도 공급 될 수 없는 과실을 말함

[매실 품종별 과실 비대추정지수]

조사일	남고	백가하	재래종	천매	조사일	남고	백가하	재래종	천매
30일전	2.871	3.411	3.389	3.463	14일전	1.465	1.588	1.565	1.599
29일전	2.749	3.252	3.227	3.297	13일전	1.419	1.530	1.510	1.543
28일전	2.626	3.093	3.064	3.131	12일전	1.373	1.471	1.455	1.487
27일전	2.504	2.934	2.902	2.965	11일전	1.326	1.413	1.400	1.431
26일전	2.381	2.775	2.740	2.800	10일전	1.280	1.355	1.346	1.375
25일전	2.258	2.616	2.577	2.634	9일전	1.248	1.312	1.300	1.328
24일전	2.172	2.504	2.464	2.518	8일전	1.215	1.270	1.254	1.281
23일전	2.086	2.391	2.351	2.402	7일전	1.182	1.228	1.208	1.234
22일전	2.000	2.279	2.238	2.286	6일전	1.149	1.186	1.162	1.187
21일전	1.914	2.166	2.124	2.171	5일전	1.117	1.144	1.116	1.140
20일전	1.827	2.054	2.011	2.055	4일전	1.093	1.115	1.093	1.112
19일전	1.764	1.972	1.933	1.975	3일전	1.070	1.086	1.070	1.084
18일전	1.701	1.891	1.854	1.895	2일전	1.047	1.057	1.046	1.056
17일전	1.638	1.809	1.776	1.815	1일전	1.023	1.029	1.023	1.028
16일전	1.574	1.728	1.698	1.735	수확일	1	1	1	1
15일전	1.511	1.647	1.619	1.655					

* 위에 없는 품종은 남고를 기준으로 함.

** 출처: 국립원예특작과학원

[무화과 품목 사고발생일에 따른 잔여수확량 산정식]

사고발생 월	경과비율
8월	100 − (1.06 × 사고발생일자)
9월	(100 − 33) − (1.13 × 사고발생일자)
10월	(100 − 67) − (0.84 × 사고발생일자)

* 사고 발생일자는 해당월의 사고 발생일자를 의미함.

[품종별 평균 과중(복숭아)]

품종	평균 과중 (단위: g)	품종	평균 과중 (단위: g)	품종	평균 과중 (단위: g)
기도백도	250	사자	300	유명	300
대구보	280	선광	240	창방	230
대화백도	300	수봉	250	천홍	250
등랑	290	아부백도	300	호기도	270
레드골드	270	암킹	180	환타지아	200
미백	250	엘버트	300	황도	240
백도	250	월미	270	기타	270

[품종별 평균 과중(포도)]

품종	평균 과중(g)	품종	평균 과중(g)
거봉, 샤인마스캇	500	마스컷베일리에이(MBA)	500
네오마스캇	400	세단	280
다노레드	500	캠벨얼리	400
델라웨어	150	평균	390

* 기타 품종은 위의 평균값 390g 적용

[1. 적과전 종합위험방식 과수 품목 감수과실수 산정방법]

품목	조사시기	재해종류	조사종류	감수과실수 산정 방법
사과 배 단감 떫은감	적과 종료 이전	자연재해 조수해 화재	피해사실 확인조사	1. 적과종료이전 사고는 보상하는 재해(자연재해, 조수해, 화재)가 중복해서 발생한 경우에도 아래 산식을 한 번만 적용함 ① 착과감소과실수 = 최솟값(평년착과수 − 적과후착과수, 최대인정감소과실수) ② 적과종료이전의 미보상감수과실수 = { (착과감소과실수 × 미보상비율) + 미보상주수 감수과실수 } 　* 적과전 사고 조사에서 미보상비율적용은 미보상비율조사값 중 가장 큰값만 적용 2. 적과종료이전 최대인정감소량(5종 한정 특약 가입건 제외): 사고접수 건 중 피해사실확인조사결과 모든 사고가"피해규모 일부"인 경우만 해당하며, 착과감소량(과실수)이 최대인정감소량(과실수)을 초과하는 경우에는 최대인정감소량(과실수)을 착과감소량(과실수)으로 함 ① 최대인정감소량 = 평년착과량 × 최대인정피해율 ② 최대인정감소과실수 = 평년착과수 × 최대인정피해율 　* 최대인정피해율 = 피해대상주수(고사주수, 수확불능주수, 일부피해주수) ÷ 실제결과주수 　* 해당 사고가 2회 이상 발생한 경우에는 사고별 피해대상주수를 누적하여 계산 3. 적과종료이전 최대인정감소량(5종 한정 특약 가입건만 해당):「적과종료이전 특정위험 5종 한정 보장특별약관」가입건에 적용되며, 착과감소량(과실수)이 최대인정감소량(과실수)을 초과하는 경우에는 최대인정감소량(과실수)을 착과감소량(과실수)으로 함 ① 최대인정감소량 = 평년착과량 × 최대인정피해율 ② 최대인정감소과실수 = 평년착과수 × 최대인정피해율

품목	조사시기	재해종류	조사종류	감수과실수 산정 방법
사과 배 단감 떫은감	적과 종료 이전	자연재해 조수해 화재	피해사실 확인조사	※ 최대인정피해율은 아래의 값 중 가장 큰 값 (a) 나무피해 · (유실,매몰,도복,절단(1/2), 소실(1/2), 침수주수) ÷ 실제결과주수 단, 침수주수는 침수피해를 입은 나무수에 과실침수율을 곱하여 계산함 · 해당 사고가 2회 이상 발생한 경우에는 사고별 나무피해주수를 누적하여 계산 (b) 우박피해에 따른 유과타박률 · 최댓값(유과타박률1, 유과타박률2, 유과타박률3, …) (c) 6월 1일부터 적과종료 이전까지 단감·떫은감의 낙엽피해에 따른 인정피해율 · 최댓값(인정피해율1, 인정피해율2, 인정피해율3, …)
		자연재해	해당 조사 없음	1. 적과종료 이전 자연재해로 인한 적과종료 이후 착과 손해 감수과실수 ① 적과후착과수가 평년착과수의 60% 미만인 경우, 감수과실수 = 적과후착과수 × 5% ② 적과후착과수가 평년착과수의 60% 이상 100% 미만인 경우 (a) 감수과실수 = 적과후착과수 × 5% × $\dfrac{100\% - \text{착과율}}{40\%}$ (b) 착과율 = 적과후착과수 ÷ 평년착과수 * 상기 계산된 감수과실수는 적과종료 이후 누적감수량에 합산하며, 적과종료 이후 착과피해율(maxA 적용)로 인식함 * 적과전종합방식(II)가입 건 중 「적과종료이전 특정위험 5종 한정 보장특별약관」 미가입시에만 적용

품목	조사시기	재해종류	조사종류	감수과실수 산정 방법
사과 배	적과 종료 이후	태풍 (강풍) 화재 지진 집중호우	낙과 피해 조사	1. 낙과 손해(전수조사): 총낙과과실수 × (낙과피해구성률 − maxA) × 1.07 2. 낙과 손해(표본조사): (낙과과실수 합계 / 표본주수) × 조사대상주수 × (낙과피해구성률 − maxA) × 1.07 * 낙과 감수과실수의 7%를 착과손해로 포함하여 산정 * maxA: 금차 사고전 기조사된 착과피해구성률 중 최댓값을 말함 * "(낙과피해구성률 − maxA)"의 값이 영(0)보다 작은 경우: 금차 감수과실수는 영(0)으로 함
			나무 피해 조사	1. 나무의 고사 및 수확불능 손해: (고사주수 + 수확불능주수) × 무피해 나무 1주당 평균 착과수 × (1 − maxA) 2. 나무의 일부침수 손해: (일부침수주수 × 일부침수나무 1주당 평균 침수 착과수) × (1 − maxA) * maxA: 금차 사고전 기조사된 착과피해구성률 또는 인정피해율 중 최댓값을 말함
		우박	낙과 피해 조사	1. 낙과 손해(전수조사): 총낙과과실수 × (낙과피해구성률 − maxA) 2. 낙과 손해(표본조사) :(낙과과실수 합계 / 표본주수) × 조사대상주수 × (낙과피해구성률 − maxA) * maxA: 금차 사고전 기조사된 착과피해구성률 중 최댓값을 말함 * "(해당과실의 피해구성률 − maxA)"의 값이 영(0)보다 작은 경우: 금차 감수과실수는 영(0)으로 함
		우박	착과 피해 조사	사고당시 착과과실수 × (착과피해구성률 − maxA) * maxA: 금차 사고전 기조사된 착과피해구성률 중 최댓값을 말함 * "(해당과실의 피해구성률 − maxA)"의 값이 영(0)보다 작은 경우: 금차 감수과실수는 영(0)으로 함
		가을 동상해	착과 피해 조사	사고당시 착과과실수 × (착과피해구성률 − maxA) * maxA: 금차 사고전 기조사된 착과피해구성률 중 최댓값을 말함 * "(착과피해구성률 − maxA)"의 값이 영(0)보다 작은 경우: 금차 감수과실수는 영(0)으로 함

품목	조사시기	재해종류	조사종류	감수과실수 산정 방법

단감
떫은감
	적과
	종료
	이후
		태풍
		(강풍)
		화재
		지진
		집중호우
			낙과
			피해
			조사
				1. 낙과 손해(전수조사): 총낙과과실수 × (낙과피해구성률 − maxA)
				
				2. 낙과 손해(표본조사): (낙과과실수 합계 / 표본주수) × 조사대상주수 × (낙과피해구성률 − maxA)
				  * maxA: 금차 사고전 기조사된 착과피해구성률 또는 인정피해율 중 최댓값을 말함
				  * "(낙과피해구성률 − maxA)"의 값이 영(0)보다 작은 경우: 금차 감수과실수는 영(0)으로 함

			나무 피해 조사	1. 나무의 고사 및 수확불능 손해: (고사주수 + 수확불능주수) × 무피해 나무 1주당 평균 착과수 × (1 − maxA) 2. 나무의 일부침수 손해: (일부침수주수 × 일부침수나무 1주당 평균 침수 착과수) × (1 − maxA) * maxA: 금차 사고전 기조사된 착과피해구성률 또는 인정피해율 중 최댓값을 말함

			낙엽
			피해
			조사
				1. 낙엽 손해: 사고당시 착과과실수 × (인정피해율 − maxA) × (1 − 미보상비율)
				  * maxA: 금차 사고전 기조사된 착과피해구성률 또는 인정피해율 중 최댓값을 말함
				  * "(인정피해률 − maxA)"의 값이 영(0)보다 작은 경우: 금차 감수과실수는 영(0)으로 함
				  * 미보상비율은 금차 사고조사의 미보상비율을 적용함

		우박	낙과
			피해
			조사
				1. 낙과 손해(전수조사): 총낙과과실수 × (낙과피해구성률 − maxA)
				
				2. 낙과 손해(표본조사): (낙과과실수 합계 / 표본주수) × 조사대상주수 × (낙과피해구성률 − maxA)
				  * maxA: 금차 사고전 기조사된 착과피해구성률 또는 인정피해율 중 최댓값을 말함
				  * "(낙과피해구성률 − maxA)"의 값이 영(0)보다 작은 경우: 금차 감수과실수는 영(0)으로 함

			착과
			피해
			조사
				1. 착과 손해: 사고당시 착과과실수 × (착과피해구성률 − maxA)
				  * maxA: 금차 사고전 기조사된 착과피해구성률 또는 인정피해율 중 최댓값을 말함
				  * "(착과피해구성률 − maxA)"의 값이 영(0)보다 작은 경우: 금차 감수과실수는 영(0)으로 함

품목	조사시기	재해종류	조사종류	감수과실수 산정 방법
단감 떫은감	적과종료 이후	가을 동상해	착과 피해 조사	1. 착과 손해: 사고당시 착과과실수 × (착과피해구성률 − maxA) * 단, '잎 50% 이상 고사 피해'인 경우에는 착과피해구성률을 아래[1]와 같이 적용함 * maxA: 금차 사고전 기조사된 착과피해구성률 또는 인정피해율 중 최댓값을 말함 * "(착과피해구성률 − maxA)"의 값이 영(0)보다 작은 경우: 금차 감수과실수는 영(0)으로 함
사과 배 단감 떫은감	적과종료 이후	일소 피해	낙과 · 착과 피해 조사	1. 낙과 손해 (전수조사 시): 총낙과과실수 × (낙과피해구성률 − maxA) 2. 낙과 손해 (표본조사 시): (낙과과실수 합계 ÷ 표본주수) × 조사대상주수 × (낙과피해구성률 − maxA) * maxA: 금차 사고전 기조사된 착과피해구성률 또는 인정피해율 중 최댓값을 말함 * "(낙과피해구성률 − maxA)"의 값이 영(0)보다 작은 경우: 금차 감수과실수는 영(0)으로 함 3. 착과손해: 사고당시 착과과실수 × (착과피해구성률 − maxA) * maxA: 금차 사고전 기조사된 착과피해구성률 또는 인정피해율 중 최댓값을 말함 * "(착과피해구성률 − maxA)"의 값이 영(0)보다 작은 경우: 금차 감수과실수는 영(0)으로 함 4. 일소피해과실수 = 낙과 손해 + 착과 손해 * 일소피해과실수가 보험사고 한 건당 적과후착과수의 6%를 초과하는 경우에만 감수과실수로 인정 * 일소피해과실수가 보험사고 한 건당 적과후착과수의 6% 이하인 경우에는 해당 조사의 감수과실수는 영(0)으로 함

[1] $\dfrac{(\text{정상과실수} \times 0.0031 \times \text{잔여일수}) + (50\%\text{형 피해과실수} \times 0.5) + (80\%\text{형 피해과실수} \times 0.8) + (100\%\text{형 피해과실수} \times 1)}{\text{정상과실수} + 50\%\text{형 피해과실수} + 80\%\text{형 피해과실수} + 100\%\text{형 피해과실수}}$

* 잔여일수 : 사고발생일로부터 예정수확일(가을동상해 보장종료일 중 계약자가 선택한 날짜)까지 남은 일수

품목	조사종류	내용
사과 배 단감 떫은감	공통	㉠ 조사대상주수 = 실제결과주수 − 고사주수 − 수확불능주수 − 미보상주수 − 수확완료주수 ㉡ 미보상주수 감수과실수 = 미보상주수 × 품종·재배방식·수령별 1주당 평년착과수 ㉢ 기준착과수 결정 · 적과종료전에 인정된 착과감소과실수가 없는 과수원: 기준착과수 = 적과후착과수 · 적과종료전에 인정된 착과감소과실수가 있는 과수원: 기준착과수 = 적과후착과수 + 착과감소과실
	나무피해 조사	㉠ 침수율 = $\dfrac{\text{침수 꽃(눈)·유과수의 합계}}{\text{침수 꽃(눈)·유과수의 합계 + 미침수 꽃(눈)·유과수의 합계}}$ ㉡ 나무피해 시 품종·재배방식·수령별 주당 평년착과수 = (전체 평년착과수 × $\dfrac{\text{품종·재배방식·수령별 표준수확량 합계}}{\text{전체 표준수확량 합계}}$) ÷ 품종·재배방식·수령별 실제결과주수 * 품종·재배방식·수령별로 구분하여 산식에 적용
	유과타박률 조사	유과타박률 = $\dfrac{\text{표본주의 피해유과수 합계}}{\text{표본주의 피해유과수 합계 + 표본주의 정상유과수 합계}}$
	피해구성 조사	피해구성률 = $\dfrac{\text{(100\%형 피해과실수 × 1) + (80\%형 피해과실수 × 0.8) + (50\%형 피해과실수 × 0.5)}}{\text{100\%형 피해과실수 + 80\%형 피해과실수 × 0.8 + 50\%형 피해과실수 × 0.5}}$ * 착과 및 낙과피해조사에서 피해구성률 산정시 적용
	낙엽피해 조사	인정피해율 = (1.0115 × 낙엽률) − (0.0014 × 경과일수) * 경과일수 = 6월 1일부터 낙엽피해 발생일까지 경과된 일수 * 낙엽률 = $\dfrac{\text{표본주의 낙엽수 합계}}{\text{표본주의 낙엽수 합계 + 표본주의 착엽수 합계}}$
	착과피해 조사	"사고당시 착과과실수"는 "적과후착과수 − 총낙과과실수 − 총적과종료후 나무피해과실수 − 총 기수확과실수"보다 클 수 없음
	적과후 착과수조사	품종·재배방식·수령별 착과수 = $\dfrac{\text{품종·재배방식·수령별 표본주의 착과수 합계}}{\text{품종·재배방식·수령별 표본주 합계}}$ × 품종·재배방식·수령별 조사대상주수 * 품종·재배방식·수령별 착과수의 합계를 과수원별 「적과후착과수」로 함

[2. 특정위험방식 밭작물 품목]

품목	조사종류	조사시기	피해율 산정 방법

인삼	수확량 조사	수확량 확인이 가능한 시점	**1. 전수조사 시**
			
			① 피해율 = $(1 - \dfrac{수확량}{연근별기준수확량}) \times \dfrac{피해면적}{재배면적}$
			
			② 수확량 = 단위면적당 조사수확량 + 단위면적당 미보상감수량
			
			  * 단위면적당 조사수확량 = 총조사수확량 ÷ 금차 수확면적
			  * 금차 수확면적 = 금차 수확칸수 × 지주목간격 × (두둑폭 + 고랑폭)
			    - 단위면적당 미보상감수량 = (기준수확량 - 단위면적당 조사수확량) × 미보상비율
			
			③ 피해면적 = 금차 수확칸수
			
			④ 재배면적 = 실제경작칸수
			
			2. 표본조사 시
			
			① 피해율 = $(1 - \dfrac{수확량}{연근별기준수확량}) \times \dfrac{피해면적}{재배면적}$
			
			② 수확량 = 단위면적당 조사수확량 + 단위면적당 미보상감수량
			
			  * 단위면적당 조사수확량 = 표본수확량 합계 ÷ 표본칸 면적
			  * 표본칸 면적 = 표본칸 수 × 지주목간격 × (두둑폭 + 고랑폭)
			  * 단위면적당 미보상감수량 = (기준수확량 - 단위면적당 조사수확량) × 미보상비율
			
			③ 피해면적 = 피해칸수
			
			④ 재배면적 = 실제경작칸수

[3. 종합위험 수확감소보장방식 과수 품목]

품목	조사종류	조사시기	피해율 산정 방법
자두 복숭아 포도	수확량 조사	**착과수조사** :최초 수확 품종 수확전 **과중조사** :품종별 수확 시기 **착과피해조사** :피해 확인 가능 시기 **낙과피해조사** :착과수조사 이후 낙과 피해 시 **고사나무조사** :수확완료 후	1. 착과수(수확개시 전 착과수조사 시) 　• 품종·수령별 착과수 = 품종·수령별 조사대상주수 × 품종·수령별 주당 착과수 　　* 품종·수령별 조사대상주수 = 품종·수령별 실제결과주수 − 품종·수령별 고사주수 − 품종·수령별 미보상주수 　　* 품종·수령별 주당 착과수 = 품종·수령별 표본주의 착과수÷품종·수령별 표본주수 2. 착과수(착과피해조사 시) 　• 품종·수령별 착과수 = 품종·수령별 조사대상주수 × 품종·수령별 주당 착과수 　　* 품종·수령별 조사대상주수 = 품종·수령별 실제결과주수 − 품종·수령별 고사주수 − 품종·수령별 미보상주수 − 품종·수령별 수확완료주수 　　* 품종·수령별 주당 착과수 = 품종별·수령별 표본주의 착과수÷품종별·수령별 표본주수 3. 과중조사 (사고접수건에 대해 실시) 　• 품종별 과중 = 품종별 표본과실 무게 ÷ 품종별 표본과실 수 4. 낙과수 산정 (착과수조사 이후 발생한 낙과사고마다 산정) 　① 표본조사 시: 품종·수령별 낙과수 조사 　　• 품종·수령별 낙과수 = 품종·수령별 조사대상 주수 × 품종·수령별 주당 낙과수 　　　* 품종·수령별 조사대상주수 = 품종·수령별 실제결과주수 − 품종·수령별 고사주수 − 품종·수령별 미보상주수 − 품종·수령별 수확완료주수 　　　* 품종·수령별주당 낙과수 = 품종·수령별 표본주의 낙과수÷품종·수령별 표본주수 　② 전수조사 시: 품종별 낙과수 조사 　　ⓐ 전체 낙과수에 대한 품종 구분이 가능할 때: 품종별로 낙과수 조사 　　ⓑ 전체 낙과수에 대한 품종 구분이 불가능할 때 (전체 낙과수 조사 후 품종별 안분) 　　　• 품종별 낙과수 = 전체 낙과수 × (품종별 표본과실 수 ÷ 품종별 표본과실 수의 합계) 　　　　* 품종별 주당 낙과수 = 품종별 낙과수 ÷ 품종별 조사대상주수 　　　• 품종별 조사대상주수 = 품종별 실제결과주수 − 품종별 고사주수 − 품종별 미보상주수 − 품종별 수확완료주수

품목	조사종류	조사시기	피해율 산정 방법

자두
복숭아
포도
	수확량
	조사
		착과수조사
		:최초 수확
		 품종 수확전
		
		과중조사
		:품종별 수확
		 시기
		
		착과피해조사
		:피해 확인
		 가능 시기
		
		낙과피해조사
		:착과수조사
		 이후 낙과
		 피해 시
		
		고사나무조사
		:수확완료 후
			5. 피해구성조사 (낙과 및 착과피해 발생 시 실시)
			
			  ① 피해구성률 = { (50%형 피해과실 수 × 0.5) + (80%형 피해과실 수 × 0.8) + (100%형 피해과실 수 × 1) } ÷ 표본과실 수
			
			  ② 금차 피해구성률 = 피해구성률 − maxA
			    * 금차 피해구성률은 다수 사고인 경우 적용
			    * maxA: 금차 사고전 기조사된 착과피해구성률 중 최댓값을 말함
			    * 금차 피해구성률이 영(0)보다 작은 경우에는 영(0)으로 함
			
			6. 착과량 산정
			
			  ① 착과량 = 품종·수령별 착과량의 합
			    * 품종·수령별 착과량 = (품종·수령별 착과수 × 품종별 과중) + (품종·수령별 주당 평년수확량 × 미보상주수) 단, 품종별 과중이 없는 경우(과중 조사 전 기수확 품종)에는 품종·수령별 평년수확량을 품종·수령별 착과량으로 한다.
			  ② 품종·수령별 주당 평년수확량 = 품종·수령별 평년수확량 ÷ 품종·수령별 실제결과주수
			  ③ 품종·수령별 평년수확량 = 평년수확량 × (품종·수령별 표준수확량 ÷ 표준수확량)
			  ④ 품종·수령별 표준수확량 = 품종·수령별 주당 표준수확량 × 품종·수령별 실제결과주수
			
			7. 감수량 산정 (사고마다 산정)
			
			  ① 금차 감수량 = 금차 착과 감수량 + 금차 낙과 감수량 + 금차 고사주수 감수량
			    * 금차 착과 감수량 = 금차 품종·수령별 착과 감수량의 합
			    * 금차 품종·수령별 착과 감수량 = 금차 품종·수령별 착과수 × 품종별 과중 × 금차 품종별 착과피해구성률
			    * 금차 낙과 감수량 = 금차 품종·수령별 낙과수 × 품종별 과중 × 금차 낙과피해구성률
			    * 금차 고사주수 감수량 = 품종·수령별 금차 고사주수 × (품종·수령별 주당 착과수 + 품종·수령별 주당 낙과수) × 품종별 과중 × (1 − maxA)
			  ② 품종·수령별 금차 고사주수 = 품종·수령별 고사주수 − 품종·수령별 기조사 고사주수

품목	조사종류	조사시기	피해율 산정 방법

자두
복숭아
포도
	수확량
	조사
		착과수조사
		:최초 수확
		품종 수확전
		
		과중조사
		:품종별 수확
		시기
		
		착과피해조사
		:피해 확인
		가능 시기
		
		낙과피해조사
		:착과수조사
		이후 낙과
		피해 시
		
		고사나무조사
		:수확완료 후
			8. 피해율 산정
			
			  ① 피해율(포도, 자두) = (평년수확량 − 수확량 − 미보상 감수량) ÷ 평년수확량
			
			  ② 피해율(복숭아) = (평년수확량 − 수확량 − 미보상 감수량 + 병충해감수량) ÷ 평년수확량
			
			    · 미보상 감수량 = (평년수확량 − 수확량) × 최댓값(미보상비율 1, 미보상비율2, ⋯)
			
			9. 수확량 산정
			
			  · 수확량 = 착과량 − 사고당 감수량의 합
			
			10. 병충해 감수량(복숭아만 해당): 금차 병충해 착과감수량 + 금차 병충해 낙과감수량
			
			  ① 금차 병충해 착과감수량 = 금차 품종·수령별 병충해 인정피해 착과수 × 품종별 과중
			
			    · 금차 품종·수령별 병충해 인정피해 착과수 = 금차 품종·수령별 착과 과실수 × 품종별 병충해 착과피해구성률
			
			      * 품종별 병충해 착과피해구성률 = { 병충해 착과 피해과실수 × (0.5 − maxA) } ÷ 표본 착과과실수
			
			  ② 금차 병충해 낙과감수량 = 금차 품종·수령별 병충해 인정피해 낙과수 × 품종별 과중
			
			    · 금차 품종·수령별 병충해 인정피해 낙과수 = 금차 품종·수령별 낙과 과실수 × 품종별 병충해 낙과피해구성률
			
			      * 품종별 병충해 낙과피해구성률 = { 병충해 낙과 피해과실수 × (0.5 − maxA) } ÷ 표본 낙과과실수
			      * maxA: 금차 사고전 기조사된 착과피해구성률 중 최댓값을 말함
			      * (0.5 − maxA)의 값이 영(0)보다 작은 경우: 금차 병충해감수량은 영(0)으로 함

밤
호두
	수확
	개시 전
	수확량
	조사
	(조사일
	기준)
		최초
		수확 전
			1. 수확개시 이전 수확량 조사
			
			  ① 기본사항
			
			    (a) 품종별 조사대상 주수 = 품종별 실제결과주수 − 품종별 미보상주수 − 품종별 고사나무주수
			
			    (b) 품종별 평년수확량 = 평년수확량 × {(품종별 주당 표준수확량 × 품종별 실제결과주수) ÷ 표준수확량}
			
			    (c) 품종별 주당 평년수확량 = 품종별 평년수확량 ÷ 품종별 실제결과주수

품목	조사종류	조사시기	피해율 산정 방법
밤 호두	수확 개시 전 수확량 조사 (조사일 기준)	최초 수확 전	② 착과수 조사 　•품종별 주당 착과수 = 품종별 표본주의 착과수 ÷ 품종별 표본주수 ③ 낙과수 조사 　ⓐ 표본조사 　　•품종별 주당 낙과수 = 품종별 표본주의 낙과수 ÷ 품종별 표본주수 　ⓑ 전수조사 　　㉠ 전체 낙과에 대하여 품종별 구분이 가능한 경우: 품종별 낙과수 조사 　　㉡ 전체 낙과에 대하여 품종별 구분이 불가한 경우: 전체 낙과수 조사 후 낙과수 중 표본을 추출하여 품종별 개수 조사 　　　* 품종별 낙과수 = 전체 낙과수 × (품종별 표본과실 수 ÷ 전체 표본과실 수의 합계) 　　　* 품종별 주당 낙과수 = 품종별 낙과수 ÷ 품종별 조사대상 주수 　　　* 품종별 조사대상 주수 = 품종별 실제결과주수 − 품종별 고사주수 − 품종별 미보상주수 ④ 과중 조사 　ⓐ (밤) 품종별 개당 과중 = 품종별 { 정상 표본과실 무게 + (소과 표본과실 무게 × 0.8) } ÷ 표본과실 수 　ⓑ (호두) 품종별 개당 과중 = 품종별 표본과실 무게 합계 ÷ 표본과실 수 ⑤ 피해구성 조사(품종별로 실시) 　•피해구성률 = { (50%형 피해과실 수 × 0.5) + (80%형 피해과실 수 × 0.8) + (100%형 피해과실 수 × 1) } ÷ 표본과실 수 ⑥ 피해율 = (평년수확량 − 수확량 − 미보상감수량) ÷ 평년수확량 　ⓐ 수확량 = { 품종별 조사대상 주수 × 품종별 주당 착과수 × (1 − 착과피해구성률) × 품종별 과중 } + { 품종별 조사대상 주수 × 품종별 주당 낙과수 × (1 − 낙과피해구성률) × 품종별 과중 } + (품종별 주당 평년수확량 × 품종별 미보상주수) 　ⓑ 미보상 감수량 = (평년수확량 − 수확량) × 미보상비율

품목	조사종류	조사시기	피해율 산정 방법
밤 호두	수확 개시 후 수확량 조사 (조사일 기준)	사고 발생 직후	2. 수확개시 후 수확량 조사 ① 착과수 조사 　· 품종별 주당 착과수 = 품종별 표본주의 착과수 ÷ 품종별 표본주수 ② 낙과수 조사 　ⓐ 표본조사: 품종별 주당 낙과수 = 품종별 표본주의 낙과수 ÷ 품종별 표본주수 　ⓑ 전수조사 　　㉠ 전체 낙과에 대하여 품종별 구분이 가능한 경우: 품종별 낙과수 조사 　　㉡ 전체 낙과에 대하여 품종별 구분이 불가한 경우: 전체 낙과수 조사 후 낙과수 중 표본을 추출하여 품종별 개수 조사 　　* 품종별 낙과수 = 전체 낙과수 × (품종별 표본과실 수 ÷ 전체 표본과실 수의 합계) 　　* 품종별 주당 낙과수 = 품종별 낙과수 ÷ 품종별 조사대상 주수 　　* 품종별 조사대상 주수 = 품종별 실제결과주수 − 품종별 고사주수 − 품종별 미보상주수 − 품종별 수확완료주수 ③ 과중 조사 　ⓐ (밤) 품종별 개당 과중 = 품종별 { 정상 표본과실 무게 + (소과 표본과실 무게 × 0.8) } ÷ 표본과실 수 　ⓑ (호두) 품종별 개당 과중 = 품종별 표본과실 무게 합계 ÷ 표본과실 수 ④ 피해구성 조사(품종별로 실시) 　ⓐ 피해구성률 = { (50%형 피해과실 수 × 0.5) + (80%형 피해과실 수 × 0.8) + (100%형 피해과실 수 × 1) } ÷ 표본과실 수 　ⓑ 금차 피해구성률 = 피해구성률 − maxA 　　* 금차 피해구성률은 다수 사고인 경우 적용 　　* maxA: 금차 사고전 기조사된 착과피해구성률 중 최댓값을 말함 　　* 금차 피해구성률이 영(0)보다 작은 경우에는 영(0)으로 함

품목	조사종류	조사시기	피해율 산정 방법

밤
호두
	수확
	개시 후
	수확량
	조사
	(조사일
	기준)
		사고
		발생
		직후
			⑤ 금차 수확량
			
			= { (품종별 조사대상 주수 × 품종별 주당 착과수 × 품종별 개당 과중 × (1 − 금차 착과피해구성률) } + { 품종별 조사대상 주수 × 품종별 주당 낙과수 × 품종별 개당 과중 × (1 − 금차 낙과피해구성률) } + (품종별 주당 평년수확량 × 품종별 미보상주수)
			
			⑥ 감수량
			
			= (품종별 조사대상 주수 × 품종별 주당 착과수 × 금차 착과피해구성률 × 품종별 개당 과중) + (품종별 조사대상 주수 × 품종별 주당 낙과수 × 금차 낙과피해구성률 × 품종별 개당 과중) + { (품종별 금차 고사주수 × (품종별 주당 착과수 + 품종별 주당 낙과수) × 품종별 개당 과중 × (1 − maxA) }
			
			* 품종별 조사대상 주수 = 품종별 실제 결과주수 − 품종별 미보상주수 − 품종별 고사나무주수 − 품종별 수확완료주수
			* 품종별 평년수확량 = 평년수확량 × { (품종별 주당 표준수확량 × 품종별 실제결과주수) ÷ 표준수확량 }
			* 품종별 주당 평년수확량 = 품종별 평년수확량 ÷ 품종별 실제결과주수
			* 품종별 금차 고사주수 = 품종별 고사주수 − 품종별 기조사 고사주수
			
			3. 피해율 산정
			
			① 금차 수확 개시 후 수확량조사가 최초 조사인 경우(이전 수확량 조사가 없는 경우)
			
			ⓐ 「금차 수확량 + 금차 감수량 + 기수확량 〈 평년수확량」인 경우
			
			• 피해율 = (평년수확량 − 수확량 − 미보상감수량) ÷ 평년수확량
			
			   * 수확량 = 평년수확량 − 금차 감수량
			   * 미보상 감수량 = 금차 감수량 × 미보상비율
			
			ⓑ 「금차 수확량 + 금차 감수량 + 기수확량 ≥ 평년수확량」인 경우
			
			• 피해율 = (평년수확량 − 수확량 − 미보상감수량) ÷ 평년수확량
			
			   * 수확량 = 금차 수확량 + 기수확량
			   * 미보상 감수량 = { (평년수확량 − (금차 수확량 + 기수확량) } × 미보상비율

품목	조사종류	조사시기	피해율 산정 방법
밤 호두	수확 개시 후 수확량 조사 (조사일 기준)	사고 발생 직후	② 수확 개시 전 수확량 조사가 있는 경우(이전 수확량조사에 수확 개시 전 수확량조사가 포함된 경우) (a)「금차 수확량＋금차 감수량＋기수확량 〉수확 개시 전 수확량 조사 수확량」→ 오류 수정 필요 (b)「금차 수확량＋금차 감수량＋기수확량 〉이전 조사 금차 수확량＋이전 조사 기수확량」→ 오류 수정 필요 (c)「금차 수확량＋금차 감수량＋기수확량 ≤ 수확 개시 전 수확량조사 수확량」이면서「금차 수확량＋금차 감수량＋기수확량 ≤ 이전 조사 금차 수확량＋이전 조사 기수확량」인 경우 ・피해율 = (평년수확량−수확량−미보상감수량) ÷ 평년수확량 ＊수확량 = 수확개시전 수확량 − 사고당 감수량의 합 ＊미보상감수량 = { 평년수확량 − (수확 개시 전 수확량 − 사고당 감수량의 합) } × max(미보상비율) ③ 수확 개시 후 수확량 조사만 있는 경우(이전 수확량조사가 모두 수확 개시 후 수확량조사인 경우) (a)「금차 수확량 + 금차 감수량 + 기수확량 〉이전 조사 금차 수확량 + 이전 조사 기수확량」→ 오류 수정 필요 (b)「금차 수확량 + 금차 감수량 + 기수확량 ≤ 이전 조사 금차 수확량 + 이전 조사 기수확량」인 경우 ㉠ 최초 조사가「금차 수확량 + 금차 감수량 + 기수확량 〈 평년수확량」인 경우 ・피해율 = (평년수확량 − 수확량 − 미보상감수량) ÷ 평년수확량 ＊수확량 = 평년수확량 − 사고당 감수량의 합 ＊미보상 감수량 = 사고당 감수량의 합 × max(미보상비율) ㉡ 최초 조사가「금차 수확량 + 금차 감수량 + 기수확량 ≥ 평년수확량」인 경우 ・피해율 = (평년수확량 − 수확량 − 미보상감수량) ÷ 평년수확량 ＊수확량 = 최초 조사 금차 수확량 + 최초 조사 기수확량 − 2차 이후 사고당 감수량의 합 ＊미보상감수량 = {평년수확량 − (최초 조사 금차 수확량+최초 조사 기수확량)+2차 이후 사고당 감수량의 합} × max(미보상비율)

품목	조사종류	조사시기	피해율 산정 방법

참다래	수확 개시 전 수확량 조사 (조사일 기준)	최초 수확 전	**1. 착과수조사**
			• 품종·수령별 착과수 = 품종·수령별 표본조사 대상면적 × 품종·수령별 면적(㎡)당 착과수
			
			* 품종·수령별 표본조사 대상면적 = 품종·수령별 재식 면적 × 품종·수령별 표본조사 대상 주수
			* 품종·수령별 면적(㎡)당 착과수 = 품종·수령별 (표본구간 착과수 ÷ 표본구간 넓이)
			* 재식 면적 = 주간 거리 × 열간 거리
			* 품종별·수령별 표본조사 대상주수 = 품종·수령별 실제 결과주수 − 품종·수령별 미보상주수 − 품종·수령별 고사나무주수
			* 표본구간 넓이 = (표본구간 윗변 길이 + 표본구간 아랫변 길이) × 표본구간 높이(윗변과 아랫변의 거리) ÷ 2
			
			2. 과중 조사
			• 품종별 개당 과중 = 품종별 표본과실 무게 합계 ÷ 표본과실 수
			
			3. 피해구성 조사(품종별로 실시)
			① 피해구성률 = { (50%형 피해과실수 × 0.5) + (80%형 피해과실수 × 0.8) + (100%형 피해과실수 × 1) } ÷ 표본과실수
			② 금차 피해구성률 = 피해구성률 − maxA
			  * 금차 피해구성률은 다수 사고인 경우 적용
			  * maxA: 금차 사고전 기조사된 착과피해구성률 중 최댓값을 말함
			  * 금차 피해구성률이 영(0)보다 작은 경우에는 영(0)으로 함
			
			4. 피해율 산정
			• 피해율 = (평년수확량 − 수확량 − 미보상감수량) ÷ 평년수확량
			
			* 수확량 = { 품종·수령별 착과수 × 품종별 과중 × (1 − 피해구성률) } + (품종·수령별 면적(㎡)당 평년수확량 × 품종·수령별 미보상주수 × 품종·수령별 재식면적)
			* 품종·수령별 면적(㎡)당 평년수확량 = 품종별·수령별 평년수확량 ÷ 품종·수령별 재식면적 합계
			* 품종·수령별 평년수확량 = 평년수확량 × (품종별·수령별 표준수확량 ÷ 표준수확량)
			* 미보상 감수량 = (평년수확량 − 수확량) × 미보상비율

품목	조사종류	조사시기	피해율 산정 방법
참다래	수확 개시 후 수확량 조사 (조사일 기준)	사고 발생 직후	**1. 착과수조사** ① 품종·수령별 착과수 = 품종·수령별 표본조사 대상면적 × 품종·수령별 면적(㎡)당 착과수 ② 품종·수령별 조사대상 면적 = 품종·수령별 재식 면적 × 품종·수령별 표본조사 대상 주수 ③ 품종·수령별 면적(㎡)당 착과수 = 품종별·수령별 표본구간 착과수 ÷ 품종·수령별 표본구간 넓이 ④ 재식 면적 = 주간 거리 × 열간 거리 ⑤ 품종·수령별 조사대상 주수 = 품종·수령별 실제 결과주수 − 품종·수령별 미보상주수 − 품종·수령별 고사나무주수 − 품종·수령별 수확완료주수 ⑥ 표본구간 넓이 = (표본구간 윗변 길이 + 표본구간 아랫변 길이) × 표본구간 높이(윗변과 아랫변의 거리) ÷ 2 **2. 낙과수 조사** ① 표본조사 ⓐ 품종·수령별 낙과수 = 품종·수령별 조사대상면적 × 품종·수령별 면적(㎡)당 낙과수 ⓑ 품종·수령별 면적(㎡)당 낙과수 = 품종·수령별 표본주의 낙과수 ÷ 품종·수령별 표본구간 넓이 ② 전수조사 ⓐ 전체 낙과에 대하여 품종별 구분이 가능한 경우: 품종별 낙과수 조사 ⓑ 전체 낙과에 대하여 품종별 구분이 불가한 경우 ・품종별 낙과수 = 전체 낙과수 × (품종별 표본과실수 ÷ 전체 표본과실수의 합계) **3. 과중 조사** ・품종별 개당 과중 = 품종별 표본과실 무게 합계 ÷ 표본과실 수 **4. 피해구성 조사(품종별로 실시)** ① 피해구성률 = { (50%형 피해과실수 × 0.5)+(80%형 피해과실수 × 0.8)+(100%형 피해과실수 × 1) } ÷ 표본과실수 ② 금차 피해구성률 = 피해구성률 − max A 　* 금차 피해구성률은 다수 사고인 경우 적용 　* maxA: 금차 사고전 기조사된 착과피해구성률 중 최댓값을 말함 　* 금차 피해구성률이 영(0)보다 작은 경우에는 영(0)으로 함

품목	조사종류	조사시기	피해율 산정 방법
참다래	수확 개시 후 수확량 조사 (조사일 기준)		5. 금차 수확량 = {품종·수령별 착과수 × 품종별 개당 과중 × (1−금차 착과피해구성률)} + {품종·수령별 낙과수 × 품종별 개당 과중 × (1−금차 낙과피해구성률)} + {품종·수령별 ㎡당 평년수확량 × 미보상주수 × 품종·수령별 재식면적} 6. 금차 감수량 = (품종·수령별 착과수 × 품종별 과중 × 금차 착과피해구성률) + (품종·수령별 낙과수 × 품종별 과중 × 금차 낙과피해구성률) + [{품종·수령별 ㎡당 평년수확량 × 금차 고사주수 × (1 − max A)} × 품종·수령별 재식면적] * 금차 고사주수 = 고사주수 − 기조사 고사주수 * 품종·수령별 면적(㎡)당 평년수확량 = 품종·수령별 평년수확량 ÷ 품종·수령별 재식면적 합계 * 품종·수령별 평년수확량 = 평년수확량 × (품종·수령별 표준수확량 ÷ 표준수확량) 7. 피해율 산정 ① 금차 수확 개시 후 수확량조사가 최초 조사인 경우(이전 수확량조사가 없는 경우) ⒜ 『금차 수확량+금차 감수량+기수확량 〈 평년수확량』인 경우 　• 피해율 = (평년수확량−수확량−미보상감수량) ÷ 평년수확량 　　* 수확량 = 평년수확량 − 금차 감수량 　　* 미보상 감수량 = 금차 감수량 × 미보상비율 ⒝ 『금차 수확량+금차 감수량+기수확량 ≥ 평년수확량』인 경우 　• 피해율 = (평년수확량−수확량−미보상감수량) ÷ 평년수확량 　　* 수확량 = 금차 수확량 + 기수확량 　　* 미보상 감수량 = {평년수확량 − (금차 수확량+기수확량)} × 미보상비율

품목	조사종류	조사시기	피해율 산정 방법
참다래	수확 개시 후 수확량 조사 (조사일 기준)	사고 발생 직후	② 수확 개시 전 수확량 조사가 있는 경우(이전 수확량조사에 수확 개시 전 수확량조사가 포함된 경우) ⓐ『금차 수확량 + 금차 감수량 + 기수확량 〉수확 개시 전 수확량조사 수확량』→ 오류 수정 필요 ⓑ『금차 수확량 + 금차 감수량 + 기수확량 〉이전 조사 금차 수확량 + 이전 조사 기수확량』→ 오류 수정 필요 ⓒ『금차 수확량 + 금차 감수량 + 기수확량 ≤ 수확 개시 전 수확량조사 수확량』이면서『금차 수확량 + 금차 감수량 + 기수확량 ≤ 이전 조사 금차 수확량 + 이전 조사 기수확량』인 경우 　• 피해율 = (평년수확량 − 수확량 − 미보상감수량) ÷ 평년수확량 　　* 수확량 = 수확개시전 수확량 − 사고당 감수량의 합 　　* 미보상감수량 = { 평년수확량 − (수확 개시 전 수확량 − 사고당 감수량의 합) } × max(미보상비율) ③ 수확 개시 후 수확량 조사만 있는 경우(이전 수확량조사가 모두 수확 개시 후 수확량조사인 경우) ⓐ『금차 수확량 + 금차 감수량 + 기수확량 〉이전 조사 금차 수확량 + 이전 조사 기수확량』→ 오류 수정 필요 ⓑ『금차 수확량 + 금차 감수량 + 기수확량 ≤ 이전 조사 금차 수확량 + 이전 조사 기수확량』인 경우 　㉠ 최초 조사가『금차 수확량 + 금차 감수량 + 기수확량 〈 평년수확량』인 경우 　　• 피해율 = (평년수확량 − 수확량 − 미보상감수량) ÷ 평년수확량 　　　* 수확량 = 평년수확량 − 사고당 감수량의 합 　　　* 미보상 감수량 = 사고당 감수량의 합 × max(미보상비율) 　㉡ 최초 조사가『금차 수확량 + 금차 감수량 + 기수확량 ≥ 평년수확량』인 경우 　　• 피해율 = (평년수확량 − 수확량 − 미보상감수량) ÷ 평년수확량 　　　* 수확량 = 최초 조사 금차 수확량 + 최초 조사 기수확량 − 2차 이후 사고당 감수량의 합 　　　* 미보상감수량 = { 평년수확량 − (최초 조사 금차 수확량 + 최초 조사 기수확량) + 2차 이후 사고당 감수량의 합 } × max(미보상비율)

품목	조사종류	조사시기	피해율 산정 방법

매실
대추
살구
	수확
	개시 전
	수확량
	조사
	(조사일
	기준)
		최초
		수확 전
			1. 피해율
			  = (평년수확량 − 수확량 − 미보상감수량) ÷ 평년수확량
			
			① 수확량 = { 품종·수령별 조사대상주수 × 품종·수령별 주당 착과량 × (1 − 착과피해구성률)} + (품종·수령별 주당 평년수확량 × 품종·수령별 미보상주수)
			
			② 미보상 감수량 = (평년수확량 − 수확량) × 미보상비율
			  ⓐ 품종·수령별 조사대상주수 = 품종·수령별 실제결과주수 − 품종·수령별 미보상주수 − 품종·수령별 고사나무주수
			  ⓑ 품종·수령별 평년수확량 = 평년수확량 × (품종별 표준수확량 ÷ 표준수확량)
			  ⓒ 품종·수령별 주당 평년수확량 = 품종별·수령별 (평년수확량 ÷ 실제결과주수)
			  ⓓ 품종·수령별 주당 착과량 = 품종별·수령별 (표본주의 착과무게 ÷ 표본주수)
			   * 표본주 착과무게 = 조사 착과량 × 품종별 비대추정지수(매실) × 2(절반조사 시)
			
			③ 피해구성 조사
			  · 피해구성률 = { (50%형 피해과실무게 × 0.5) + (80%형 피해과실무게 × 0.8) + (100%형 피해과실무게 × 1)} ÷ 표본과실무게

	수확
	개시 후
	수확량
	조사
	(조사일
	기준)
		사고
		발생
		직후
			1. 금차 수확량
			  = { 품종·수령별 조사대상주수 × 품종·수령별 주당 착과량 × (1 − 금차 착과피해구성률)} + { 품종·수령별 조사대상주수 × 품종·수령별 주당 낙과량 × (1 − 금차 낙과피해구성률)} + (품종별 주당 평년수확량 × 품종별 미보상주수)
			
			2. 금차 감수량
			  = (품종·수령별 조사대상주수 × 품종·수령별 주당 착과량 × 금차 착과피해구성률) + (품종·수령별 조사대상 주수 × 품종·수령별 주당 낙과량 × 금차 낙과피해구성률) + { 품종·수령별 금차 고사주수 × (품종·수령별 주당 착과량 + 품종별·수령별 주당 낙과량) × (1 − maxA) }
			
			* 품종·수령별 조사대상주수 = 품종·수령별 실제 결과주수 − 품종·수령별 미보상주수 − 품종·수령별 고사나무주수 − 품종·수령별 수확완료주수
			* 품종·수령별 평년수확량 = 평년수확량 ÷ 품종·수령별 표준수확량 합계 × 품종·수령별 표준수확량)
			* 품종·수령별 주당 평년수확량 = 품종·수령별 평년수확량 ÷ 품종·수령별 실제결과주수

품목	조사종류	조사시기	피해율 산정 방법

매실
대추
살구
	수확
	개시 후
	수확량
	조사
	(조사일
	기준)
		사고
		발생
		직후
			* 품종·수령별 주당 착과량 = 품종·수령별 표본주의 착과량 ÷ 품종·수령별 표본주수
			* 표본주 착과무게 = 조사 착과량 × 품종별 비대추정지수(매실) × 2(절반조사 시)
			* 품종·수령별 금차 고사주수 = 품종·수령별 고사주수 − 품종·수령별 기조사 고사주수)
			
			3. 낙과량 조사
			① 표본조사
			 ・품종·수령별 주당 낙과량 = 품종·수령별 표본주의 낙과량 ÷ 품종·수령별 표본주수
			② 전수조사
			 ⓐ 품종별 주당 낙과량 = 품종별 낙과량 ÷ 품종별 표본조사 대상 주수
			 ⓑ 전체 낙과에 대하여 품종별 구분이 가능한 경우: 품종별 낙과량 조사
			 ⓒ 전체 낙과에 대하여 품종별 구분이 불가한 경우: 품종별 낙과량 = 전체 낙과량 × 품종별 표본과실 수(무게) ÷ 표본 과실 수(무게)
			③ 피해구성 조사
			 ⓐ 피해구성률 = { (50%형 피해과실무게 × 0.5) + (80%형 피해과실무게 × 0.8) + (100%형 피해과실무게 × 1) } ÷ 표본과실수
			 ⓑ 금차 피해구성률 = 피해구성률 − maxA
			  * 금차 피해구성률은 다수 사고인 경우 적용
			  * maxA: 금차 사고전 기조사된 착과피해구성률 중 최댓값을 말함
			  * 금차 피해구성률이 영(0)보다 작은 경우에는 영(0)으로 함
			
			4. 피해율 산정
			① 금차 수확 개시 후 수확량조사가 최초 조사인 경우(이전 수확량조사가 없는 경우)
			 ⓐ「금차 수확량 + 금차 감수량 + 기수확량 〈 평년수확량」인 경우
			  ・피해율 = (평년수확량 − 수확량 − 미보상감수량) ÷ 평년수확량
			   * 수확량 = 평년수확량 − 금차 감수량
			   * 미보상 감수량 = 금차 감수량 × 미보상비율
			   * 수확량 = 금차 수확량 + 기수확량
			   * 미보상 감수량 = { 평년수확량 − (금차 수확량 + 기수확량) } × 미보상비율

품목	조사종류	조사시기	피해율 산정 방법
매실 대추 살구	수확 개시 후 수확량 조사 (조사일 기준)	사고 발생 직후	② 수확 개시 전 수확량 조사가 있는 경우(이전 수확량조사에 수확 개시 전 수확량조사가 포함된 경우) ⓐ「금차 수확량 + 금차 감수량 + 기수확량 〉 수확 개시 전 수확량조사 수확량」→ 오류 수정 필요 ⓑ「금차 수확량 + 금차 감수량 + 기수확량 〉 이전 조사 금차 수확량 + 이전 조사 기수확량」→ 오류 수정 필요 ⓒ「금차 수확량 + 금차 감수량 + 기수확량 ≤ 수확 개시 전 수확량조사 수확량」이면서「금차 수확량 + 금차 감수량 + 기수확량 ≤ 이전 조사 금차 수확량 + 이전 조사 기수확량」인 경우 ・피해율 = (평년수확량 − 수확량 − 미보상감수량) ÷ 평년수확량 * 수확량 = 수확개시전 수확량 − 사고당 감수량의 합 * 미보상감수량 = { 평년수확량 − (수확 개시 전 수확량 − 사고당 감수량의 합) } × max(미보상비율) ③ 수확 개시 후 수확량 조사만 있는 경우(이전 수확량조사가 모두 수확 개시 후 수확량조사인 경우) ⓐ「금차 수확량 + 금차 감수량 + 기수확량 〉 이전 조사 금차 수확량 + 이전 조사 기수확량」→ 오류 수정 필요 ⓑ「금차 수확량 + 금차 감수량 + 기수확량 ≤ 이전 조사 금차 수확량 + 이전 조사 기수확량」인 경우 ㉠ 최초 조사가「금차 수확량 + 금차 감수량 + 기수확량 〈 평년수확량」인 경우 ・피해율 = 평년수확량 − 수확량 − 미보상감수량) ÷ 평년수확량 * 수확량 = 평년수확량 − 사고당 감수량의 합 * 미보상 감수량 = 사고당 감수량의 합 × max(미보상비율) ㉡ 최초 조사가「금차 수확량 + 금차 감수량 + 기수확량 ≥ 평년수확량」인 경우 ・피해율 = (평년수확량 − 수확량 − 미보상감수량) ÷ 평년수확량 * 수확량 = 최초 조사 금차 수확량 + 최초 조사 기수확량 − 2차 이후 사고당 감수량의 합 * 미보상감수량 = { 평년수확량 − (최초 조사 금차 수확량 + 최초 조사 기수확량) + 2차 이후 사고당 감수량의 합 } × max(미보상비율)

품목	조사종류	조사시기	피해율 산정 방법

오미자	수확 개시 전 수확량 조사 (조사일 기준)	최초 수확 전	1. 피해율
			= (평년수확량 − 수확량 − 미보상감수량) ÷ 평년수확량
			
			① 수확량 = { 형태·수령별 조사대상길이 × 형태·수령별 m당 착과량 × (1 − 착과피해구성률) } + (형태·수령별 m당 평년수확량 × 형태·수령별 미보상 길이)
			
			  (a) 형태·수령별 조사대상길이 = 형태·수령별 실제재배길이 − 형태·수령별 미보상길이 − 형태·수령별 고사길이
			
			  (b) 형태·수령별 길이(m)당 착과량 = 형태·수령별 표본구간의 착과무게 ÷ 형태·수령별 표본구간 길이의 합
			    * 표본구간 착과무게 = 조사 착과량 × 2(절반조사 시)
			
			  (c) 형태·수령별 길이(m)당 평년수확량 = 형태·수령별 평년수확량 ÷ 형태·수령별 실제재배길이
			    * 형태·수령별 평년수확량 = 평년수확량 × { (형태·수령별 m당 표준수확량 × 형태·수령별 실제재배길이) ÷ 표준수확량 }
			
			② 미보상감수량 = (평년수확량 − 수확량) × 미보상비율
			
			③ 피해 구성 조사
			  • 피해구성률 = { (50%형 피해과실무게×0.5) + (80%형 피해과실무게×0.8) + (100%형 피해과실무게×1) } ÷ 표본과실무게

	수확 개시 후 수확량 조사 (조사일 기준)	사고 발생 직후	1. 기본사항 ① 형태·수령별 조사대상길이 = 형태·수령별 실제재배길이 − 형태·수령별 미보상길이 − 형태·수령별 고사 길이 ② 형태·수령별 평년수확량 = 평년수확량 ÷ 표준수확량 × 형태·수령별 표준수확량 ③ 형태·수령별 길이(m)당 평년수확량 = 형태·수령별 평년수확량 ÷ 형태·수령별 실제재배길이 ④ 형태·수령별 길이(m)당 착과량 = 형태·수령별 표본구간의 착과무게 ÷ 형태·수령별 표본구간 길이의 합 ⑤ 표본구간 착과무게 = 조사 착과량 × 2(절반조사 시) ⑥ 형태·수령별 금차 고사 길이 = 형태·수령별 고사 길이 − 형태·수령별 기조사 고사 길이

품목	조사종류	조사시기	피해율 산정 방법
오미자	수확 개시 후 수확량 조사 (조사일 기준)	사고 발생 직후	**2. 낙과량조사** ① 표본조사 　· 형태·수령별 길이(m)당 낙과량 = 형태·수령별 표본구간의 낙과량의 합 ÷ 형태·수령별 표본구간 길이의 합 ② 전수조사 　· 길이(m)당 낙과량 = 낙과량 ÷ 전체 조사대상길이의 합 **3. 피해구성조사** ① 피해구성률 = (50%형 과실무게 × 0.5) + (80%형 과실무게 × 0.8) + (100%형 과실무게 × 1) ÷표본과실무게 ② 금차 피해구성률 = 피해구성률 − maxA 　* maxA: 금차 사고전 기조사된 착과피해구성률 중 최댓값을 말함 　* 금차 피해구성률이 영(0)보다 작은 경우: 금차 감수과실수는 영(0)으로 함 **4. 금차 수확량** = { 형태·수령별 조사대상길이 × 형태·수령별 m당 착과량 × (1 − 금차 착과피해구성률) } + { 형태·수령별 조사대상길이 × 형태·수령별 m당 낙과량 × (1 − 금차 낙과피해구성률) } + (형태·수령별 m당 평년수확량 × 형태별수령별 미보상 길이) **5. 금차 감수량** = (형태·수령별 조사대상길이 × 형태·수령별 m당 착과량 × 금차 착과피해구성률) + (형태·수령별 조사대상길이 × 형태·수령별 m당 낙과량 × 금차 낙과피해구성률) + { 형태·수령별 금차 고사 길이 × (형태·수령별 m당 착과량 + 형태·수령별 m당 낙과량) × (1 − maxA) } **6. 피해율 산정** ① 금차 수확 개시 후 수확량조사가 최초 조사인 경우(이전 수확량조사가 없는 경우) 　(a) 「금차 수확량 + 금차 감수량 + 기수확량 〈 평년수확량」인 경우 　　= (평년수확량 − 수확량 − 미보상감수량) ÷ 평년수확량 　　* 수확량 = 평년수확량 − 금차 감수량 　　* 미보상감수량 = 금차 감수량 × 미보상비율 　(b) 「금차 수확량+금차 감수량+기수확량 ≥ 평년수확량」인 경우 　　= (평년수확량 − 수확량 − 미보상감수량) ÷ 평년수확량 　　* 수확량 = 금차 수확량 + 기수확량 　　* 미보상감수량 = { 평년수확량 − (금차 수확량+기수확량) } × 미보상비율

품목	조사종류	조사시기	피해율 산정 방법
오미자	수확 개시 후 수확량 조사 (조사일 기준)	사고 발생 직후	② 수확 개시 전 수확량 조사가 있는 경우(이전 수확량조사에 수확 개시 전 수확량조사가 포함된 경우) ⓐ 「금차 수확량 + 금차 감수량 + 기수확량 〉 수확 개시 전 수확량조사 수확량」 → 오류 수정 필요 ⓑ 「금차 수확량 + 금차 감수량 + 기수확량 〉 이전 조사 금차 수확량 + 이전 조사 기수확량」 → 오류 수정 필요 ⓒ 「금차 수확량 + 금차 감수량 + 기수확량 ≤ 수확 개시 전 수확량조사 수확량」이면서 「금차 수확량 + 금차 감수량 + 기수확량 ≤ 이전 조사 금차 수확량 + 이전 조사 기수확량」인 경우 = (평년수확량 − 수확량 − 미보상감수량) ÷ 평년수확량 * 수확량 = 수확개시전 수확량 − 사고당 감수량의 합 * 미보상감수량 = { 평년수확량 − (수확 개시 전 수확량 − 사고당 감수량의 합) } × max(미보상비율) ③ 수확 개시 후 수확량 조사만 있는 경우(이전 수확량조사가 모두 수확 개시 후 수확량조사인 경우) ⓐ 『금차 수확량 + 금차 감수량 + 기수확량 〉 이전 조사 금차 수확량 + 이전 조사 기수확량』 → 오류 수정 필요 ⓑ 『금차 수확량 + 금차 감수량 + 기수확량 ≤ 이전 조사 금차 수확량 + 이전 조사 기수확량』인 경우 ㉠ 최초 조사가 『금차 수확량 + 금차 감수량 + 기수확량 〈 평년수확량』인 경우 • 피해율 = (평년수확량 − 수확량 − 미보상감수량) ÷ 평년수확량 * 수확량 = 평년수확량 − 사고당 감수량의 합 * 미보상 감수량 = 사고당 감수량의 합 × max(미보상비율) ㉡ 최초 조사가 『금차 수확량 + 금차 감수량 + 기수확량 ≥ 평년수확량』인 경우 • 피해율 = (평년수확량 − 수확량 − 미보상감수량) ÷ 평년수확량 * 수확량 = 최초 조사 금차 수확량 + 최초 조사 기수확량 − 2차 이후 사고당 감수량의 합 * 미보상감수량 = { 평년수확량 − (최초 조사 금차 수확량 + 최초 조사 기수확량) + 2차 이후 사고당 감수량의 합} × max(미보상비율)

품목	조사종류	조사시기	피해율 산정 방법
유자	수확량 조사	수확 개시 전	**1. 기본사항** ① 품종·수령별 조사대상주수 = 품종·수령별 실제결과주수 − 품종·수령별 미보상주수 − 품종·수령별 고사주수 ② 품종·수령별 평년수확량 = 평년수확량 ÷ 표준수확량 × 품종·수령별 표준수확량 　　· 품종·수령별 주당 평년수확량 = 품종·수령별 평년수확량 ÷ 품종·수령별 실제결과주수 ③ 품종·수령별 과중 = 품종·수령별 표본과실 무게합계 ÷ 품종·수령별 표본과실수 ④ 품종·수령별 표본주당 착과수 = 품종·수령별 표본주 착과수 합계 ÷ 품종·수령별 표본주수 ⑤ 품종·수령별 표본주당 착과량 = 품종·수령별 표본주당 착과수 × 품종·수령별 과중 **2. 피해구성 조사** 　· 피해구성률 = { (50%형 피해과실수 × 0.5) + (80%형 피해과실수 × 0.8) + (100%형 피해과실수 × 1) } ÷ 표본과실수 **3. 피해율 = (평년수확량 − 수확량 − 미보상감수량) ÷ 평년수확량** ① 수확량 = { 품종·수령별 표본조사 대상 주수 × 품종·수령별 표본주당 착과량 × (1 − 착과피해구성률) } + (품종·수령별 주당 평년수확량 × 품종·수령별 미보상주수) ② 미보상감수량 = (평년수확량 − 수확량) × 미보상비율

[4. 종합위험 및 수확전 종합위험 과실손해보장방식]

품목	조사종류	조사시기	피해율 산정 방법
복분자	종합위험 과실손해 조사	수정완료 시점~ 수확 전	1. 종합위험 과실손해 고사결과모지수 = 평년결과모지수 − (기준 살아있는 결과모지수 − 수정불량환산 고사결과모지수 + 미보상 고사결과모지수) ① 기준 살아있는 결과모지수 = 표본구간 살아있는 결과모지수의 합 ÷ (표본구간수 × 5) ② 수정불량환산 고사결과모지수 = 표본구간 수정불량 고사결과모지수의 합 ÷ (표본구간수 × 5) ③ 표본구간 수정불량 고사결과모지수 = 표본구간 살아있는 결과모지수 × 수정불량환산계수 ④ 수정불량환산계수 = (수정불량결실수 ÷ 전체결실수) − 자연수정불량률 = 최댓값((표본포기 6송이 피해 열매수의 합 ÷ 표본포기 6송이 열매수의 합계) − 15%, 0) * 자연수정불량률: 15%(2014 복분자 수확량 연구용역 결과반영) ⑤ 미보상 고사결과모지수 = 최댓값({ 평년결과모지수 − (기준 살아있는 결과모지수 − 수정불량환산 결과모지수}) × 미보상비율, 0)
	특정위험 과실손해 조사	사고접수 직후	1. 특정위험 과실손해 고사결과모지수 = 수확감소환산 고사결과모지수 − 미보상 고사결과모지수 ① 수확감소환산 고사결과모지수(종합위험 과실손해조사를 실시한 경우) = (기준 살아있는 결과모지수 − 수정불량환산 고사결과모지수) × 누적수확감소환산계수 ② 수확감소환산 고사결과모지수 (종합위험 과실손해조사를 실시하지 않은 경우) = 평년결과모지수 × 누적수확감소환산계수 * 누적수확감소환산계수 = 특정위험 과실손해조사별 수확감소환산계수의 합 * 수확감소환산계수 = 최댓값(기준일자별 잔여수확량 비율 − 결실율, 0) * 결실율 = 전체결실수 ÷ 전체개화수 = Σ(표본송이의 수확 가능한 열매수) ÷ Σ(표본송이의 총열매수) ③ 미보상 고사결과모지수 = 수확감소환산 고사결과모지수 × 최댓값 (특정위험 과실손해조사별 미보상비율) 2. 피해율 = 고사결과모지수 ÷ 평년결과모지수 * 고사결과모지수 = 종합위험 과실손해 고사결과모지수 + 특정위험 과실손해 고사결과모지수

품목	조사종류	조사시기	피해율 산정 방법

오디	과실손해조사	결실완료 시점 ~ 수확 전	1. 피해율
			= (평년결실수 − 조사결실수 − 미보상 감수 결실수) ÷ 평년결실수
			
			① 조사결실수 = Σ{(품종·수령별 환산결실수 × 품종·수령별 조사대상주수) + (품종별 주당 평년결실수 × 품종·수령별 미보상주수)} ÷ 전체 실제결과주수
			   * 품종·수령별 환산결실수 = 품종·수령별 표본가지 결실수 합계 ÷ 품종·수령별 표본가지 길이 합계
			   * 품종·수령별 표본조사 대상 주수 = 품종·수령별 실제결과주수 − 품종·수령별 고사주수 − 품종·수령별 미보상주수
			   * 품종별 주당 평년결실수 = 품종별 평년결실수 ÷ 품종별 실제결과주수
			   * 품종별 평년결실수 = (평년결실수 × 전체 실제결과주수) × (대상 품종 표준결실수 × 대상 품종 실제결과주수) ÷ Σ(품종별 표준결실수 × 품종별 실제결과주수)
			
			② 미보상감수결실수 = Max((평년결실수 − 조사결실수) × 미보상비율, 0)

감귤	과실손해조사	착과피해조사	1. 과실손해 피해율
			= {(등급 내 피해과실수 + 등급 외 피해과실수 × 50%) ÷ 기준과실수} × (1 − 미보상비율)
			
			2. 피해 인정 과실수
			= 등급 내 피해 과실수 + 등급 외 피해과실수 × 50%
			
			① 등급 내 피해 과실수 = (등급 내 30%형 과실수 합계 × 0.3) + (등급 내 50%형 과실수 합계 × 0.5) + (등급 내 80%형 과실수 합계 × 0.8) + (등급 내 100%형 과실수 × 1)
			
			② 등급 외 피해 과실수 = (등급 외 30%형 과실수 합계 × 0.3) + (등급 외 50%형 과실수 합계 × 0.5) + (등급 외 80%형 과실수 합계 × 0.8) + (등급 외 100%형 과실수 × 1)
			   * 만감류는 등급 외 피해 과실수를 피해 인정 과실수 및 과실손해 피해율에 반영하지 않음
			
			③ 기준과실수: 모든 표본주의 과실수 총 합계
			   * 단, 수확전 사고조사를 실시한 경우 과실손해피해율 = {최종 수확전 과실손해 피해율 ÷ (1 − 최종 수확전 과실손해 조사 미보상비율)} + {(1 − (최종 수확전 과실손해 피해율 ÷ (1 − 최종 수확전 과실손해 조사 미보상비율)) × (과실손해 피해율 ÷ (1 − 과실손해미보상비율)} × {1 − 최댓값(최종 수확전 과실손해 조사 미보상비율, 과실손해 미보상비율)}
			   * 수확전 과실손해 피해율 = {100%형 피해과실수 ÷ (정상 과실수 + 100%형 피해과실수)} × (1 − 미보상비율)
			   * 최종 수확전 과실손해 피해율 = {(이전 100% 피해과실수 + 금차 100% 피해과실수) ÷ (정상 과실수 + 100%형 피해과실수)} × (1 − 미보상비율)

품목	조사종류	조사시기	피해율 산정 방법
감귤	동상해 조사	착과피해 조사	• 동상해 과실손해 피해율 = 동상해 피해 과실수 ÷ 기준과실수 $= \dfrac{(80\%형\ 피해과실수 \times 0.8) + (100\%형\ 피해과실수 \times 1)}{정상과실수 + 80\%형\ 피해과실수 + 100\%형\ 피해과실수}$ * 동상해 피해과실수 = (80%형 피해과실수 × 0.8) + (100%형 피해과실수 × 1) * 기준과실수(모든 표본주의 과실수 총 합계) = 정상과실수 + 80%형 피해과실수 + 100%형 피해과실수

무화과	수확량 조사	수확전 수확후	1. 기본사항
			① 품종·수령별 조사대상주수 = 품종·수령별 실제결과주수 - 품종·수령별 미보상주수 - 품종·수령별 고사주수
			② 품종·수령별 평년수확량 = 평년수확량 × (품종·수령별 주당 표준수확량 × 품종·수령별 실제결과주수 ÷ 표준수확량)
			  * 품종·수령별 주당 평년수확량 = 품종·수령별 평년수확량 ÷ 품종·수령별 실제결과주수
			
			2. 7월 31일 이전 피해율
			= (평년수확량 - 수확량 - 미보상감수량) ÷ 평년수확량
			① 수확량 = { 품종·수령별 조사대상주수 × 품종·수령별 주당 수확량 × (1 - 피해구성률)} + (품종·수령별 주당 평년수확량 × 미보상주수)
			  * 품종·수령별 주당 수확량 = 품종·수령별 주당 착과수 × 표준과중
			  * 품종·수령별 주당 착과수 = 품종·수령별 표본주 과실수의 합계 ÷ 품종·수령별 표본주수
			② 미보상감수량 = (평년수확량 - 수확량) × 미보상비율
			③ 피해구성 조사
			  • 피해구성률 = { (50%형 과실수 × 0.5) + (80%형 과실수 × 0.8) + (100%형 과실수 × 1) } ÷ 표본과실수
			
			3. 8월 1일 이후 피해율
			= (1 - 수확전사고 피해율) × 잔여수확량비율 × 결과지 피해율
			• 결과지 피해율 = (고사결과지수 + 미고사결과지수 × 착과피해율 - 미보상고사결과지수) ÷ 기준결과지수
			  * 기준결과지수 = 고사결과지수 + 미고사결과지수
			  * 고사결과지수 = 보상고사결과지수 + 미보상고사결과지수
			• 8월 1일 이후 사고가 중복 발생할 경우 금차 피해율에서 전차 피해율을 차감하고 산정함

[5. 종합위험 수확감소보장방식 논작물 품목]

품목	조사종류	조사시기	피해율 산정 방법
벼	수량요소 (벼만 해당)	수확 전 14일 (전후)	1. 피해율 = (평년수확량 − 수확량 − 미보상감수량) ÷ 평년수확량(단, 병해충 단독사고일 경우 병해충 최대인정피해율 적용) ① 수확량 = 표준수확량 × 조사수확비율 × 피해면적 보정계수 ② 미보상감수량 = (평년수확량 − 수확량) × 미보상비율
	표본 조사	수확 가능 시기	1. 피해율 = (평년수확량 − 수확량 − 미보상감수량) ÷ 평년수확량 * 단, 병해충 단독사고일 경우 병해충 최대인정피해율 적용 ① 수확량 = (표본구간 단위면적당 유효중량 × 조사대상면적) + { 단위면적당 평년수확량 × (타작물 및 미보상면적 +기수확면적) } ⓐ 단위면적당 평년수확량 = 평년수확량 ÷ 실제경작면적 ⓑ 조사대상면적 = 실제경작면적 − 고사면적 − 타작물 및 미보상면적 − 기수확면적 ⓒ 표본구간 단위면적당 유효중량 = 표본구간 유효중량 ÷ 표본구간 면적 　㉠ 표본구간 유효중량 = 표본구간 작물 중량 합계 × (1 − Loss율) × { (1 − 함수율) ÷ (1 − 기준함수율) } 　㉡ Loss율: 7% / 기준함수율: 메벼(15%), 찰벼(13%) 　㉢ 표본구간 면적 = 4포기 길이 × 포기당 간격 × 표본구간 수 ② 미보상감수량 = (평년수확량 − 수확량) × 미보상비율
	전수 조사	수확 시	1. 피해율 = (평년수확량 − 수확량 − 미보상감수량) ÷ 평년수확량 * 단, 병해충 단독사고일 경우 병해충 최대인정피해율 적용 ① 수확량 = 조사대상면적 수확량 + { 단위면적당 평년수확량 × (타작물 및 미보상면적 + 기수확면적) } ⓐ 단위면적당 평년수확량 = 평년수확량 ÷ 실제경작면적 ⓑ 조사대상면적 = 실제경작면적 − 고사면적 − 타작물 및 미보상면적 − 기수확면적 ⓒ 조사대상면적 수확량 = 작물 중량 × { (1 − 함수율) ÷ (1 − 기준함수율) } 　* 기준함수율: 메벼(15%), 찰벼(13%) ② 미보상감수량 = (평년수확량 − 수확량) × 미보상비율

* 하나의 농지에 대하여 여러 종류의 수확량조사가 실시되었을 경우 피해율 적용 우선순위는 전수, 표본, 수량요소 순임

품목	조사종류	조사시기	피해율 산정 방법

밀
보리
	표본
	조사
		수확
		가능
		시기
			1. 피해율 = (평년수확량 − 수확량 − 미보상감수량) ÷ 평년수확량
			
			① 수확량 = (표본구간 단위면적당 유효중량×조사대상면적) + { 단위면적당 평년수확량 × (타작물 및 미보상면적＋기수확면적) }
			
			  (a) 단위면적당 평년수확량 = 평년수확량 ÷ 실제경작면적
			
			  (b) 조사대상면적 = 실제경작면적 − 고사면적 − 타작물 및 미보상면적 − 기수확면적
			
			  (c) 표본구간 단위면적당 유효중량 = 표본구간 유효중량 ÷ 표본구간 면적
			
			    * 표본구간 유효중량 = 표본구간 작물 중량 합계 × (1 − Loss율) × { (1 − 함수율) ÷ (1 − 기준함수율) }
			    * Loss율: 7% / 기준함수율: 밀(13%), 보리(13%)
			    * 표본구간 면적 = 4포기 길이 × 포기당 간격 × 표본구간 수
			
			② 미보상감수량 = (평년수확량 − 수확량) × 미보상비율

	전수
	조사
		수확 시	1. 피해율 = (평년수확량 − 수확량 − 미보상감수량) ÷ 평년수확량
			
			① 수확량 = 조사대상면적 수확량 + { 단위면적당 평년수확량 × (타작물 및 미보상면적 + 기수확면적) }
			
			  (a) 단위면적당 평년수확량 = 평년수확량 ÷ 실제경작면적
			
			  (b) 조사대상면적 = 실제경작면적 − 고사면적 − 타작물 및 미보상면적 − 기수확면적
			
			  (c) 조사대상면적 수확량 = 작물 중량 × { (1 − 함수율) ÷ (1 − 기준함수율) }
			
			    * 기준함수율: 밀(13%), 보리(13%)
			
			② 미보상감수량 = (평년수확량 − 수확량) × 미보상비율

[6. 종합위험 수확감소보장방식 밭작물 품목]

품목	조사종류	조사시기	피해율 산정 방법
양배추	수확량 조사 (수확 전 사고가 발생한 경우)	수확 직전	**1. 피해율** = (평년수확량 − 수확량 − 미보상감수량) ÷ 평년수확량 ① 수확량 = (표본구간 단위면적당 수확량 × 조사대상면적) + { 단위면적당 평년수확량 × (타작물 및 미보상면적 + 기수확면적) } ⓐ 단위면적당 평년수확량 = 평년수확량 ÷ 실제경작면적 ⓑ 표본조사대상면적 = 실제경작면적 − 고사면적 − 타작물 및 미보상면적 − 기수확면적 ⓒ 표본구간 단위면적당 수확량 = 표본구간 수확량 합계 ÷ 표본구간 면적 * 표본구간 수확량 합계 = 표본구간 정상 양배추 중량 + (80% 피해 양배추 중량 × 0.2) ② 미보상감수량 = (평년수확량 − 수확량) × 미보상비율
	수확량 조사 (수확 중 사고가 발생한 경우)	사고 발생 직후	
양파 마늘	수확량 조사 (수확 전 사고가 발생한 경우)	수확 직전	**1. 피해율** = (평년수확량 − 수확량 − 미보상감수량) ÷ 평년수확량 ① 수확량 = (표본구간 단위면적당 수확량 × 조사대상면적) + { 단위면적당 평년수확량 × (타작물 및 미보상면적 + 기수확면적) } ⓐ 단위면적당 평년수확량 = 평년수확량 ÷ 실제경작면적 ⓑ 조사대상면적 = 실제경작면적 − 고사면적 − 타작물 및 미보상면적 − 기수확면적 ⓒ 표본구간 단위면적당 수확량 = 표본구간 수확량 합계 ÷ 표본구간 면적 * 표본구간 수확량 합계 = { 표본구간 정상 작물 중량 + (80% 피해 작물 중량 × 0.2) } × (1 + 비대추정지수) × 환산계수 * 환산계수는 마늘에 한하여 0.7(한지형), 0.72(난지형)를 적용 * 누적비대추정지수 = 지역별 수확적기까지 잔여일수 × 일자별 비대추정지수 ② 미보상감수량 = (평년수확량 − 수확량) × 미보상비율
	수확량 조사 (수확 중 사고가 발생한 경우)	사고 발생 직후	

품목	조사종류	조사시기	피해율 산정 방법
차(茶)	수확량 조사(조사 가능일 전 사고가 발생한 경우)	조사 가능일 직전	1. 피해율 = (평년수확량 – 수확량 – 미보상감수량) ÷ 평년수확량 ① 수확량 = (표본구간 단위면적당 수확량 × 조사대상면적) + { 단위면적당 평년수확량 × (타작물 및 미보상면적 +기수확면적) } ⓐ 단위면적당 평년수확량 = 평년수확량 ÷ 실제경작면적 ⓑ 조사대상면적 = 실제경작면적 – 고사면적 – 타작물 및 미보상면적 – 기수확면적 ⓒ 표본구간 단위면적당 수확량 = 표본구간 수확량 합계 ÷ 표본구간 면적 합계 × 수확면적율 ＊ 표본구간 수확량 합계 = { (수확한 새싹무게 ÷ 수확한 새싹수) × 기수확 새싹수 × 기수확지수 } + 수확한 새싹무게 ② 미보상감수량 = (평년수확량 – 수확량) × 미보상비율
	수확량 조사(조사 가능일 후 사고가 발생한 경우)	사고발생 직후	
콩 팥	수확량 조사(수확 전 사고가 발생한 경우)	수확 직전	1. 피해율 = (평년수확량 – 수확량 – 미보상감수량) ÷ 평년수확량 ① 수확량(표본조사) = (표본구간 단위면적당 수확량 × 조사대상면적) + { 단위면적당 평년수확량 × (타작물 및 미보상면적 + 기수확면적) } ② 수확량(전수조사) = { 전수조사 수확량 × (1 – 함수율) ÷ (1 – 기준함수율) } + { 단위면적당 평년수확량 × (타작물 및 미보상면적 + 기수확면적) } ⓐ 표본구간 단위면적당 수확량 = 표본구간 수확량 합계 ÷표본구간 면적 ＊ 표본구간 수확량 합계 = 표본구간별 종실중량 합계 × { (1 – 함수율) ÷ (1 – 기준함수율) } ＊ 기준함수율: 콩(14%), 팥(14%) ⓑ 조사대상면적 = 실경작면적 – 고사면적 – 타작물 및 미보상면적 – 기수확면적 ⓒ 단위면적당 평년수확량 = 평년수확량 ÷ 실제경작면적 ③ 미보상감수량 = (평년수확량 – 수확량) × 미보상비율
	수확량 조사(수확 중 사고가 발생한 경우)	사고 발생 직후	

품목	조사종류	조사시기	피해율 산정 방법
감자	수확량 조사(수확 전 사고가 발생한 경우)	수확 직전	**1. 피해율** = { (평년수확량 − 수확량 − 미보상감수량) + 병충해감수량 } ÷ 평년수확량 ① 수확량 = (표본구간 단위면적당 수확량 × 조사대상면적) + { 단위면적당 평년수확량 × (타작물 및 미보상면적 + 기수확면적) } ⓐ 단위면적당 평년수확량 = 평년수확량 ÷ 실제경작면적 ⓑ 조사대상면적 = 실제경작면적 − 고사면적 − 타작물 및 미보상면적 − 기수확면적 ⓒ 표본구간 단위면적당 수확량 = 표본구간 수확량 합계 ÷ 표본구간 면적 * 표본구간 수확량 합계 = 표본구간별 정상 감자 중량 + (최대 지름이 5cm 미만이거나 50%형 피해 감자 중량 × 0.5) + 병충해 입은 감자 중량
	수확량 조사(수확 중 사고가 발생한 경우)	사고 발생 직후	② 병충해감수량 = 병충해 입은 괴경의 무게 × 손해정도비율 × 인정비율 * 위 산식은 각각의 표본구간별로 적용되며, 각 표본구간 면적을 감안하여 전체 병충해 감수량을 산정 * 손해정도비율 = 표 2-4-9) 참조, 인정비율 = 표 2-4-10) 참조 ③ 미보상감수량 = (평년수확량 − 수확량) × 미보상비율
고구마	수확량 조사(수확 전 사고가 발생한 경우)	수확 직전	**1. 피해율** = (평년수확량 − 수확량 − 미보상감수량) ÷ 평년수확량 ① 수확량 = (표본구간 단위면적당 수확량 × 조사대상면적) + { 단위면적당 평년수확량 × (타작물 및 미보상면적+기수확면적) } ⓐ 단위면적당 평년수확량 = 평년수확량÷실제경작면적 ⓑ 조사대상면적 = 실제경작면적 − 고사면적 − 타작물 및 미보상면적 − 기수확면적 ⓒ 표본구간 단위면적당 수확량 = 표본구간 수확량 합계÷표본구간 면적 * 표본구간 수확량 = 표본구간별 정상 고구마 중량 + (50% 피해 고구마 중량×0.5) + (80% 피해 고구마 중량 × 0.2)
	수확량 조사(수확 중 사고가 발생한 경우)	사고 발생 직후	② 미보상감수량 = (평년수확량 − 수확량) × 미보상비율

품목	조사종류	조사시기	피해율 산정 방법
옥수수	수확량 조사(수확 전 사고가 발생한 경우)	수확 직전	1. 손해액 = (피해수확량 − 미보상감수량) × 표준가격 ① 피해수확량 = (표본구간 단위면적당 피해수확량 × 표본조사대상 면적) + (단위면적당 표준수확량 × 고사면적) ⓐ 단위면적당 표준수확량 = 표준수확량 ÷ 실제경작면적 ⓑ 조사대상면적 = 실제경작면적 − 고사면적 − 타작물 및 미보상 면적 − 기수확면적 ⓒ 표본구간 단위면적당 피해수확량 = 표본구간 피해수확량 합 계 ÷ 표본구간 면적 ⓓ 표본구간 피해수확량 합계 = (표본구간 "하"품 이하 옥수수 개수 + "중"품 옥수수 개수 × 0.5) × 표준중량 × 재식시기지 수 × 재식밀도지수 ② 미보상감수량 = 피해수확량 × 미보상비율
	수확량 조사(수확 중 사고가 발생한 경우)	사고 발생 직후	

[7. 종합위험 생산비 보장방식 밭작물 품목 보험금 산정 방법]

품목	조사종류	조사시기	피해율 산정 방법
고추 브로콜리 배추 무 단호박 파 당근 메밀	생산비 보장 손해 조사	사고 발생 직후	**1. 보험금 산정(고추, 브로콜리)** ① 보험금 = (잔존보험가입금액 × 경과비율 × 피해율) − 자기부담금 　* 단, 고추는 병충해가 있는 경우 병충해등급별 인정비율 추가하여 피해율에 곱함 　(a) 경과비율 　　㉠ 수확기 이전에 사고시 = $\{\,a + (1-a) \times \dfrac{\text{생장일수}}{\text{표준생장일수}}\,\}$ 　　㉡ 수확기 중 사고시 = $(1 - \dfrac{\text{수확일수}}{\text{표준수확일수}})$ 　　* a(준비기생산비계수) = (고추: 55.7%, 브로콜리: 50.9%) [용어의 정의] 			

생장일수	정식일로부터 사고발생일까지 경과일수
표준생장일수	정식일로부터 수확개시일까지의 일수로 작목별로 사전에 설정된 값 (고추: 100일, 브로콜리: 130일)
수확일수	수확개시일로부터 사고발생일까지 경과일수
표준수확일수	수확개시일부터 수확종료(예정)일까지 일수

　(b) 자기부담금 = 잔존보험가입금액 × (3% 또는 5%)

2. 보험금 산정(배추, 무, 단호박, 파, 당근, 메밀, 시금치)

・보험금 = 보험가입금액 × (피해율 − 자기부담비율)

3. 품목별 피해율 산정

① 고추 피해율 = 피해비율 × 손해정도비율(심도) × (1 − 미보상비율)

　(a) 피해비율 = 피해면적 ÷ 실제경작면적(재배면적)

　(b) 손해정도비율 = { (20%형 피해 고추주수 × 0.2) + (40%형 피해 고추주수 × 0.4) + (60%형 피해 고추주수 × 0.6) + (80%형 피해 고추주수 × 0.8) + (100형 피해 고추주수) } ÷ (정상 고추주수 + 20%형 피해 고추주수 + 40%형 피해 고추주수 + 60%형 피해 고추주수 + 80%형 피해 고추주수 + 100%형 피해 고추주수)

품목	조사종류	조사시기	피해율 산정 방법
고추 브로콜리 배추 무 단호박 파 당근 메밀	생산비 보장 손해 조사	사고 발생 직후	② 브로콜리 피해율 = 피해비율 × 작물피해율 (a) 피해비율 = 피해면적 ÷ 실제경작면적(재배면적) (b) 작물피해율 = {(50%형 피해송이 개수 × 0.5) + (80%형 피해송이 개수 × 0.8) + (100%형 피해송이 개수)} ÷ (정상 송이 개수 + 50%형 피해송이 개수 + 80%형 피해송이 개수 + 100%형 피해송이 개수) ③ 배추, 무, 단호박, 파, 당근, 시금치 피해율 = 피해비율×손해정도비율(심도) × (1 − 미보상비율) (a) 피해비율 = 피해면적÷실제경작면적(재배면적) (b) 손해정도비율 = {(20%형 피해작물 개수 × 0.2) + (40%형 피해작물 개수 × 0.4) + (60%형 피해작물 개수 × 0.6) + (80%형 피해작물 개수 × 0.8) + (100%형 피해작물 개수)} ÷ (정상 작물 개수 + 20%형 피해작물 개수 + 40%형 피해작물 개수 + 60%형 피해작물 개수 + 80%형 피해작물 개수 + 100%형 피해작물 개수) ④ 메밀 피해율 = 피해면적 ÷ 실제경작면적(재배면적) · 피해면적 = (도복으로 인한 피해면적 × 70%) + [도복 이외로 인한 피해면적 × {(20%형 피해 표본면적 × 0.2) + (40%형 피해 표본면적 × 0.4) + (60%형 피해 표본면적 × 0.6) + (80%형 피해 표본면적 × 0.8) + (100%형 피해 표본면적 × 1)} ÷ 표본면적 합계]

[8. 농업수입감소보장방식 과수작물 품목]

품목	조사종류	조사시기	피해율 산정 방법

포도	수확량 조사	**착과수조사**
		:최초 수확 품종 수확전
		
		과중조사
		:품종별 수확 시기
		
		착과피해조사
		:피해 확인 가능 시기
		
		낙과피해조사
		:착과수조사 이후 낙과 피해 시
		
		고사나무조사
		:수확완료 후
			1. 착과수(수확개시 전 착과수조사 시)
			  ① 품종·수령별 착과수 = 품종·수령별 조사대상주수 × 품종·수령별 주당 착과수
			    ⓐ 품종·수령별 조사대상주수 = 품종·수령별 실제결과주수 − 품종·수령별 고사주수 − 품종·수령별 미보상주수
			    ⓑ 품종·수령별 주당 착과수 = 품종·수령별 표본주의 착과수 ÷ 품종·수령별 표본주수
			
			2. 착과수(착과피해조사 시)
			  ① 품종·수령별 착과수 = 품종·수령별 조사대상주수 × 품종·수령별 주당 착과수
			    ⓐ 품종·수령별 조사대상주수 = 품종·수령별 실제결과주수 − 품종·수령별 고사주수 − 품종·수령별 미보상주수 − 품종·수령별 수확완료주수
			    ⓑ 품종·수령별 주당 착과수 = 품종별·수령별 표본주의 착과수 ÷ 품종별·수령별 표본주수
			
			3. 과중조사 (사고접수 여부와 상관없이 모든 농지마다 실시)
			  ・품종별 과중 = 품종별 표본과실 무게 ÷ 품종별 표본과실 수
			
			4. 낙과수 산정 (착과수조사 이후 발생한 낙과사고마다 산정)
			  ① 표본조사 시: 품종·수령별 낙과수 조사
			    ⓐ 품종·수령별 낙과수 = 품종·수령별 조사대상 주수 × 품종·수령별 주당 낙과수
			      ㉠ 품종·수령별 조사대상주수 = 품종·수령별 실제결과주수 − 품종·수령별 고사주수 − 품종·수령별 미보상주수 − 품종·수령별 수확완료주수
			      ㉡ 품종·수령별주당 낙과수 = 품종·수령별 표본주의 낙과수 ÷ 품종·수령별 표본주수

품목	조사종류	조사시기	피해율 산정 방법

포도	수확량 조사	**착과수조사**
		:최초 수확
		 품종 수확전
		
		과중조사
		:품종별 수확
		 시기
		
		착과피해조사
		:피해 확인
		 가능 시기
		
		낙과피해조사
		:착과수조사
		 이후 낙과
		 피해 시
		
		고사나무조사
		:수확완료 후
			② 전수조사 시: 품종별 낙과수 조사
			
			  ⓐ 전체 낙과수에 대한 품종 구분이 가능할 때: 품종별로 낙과수 조사
			
			  ⓑ 전체 낙과수에 대한 품종 구분이 불가능할 때 (전체 낙과수 조사 후 품종별 안분)
			    * 품종별 낙과수 = 전체 낙과수 × (품종별 표본과실 수 ÷ 품종별 표본과실 수의 합계)
			    * 품종별 주당 낙과수 = 품종별 낙과수 ÷ 품종별 조사대상주수
			    * 품종별 조사대상주수 = 품종별 실제결과주수 − 품종별 고사주수 − 품종별 미보상주수 − 품종별 수확완료주수
			
			5. 피해구성조사 (낙과 및 착과피해 발생 시 실시)
			  ① 피해구성률 = { (50%형 피해과실 수 × 0.5) + (80%형 피해과실 수 × 0.8) + (100%형 피해과실 수 × 1) } ÷ 표본과실 수
			  ② 금차 피해구성률 = 피해구성률 − maxA
			    * 금차 피해구성률은 다수 사고인 경우 적용
			    * maxA: 금차 사고전 기조사된 착과피해구성률 중 최댓값을 말함
			    * 금차 피해구성률이 영(0)보다 작은 경우에는 영(0)으로 함
			
			6. 착과량 산정
			  ① 착과량 = 품종·수령별 착과량의 합
			  ⓐ 품종·수령별 착과량 = (품종·수령별 착과수 × 품종별 과중) + (품종·수령별 주당 평년수확량 × 미보상주수)
			    * 품종·수령별 주당 평년수확량 = 품종·수령별 평년수확량 ÷ 품종·수령별 실제결과주수
			    * 품종·수령별 평년수확량 = 평년수확량 × (품종·수령별 표준수확량 ÷ 표준수확량)
			    * 품종·수령별 표준수확량 = 품종·수령별 주당 표준수확량 × 품종·수령별 실제결과주수

품목	조사종류	조사시기	피해율 산정 방법
포도	수확량 조사	**착과수조사** :최초 수확 품종 수확전 **과중조사** :품종별 수확 시기 **착과피해조사** :피해 확인 가능 시기 **낙과피해조사** :착과수조사 이후 낙과 피해 시 **고사나무조사** :수확완료 후	7. 감수량 산정 (사고마다 산정) ① 금차 감수량 = 금차 착과 감수량 + 금차 낙과 감수량 + 금차 고 사주수 감수량 ⓐ 금차 착과 감수량 = 금차 품종·수령별 착과 감수량의 합 * 금차 품종·수령별 착과 감수량 = 금차 품종·수령별 착과수 × 품종 별 과중 × 금차 품종별 착과피해구성률 * 금차 낙과 감수량 = 금차 품종·수령별 낙과수 × 품종별 과중 × 금 차 낙과피해구성률 * 금차 고사주수 감수량 = 품종·수령별 금차 고사주수 × (품종·수령 별 주당 착과수 + 품종·수령별 주당 낙과수) × 품종별 과중 × (1 − maxA) ⓑ 품종·수령별 금차 고사주수 = 품종·수령별 고사주수 − 품 종·수령별 기조사 고사주수 8. 피해율 산정 ① 피해율 = (기준수입 − 실제수입) ÷ 기준수입 ⓐ 기준수입 = 평년수확량 × 농지별 기준가격 ⓑ 실제수입 = (수확량 + 미보상감수량) × 최솟값(농지별 기준 가격, 농지별 수확기가격) * 미보상 감수량 = (평년수확량 − 수확량) × 최댓값(미보상비율) 9. 수확량 산정 · 품종별 개당 과중이 모두 있는 경우 수확량 = 착과량 − 사고당 감수량의 합

[9. 농업수입감소보장방식 과수작물 품목]

품목	조사종류	조사시기	피해율 산정 방법
콩	수확량 조사	수확 직전	1. 피해율 = (기준수입 − 실제수입) ÷ 기준수입 ① 기준수입 = 평년수확량 × 농지별 기준가격 ② 실제수입 = (수확량 + 미보상감수량) × 최솟값(농지별 기준가격, 농지별 수확기가격) ⓐ 수확량(표본조사) = (표본구간 단위면적당 수확량 × 조사대상면적) + { 단위면적당 평년수확량 × (타작물 및 미보상면적 + 기수확면적) } ⓑ 수확량(전수조사) = { 전수조사 수확량 × (1 − 함수율) ÷ (1 − 기준함수율) } + { 단위면적당 평년수확량 × (타작물 및 미보상면적 + 기수확면적) } ㉠ 표본구간 단위면적당 수확량 = 표본구간 수확량 합계 ÷ 표본구간 면적 ㉡ 표본구간 수확량 합계 = 표본구간별 종실중량 합계 × { (1 − 함수율) ÷ (1 − 기준함수율) } ㉢ 기준함수율: 콩(14%) ㉣ 조사대상면적 = 실경작면적 − 고사면적 − 타작물 및 미보상면적 − 기수확면적 ㉤ 단위면적당 평년수확량 = 평년수확량 ÷ 실제경작면적 ⓒ 미보상감수량 = (평년수확량 − 수확량) × 미보상비율(또는 보상하는 재해가 없이 감소된 수량)
양파	수확량 조사	수확 직전	1. 피해율 = (기준수입 − 실제수입) ÷ 기준수입 ① 기준수입 = 평년수확량 × 농지별 기준가격 ② 실제수입 = (수확량 + 미보상감수량) × 최솟값(농지별 기준가격, 농지별 수확기가격) * 미보상감수량 = (평년수확량 − 수확량) × 미보상비율 (또는 보상하는 재해가 없이 감소된 수량)

품목	조사종류	조사시기	피해율 산정 방법
양파	수확량 조사	수확 직전	2. 수확량 = (표본구간 단위면적당 수확량 × 조사대상면적) + { 단위면적당 평년 수확량 × (타작물 및 미보상면적 + 기수확면적) } ① 단위면적당 평년수확량 = 평년수확량÷실제경작면적 ② 조사대상면적 = 실경작면적 − 수확불능면적 − 타작물 및 미보상면적 − 기수확면적 ③ 표본구간 단위면적당 수확량 = 표본구간 수확량 ÷ 표본구간 면적 　(a) 표본구간 수확량 = (표본구간 정상 양파 중량 + 80%형 피해 양파 중량의 20%) × (1 + 누적비대추정지수) 　(b) 누적비대추정지수 = 지역별 수확적기까지 잔여일수 × 비대추정지수
마늘	수확량 조사	수확 직전	1. 피해율 = (기준수입 − 실제수입) ÷ 기준수입 ① 기준수입 = 평년수확량 × 농지별 기준가격 ② 실제수입 = (수확량 + 미보상감수량) × 최솟값(농지별 기준가격, 농지별 수확기가격) 　* 미보상감수량 = (평년수확량 − 수확량) × 미보상비율 (또는 보상하는 재해 가 없이 감소된 수량) 2. 수확량 = (표본구간 단위면적당 수확량 × 조사대상면적) + { 단위면적당 평년 수확량 × (타작물 및 미보상면적 +기수확면적) } ① 단위면적당 평년수확량 = 평년수확량 ÷ 실제경작면적 　(a) 조사대상면적 = 실경작면적 − 수확불능면적 − 타작물 및 미보상면적 − 기수확면적 　(b) 표본구간 단위면적당 수확량 = (표본구간 수확량 × 환산계수) ÷ 표본구간 면적 　　* 표본구간 수확량 = (표본구간 정상 마늘 중량 + 80%형 피해 마늘 중량의 20%) × (1 + 누적비대추정지수) 　　* 환산계수 : 0.7(한지형), 0.72(난지형) 　　* 누적비대추정지수 = 지역별 수확적기까지 잔여일수 × 비대추정지수

품목	조사종류	조사시기	피해율 산정 방법
고구마	수확량 조사	수확 직전	1. 피해율 = (기준수입 − 실제수입) ÷ 기준수입 ① 기준수입 = 평년수확량 × 농지별 기준가격 ② 실제수입 = (수확량 + 미보상감수량) × 최솟값(농지별 기준가격, 농지별 수확기가격) 　　ⓐ 미보상감수량 = (평년수확량 − 수확량) × 미보상비율 (또는 보상하는 재해가 없이 감소된 수량) 2. 수확량 = (표본구간 단위면적당 수확량 × 조사대상면적) + {단위면적당 평년수확량 × (타작물 및 미보상면적 + 기수확면적)} ① 단위면적당 평년수확량 = 평년수확량 ÷ 실제경작면적 ② 조사대상면적 = 실경작면적 − 수확불능면적 − 타작물 및 미보상면적 − 기수확면적 ③ 표본구간 단위면적당 수확량 = 표본구간 수확량 ÷ 표본구간 면적 　　ⓐ 표본구간 수확량 = 표본구간 정상 고구마 중량 + 50% 피해 고구마 중량 × 0.5 + 80% 피해 고구마 중량 × 0.2 　　* 위 산식은 표본구간 별로 적용됨
감자 (가을 재배)	수확량 조사	수확 직전	1. 피해율 = (기준수입 − 실제수입) ÷ 기준수입 ① 기준수입: 평년수확량 × 농지별 기준가격 ② 실제수입: (수확량 + 미보상감수량 − 병충해감수량) × 최솟값(농지별 기준가격, 수확기가격) 　　ⓐ 미보상감수량 = (평년수확량 − 수확량) × 미보상비율 (또는 보상하는 재해가 없이 감소된 수량) 　　ⓑ 병충해감수량 = 병충해 입은 괴경의 무게 × 손해정도비율 × 인정비율 2. 수확량 = (표본구간 단위면적당 수확량 × 조사대상면적) + {단위면적당 평년수확량 × (타작물 및 미보상면적 + 기수확면적)} ① 단위면적당 평년수확량 = 평년수확량÷실제경작면적 ② 조사대상면적 = 실경작면적 − 수확불능면적 − 타작물 및 미보상면적 − 기수확면적 ③ 표본구간 단위면적당 수확량 = 표본구간 수확량 ÷ 표본구간 면적 　　ⓐ 표본구간 수확량 = 표본구간 정상 감자 중량 + 50%형 피해 감자 중량 × 0.5 + 병충해 입은 감자 중량 　　* 위 산식은 각각의 표본구간별로 적용되며, 각 표본구간 면적을 감안하여 전체 병충해 감수량을 산정손해정도비율: 표 2-4-9) 참조, 인정비율: 표 2-4-10) 참조

품목	조사종류	조사시기	피해율 산정 방법
양배추	수확량 조사	수확 직전	1. 피해율 　= (기준수입 − 실제수입) ÷ 기준수입 　① 기준수입 = 평년수확량 × 농지별 기준가격 　② 실제수입 = (수확량 + 미보상감수량) × 최솟값(농지별 기준가격, 농 　　지별 수확기가격) 　　* 미보상감수량 = (평년수확량 − 수확량) × 미보상비율 (또는 보상하 　　　는 재해가 없이 감소된 수량) 2. 수확량 　= (표본구간 단위면적당 수확량 × 조사대상면적) + { 단위면적당 평년 　　수확량 × (타작물 및 미보상면적 + 기수확면적) } 　① 단위면적당 평년수확량 = 평년수확량 ÷ 실제경작면적 　② 조사대상면적 = 실경작면적 − 수확불능면적 − 타작물 및 미보상면 　　적 − 기수확면적 　③ 표본구간 단위면적당 수확량 = 표본구간 수확량 ÷ 표본구간 면적 　　ⓐ 표본구간 수확량 = (표본구간 정상 양배추 중량 + 80% 피해 양 　　　배추 중량 × 0.2) 　　* 위 산식은 표본구간 별로 적용됨